ÄGYPTEN

Entdeckungsreisen ins Land der Pharaonen

KARL MÜLLER VERLAG

David Roberts R.A. L. Haghe Lith
of The Temple Edfou Upper Egypt Novr. 23rd 1838

Texte
Alberto Siliotti

Redaktion
Marcello Bertinetti
Valeria Manferto De Fabianis

Graphische Gestaltung
Patrizia Balocco Lovisetti

INHALT

Titel der Originalausgabe: La Riscoperta dell' Antico Egitto
Übertragung aus dem Italienischen: Dr. Marion Pausch
Lektorat: Sabine Raab

ISBN 3-86070-740-X

1 2 3 4 5 2 1 00 9 8

1 Linant de Bellefonds und Léon de Laborde zeichneten 1828 als erste europäische Reisende die Ruinen von Petra in der jordanischen Wüste. Laborde malte die hier abgebildeten Überreste des Pharaonentempels von Serabit el-Khadem im Sinai. Im Vordergrund sieht man die beiden jungen Forscher in arabischen Gewändern.

2-3 Diese eindrucksvolle Darstellung bedeutender altägyptischer Bauwerke stammt von dem französischen Künstler Louis François Cassas (1756-1827). Sie vereint architektonische Elemente verschiedener Epochen: die für das Alte Reich typische Pyramide, einen Tempel mit Pfeilern im ptolemäischen Stil, die ins Innere des Heiligtums weisen, sowie Kopien von Obelisken aus dem Neuen Reich.

4-5 *David Roberts (1796-1864) war der berühmteste unter den Malern und Zeichnern, welche die antiken Stätten der Pharaonen darstellten. Seine Aquarelle zeichnen sich durch große Genauigkeit in den Details und hohes künstlerisches Niveau aus. Als er am 23. November 1838 in Edfu eintraf, war der Portikus des Horustempels aus der hellenistischen Periode noch fast vollständig unter Sandmassen begraben.*

6-7 *Richard Lepsius (1810-1884) erreichte mit der von ihm geleiteten Preußischen Expedition 1843 Abu Simbel. Bis zum darauf folgenden Jahr entstanden zahlreiche Zeichnungen des großen Tempels von Ramses II. Der hier dargestellte, zehn Meter hohe Koloss – er zeigt den Pharao in Gestalt des Gottes Osiris – stützt die Decke der ersten Hypostylhalle. Die Zeichner der Expedition bemühten sich hier wie auf der zweiten Bildtafel, den ursprünglichen Farbreichtum wiederzugeben. Die vier Statuen zeigen – von links nach rechts – die Götter Ptah und Amun-Rê, Ramses II. in Gottgestalt und den Gott Rê-Harachte, die den Boden des Tempelheiligtums schmücken.*

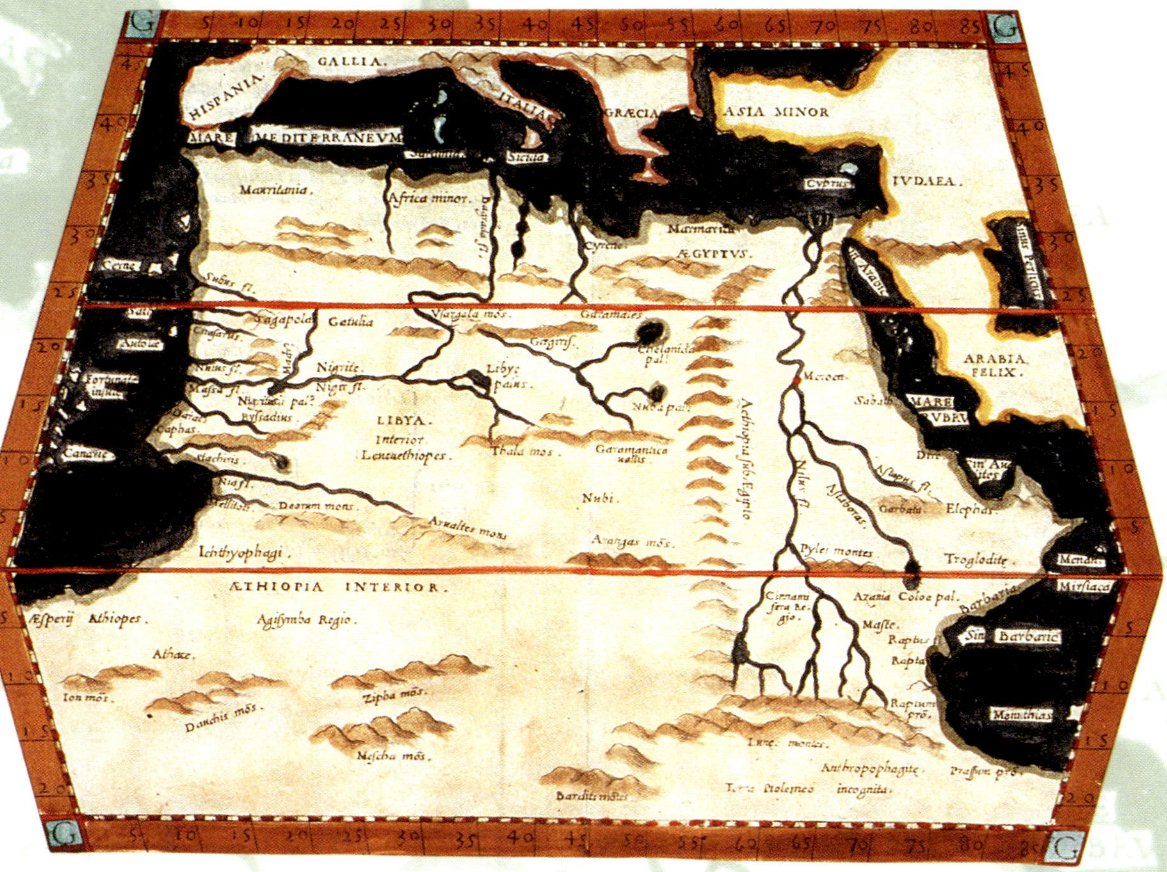

EINLEITUNG

„Jetzt gehe ich daran, noch ausführlicher von Ägypten zu erzählen, weil es mehr Merkwürdigkeiten enthält als jedes andere Land und unter allen Ländern Bauten bietet, die man kaum beschreiben kann... Wie die Ägypter einen Himmel haben, der besonders ist, und einen Fluss, der eine andere Art hat als die übrigen Flüsse, so haben sie sich auch in fast allen Stücken Gewohnheiten und Sitten zugelegt, die denen anderer Menschen gerade entgegengesetzt sind. So gehen bei ihnen die Frauen auf den Markt und handeln, die Männer aber sitzen zu Haus und weben... Lasten tragen die Männer auf den Köpfen, die Frauen auf den Schultern... Die Priester tragen anderswo das Haar lang, in Ägypten schneiden sie es kurz. Andere Menschen haben den Brauch, dass bei Trauer die Nächsten ihr Haupt scheren, die Ägypter lassen bei Sterbefällen ihre Haare wachsen, auf dem Kopf und am Kinn, zu andern Zeiten aber rasieren sie sich..." (Herodot, Histories, II, 35-36).

Verwunderung und Erstaunen klingen aus den Worten eines der berühmtesten „Touristen" der Antike, des griechischen Historikers Herodot von Harlikarnassos, der sich um die Mitte des 5. Jahrhunderts v. Christus in Ägypten aufhielt.

Bereits zu jener Zeit interessierte man sich für das faszinierende Land, von dem vor allem Kaufleute und Seefahrer zu berichten wussten.

Auch als Teil des römischen Imperiums verlor Ägypten nichts von seiner Anziehungskraft und entwickelte sich sogar zu einem begehrten Reiseziel, das nicht nur Beamte und einfache Bürger, sondern auch Kaiser wie Hadrian und Septimius Severus aufsuchten.

Der Geograph Strabo, die Historiker Diodor von Sizilien und Plutarch von Chaironeia, aber auch der Naturforscher Plinius der Ältere schrieben über Ägypten, seine Geschichte und seine antiken Religionen. Auf dem Forum Romanum stellten die Römer zahlreiche Obelisken auf und verschönerten die Bauwerke mit kostbaren Materialien wie Granit aus Assuan oder Porphyr aus den Bergen

8 oben *Diese Karte Afrikas* (Tabula Afrika IIII) *stammt von dem alexandrinischen Geographen Claudius Ptolemaios und wurde im 16. Jahrhundert in Venedig von dem berühmten Kartographen Giacomo Gastaldi herausgegeben. Deutlich sieht man den Lauf des Nils mit den beiden Quellenbecken, die aus den mythischen Mondbergen entspringen, sowie die zwei großen Zuflüsse, den* Astapus flumen *und den* Astabora flumen, *die ihren Ursprung im afrikanischen Horn haben.*

8 unten *Dieses Phantasiebild eines Isistempels, der eher an ein Nilometer erinnert, stammt aus dem* Oedipus Aegypticus *von Athanasius Kircher. Als einer der Ersten versuchte der Pater, die Hieroglyphenschrift zu entziffern.*

9 oben *Der englische Reisende und Sammler antiker Funde William John Bankes bereiste zwischen 1815 und 1819 Ägypten und den Nahen Osten. Er gab diese phantasiereiche Ansicht der Pyramiden von Gîza und Sakkâra – hier am linken Nilufer – im Stil des 17. Jahrhunderts in Auftrag. In einiger Entfernung sind am rechten Ufer die Moscheen, Kirchen und Häuser von Kairo zu erkennen.*

9 unten *Der französische Reisende Jean de Thevenot (1633-1667) illustrierte als Erster seinen Reisebericht mit Bildern und stellte ägyptische Funde in Europa aus. Hier untersucht er in der Totenstadt von Sakkâra eine Mumie in einem gerade geöffneten Sarg.*

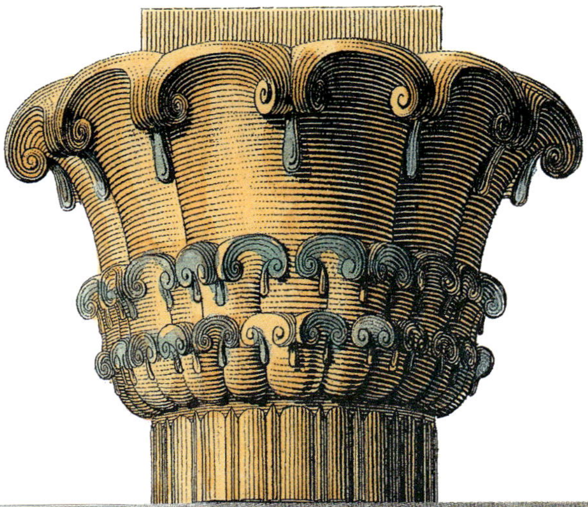

der Arabischen Wüste. Auch einige Götter aus den Ebenen des Nil fanden an den Ufern der Tiber eine neue Heimat: Der Isiskult fand auch in Rom großen Anklang.
Die Welt der alten Pharaonen geriet erst in Vergessenheit, nachdem Kaiser Konstantin im Jahre 313 das Christentum zur Staatsreligion erhoben hatte. Die Bilder der ägyptischen Götter galten nun als Teufelswerk und wurden beschädigt oder zerstört. Ganze Gräber mit allen Beigaben gingen in Flammen auf und dienten dann Mönchen und Eremiten als neue Behausung. Die ägyptischen Tempel wurden geschlossen, wodurch nicht nur tausendjährige Riten und Traditionen in Vergessenheit gerieten, sondern auch die Hieroglyphenschrift.
Der Fall des römischen Westreiches und die Eroberung von Teilen Ägyptens durch die Araber im Jahre 640 trugen wesentlich zum Identitätsverlust des Landes bei, das bald völlig isoliert war und abendländischen Reisenden über Jahrhunderte unzugänglich bleiben sollte. Lediglich in Alexandria und Kairo trafen weithin Händler, Kreuzfahrer und Pilger ein, denn diese Städte waren Knotenpunkte der beiden wichtigsten Handelsrouten, die Äquatorialafrika und den Orient mit dem Mittelmeerraum verbanden, und überdies unverzichtbare Stationen auf der Pilgerstraße nach Jerusalem und zum berühmten Katharinenkloster im Sinai. Kaufleute aus Venedig, Marseille und der Provence gründeten in Kairo und Alexandria eigene Zentren, die sie nach dem arabischen Wort *wakala* – „Karawanserei", – *fondachi* oder *okkalli* nannten. Mit ihren dicken Mauern bildeten sie regelrechte Festungen in der Stadt und konnten nicht nur ganze Karawanen mit ihren Waren aufnehmen, sondern gewährten auch Pilgern und Reisenden Schutz. Letztere beschränkten sich in der Regel auf einen kurzen Besuch jener Orte, die in irgendeiner Verbindung zur Heiligen Schrift standen, und machten bestenfalls einen kurzen Abstecher zu den Pyramiden von Gîza, die sie für die in der Bibel erwähnten Kornkammern Josephs oder des Pharao hielten. Die mächtigen Bauwerke der Pharaonen dienten zu jener Zeit zumeist als Steinbrüche: Von den Pyramiden von Gîza entfernte man zum Beispiel die herrlichen weißen Kalktafeln, die bereits mehr als 3000 Jahre überdauert hatten.
Jene Orte dagegen, an denen man seltene Funde oder große Reichtümer versteckt glaubte, zogen Schatzsucher von überall her an. Mumien gehörten zu den begehrten Objekten, mit denen ein einträglicher Handel getrieben wurde: Bereits zur Zeit der Kreuzfahrer glaubten im Abendland viele Menschen an die außergewöhnliche Heilkraft des Mumienpulvers, von der arabische Ärzte und Schriftsteller berichtet hatten. In Stücke zerlegt gelangten die Mumien von Alexandria aus auf dem Seeweg nach Europa, wo man sie mit Hilfe spezieller Mühlen zerkleinerte und an die Apotheken verkaufte.
Die wenigen vollständig erhaltenen Mumien nahmen dagegen einen anderen Weg: Zusammen mit anderen Funden wie Statuen oder Papyri stellten Männer wie der französische Antiquitätenhändler Nicolas Fabri de Peiresc oder der Florentiner Herzog Cosimo de'Medici sie in den ersten Kuriositätenkabinetten der Geschichte aus.
Ab 1517 unterstand Ägypten als Teil des Osmanischen Reiches der Hohen Pforte und war von nun an auch europäischen Reisenden wieder leichter zugänglich. 1589 gelang es einem

10 oben *Der große französische Zeichner Dominique Vivant Denon (1747-1825) nahm wie viele andere Gelehrte und Künstler an Napoleons Ägyptenfeldzug teil. Als einer der Ersten richtete er sein Augenmerk auf architektonische Details der antiken Tempel, wie diese Darstellung des Kapitells einer Säule aus der hellenistischen Periode belegt.*

10 Mitte *Der französische Künstler Louis François Cassas (1756-1827), dessen Werk erst in jüngerer Zeit wieder entdeckt wurde, schuf viele Bilder antiker ägyptischer Bauwerke. Häufig fügte Cassas seinen Zeichnungen – hier ein Tempel aus der hellenistischen Periode – Elemente hinzu, um sie lebendiger zu gestalten.*

10-11 *Der dänische Marinekapitän Frederik Ludwig Norden (1708-1742) bereiste Ägypten im Auftrag des Königs von Dänemark, Christian VI. Als Erster stellte er Bauwerke der Pharaonen wie die damals zum Teil noch sandbedeckte Sphinx von Gîza exakt und naturgetreu dar.*

11 oben *Ein Zeitgenosse Nordens, der Engländer Reverend Richard Pococke (1704-1765), hielt dieses Detail eines Sarkophages in seinem Werk fest.*

12 oben *Diese Darstellung zeigt Maat, die Verkörperung der kosmischen Ordnung und Göttin der Gerechtigkeit. Der italienische Arzt Alessandro Ricci zeichnete sie im Grab Sethos' I., das sein Landsmann Giovanni Battista Belzoni (1778-1823) im Jahre 1817 entdeckt hatte. Ricci war der Erste, der die Wandverzierungen eines Grabes im Tal der Könige systematisch abmalte.*

12 unten links *Die Gelehrten und Künstler im Gefolge des napoleonischen Ägyptenfeldzuges fassten ihre gewaltige Forschungsarbeit in dem Monumentalwerk* Description de l'Egypte *zusammen. Der Erfolg war so groß, dass 1825 eine zweite Auflage, die nach dem Namen des Herausgebers benannte „Panckoucke-Ausgabe", erschien. Die obige Lithographie zierte die Titelseite.*

12-13 *Der französische Architekt und Orientalist Emile Prisse d'Avennes (1807-1879) stellte seine Talente in den Dienst der Ägyptologie. Im Grab des Vizekönigs von Kusch Hui (18. Dynastie), in Theben zeichnete er dieses Bild. Es zeigt eine äthiopische Prinzessin mit ihren Würdenträgern, die dem König Tut-anch-Amun Goldbarren und -staub als Geschenk darbringen.*

unbekannten venezianischen Kaufmann erstmals, den Nil hinauf bis nach Theben und von dort aus weiter nach Nubien über den ersten Katarakt hinaus zu fahren. Auch der Dominikanerpater Jean Michel Vansleb (1635-1679), der Franzose André Thevet (um 1504-1592) und sein Landsmann Jean de Thevenot (1633-1667), der als Erster einen mit Bildern versehenen Reisebericht veröffentlichte, wagten sich ins Innere Ägyptens vor. Gleichwohl blieb das Land für die meisten Europäer bis zum Ende des 17. Jahrhunderts ein im Bereich von Sage und Phantasie angesiedeltes Traumland voller Rätsel und esoterischer Symbole. Die Versuche des deutschen Jesuitenpaters Athanasius Kircher (1602-1680), die Hieroglyphenschrift zu übersetzen, belegen dies besonders augenfällig. Im 18. Jahrhundert fanden die ersten Expeditionen entlang des Nils bis nach Oberägypten statt. Pater Claude Sicard (1677-1726) identifizierte als Erster das antike Theben und die wichtigsten religiösen Zentren des alten Ägypten. Reverend Richard Pococke (1704-1765) und der dänische Marinekapitän Frederik Ludwig Norden (1708-1742) ergänzten ihre Forschungsergebnisse durch zahlreiche Illustrationen und machten die mächtigen Bauwerke der Pharaonen dadurch erstmals in Europa bekannt. Sie alle bereiteten die große Wiederentdeckung Ägyptens vor, die 1798 in der napoleonischen Expedition gipfeln sollte.

1802 veröffentlichte der französische Künstler und Gelehrte Dominique Vivant Denon (1747-1825), der die Vorhut des napoleonischen Heeres bis nach Oberägypten begleitet hatte, das Buch *Voyage dans la Haute et Basse Egypte*. 1809-1822 erschien die *Description de L'Egypte ou Recueil des observations et des recherches qui ont été faites en Egypte pendant l'Expédition de l'armée française*, eine ausgezeichnete Zusammenfassung der wissenschaftlichen Studien, welche die Gelehrten im Zuge des Orientfeldzu-

ges unternommen hatten. Mit einem Schlag interessierte sich die gebildete Öffentlichkeit nun für die alte Kultur. Binnen kürzester Zeit kam Ägypten so in Mode, dass die Regierungen der wichtigsten europäischen Länder diplomatische Vertreter, die berühmten Konsuln, damit beauftragten, Sammlungen anzulegen.
Zu den Abenteurern, Reisenden und Forschern gesellten sich Maler und Zeichner: die Franzosen Louis François Cassas (1756-1827), Jean Jacques Rifaud (1786-1852), Frédéric Cailliaud (1787-1869) Pascal Coste (1787-1879), Hector Horeau (1801-1872), Nestor L'Hôte (1804-1842) und Emile Prisse d'Avennes (1807-1879) gehörten ebenso dazu wie der Deutsche Luigi Mayer (um 1755-1803), der Schotte David Roberts (1796-1864) sowie die Engländer Robert Hay (1799-1863), George Hoskins (1802-1863) und Owen Jones (1809-1874).
Auch viele Schriftsteller trieb die Reiselust nach Ägypten. Der französische Romantiker François René de Chateaubriand (1768-1848) wandelte auf den Spuren des Dichters Claude Savary (1750-1788), dem Verfasser der *Lettres sur Egypte* (1785).
Während Savary in seinem Werk jedoch ein stark manieriertes und zuweilen eher der Phantasie entsprungenes Bild des Landes gezeichnet hatte, hielt sich Chateaubriand in seinem *Itinéraire de Paris à Jérusalem* etwas stärker an die Wirklichkeit. Weitere Schriftsteller, darunter Gérard de Nerval (1808-1855), William Henry Bartlett (1809-1854) und vor allem Gustave Flaubert (1821-1880), Autor des berühmten *Voyage en Orient* folgten ihm. Flaubert bereiste Ägypten zwischen 1849 und 1859 in Begleitung des Schriftstellers und Fotografen Maxime Du Camp (1822-1894), der selbst einen der ersten Fotobände über die Bauwerke Ägyptens publizierte.
Während immer mehr Expeditionen zu Ausgrabungen nach Ägypten aufbrachen, entschlüsselte Jean François Champollion (1790-1832) in Frankreich die Hieroglyphenschrift und löste damit das letzte große Rätsel der Pharaonen. Auf die abenteuerlichen Reisen der Ägyptenforscher vorangegangener Epochen folgten nun die ersten wirklichen Forschungsreisen, die Champollion selbst, der Engländer John Gardner Wilkinson (1797-1875) und der Preuße Richard Lepsius (1810-1884) unternahmen. Sie standen am Beginn einer neuen Phase der Wiederentdeckung Ägyptens und der damit verbundenen Forschungsrichtung: der Ägyptologie.

14 *Der turbulente Basar Chan el-Chalîli im Zentrum von Kairo mit seinen zahlreichen islamischen Bauwerken gehörte zu den bevorzugten Motiven vieler Ägyptenreisender des 19. Jahrhunderts. Dieses Bild stammt von dem Malteser Amedeo Preziosi.*

14-15 *Luigi Mayer (1755-1803), ein Schüler des bekannten römischen Künstlers Giovan Battista Piranesi, zählte zu den bedeutendsten Illustratoren Ägyptens im ausgehenden 18. Jahrhundert. Seine Bildtafeln fasste er in dem Band* Views in Egypt *zusammen, aus dem auch diese Darstellung eines mameluckischen Reiters stammt.*

ANTIKE REISENDE

GRIECHEN UND RÖMER IM LAND DER PHARAONEN

16 oben *Claudius Ptolemäus (2. Jh.) war der erste große Kartograph. Eine der frühesten Ausgaben seines Hauptwerkes, der Geographia, findet sich im Kodex des Kardinals Bessarion von Trapezunt. Vermutlich glaubte man, Ptolemäus stamme von dem gleichnamigen Herrschergeschlecht ab, und stellte ihn daher mit einer Krone auf dem Haupt dar. In der Hand hält der Astronom ein Messinstrument.*

16 unten *332 v. Chr. eroberte Alexander der Große ohne Schwierigkeiten Ägypten, über das zu jener Zeit die Perser regierten. Alexander behauptete, er sei ein Sohn des Zeus Ammon und daher von göttlicher Herkunft. Hieraus leitete er seinen Herrschaftsanspruch auf Ägypten ab und ließ sich eigens von dem berühmten Orakel der Oase von Siwa in der Libyschen Wüste bestätigen.*

Bereits in der Antike machten sich Reisende auf den Weg, um die großen Bauwerke Ägyptens zu besichtigen. Zu dem Komplex, den König Djoser aus der III. Dynastie in Sakkâra errichten ließ, gehört das kleine „Haus des Südens". In die Steine dieses zur damaligen Zeit immerhin schon 1500 Jahre alten Gebäudes haben die ersten Touristen um 1200 v. Chr. ihre Namen und den Grund ihrer Reise geritzt. „Ahmosis, Sohn des Iptah, kam, um den Tempel des Djoser zu sehen", lautet eine der Inschriften. Auch auf den Beinen der monumentalen Statuen, welche die Fassade des Tempels von Ramses II. schmücken, hinterließen phönizische Reisende ihre Spuren. Die Griechen, die zwischen dem 7. und dem 6. Jahrhundert v. Chr. bereits ein Handelsimperium in Naukratis am Nildelta errichtet hatten und auch in Elephantine in Oberägypten siedelten, verewigten sich ebenfalls auf zahlreichen Bauwerken. Der berühmteste griechische Reisende war der bedeutende Geschichtsschreiber Herodot von Halikarnassos, der sich um 450 v. Chr., zur Zeit der persischen Herrschaft im Niltal aufhielt. Im 2. Band seines epochalen Geschichtswerkes, der *Histories Apodexis,* berichtet er viele wichtige und interessante Einzelheiten über das Land. Indes war Herodot keineswegs der Erste, der sich mit Ägypten befasste: Bereits im 6. Jahrhundert v. Chr. hatten Anaximander und der Geograph Hekataios von Milet die bis dahin bekannte Welt kartiert. Im 3. Jahrhundert verfasste der Mathematiker und Astronom Eratosthenes von Kyrene, der als Erster den Erdumfang berechnete, ein dreibändiges Werk, in dem er die geographischen Erkenntnisse seiner Zeit resümierte. Es ging jedoch ebenso verloren wie die Bücher anderer Geographen. Agatarchides von Knidos etwa veröffentlichte eine Schrift über das Rote Meer, die wir nur aus Zitaten des Patriarchen von Konstantinopel, Photios, kennen und von dem elfbändigen Traktat des Geographen Artemidor von Ephesus sind nur noch wenige Fragmente erhalten. Herodot beschreibt zunächst die Landschaft und die geographischen Gegebenheiten des Niltales und verweilt dann ausführlich bei den Pyramiden von Gîza, deren Geschichte er erzählt, nicht ohne eine Reihe phantastischer und eher unwahrscheinlicher Details hinzuzufügen. Von ihm stammt zum Beispiel die Behauptung, Tausende von Sklaven hätten die Pyramiden in

16–17 und 17 unten
Der griechische Geschichtsschreiber Herodot von Halikarnassos besuchte Ägypten um 450 v.Chr. und hielt die Geschichte des Landes, die Sitten, Gebräuche und Glaubensinhalte der dortigen Bevölkerung fest. Dank der Histories Apodexis *erfuhr die Nachwelt viele Details über das Leben im antiken Ägypten. Besonders interessierte sich Herodot für die Techniken des Pyramidenbaus in Gîza. Er versichert, dass die Arbeiter die gewaltigen Kalksteinblöcke mit einem System von Hebewerken aus „kurzen Holzstücken" nach oben zogen. Dies fasst die Lithographie des französischen Künstlers Gouget aus dem Jahre 1759 ins Bild.*

18–19 Die Tabula Peutingeriana *wurde nach einem ihrer Besitzer, dem deutschen Humanisten Konrad Peutinger, benannt. Es handelt sich um die mittelalterliche Kopie einer römischen Wegekarte aus dem 3. oder 4. Jahrhundert, die ihrerseits vermutlich auf die Weltkarte des römischen Feldherren Marcus Vipsanius Agrippa zurückgeht. Interessant ist der Lauf des Nils, der sich hier parallel zur Mittelmeerküste hinzieht.*

18 unten *Dieses Fresko zeigt Pygmäen, die am Nilufer gegen wilde Bestien kämpfen, und belegt die Vorliebe vieler Römer für exotische Szenen. Es schmückte einstmals den Säulengang der Casa del Medico in Pompeji und ist heute im Nationalmuseum von Neapel zu sehen.*

Zwangsarbeit aufgebaut. Andere Thesen, etwa zur Bauweise der ägyptischen Architekten, erwiesen sich auf der Grundlage moderner Forschung dagegen als durchaus haltbar. Herodot interessiert sich nicht nur für die Kulturgeschichte des Niltals, sondern berichtet auch anschaulich von den dort lebenden Menschen, ihren Sitten und Gebräuchen, den Göttern, dem Alltag und den großen Festen. Häufig vergleicht er die Welt der Griechen mit jener der Ägypter und weist auf fundamentale Unterschiede hin.

Dank Herodot kennen wir eine Fülle von Details aus dem Alltagsleben der Ägypter. Ausführlich befasste er sich aber auch mit den Methoden der Einbalsamierung und Mumifizierung von Verstorbenen, über die er sich in höchstem Maße verwunderte.

Nach Herodots Reise regierte für einige Zeit wieder eine einheimische Dynastie über Ägypten und bemühte sich, den einstigen Glanz der Pharaonen wieder erstehen zu lassen: Man baute neue Tempel, richtete die alten wieder her und feierte die traditionellen religiösen Feste mit großem Pomp. Ab 332 v. Chr. eroberte Alexander der Große Zug um Zug das Land, das nun zwar auf unabsehbare Zeit seine politische Unabhängigkeit, keineswegs jedoch seine kulturelle Identität verlor. Der makedonische Herrscher nutzte vielmehr das religiöse System, das er vorfand, für seine Zwecke und stärkte damit die mächtige einheimische Priesterkaste. Zum Beispiel reiste er eigens zur Oase von Siwa, um seine Autorität durch das berühmte Orakel des Zeus Ammon legitimieren zu lassen.

Die Ptolemäer, die nach Alexanders Tod die Herrschaft übernahmen, und die Römer, die Ägypten drei Jahrhunderte später eroberten, befleißigten sich der gleichen Politik und versuchten – nicht zuletzt durch eine rege Bautätigkeit –, sich eher als Nachfolger der Pharaonen, denn als Eindringlinge darzustellen. Mit welcher Kontinuität die kulturelle Identität Ägyptens ungeachtet des Autonomieverlustes fortlebte, belegen die Werke des Historikers Diodor von Sizilien und des Geographen Strabon. Nur dem geduldigen Schaffen mittelalterlicher Kopistenmönche ist es zu verdanken, dass diese Schriften der Nachwelt erhalten blieben.

19 unten *Auf diesem Fresko aus Herkulaneum ist eine Zeremonie des Isiskultes zu sehen, der sich in Rom und den Provinzen großer Beliebtheit erfreute.*

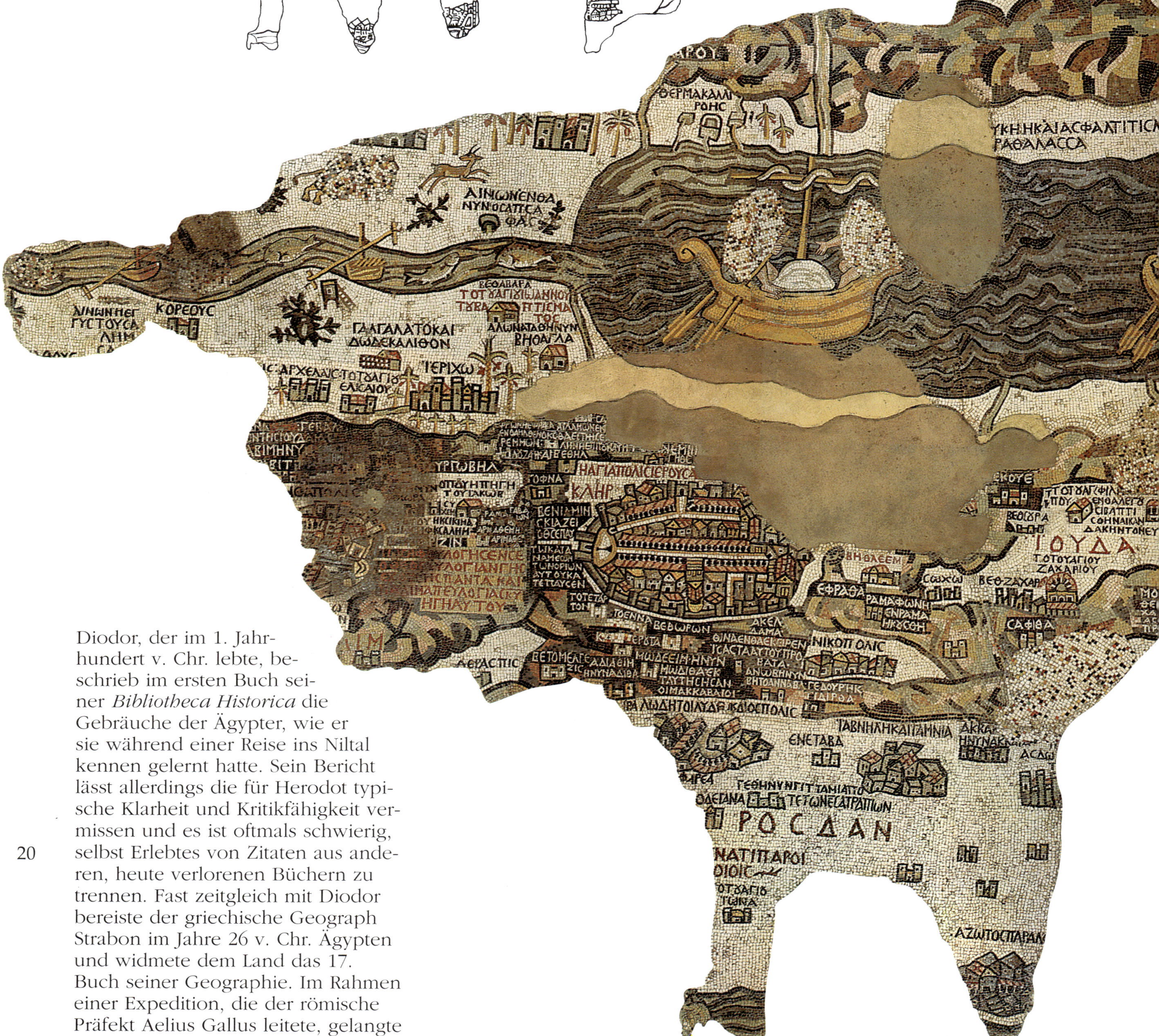

Diodor, der im 1. Jahrhundert v. Chr. lebte, beschrieb im ersten Buch seiner *Bibliotheca Historica* die Gebräuche der Ägypter, wie er sie während einer Reise ins Niltal kennen gelernt hatte. Sein Bericht lässt allerdings die für Herodot typische Klarheit und Kritikfähigkeit vermissen und es ist oftmals schwierig, selbst Erlebtes von Zitaten aus anderen, heute verlorenen Büchern zu trennen. Fast zeitgleich mit Diodor bereiste der griechische Geograph Strabon im Jahre 26 v. Chr. Ägypten und widmete dem Land das 17. Buch seiner Geographie. Im Rahmen einer Expedition, die der römische Präfekt Aelius Gallus leitete, gelangte Strabon nilaufwärts bis zum ersten Katarakt und studierte dabei nicht

20–21 *Die* Karte von Madaba *ist ein Mitte des 6. Jahrhunderts entstandenes Mosaik und wurde nach ihrem Fundort, der gleichnamigen Stätte in Jordanien, benannt. Neben Palästina mit der Stadt Jerusalem und dem Toten Meer bietet sie auch eine der ältesten Darstellungen des Nils, die offenbar auf den Texten Herodots basiert.*

nur die geographischen, sondern auch die ethnographischen und religiösen Gegebenheiten vor Ort mit solcher Genauigkeit, dass man sein Werk fast als ersten ägyptischen Reiseführer der Geschichte bezeichnen könnte. Nach Strabon wartete der römische Historiker und Schriftsteller Plinius der Ältere im 6. und 33. Band seiner monumentalen Enzyklopädie, der *Naturalis Historia,* mit einer detailreichen Beschreibung des Nils und Oberägyptens auf. Auch der griechische Autor Plutarch von Chaironeia (um 46–120) reiste nach Ägypten, wo er sich besonders für den Osirismythos interessierte. Er berichtet darüber in seinem Buch *Von Isis und Osiris,* das zu seiner Zeit große Verbreitung fand. Plutarchs Ausführungen sind unter anderem von Interesse, weil er vermutlich eine Kopie der Schriften Manethos besaß, eines ägyptischen Priesters und Historikers, der im 3. Jahrhundert v. Chr. lebte und eine bedeutende Geschichte Ägyptens verfasste. Die *Aegyptiaca,* deren Daten und Fakten Plutarch zur Ergänzung seiner eigenen Studien nutzte, verbrannte mit zahllosen anderen Werken, als die Bibliothek von Alexandria 47 v. Chr. in Flammen aufging.

Immer mehr Römer interessierten sich für die ägyptische Kultur: Die Künstler schufen Mosaiken mit Szenen vom Nil und Fresken, die den Isiskult darstellten. In Ägypten stationierte Legionäre hatten letzteren mit nach Rom gebracht, wo er sich großer Beliebtheit erfreute. Selbst die Kaiser folgten der Modeerscheinung und ließen zahlreiche Obelisken nach Rom bringen.

Im 2. Band seiner Annalen berichtet Tacitus von einer Ägyptenreise, die Germanicus Caesar, Neffe und Adoptivsohn des römischen Kaisers Tiberius, im Jahre 19 n. Chr. unternahm. Geführt von einem alten Priester, der noch die Hieroglyphenschrift beherrschte, erreichte Germanicus „Elephantine und Syene, die alte Grenzfestung des Römischen Reiches, das

22–23 *Das große Mosaik von Palestrina, der antiken Stadt Praeneste, entwirft dieses detail- und phantasiereiche Bild des Niltales. In jüngster Zeit ordnete man das Werk, das auf die Mitte des 2. Jahrhunderts v. Chr. zurückgeht, Demetrios „dem Topographen" aus Alexandria zu. Den unteren Teil des über 20 Quadratmeter großen Mosaiks nimmt das Delta mit dem kaiserlichen Palast von Alexandria ein. Weiter oben erstreckt sich der Nil bis nach Nubien, erkennbar an der afrikanischen Tierwelt. An den Ufern des Flusses, auf dem zahlreiche Schiffe fahren, stehen Tempel und Bauwerke.*

sich jetzt bis zum Roten Meer erstreckt" (Tacitus, II, 61,2). Dann reiste er nilaufwärts und besichtigte Theben mit seinen berühmten Tempeln. Rund ein Jahrhundert später, im Jahre 130, begab sich auch Kaiser Hadrian nach Theben. Hier bestaunte er die bereits damals weltbekannten Memnonskolosse, die ursprünglich vor dem Eingang des Amenophistempels standen und von denen man glaubte, sie zeigten Memnon, den Sohn des Tithonos und der Eos. Seit ein Erdbeben im Jahre 27 v. Chr. leichte Risse im Stein verursacht hatte, gab eine der beiden gewaltigen Sitzfiguren zur Morgenstunde, wenn sie sich unter der Einwirkung der Sonnenstrahlen rasch erwärmte, ein leises Seufzen von sich. Leider nahm die Reise des Imperators eine tragische Wende, als sein Freund Antinous im Nil ertrank. Im Gedenken an seinen Vertrauten gründete Hadrian am Ufer der Unglücksstelle die Stadt Antinoe. Ende des 2. Jahrhunderts schließlich reiste Kaiser Septimius Severus nach Ägypten. Er veranlasste zunächst in Alexandria einige Verwaltungsreformen, beschloss dann jedoch, nach Theben zu fahren, um die dortigen Bauwerke mit eigenen Augen zu sehen. Auch viele andere „Touristen" – einfache Reisende oder Soldaten der in Ägypten stationierten Truppen – besuchten das Land und seine Baudenkmäler und ritzten ihre Namen oder eine Kommentar in den Stein. Allein auf den Memnonskolossen entdeckte man 107 Inschriften und in den Gräbern des Tals der Könige, das schon damals zu den beliebtesten Zielen gehörte, waren es gar 2100.

Die Römer, die ihr Imperium auch unter geographischen Aspekten zu erfassen versuchten, vernachlässigten Ägypten nicht: Marcus Vipsanius Agrippa arbeitete auf Anordnung von Kaiser Augustus eine große Karte des gesamten Reiches aus, welche Entfernungen, Straßen, Wasserwege, Städte und Häfen verzeichnete. Zwar ging dieses Dokument verloren, doch basierte auf ihm vermutlich die berühmte Tabula Peutingeriana. Diese im 8. Jahrhundert nach einer Kopie aus dem 3. oder 4. Jahrhundert angefertigte lange Pergamentrolle zeigt die römischen Provinzen, darunter auch die Gebiete in Ägypten. Eine andere antike Darstellung der Nilregion, vor allem des Nildeltas, findet sich auf einem großen Fußbodenmosaik, der so genannten „Karte von Madaba" in Jordanien, das Mitte des 6. Jahrhunderts entstand.

Auch als Teil des Römischen Reiches vermochte Ägypten seine Sprache, seine Glaubensformen und Riten zu bewahren. Ein schwerer Schlag war allerdings der Brand der Bibliothek von Alexandria im Jahre 47 v. Chr., der annähernd 700 000 Werke vernichtete. Erst nachdem Kaiser Konstantin 313 das Christentum innerhalb des Römischen Reiches zur vollgültigen Religion erklärt hatte, war das Ende der Pharaonenzeit jedoch endgültig besiegelt. Zahlreiche Mönche und Einsiedler ließen sich nun in Ägypten nieder, wobei sie zuweilen Gräber und Bauwerke der Pharaonen als Behausung wählten. Auch verwandelten sie die antiken Tempel in Kirchen, ehe Kaiser Theodosius I. sie im Jahre 391 per Edikt endgültig schließen ließ.

Bis zu diesem Zeitpunkt hatten die Priester in den Tempeln noch die religiösen und kulturellen Traditionen bewahrt. Als Einzige besaßen sie ein über Jahrhunderte mündlich weitergegebenes Wissen und vermochten die Hieroglyphenschrift zu entziffern. Die späteste bekannte Hieroglypheninschrift aus dem Jahr 394 wurde im Tempel der Isis auf der Nilinsel Philae gefunden. Nach dem Tod des letzten schriftkundigen Priesters geriet die tausendjährige ägyptische Kultur rasch in Vergessenheit und wurde erst viele Jahrhunderte später mühevoll neu entdeckt.

ΔΡΚΟϹ
ΚΡΟΚΟΔΙΛΟΠΑΡΔΑΛΙϹ

Nach dem Fall des römischen Westreiches eroberten im 7. Jahrhundert die Araber Ägypten und riegelten es gegenüber allen Ungläubigen hermetisch ab. Die einzigen Ausnahmen bildeten Kairo und Alexandria. Beide Städte waren wichtige Stationen für Kreuzfahrer und für Pilger, die ins Heilige Land oder zum Berg Sinai wanderten. Auch legten hier die venezianischen Handelsschiffe an, die Gewürze, Edelsteine, Parfüm und Farbgrundstoffe nach Europa brachten. Zu jener Zeit beherrschte Venedig den östlichen Mittelmeerraum und stand in Verbindung mit allen bedeutenden Levantehäfen.
Zu Beginn des 9. Jahrhunderts, vermutlich im Jahr 829, erwarben die beiden venezianischen Kaufleute Bruno di Malamocco und Rustico di Torcello in Ägypten eine Reliquie,

ÄGYPTENREISEN VOM MITTELALTER BIS ZUR NEUZEIT

AUF DEN SPUREN VON KREUZFAHRERN, PILGERN UND ABENTEURERN

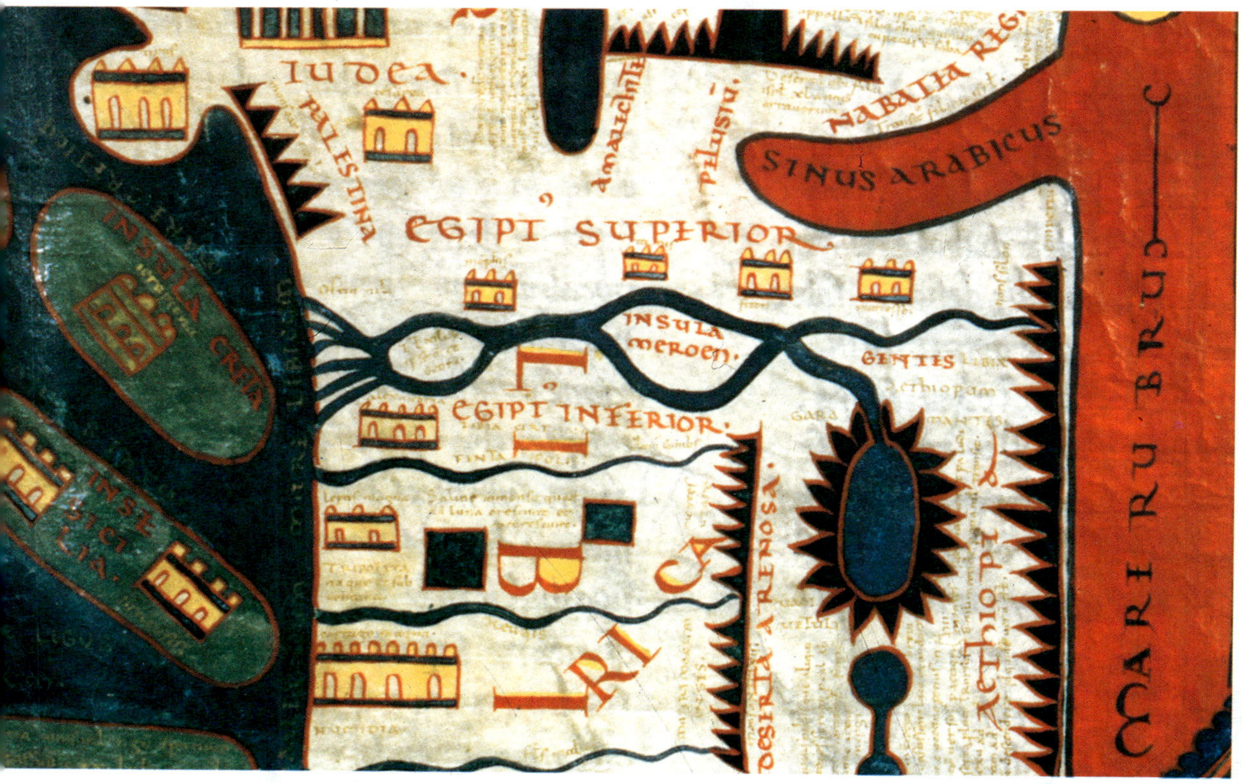

von der man glaubte, es handele sich um die Gebeine des Apostels Markus. Die Italiener brachten sie in ihre Heimatstadt, wo sie in der eigens errichteten Basilica San Marco ruhen. In den darauf folgenden Jahrhunderten verfassten viele Ägyptenreisende – zumeist Kreuzfahrer oder Pilger – Berichte. Der Venezianer Marin Sanudo Torsello (1274–1343) veröffentlichte 1321 sein *Liber secretorum fidelium* Crucis, das unter anderem die Geographie Ägyptens und die wichtigsten Handelsstraßen des Landes beschreibt. 1475 gab Gabriele Capodilista (1420–1477) aus Padua seinen *Itinerario di Terrasanta* heraus. Beide Bücher waren Pilgerführer, die den Reisenden nach Jerusalem oder zum Berg Sinai den Weg erleichtern und die Nachwelt zugleich an eigenen Erlebnissen teilhaben lassen sollten. Zur gleichen Ka-

24 oben links *Der venezianische Arzt und Naturforscher Prospero Alpino reiste 1582 nach Ägypten. Ihm verdanken wir wichtige Erkenntnisse über die Tier- und Pflanzenwelt. Auch vermaß er als Erster die Pyramiden von Gîza, insbesondere die Cheopspyramide.*

24 oben rechts *1656 bereiste der Franzose Jean de Thevenot Ägypten. Er fügte seinem Bericht* Voyage au Levant *einige Illustrationen bei und vermittelte damit erstmals in Europa ein wirklichkeitsgetreues Bild des Orients.*

24 unten *Diese typisch mittelalterliche Karte entsprach dem christlichen Weltbild. Die kreisförmige Erdscheibe war wie ein „T" in einem „O" in drei Bereiche untergliedert, den Mittelpunkt bildete Jerusalem als Zentrum der Christenheit. Zwischen 1042 und 1072 kopierte der Mönch Gregor von Saint-Sever die Karte nach einem Modell des 8. Jahrhundert aus der Beatus-Apocalypse. Vermutlich basierten die Weltkarten dieses Typs auf antiken griechischen Vorlagen, die heute verloren sind.*

25 links *Im Mittelalter und in der Renaissance nannten viele Europäer die Stadt Kairo wegen der gleichnamigen antiken römischen Festung* Babylon. *Der Name leitete sich vermutlich von einer antiken ägyptischen Ortsbezeichnung ab. Hier ist eine Darstellung aus dem* Viazo de Venesia al Sancto Jerusalem *(1500) von Justiniano da Rubiera zu sehen.*

25 oben rechts *Im Jahre 1589 fuhr ein unbekannter Reisender, der „venezianische Anonymus" als erster Europäer nilaufwärts und drang bis nach Theben und Nubien vor. Seine Eindrücke hielt er in einer Handschrift mit dem Titel* Viagio che ò fato l'anno 1589 dal Caiero in Ebrin navigando su per el Nillo *fest, wobei „Ebrin" den nubischen Ort Qasr Ibrim bezeichnet.*

25 unten rechts *Die Kuppelmosaike (13. Jahrhundert) in der Vorhalle der Basilica San Marco in Venedig zeigen unter anderem die Pyramiden von Gîza. Im Mittelalter glaubte man, es handele sich um die in Genesis 41 erwähnten Kornspeicher, die Joseph, der Sohn Jakobs, hatte anlegen lassen. Gott hatte dem ägyptischen Pharao im Traum eine Hungerperiode angekündigt, für die Joseph Korn sammelte.*

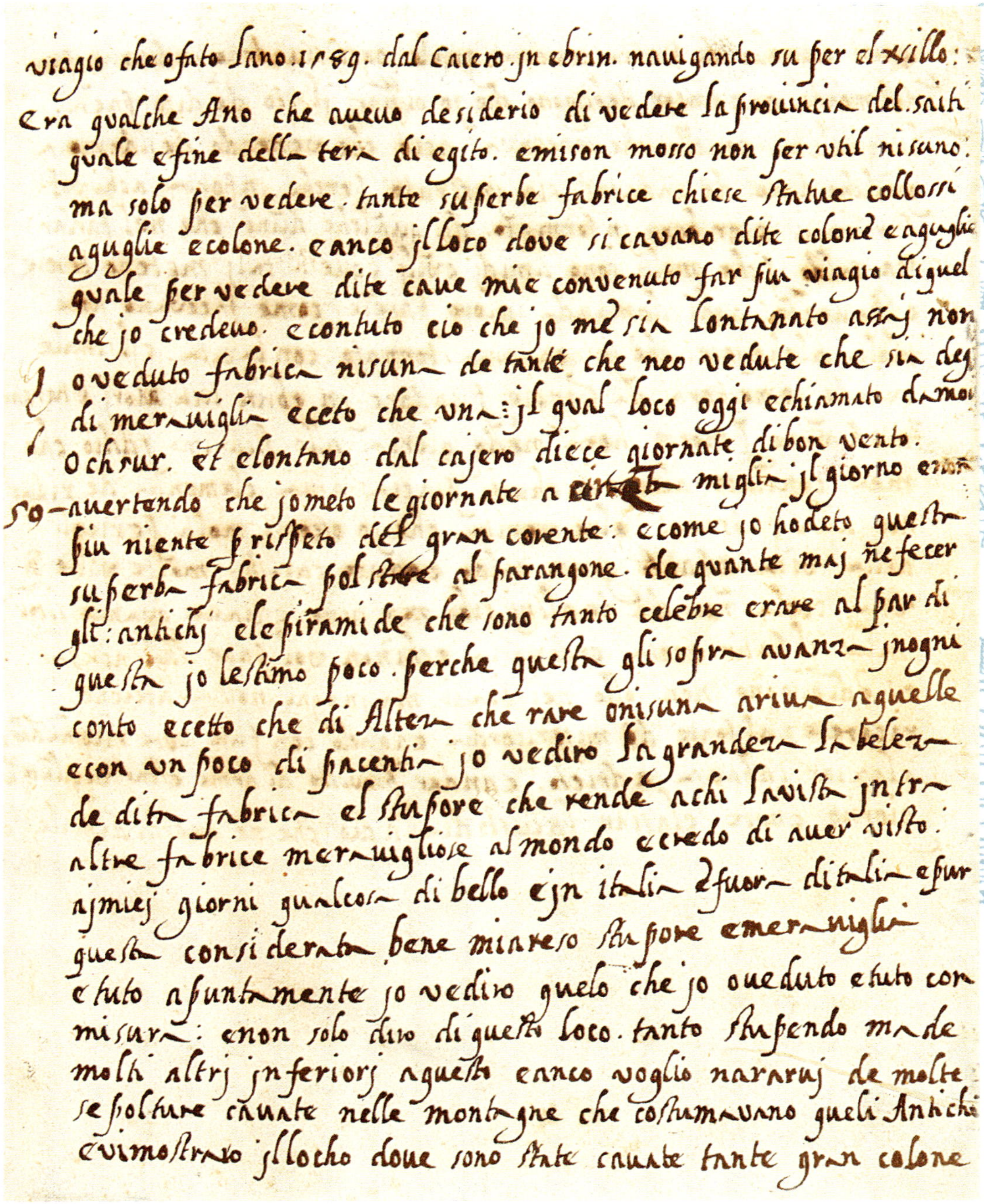
viagio che ofato lanno 1589. dal Caiero jn ebrin. navigando su per el Nillo:
Era qualche Ano che aveuo desiderio di vedere la provincia del saith
quale e fine della tera di egito. e mison mosso non per util nisuno:
ma solo per vedere. tante superbe fabrice chiese statue collossi
aguglie ecolone. e anco jl loco dove si cavano dite colone eaguglie
quale per vedere dite cave mie convenuto far sto viagio diquel
che jo credevo. e contuto cio che jo me sia lontanato assaj non
oveduto fabrica nisuna de tante che neo vedute che sia degna
di meraviglia eceto che una: jl qual loco oggi echiamato damori
Ochrur. et elontano dal cajero diece giornate dibon vento.
50 - avertendo che jo meto le giornate a [illegible] miglia jl giorno e [illegible]
fiu niente prissero del gran corente: ecome jo hodeto questa
superba fabrica sol stare al parangone. de quante maj nefecer
gli antichj ele piramide che sono tanto celebre erare al par di
questa jo lestimo poco. perche questa gli sopra avanza jnogni
conto ecetto che di Altezza che rare onisuna ariva aquelle
econ un poco di pacientia jo vediro la grandezza la belezza
de dita fabrica el stupore che rende achi lavista jntra
altre fabrice meravigliose al mondo ecredo di aver visto
ajmiej giorni qualcosa di bello ejn italia efuora ditalia esur
questa considerata bene minareso stupore emeraviglia
e tuto apuntamente jo vediro quelo che jo oveduto etuto con
misura: enon solo diro di questo loco. tanto stupendo ma de
molti altrj jnferiorj aquesto e anco voglio nararuj de molte
sepolture cavate nelle montagne che costumavano queli Antichi
e vimostraro jllocho doue sono state cavate tante gran colone

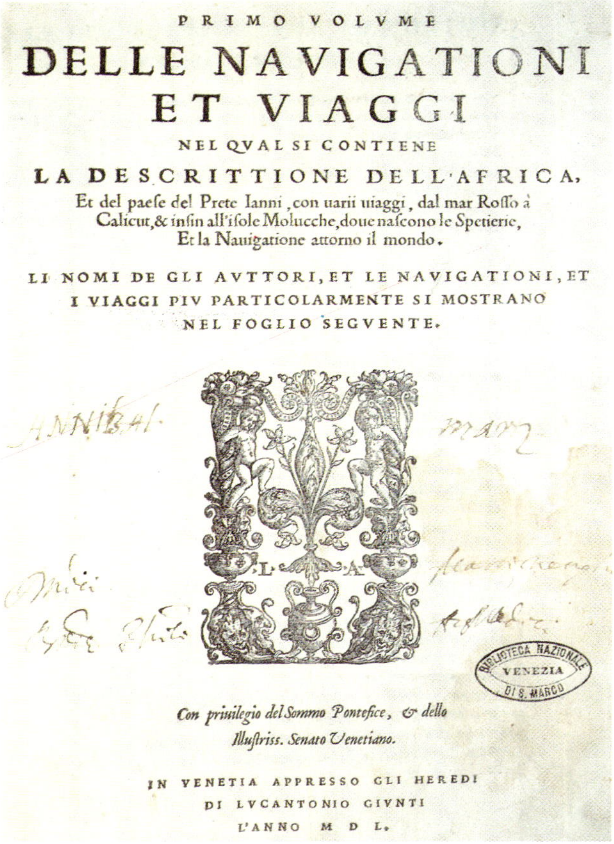

PRIMO VOLVME
DELLE NAVIGATIONI
ET VIAGGI
NEL QVAL SI CONTIENE
LA DESCRITTIONE DELL'AFRICA,
Et del paese del Prete Ianni, con uarii uiaggi, dal mar Rosso à Calicut,& infin all'isole Molucche, doue nascono le Spetierie, Et la Nauigatione attorno il mondo.
LI NOMI DE GLI AVTTORI, ET LE NAVIGATIONI, ET I VIAGGI PIV PARTICOLARMENTE SI MOSTRANO NEL FOGLIO SEGVENTE.
Con priuilegio del Sommo Pontefice, & dello Illustriss. Senato Venetiano.
IN VENETIA APPRESSO GLI HEREDI DI LVCANTONIO GIVNTI L'ANNO M D L.

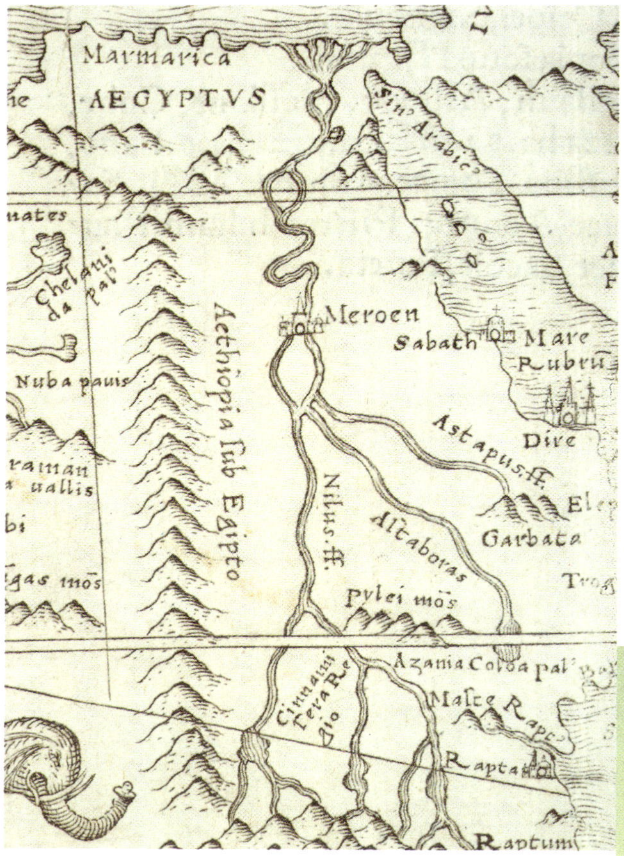

tegorie gehören der *Libro d'Oltramare* von Niccolò da Poggibonsi, Giustiniano da Rubieras *Viazo da Ventia al Sancto Jherusalem et al Monte Sinai* mit immerhin sechzig Auflagen und der *Trattato di Terra Santa* von Franceso Suriano (1450–1524). Zuweilen zog es auch Gelehrte nach Ägypten, zum Beispiel den französischen Arzt und Naturforscher Pierre Belon du Mans (1517–1564), der das Land am Nil 1547 bereiste, oder seinen venezianischen Kollegen Prospero Alpino (1553–1616), der als Erster die Tier- und Pflanzenwelt Ägyptens wissenschaftlich untersuchte. Alpino erreichte Ägypten 1582 und beschrieb unter anderem die Pyramiden von Gîza und die Stadt Kairo mit ihren Moscheen, deren Zahl der Franzose Jaques Sieur de Villamont nach seinem Besuch im Jahre 1590 mit 22 840 angab. Alpino fasste seine Beobachtungen in drei bedeutenden Werken unter den Titeln *Rerum Aegyptiarum Libri Quatuor, De Medicina Aegyptiorum* und *De Plantis Aegypti* zusammen. Auf der Grundlage der genannten Werke und der Berichte von Kaufleuten

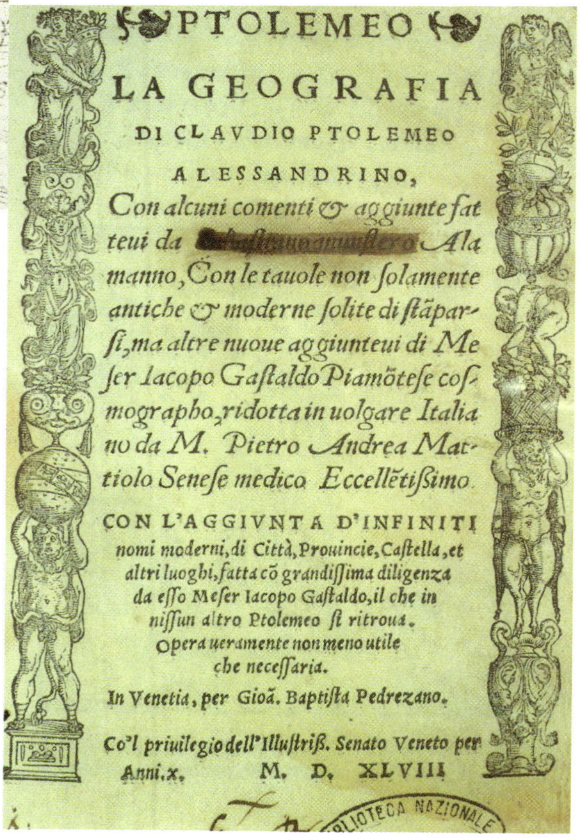

PTOLEMEO
LA GEOGRAFIA
DI CLAVDIO PTOLEMEO
ALESSANDRINO,
Con alcuni comenti & aggiunte fatteui da [redacted] Alamanno, Con le tauole non solamente antiche & moderne solite di stāparsi, ma altre nuoue aggiunteui di Meser Iacopo Gastaldo Piamōtese cosmographo, ridotta in uolgare Italiano da M. Pietro Andrea Mattiolo Senese medico Eccellētissimo.
CON L'AGGIVNTA D'INFINITI nomi moderni, di Città, Prouincie, Castella, et altri luoghi, fatta cō grandissima diligenza da esso Meser Iacopo Gastaldo, il che in nissun altro Ptolemeo si ritroua. Opera ueramente non meno utile che necessaria.
In Venetia, per Gioā. Baptista Pedrezano.
Co'l priuilegio dell'Illustriß. Senato Veneto per Anni. x. M. D. XLVIII

26 oben links *Im ersten Band seines 1550 veröffentlichten Werkes* Delle Navigationi et Viaggi *sammelte der venezianische Diplomat Giovanni Battista Ramusio viele neue geographische Daten. Sie stammten aus den Berichten der großen Entdecker und aus Quellen, zu denen er als Beamter der Serenissima Repubblica di Venezia Zugang gehabt hatte.*

26 unten links u. unten rechts *1475 erschien die erste gedruckte Ausgabe der* Geographia *von Claudius Ptolemäus. Sie hielt das geographische Wissen der Antike fest und hatte zuvor nur als griechische und lateinische Handschrift vorgelegen. 1584 gab der venezianische Kartograph Giacomo Gastaldi mit großem Erfolg auch eine Taschenausgabe des Werkes heraus.*

und Diplomaten entstand im Mittelalter und in der Renaissance ein Bild, das Ägypten im Wesentlichen mit einigen Küstenstädten und Sehenswürdigkeiten gleichsetzte. Die meisten Reisenden verweilten allenfalls bei Stätten in der Nähe von Kairo wie den Pyramiden von Gîza oder den Ruinen des antiken Memphis, die Jacques Sieur de Villamont als Erster identifiziert hatte und nur wenige wagten sich zu weiter im Landesinneren gelegenen Bauwerken vor. Zu den beliebten Zielen gehörte noch die Nekropole von Sakkâra, wo die Besucher sich mit Andenken – kleineren Funden und nicht zuletzt Teilen von Mumien – eindeckten. Die gleichen Souvenirs boten jedoch auch die Kaufleute in den Basaren von Kairo feil und im ausgehenden Mittelalter begann der Handel mit Mumienpulver zu blühen, dem die Europäer außergewöhnliche Heilkräfte zuschrieben. Einige Jahrzehnte später war die Nachfrage so stark gestiegen, dass die gewitzten Ägypter falsche Mumien herzustellen begannen. 1589 unternahm erstmals ein Europäer eine reine „Touristenreise" nach Ägypten. Dieser Unbekannte, den man späterhin den „venezianischen Anonymus" nannte, wollte die antiken Kunstschätze des Landes kennen lernen und fuhr als Erster nilaufwärts bis nach Nubien. Er hinterließ einen spannenden Abenteuerbericht mit dem Titel *Viaggio che ô fato l'anno 1589 dal Caiero in Ebrin navigando su per el Nillo.* Kaum ein Jahrhundert später folgte der Dominikanerpater Johann Michael Wansleben auf Anweisung des französischen Finanzministers Colbert den Spuren des Anonymus nach Oberägypten bis in die Stadt Sohag, rund 500 Kilometer südlich von Kairo. Auch er veröffentlichte sein Reisetagebuch, die *Nouvelle relation en forme de journal d'un voyage fait en Egypte en 1672 & 1673 par le P. Vansleb.* Der Erste, der Ägypten und den Nahen Osten in Europa nicht nur durch Worte, sondern auch durch Bilder bekannt machte, war jedoch der Pariser Jean de Thevenot, Verfasser des 1664 erschienenen Buches *Voyage au Levant.* Thevenot unternahm zwei ausgedehnte Reisen in den Mittleren Orient und gelangte dabei bis nach Persien und Ägypten, wo er jedoch wie die meisten seiner Zeit-

26–27 *Für seine Weltkarte verwendete der große Astronom Ptolemäus die von ihm entwickelte Form der Kegelprojektion. Die Karte ist das einzige heute noch vorhandene Dokument, das die Grundelemente der antiken hellenistischen Kartographie enthält. In der Darstellung des Ptolemäus entspringt der Nil aus zwei Quellbecken nahe der Mondberge.*

27 *Diese Karte des Nils stammt aus dem berühmten Kodex des Kardinals Bessarion von Trapezunt. Sie ist mit dem originalen Text der Geographia von Claudius Ptolemäus beschriftet, von der 52 handschriftliche Exemplare erhalten blieben. Bessarion fügte eigene Anmerkungen mit roter Tinte hinzu.*

genossen lediglich Alexandria, Kairo, die Pyramiden von Gîza und Sakkâra besichtigte.
Welch spärliche Kenntnisse die Europäer von Ägypten und dem afrikanischen Kontinent überhaupt besaßen, spiegeln auch die Landkarten jener Zeit wider. Im 2. Jahrhundert hatte der Geograph Claudius Ptolemäus aus Alexandria als einer der Ersten Ägypten und den Nil kartiert. Sein Werk erschien 1475 unter dem Titel *Geographiae libri octo* und beeinflusste nachfolgende Geographen stark. Die Umrisse Afrikas sind darin nur annähernd wiedergegeben und der Nil entspringt aus zwei großen Becken nahe der fiktiven „Lunae Montes", der Mondberge. Ganz ohne Bezug zur Wirklichkeit ist der Verlauf des Nils in der berühmten *Mappa mundi* aus dem Jahre 1290, die heute in der Kathedrale von Hereford, England, aufbewahrt wird. Die gleichfalls bekannte Karte des Kamaldulensermönchs Fra' Mauro aus dem Jahre 1459, die heute in der *Biblioteca Marciana* in Venedig liegt, greift das ptolemäische Bild auf, zeigt jedoch deutlich mehr Details von Ägypten und enthält eine Reihe von Anmerkungen zu den wichtigsten Stätten. So erklärt der Kartograph zum Beispiel zu Ursprung und Funktion der Pyramiden von Gîza, sie hätten als „Kornkammern des Pharao" gedient. Fra' Mauros Karte orientiert sich an zwei früheren Werken, an der Planisphäre, die der Genuese Pietro Vesconte 1321 für Marin Sanudo Torsellos *Liber secretorum fidelium Crucis* entworfen hatte, und an einem 1436 veröffentlichten *Atlante nautico* des Venezianers Andrea Bianco, der seinerseits auf die ptolemäischen Karten zurückgreift. Im Zuge der Reisen, die Bartolomeu Diaz, Vasco da Gama und Ferdinand Magellan unternahmen, ersetzten präzisere Angaben die vagen Informationen ptolemäischen Ursprungs. So entstanden im Laufe der Zeit wirklichkeitsgetreuere Karten Afrikas.
Der venezianische Diplomat Giovanni Battista Ramusio verband im ers-

28 oben *1290 zeichnete Richard of Haldingham die Mappa Mundi, die sich heute in der Kathedrale von Hereford (Herefordshire, England) befindet. Sie zählt zu den ältesten Exemplaren dieses Typs von Darstellungen der bekannten Welt und vereint phantastische Elemente mit dem Versuch, die Wirklichkeit abzubilden. Im rechten oberen Teil liegt das Rote Meer mit der Halbinsel Sinai, noch weiter rechts der Nil mit zahlreichen befestigten Städten zu beiden Ufern, dessen Hauptstrom in einer langen Gebirgskette entspringt und ins Mittelmeer mündet.*

29 unten *Auf ein fast vier Quadratmeter großes Pergament zeichnete der Mönch Fra' Mauro 1459 seine* Mappa Mundi. *Sie ist nach Süden ausgerichtet und mit zahlreichen Bildern sowie Kommentaren des Kartographen versehen. Zu den Pyramiden von Gîza etwa bemerkt er: „Diese Pyramiden sollen die Kornkammern des Pharao gewesen sein".*

28 unten *Die um 1450 entstandene Karte von Modena stammt aus der katalanischen Schule, einer Kartographenschule mit Sitz auf Mallorca, die mit der venezianischen und der genuesischen Schule rivalisierte. Die Katalanen verwendeten neuartige Symbole: Königreiche stellten sie etwa durch Herrscher in großen Zelten dar. Der Verlauf des Nils, dessen westlicher Zufluss hier mit dem Niger verbunden ist, stimmt mit der Wirklichkeit kaum überein.*

29 oben *Der* Atlante Nautico *(1554) von Battista Agnese stellt den Nil der ptolemäischen Tradition entsprechend dar. Viele Einzelheiten weist die Karte in Nubien auf, so sind Meroë, Napata und Assuan* (Syene) *verzeichnet, im übrigen Ägypten dagegen lediglich Kairo und Alexandria.*

ÆGYPTUS INFERIOR
DELTA
AUGUSTAMNICA
ARABIA PETRÆ
HEPTANOMIS
ÆGYPTUS SUPERIOR
THEBAIS
HEROOPOLITES SINUS
ARABES ÆGYPTII ICHTHYOPHAGI
SINUS ARABICUS
RED SEA
Plinthinetes Sinus
Arabs Gulf
Alexandria
Canopus
Sebennyticum Ostium
Phatmeticum vel Phatniticum Ostium
Mendesium Ostium
Taniticum Ostium
Pelusium
Casius M.
Sirbonis Palus
Rhinocorura
Gaza
Raphia
Mareotis Lacus
Nitria
Scete
Oasis Parva
XXXIX
Tryntheos Oasis Minor
Heliopolis vel On
Babylon
Serapeum
Pyramides
Memphis
Arsinoe vel Cleopatris
Suez
Clysma
Ælana vel Ailath
Melanes Montes
Sina Mons
Gebel Tour
Pharan
Mœris L.
Arsinoe vel Crocodilopolis
Heracleopolis Magna
Aphroditopolis
Oxyrynchus
Behnese
Alabastronpolis
Cynopolis
Speos Artemidos
Hermopolis Magna
Ashmounein
Antinoe prius Besa
Ensene
Lycopolis
Siout
Antæopolis
Aphroditopolis
Chemmis vel Panopolis
Akmim
Ptolemais Hermii
Abydus
Porphyrites Mons
Myos hormos sive Muris Statio
Philoteras Portus
Diospolis Parva
Tentyra vel Tentyris
Dendera
Coptos
Kest
Apollinopolis Parva
Kous
Phœnicon
Didyme
Aphrodito
Compasi
Hydreum Jovis
Aristonis
Phalacrum
Hydreum Apollinis
Cabalsi
Thebæ
Diospolis Magna
Louksor
Hermonthis
Crocodilopolis
Tuphium
Aphroditopolis
Asna
Latopolis
Eilethyia vel Lucinæ Civitas
Apollinopolis Magna
Adfou
Silsilis
Ombos
Koum Ombo
Leucos
Albus Portus
Nechesia
Smaragdus M.
Lambe
Basanites Lapis M.
Tino des Mt
sive Arenosus M.
Ramlie
Hibe
XXXVIII
El-Wah, Oasis Magna
NOMORUM
(sive Præfecturarum)
Series
ÆGYPTI INFER.
I. Alexandrinorum
II. Menelaitis
III. Andropolites et Gynæcopolites
IV. Letopolites
V. Nitriotis
VI. Metelites
VII. Phthenote
VIII. Cabasites
IX. Saites
X. Naucratites
XI. Phthembuthi
XII. Prosopites
XIII. Sebennytes Superior
XIV. Sebennytes Inferior
XV. Omiphites
XVI. Busirites
XVII. Xoites
XVIII. Mendesius et Thmuites
XIX. Nout
XX. Tanites
XXI. Sethroites
XXII. Arabiæ
XXIII. Leontopolites
XXIV. Athribites
XXV. Bubastites
XXVI. Phabæthites
XXVII. Heroopolites
XXVIII. Phagroriopolites
XXIX. Heliopolites
HEPTA NOMID.
XXX. Memphites
XXXI. Arsinoites
XXXII. Heracleopolites
XXXIII. Oxyrynchites
XXXIV. Cynopolites
XXXV. Hermopolites
XXXVI. Aphroditopolites
XXXVII. Antinoites
XXXVIII. }
XXXIX. } Oasitæ duce
ÆGYPTI SUPER.
XL. Lycopolites
XLI. Hypselites
XLII. Aphroditopolites
XLIII. Antæopolites
XLIV. Panopolites
XLV. Thinites
XLVI. Diospolites
XLVII. Tentyrites
XLVIII. Coptites
XLIX. Thebarum
L. Phaturites
LI. Hermonthites
LII. Apollopolites
LIII. Ombites
MENSURÆ ITINERARIÆ
MILLIARIA ROMANA, Hexapodis 756 definita.
25 50 75 100
Stadia Olympica, quorum octo æquant Milliarium.
400 800
Stadia, quorum decem intra Milliarii spatium continentur.
500 1000
Stadia, quorum 60 Schæni Ægyptiaci mensuram definiunt.
500 1000 1500
Schæni Ægyptiaci, quatuor æquantes Milliaria.
5 10 15 20 25
Leucæ, Hexapodis Parisinis 2500 constantes.
5 10 15 20 25 30

ten Band seines Traktates *Delle navigationi et Viaggi* (1550) die Erkenntnisse aus den Entdeckungsreisen mit seinen eigenen Erlebnissen und jenen Nachrichten, die ihm als venezianischem Beamten zugeflossen waren. Zu jener Zeit war die *Serenissima Repubblica* Sitz einer der bedeutendsten Kartographenschulen der Welt und wurde ständig mit den neuesten Informationen versorgt. Dank Ramusios Werk konnte der Kartograph Giacomo Gastaldi 1548 im Anschluss an eine Neuauflage der ptolemäischen *Geographia* die ersten modernen Darstellungen Afrikas sowie eine Generalkarte Ägyptens mit Einzelheiten des Nildeltas veröffentlichen.

Auch der *Atlante nautico* von Battista Agnese aus dem Jahr 1554 basiert auf Ramusios Abhandlung. Da es sich als unmöglich erwies, die neuen Fakten in die traditionellen, häufig jedoch völlig aus der Luft gegriffenen Darstellungen einzuarbeiten, besteht der Atlas aus zwei Arten von Karten, den *Tabulae antiquae*, die auf der klassischen Überlieferung beruhen, und den *Tabulae novae*, welche die neuen Erkenntnisse verarbeiten. Für seinen großen Atlas *Theatrum Orbis Terrarum*, der 1570 erschien, bereitete der Geograph Abraham Ortelius eine äußerst genaue Karte Ägyptens vor, an deren Herstellung der Seefahrer und Entdecker Filippo Pigafetta aus Vicenza mitwirkte. Der Cousin des noch bekannteren Antonio Pigafetta, der die Ostindienreise Magellans als Chronist begleitet hatte, verfasste das Buch *Viaggio da Creta in Egitto e al Sinai* 1576–1577 und fügte einem weiteren Werk, der *Relazione del reame di Congo e delle circomvicine contrade* von 1591, eine große Karte vom Lauf des Nils bei.

In den ersten Jahrzehnten des 17. Jahrhunderts kam eine neue Generation von Atlanten und Karten auf den Markt, die nun alle neuen Erkenntnisse und Fakten der Entdeckungsreisen aufgenommen hatten: Die Holländer Jan Blaeu (1662) und Olivier Dapper (1686) sowie der Venezianer Vicenzo Maria Coronelli (1692) gehörten zu den herausragendsten Vertretern der neuen Kartographen, deren Darstellungen Ägyptens und des Nils bereits relativ

30 *Die Karte, die der französische Geograph Jean Baptiste Bourguignon d'Anville 1766 zeichnete, basierte auf den Reisen der großen Entdecker des 18. Jahrhunderts. Die erste moderne Ägyptenkarte wurde noch zu Beginn des 19. Jahrhunderts benutzt.*

31 *1570 gab der große Kartograph Abraham Ortelius aus Antwerpen den berühmten Atlas* Theatrum Orbis Terrarum *heraus. Er enthält auch eine der ersten modernen Karten Ägyptens, hier in einer Ausgabe von 1592.*

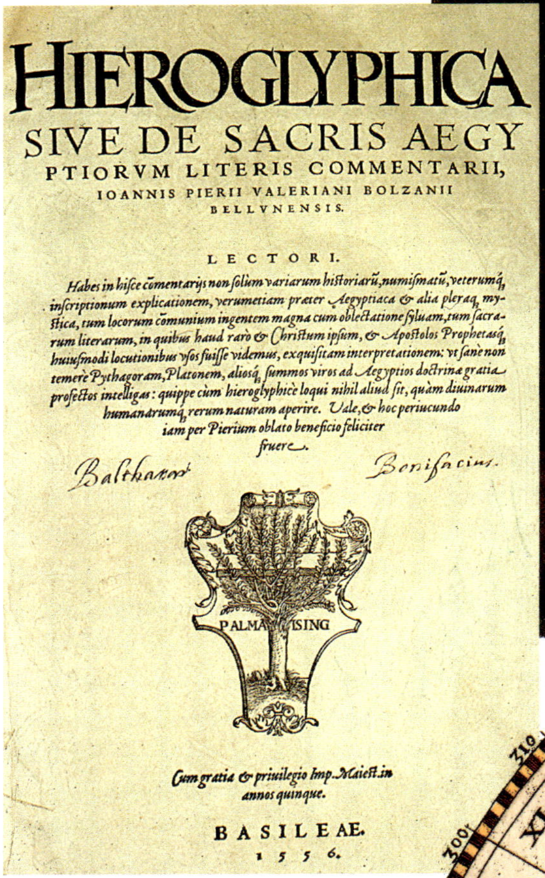

HIEROGLYPHICA
SIVE DE SACRIS AEGYPTIORVM LITERIS COMMENTARII,
IOANNIS PIERII VALERIANI BOLZANII BELLVNENSIS.

LECTORI.

Habes in hisce cõmentariis non solum variarum historiarũ, numismatũ, veterumq́, inscriptionum explicationem, verumetiam præter Aegyptiaca & alia pleraq́ mystica, tum locorum cõmunium ingentem magna cum oblectatione syluam, tum sacrarum literarum, in quibus haud rarò & Christum ipsum, & Apostolos Prophetasq́ huiusmodi locutionibus vsos fuisse videmus, exquisitam interpretationem: vt sane non temere Pythagoram, Platonem, aliosq́ summos viros ad Aegyptios doctrinæ gratia profectos intelligas: quippe cùm hieroglyphicè loqui nihil aliud sit, quàm diuinarum humanarumq́ rerum naturam aperire. Vale, & hoc periucundo iam per Pierium oblato beneficio feliciter fruere.

Balthazar Bonifacius

PALMA SING

Cum gratia & priuilegio Imp. Maiest. in annos quinque.

BASILEAE.
1556.

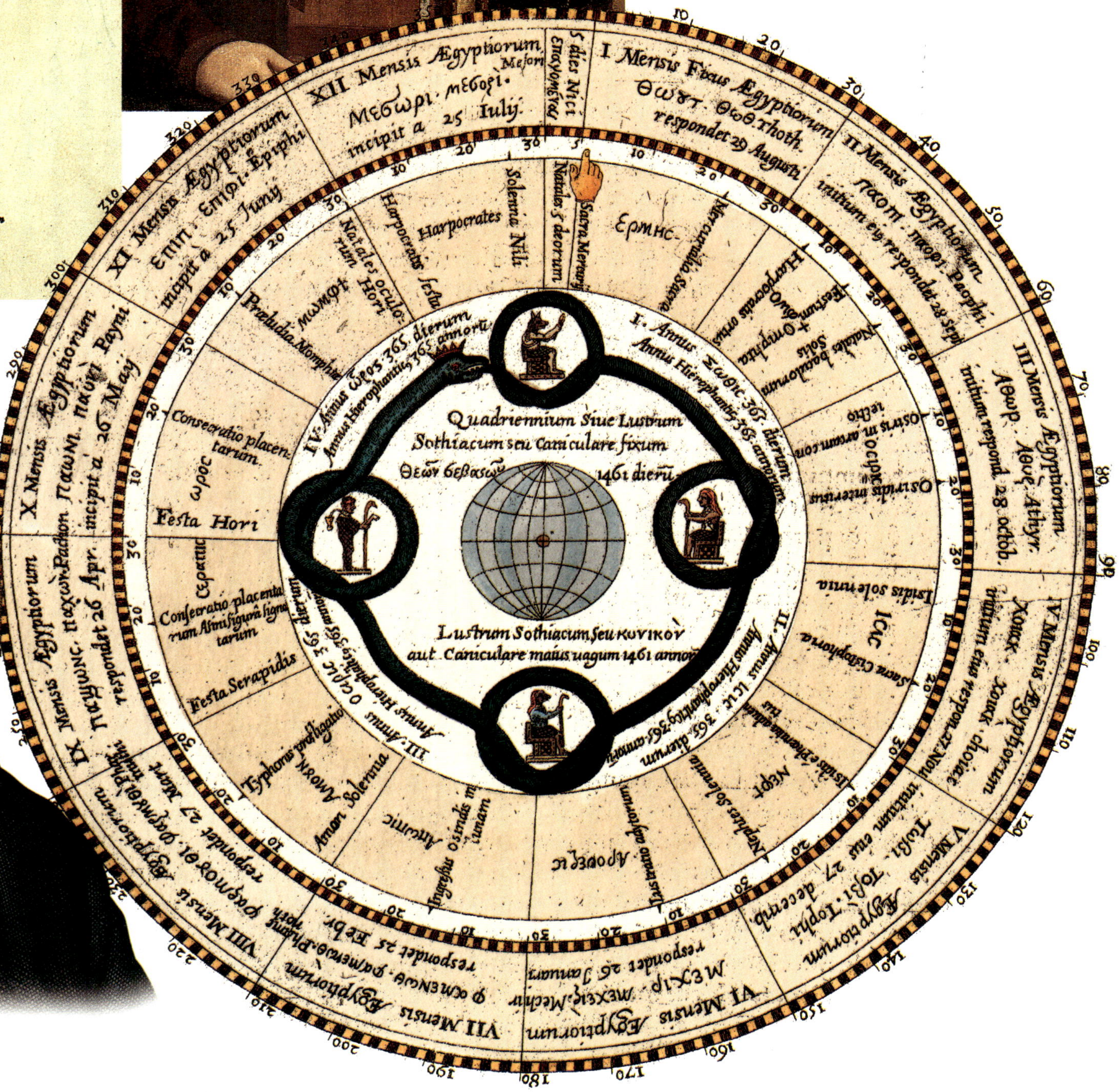

32 oben links
1556 erschien in Basel Pierio Valerianos berühmter Band Hieroglyphica sive De sacris Aegyptiorum literis commentarii, *der das gesamte Wissen der Renaissance vereint. Das Buch wurde 17-mal neu aufgelegt und ins Italienische, Französische und Deutsche übersetzt. Valeriano versuchte, die Hieroglyphen gemäß der christlichen Lehre zu interpretieren und verlieh den Zeichen daher eine moralische Bedeutung.*

exakt mit der Wirklichkeit übereinstimmten. Allerdings vergingen noch über fünfzig Jahre, bis der französische Geograph Jean Baptiste Bourguignon d'Anville die erste moderne Karte Ägyptens veröffentlichte, die auf Fahrten großer Entdecker des 18. Jahrhunderts beruhte. Hierzu gehörten neben Pater Claude Sicard vor allem der dänische Kapitän Frederik Norden und Reverend Richard Pococke, deren Berichte alle Reisenden bis in die ersten Jahrzehnte des 19. Jahrhunderts hinein instruierten.

Ägypten galt als mythischer Ursprungsort der Weisheit und der Geisteswissenschaften und faszinierte daher die Gelehrten der Renaissance, die sich von den Geheimnissen der Kultur und besonders der nicht zu entziffernden Hieroglyphenschrift angezogen fühlten. Obelisken, mit Hieroglyphen verzierte ägyptische Funde, aber auch Objekte römischer Herkunft wie die berühmte *Mensa Isiaca,* eine dünne Bronzetafel mit Einlegearbeiten aus Silber aus dem 1. Jahrhundert, die sich heute im Ägyptischen Museum in Turin befindet, zogen die Aufmerksamkeit der Gelehrten jener Zeit immer aufs Neue auf Ägypten und die Hieroglyphenschrift. Letztere deutete man in der Regel allegorisch, denn man ging davon aus, dass sie einen zutiefst mystischen Inhalt verschlüssele. 1647 tauchte in Makedonien eine Handschrift auf, die der bekannte Humanist Marsilus Ficinus aus dem Griechischen übersetzte und die diese These zu bestärken schien: Sie enthielt den so genannten *Corpus Her-*

32 oben rechts *Giovan Pietro dalle Fosse wurde 1477 in Belluno geboren und nahm später den akademischen Namen Pierio Valeriano an. Als einer der ersten Humanisten versuchte er, die Hieroglyphenschrift zu entschlüsseln.*

32 unten links *Der 1602 in Geisen geborene deutsche Jesuit Athanasius Kircher widmete sich ebenfalls der Hieroglyphenschrift. Er erkannte, dass das Koptische die letzte Stufe des Altägyptischen darstellt und trug damit wesentlich zur späteren Entschlüsselung der Hieroglyphen bei, wenngleich er hinter ihnen einen rein symbolischen Gehalt vermutete.*

32 unten rechts *Kircher bemühte sich, Parallelen zwischen dem altägyptischen Kalender, dem Tierkreis und dem gregorianischen Kalender zu ziehen. Hierzu entwarf er ein komplexes Modell, die* Rota Chronica ex mente Aegyptiorum. *Die Schlange im Zentrum umschließt die vier sothischen Himmelsgottheiten, Isis, Osiris, Horus und Sothis.*

33 *Ausführlich studierte Kircher die römischen Obelisken und versuchte vergeblich, ihre Inschriften zu entziffern. Besonders lange befasste er sich mit dem Obelisk des Domitian auf der Piazza Navona und jenen auf der Piazza della Minerva und der Piazza del Popolo. Mit großer Sorgfalt übertrug er die Schriftzeichen des hier abgebildeten Obelisken auf der Piazza di Spagna.*

meticum, eine Sammlung mystischer und esoterischer Texte, und sollte von einem fiktiven Verfasser, Hermes Trismegistos, stammen. Der Überlieferung zufolge handelte es sich um Offenbarungen des ägyptischen Weisheitsgottes Thot, den die Tradition mit dem griechischen Götterboten Hermes gleichsetzte. Der zweite Namensbestandteil des Autors, „Trismegistos", bedeutete „dreimal so groß" und war ein Beiname Thots. Zu Beginn des 15. Jahrhunderts erwarb ein florentinischer Priester in Griechenland ein weiteres Manuskript, das den Titel *Hyeroglyphica* trug. Es war das ursprünglich in koptischer Sprache geschriebene, später ins Griechische übersetzte Werk des Horapollo Niloo, eines Gelehrten, der im 5. Jahrhundert in Alexandria gelebt hatte. Horapollo kannte die Bedeutung von etwa 30 Zeichen, nicht aber die Struktur und den Mechanismus der Hieroglyphenschrift. Gleichwohl hatte sein 1505 publiziertes Werk einen solchen Erfolg, dass es dreißigmal hintereinander aufgelegt wurde. Auf seiner Grundlage versuchten viele Humanisten, die Hieroglyphenschrift zu entschlüsseln. Einen Namen machten sich in diesem Zusammenhang vor allem Athanasius Kircher und Pierio Valeriano, der eigentlich Giovan Pietro Dalle Fosse hieß. Valeriano wurde 1477 in Belluno geboren und studierte zunächst in Venedig. Hier lebte sein Onkel, der Humanist Fra' Urbano Dalle Fosse, genannt „Bolzanio", der Griechenland und die Türkei bereist hatte. Valeriano setzte seine Studien in Padua fort, ging dann für etwa drei Jahre nach Verona und ließ sich schließlich in Rom nieder, wo er sich mit dem klassischen Altertum sowie den griechischen und lateinischen Autoren beschäftigte. Nach einem einjährigen Aufenthalt in Neapel kehrte er nach Rom zurück und unterrichtete die Neffen von Papst Clemens VII. und Papst Paul III. Trotz dieser bedeutenden Aufgabe entschloss sich Valeriano, Rom zu verlassen und ging nach der Priesterweihe in seine Heimatstadt Belluno zurück. Viele Jahre arbeitete er an seinem Hauptwerk, das 1556 in Basel unter dem Titel *Hieroglyphica sive De sacris Aegyptiorum literis commentarii* erschien und die Summe des gesamten Wissens der Renaissance enthält. Das Cosimo de'-Medici gewidmete Buch wurde siebzehnmal aufgelegt und ins Italienische, Französische und Deutsche übersetzt. Valeriano bemühte sich darin um eine christliche und moralisierende Interpretation der Hieroglyphenschrift und versah seine Ausführungen mit zahlreichen Illustrationen. Über ein Jahrhundert lang galt Valerianos *Hieroglyphica* als Standardwerk für jeden, der sich mit der altägyptischen Schrift beschäftigte. Der zweite bedeutende Hieroglyphenforscher des 17. Jahrhunderts war Athanasius Kircher, ein 1602 in Geisa geborener deutscher Jesuit. Er lehrte in Würzburg Philosophie, Mathematik und orientalische Sprachen, ehe er 1635 die Professur für Mathematik am *Collegium Romanum* übernahm. Daneben betrieb Kircher ausgedehnte archäologische Studien und versuchte die koptische Sprache sowie die Hieroglyphenschrift zu übersetzen. Seine Ergebnisse fasste er unter dem Titel *Prodromus Coptos sive Aegyptiacus...* zusammen. Zuvor hatte Kircher an der Veröffentlichung

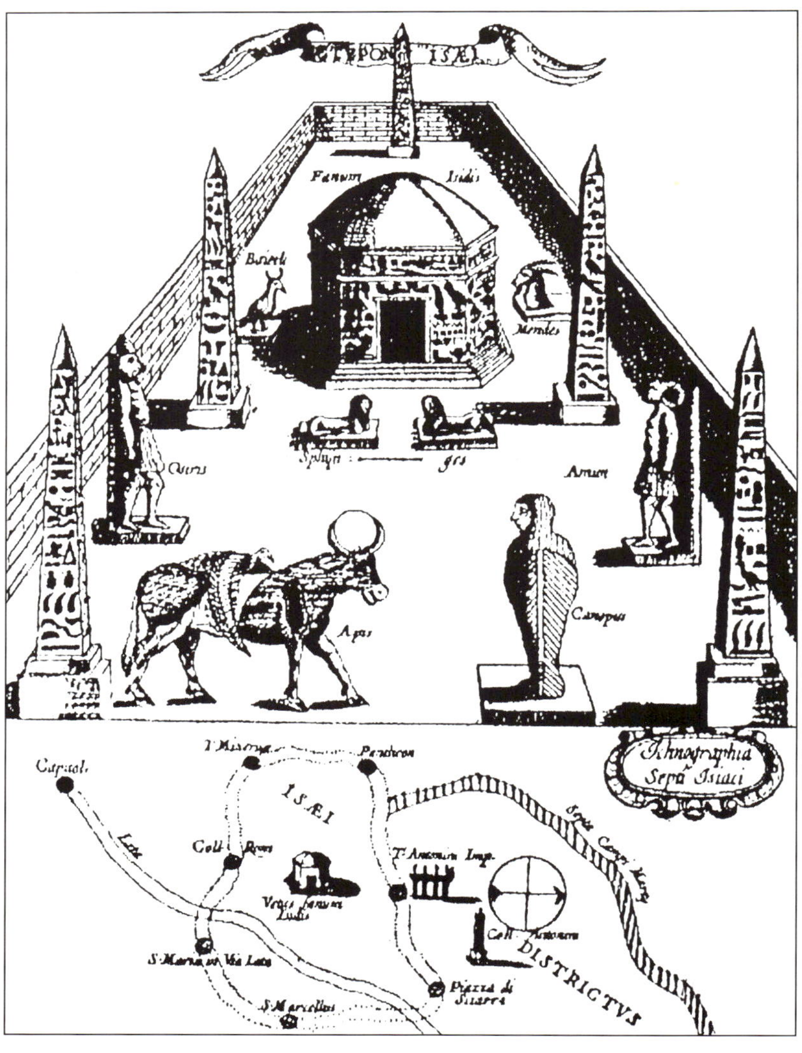

34 *In einem seiner letzten Werke mit dem Titel* Obelisci Aegyptiaci nuper inter Isaei Romani rudera effossi interpretatio hieroglyphica *(1666) bemühte sich Kircher unter anderem, die ursprüngliche Anlage des Marsfeldes in Rom mit dem Isistempel zu rekonstruieren.*

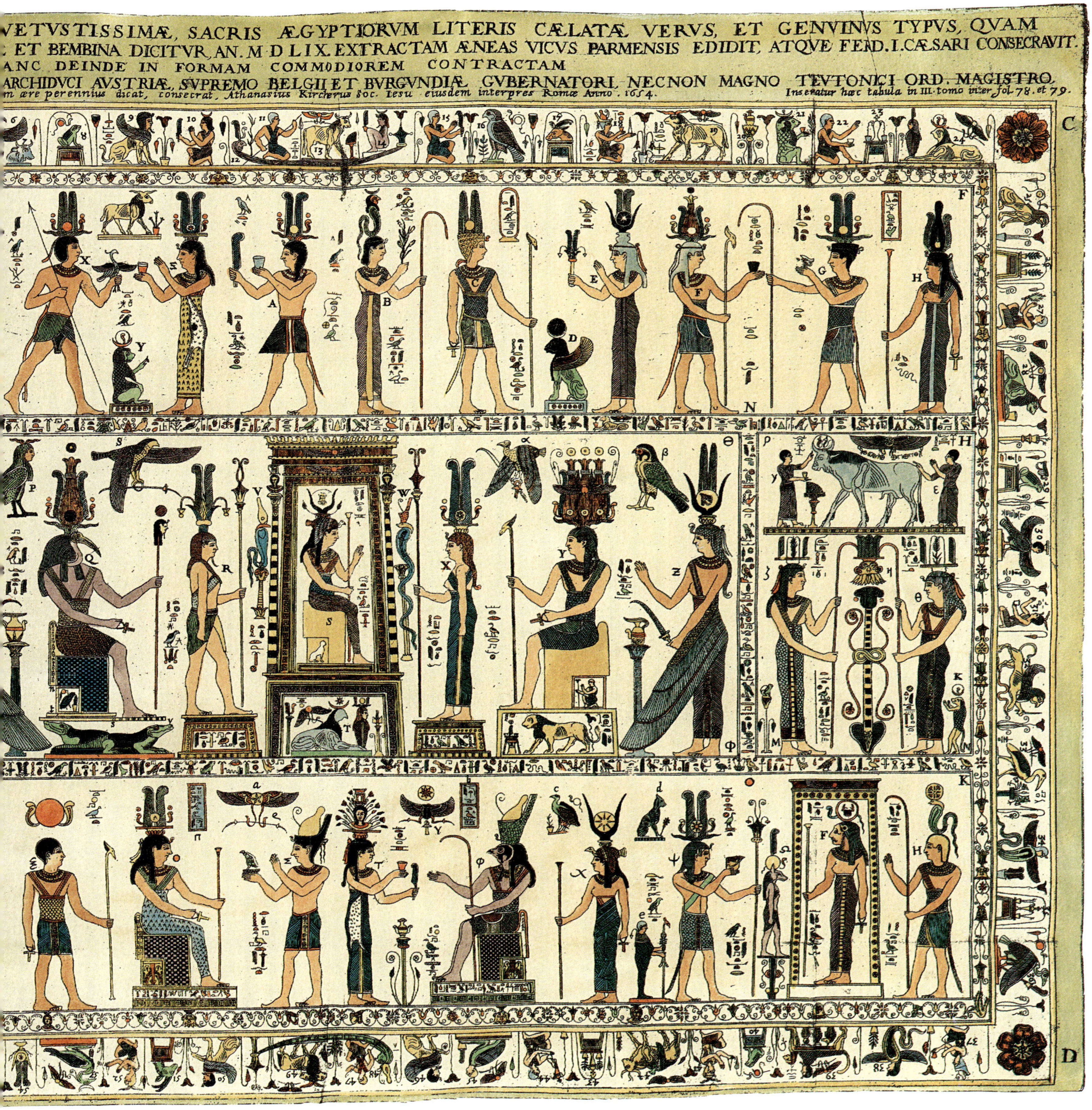

eines arabisch-koptischen Wörterbuches mitgewirkt, das der berühmte Reisende und Humanist Pietro della Valle im Orient erworben hatte. In seinem Essay *Lingua Aegyptiaca restituta* aus dem Jahr 1643 erkannte Kircher richtig, dass das Koptische die Endstufe der ägyptischen Sprache darstellt, hob jedoch den rein symbolischen Gehalt und die nur Eingeweihten erschlossene Bedeutung der Hieroglyphenschrift hervor. Im Auftrag von Papst Alexander VII. versuchte Kircher sodann, die Inschriften der römischen Obelisken zu entschlüsseln, die Sixtus V. zwischen 1586 und 1589 wieder hatte aufstellen lassen. Außerdem richtete Kircher nahe dem Collegium Romanum ein Museum zu didaktischen Zwecken ein, das bis zur Auflösung des Kirchenstaates fortbestand. 1652 veröffentlichte der unermüdliche Gelehrte das vierbändige Werk *Oedipus Aegyptiacus*, das nach allgemeiner Einschätzung bis zu Denons *Voyage* und der *Description de l'Egypte* wie kein anderes Buch zur Kenntnis der Antike beitrug.

34–35 *Kircher interessierte sich auch für die so genannte* Tabula Isiaca *oder* Mensa Isiaca. *Sie wurde auch* Tabula Bembi *genannt, weil sie zur Sammlung des italienischen Kardinals Pietro Bembo gehörte, ehe die Gonzaga aus Mantua und später das Haus Savoyen den seltenen Fund erwarben. 1525 stieß man in Rom auf die Bronzetafel, die der Humanist Lorenzo Pignoria aus Padua 1605 erstmals untersuchte. Texte in Hieroglyphenschrift umgeben zahlreiche Gottheiten, die Gaben verteilen oder empfangen.*

DIE ERSTEN REISENDEN DES 18. JAHRHUNDERTS

AUF DEN SPUREN EINER ANTIKEN KULTUR

36 *Im 18. Jahrhundert dienten die antiken Stätten der Pharaonen als Steinbrüche oder sogar Behausungen. Der französische Maler Louis François Cassas hielt dies in einem seiner Bilder fest.*

36–37 oben *Pater Claude Sicard, der als Erster das antike Theben mit den Ruinen von Luxor und Karnak identifizierte, zeichnete die wichtigsten religiösen Zentren Altägyptens auf seiner* Carte de la Basse Thébaïde *(1717) ein.*

36–37 unten *Der dänische Marinekapitän Frederik Norden war ein begabter Zeichner und talentierter Architekt. Als Erster fertigte er naturgetreue Zeichnungen der ägyptischen Bauwerke, die er seinem 1755 postum veröffentlichten Bericht* Voyages d'Egypte et de Nubie *beifügte. Seine Bilder der Sphinx von Gîza, die hier erstmals mit abgebrochener Nase erscheint, sind wohlproportioniert und vermitteln einen genauen Eindruck des Monuments.*

Im 16. und 17. Jahrhundert war Ägypten ein imaginäres Land zwischen Phantasie und Wirklichkeit gewesen, nun, im 18. Jahrhundert, begann man es geographisch zu erforschen. Keiner verkörpert in diesem Zusammenhang den Geist des Jahrhunderts so gut wie der Lothringer Benoît de Maillet. 1656 in Saint Mihiel geboren, wurde er 1692 zum französischen Generalkonsul in Ägypten ernannt und lebte dort sechzehn Jahre bis 1708. De Maillet, dessen Denken und Handeln eher einem Diplomaten des beginnenden 19. Jahrhunderts entsprach, zeigte sich überaus aufgeschlossen für die wissenschaftliche Erforschung Oberägyptens und der Pharaonenkultur. Unter anderem veröffentlichte er einen Querschnitt der Cheopspyramide, der im Innern wesentlich genauer war als jener, den der englische Astronom John Greaves 1646 in seiner *Pyramidographia* vorgelegt hatte. Wie Jaques Sieur de Villamont identifizierte auch De Maillet die antike Stadt Memphis, die Hauptstadt des Alten Reiches, dicht bei dem heutigen Ort Mit Rahina, einige Kilometer östlich der Nekropole von Sakkâra. Er hatte sogar vor, die Pom-

pejussäule, einziges Überbleibsel des berühmten Sarapistempels in Alexandria, nach Frankreich bringen zu lassen. Die königliche Sammlung belieferte er ebenso mit antiken Fundstücken wie die wichtigsten Privatsammlungen jener Epoche, darunter die des berühmten Reisenden und Antiquitätenhändlers Anne Claude Philippe de Pestels de Levis, Graf von Caylus, und die des Grafen Jérôme de Pontchartrain. Nach dem Ende seiner beruflichen Laufbahn zog sich De Maillet nach Marseille zurück und diktierte dem Abt Le Mascrier seine Memoiren, die 1735 in Briefform unter dem Titel *Description de Egypte, contenant plusieurs remarques curieuses sur la geographie ancienne de ce païs...* erschienen. Während De Maillets Amtszeit hatte der französische Kaufmann und Antiquitätenhändler Paul Lucas 1699 eine große Orientreise angetreten und war schließlich bis nach Ägypten gekommen. Hier fuhr er nilaufwärts, erreichte jedoch niemals den ersten Katarakt, obgleich er dies in seinem Reisebericht *Voyage au Levant* behauptet. Als königlicher Antiquitätenhändler unternahm er 1714 eine zweite Reise nach Ägypten und beschrieb als Erster die Tempel von Erment und Dendara. Wesentlich mehr trug jedoch das Werk des Jesuitenpaters Claude Sicard zur Erforschung Altägyptens bei. 1712 erreichte Sicard Kairo, wo er bis zu seinem Tod 1726 blieb. Er sprach ausgezeichnet arabisch, besaß Kenntnisse in Astronomie und Mathematik und wusste hervorragend mit dem Sextanten umzugehen. Zwischen 1714 und 1723 bereiste er mit dem Ziel, die Kopten zu bekehren, mehrfach Ober- und Mittelägypten, das Faijûm, das Nildelta und den Sinai. Darüber hinaus hatte er von Phi-

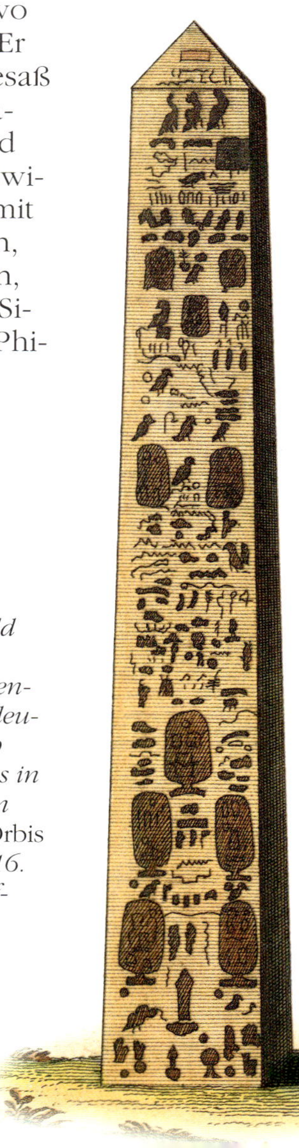

38 oben *1692 wurde Benoît de Maillet zum französischen Generalkonsul in Ägypten ernannt. Er wollte Oberägypten und die Pharaonenstätten erforschen und stellte als Erster antike Funde für die königlichen Sammlungen und die Kabinette der berühmtesten europäischen Kunstliebhaber der Epoche zusammen.*

38–39 *Dieses Bild zeigt einen Ausschnitt der Ägyptenkarte, die der bedeutende Kartograph Abraham Ortelius in seinen berühmten Atlas* Theatrum Orbis Terrarum *(Ende 16. Jahrhundert) aufnahm.*

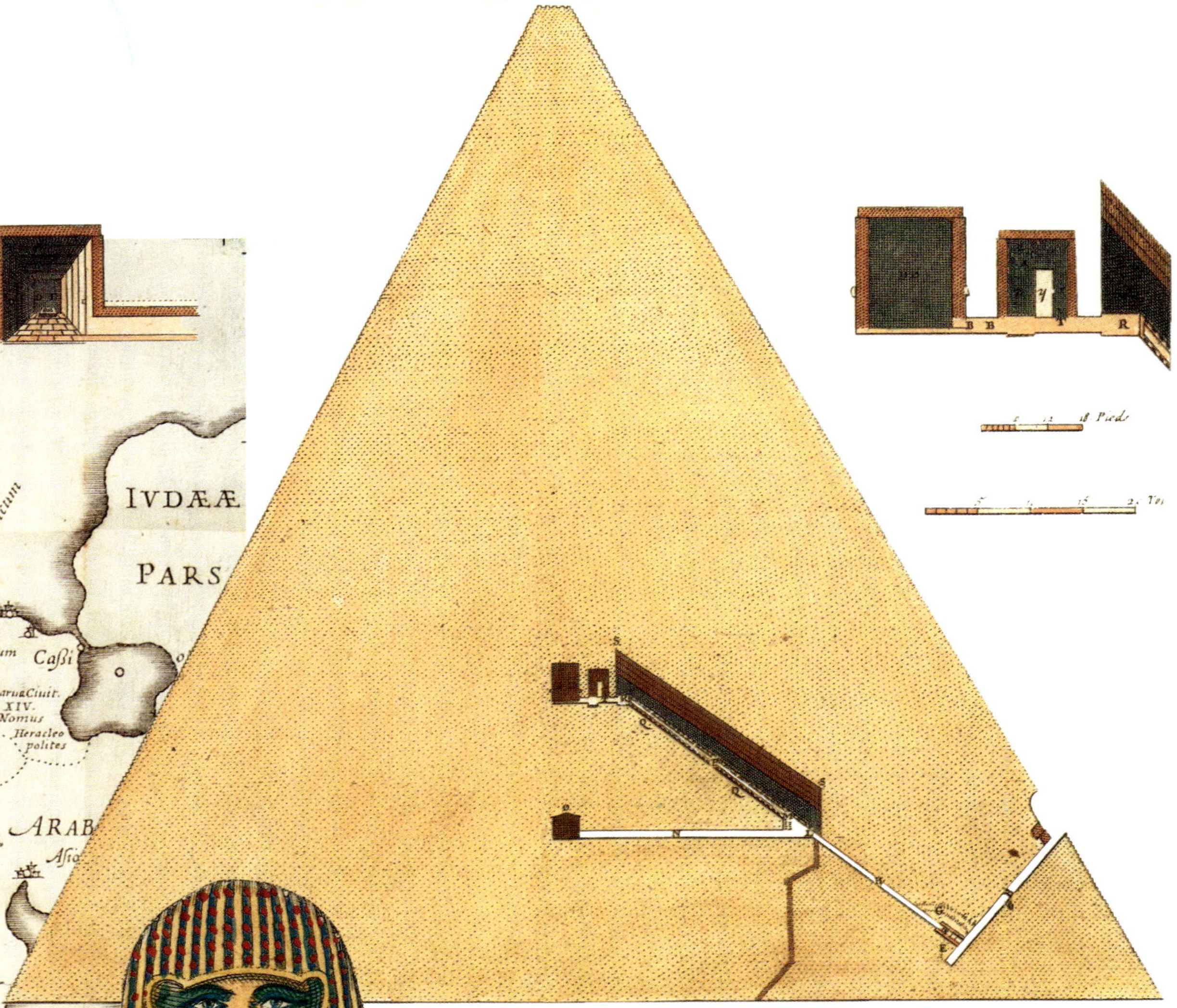

38 unten 1735 erschienen die Memoiren, die Benoît de Maillet dem Abt Jean-Baptiste Le Mascrier diktiert hatte. Maillet beschreibt zwei der bedeutendsten Bauwerke Alexandrias, den Obelisken von Thutmosis III., auch „Auge der Kleopatra" genannt, und die Pompejussäule, Überrest eines Serapistempels, den Kaiser Diokletian im Jahre 296 hatte wieder aufbauen lassen. Der engagierte französische Konsul wollte die mächtige Säule in seine Heimat bringen lassen, doch erwies sich das Unternehmen als zu schwierig. Während die Pompejussäule sich noch immer an Ort und Stelle befindet, verschiffte man das Auge der Kleopatra 1881 nach New York, wo es im Central Park eine neue Heimat fand. Ein weiterer Obelisk, der neben dem erstgenannten auf dem Boden lag, steht seit 1877 in London.

39 oben Der Querschnitt, den De Maillet von der Cheopspyramide zeichnete, war wesentlich genauer als jener, den der englische Astronom John Greaves 1646 in seiner Pyramidographia veröffentlicht hatte. Gleichwohl entsprachen die äußere Form und das Verhältnis der Basis im Vergleich zur Höhe der Pyramide nur annähernd der Realität. In De Maillets Querschnitt endet der absteigende Gang an der Stelle, wo er auf den aufsteigenden trifft, der seinerseits zur großen Galerie führt. Erst 1817 erforschte Giovanni Battista Caviglia den absteigenden Gang zur unterirdischen Grabkammer.

39 unten De Maillet interessierte sich besonders für Sarkophage und Mumien. Im Unterschied zu den meisten seiner Zeitgenossen betrachtete er sie unter wissenschaftlichen Aspekten und bemerkte manchmal sogar Schriftzeichen unter den Binden.

lipp von Orléans den Auftrag erhalten, die bedeutendsten Bauwerke des Landes zu erforschen und zu illustrieren.
Im Zuge seiner Reisen gelang es Sicard, das antike Theben ausfindig zu machen, dessen genauen Standort niemand mehr kannte, obgleich die 1570 von Abraham Ortelius herausgegebene Ägyptenkarte ihn korrekt verzeichnete. Das Tal der Könige identifizierte Sicard ebenso wie die bei den klassischen Autoren genannten Tempel und religiösen Zentren Altägyptens, außerdem lieferte er genaue Beschreibungen von 24 Tempeln, über 50 Gräbern und 20 Pyramiden. 1717 stellte er seine *Carte de la Basse Thébaïde* fertig, der 1722 eine Generalkarte Ägyptens folgte. Etwa um die gleiche Zeit reiste im Auftrag Karl Emmanuels III. von Savoyen auch Vitaliano Donati nilaufwärts und passierte Assuan und den ersten Katarakt. Der Botanikprofessor aus Padua, der am Athenäum in Turin unterrichtete, trug ein kostbares Herbarium zusammen, das leider verloren ging. Auch sandte er drei große Dioritstatuen in seine Heimatstadt, die Ramses II., die löwenköpfige Göttin Sechmet und Teje, die Frau von König Amenophis III., darstellen. Sie alle wurden im Museo d'Antichità von Turin, dem späteren Ägyptologischen Museum, ausgestellt.

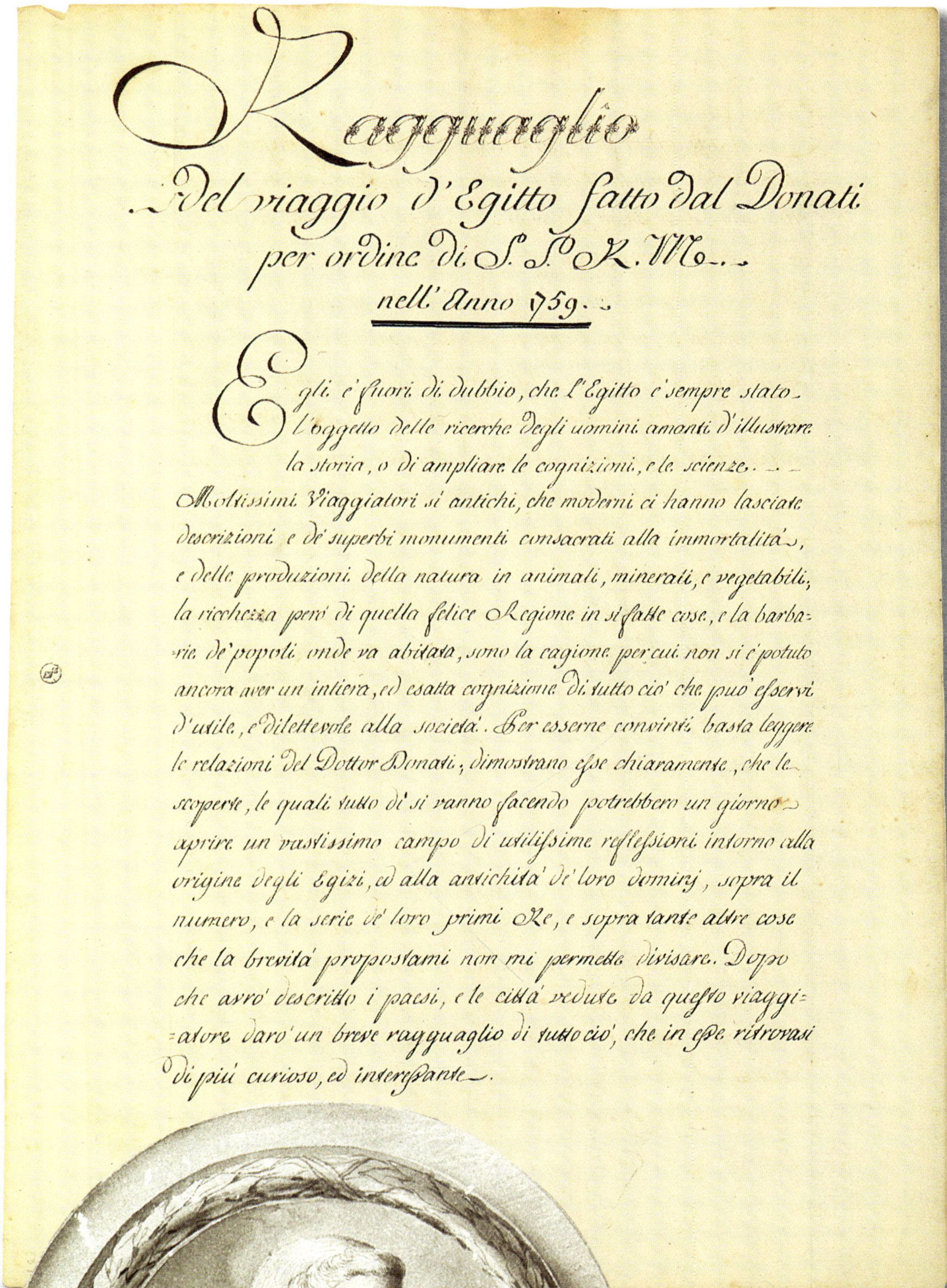

Ragguaglio
Del viaggio d'Egitto fatto dal Donati
per ordine di S. S. R. M.
nell'Anno 1759.

Egli è fuori di dubbio, che l'Egitto è sempre stato l'oggetto delle ricerche degli uomini amanti d'illustrare la storia, o di ampliare le cognizioni, e le scienze. Moltissimi Viaggiatori sì antichi, che moderni ci hanno lasciate descrizioni e de' superbi monumenti consacrati alla immortalità, e delle produzioni della natura in animali, minerali, e vegetabili; la ricchezza però di quella felice Regione in sì fatte cose, e la barbarie de' popoli onde va abitata, sono la cagione per cui non si è potuto ancora aver un intiera, ed esatta cognizione di tutto ciò che può esservi d'utile, e dilettevole alla società. Per esserne convinti basta leggere le relazioni del Dottor Donati, dimostrano esse chiaramente, che le scoperte, le quali tutto dì si vanno facendo potrebbero un giorno aprire un vastissimo campo di utilissime reflessioni intorno alla origine degli Egizi, ed alla antichità de' loro dominj, sopra il numero, e la serie de' loro primi Re, e sopra tante altre cose che la brevità propostami non mi permette divisare. Dopo che avrò descritto i paesi, e le città vedute da questo viaggiatore darò un breve ragguaglio di tutto ciò, che in esse ritrovasi di più curioso, ed interessante.

40 oben links *Karl Emmanuel III. von Savoyen, König von Sardinien, gründete die Universität von Turin. Um seine Sammlungen zu erweitern, beauftragte er den Botaniker Vitaliano Donati aus Padua nach Ägypten zu reisen und dort Pflanzen, antike Gegenstände, Mumien, Handschriften und Münzen zusammenzutragen.*

40 oben rechts u. 41 *Donati, ein äußerst präziser und gewissenhafter Mann, führte ein Reisetagebuch, das sich heute in der Biblioteca Reale in Turin befindet. Es enthält unter anderem diese phantasievolle* Veduta delle Piramidi d'Egitto verso Levante, *deren Stil sich an klassischen Vorbildern orientierte.*

40 unten *Im Auftrag Karl Emanuels III. von Savoyen fuhr Vitaliano Donati im Jahre 1760 nilaufwärts bis nach Nubien. Er studierte die Pflanzenwelt Ägyptens und legte ein Herbarium an, das später verloren ging. Außerdem erwarb er drei große Statuen für die königlichen Sammlungen, die heute im Ägyptischen Museum von Turin stehen.*

42 links Diese Karte veröffentlichte Pococke in seiner Description of the East. Als der englische Geistliche 1737 seine Reise antrat, war Ägypten nur sehr ungenau kartiert. Pater Sicard hatte bereits die Position des antiken Theben und der bedeutendsten Pharaonenstätten festgestellt, doch die erste wirklich exakte Karte von D'Anville existierte noch nicht.

RICHARD POCOCKE

Reverend Richard Pococke war der Erste, der Ägypten ausschließlich zu Forschungszwecken bereiste. 1704 in Southampton geboren, hatte er zunächst in Oxford Theologie studiert. 1737 brach er jedoch zu einer dreijährigen Reise auf, die ihn zunächst nach Ägypten führte. Hier fuhr er nilaufwärts bis nach Assuan, weiter nach Palästina, Jerusalem und Baalbek und von dort aus über Syrien, Mesopotamien und den Sinai nach Griechenland. Auf dem Rückweg in seine Heimat durchquerte er die Schweiz und Savoyen, wo er als einer der Ersten die Gletscher des Montblanc passierte und beschrieb und sich damit den Ruf eines Pioniers der Alpenerforschung sicherte. In England angekommen, wurde er zum Bischof von Ossory und Meath ernannt und veröffentlichte zwischen 1743 und 1745 unter dem Titel *A Description of the East and some other countries* seine Reisebeschreibungen. Der erste der beiden Bände war Ägypten gewidmet, der zweite behandelte die übrigen besuchten Länder, Palästina und den Libanon, Syrien und Mesopotamien, Zypern, Kreta, Thrakien, Griechenland sowie einige Teile Westeuropas. Mit der *Description* erschien erstmals ein Buch, das die archäologischen Stätten vollständig und systematisch vor-

42 oben rechts *Reverend Richard Pococke gehörte mit Pater Sicard und Frederick Norden zu den ersten Reisenden des 18. Jahrhunderts, die Ägypten mit wissenschaftlichen Methoden erforschten. Pococke bemerkte, dass die Pyramiden von Gîza natürliche Formen aus Kalksteinblöcken nachbildeten, und zeichnete die Sphinx, die er allerdings im Unterschied zu seinem Zeitgenossen Norden mit einer intakten Nase versah.*

42 unten rechts *Ähnlich wie die Sphinx zeichnete Pococke auch die „Statue des Ozymandias“ in Theben. Mit diesem Namen, einer verstümmelten Form von* Usermaatrê, *dem Thronnamen Ramses' II., belegte der Pastor die Kolossalstatuen des Herrschers im Tempel von Luxor.*

43 links *Auf dieser Bildtafel mit dem Titel* A view of two Pyramides and plans of two Catacombs at Saqqara *hielt Pococke außer der Pyramide des Djoser auch den komplexen Plan des Serapeums fest. Die gewaltige Gruft diente als Bestattungsort für die heiligen Apis-Stiere, deren Gräber der große Ägyptologe Auguste Mariette erst 1850 entdeckte.*

43 rechts *In seinem Buch* A Description of the East and Some other Countries *zeichnete der Engländer auch einige Funde, die er für seine Sammlung erworben hatte, zum Beispiel diese Würfelhockerstatue, deren Züge an die Göttin Isis erinnern.*

Die Bilder in diesem Kapitel stammen aus Richard Pococke, *A Description of the East, and Some other Countries*, London, 1743–45.

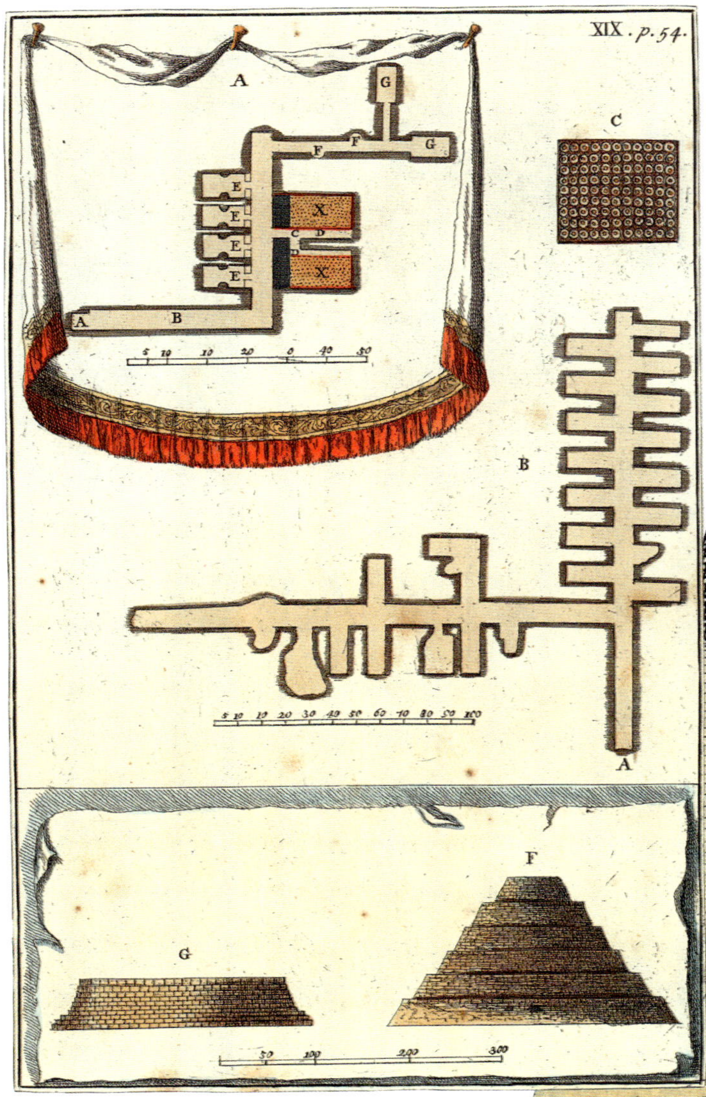

44 *Pococke war der vierte Reisende der Neuzeit, der das Tal der Könige sah: Im Januar 1738 besichtigte der mutige Pastor die königliche Nekropole in Theben und entdeckte 18 Gräber, von denen neun zugänglich waren. Pococke zeichnete einen Plan der Gräber, die er betreten konnte, und fertigte die erste Gesamtübersicht der Stätte an, die Pater Sicard erst einige Jahre zuvor identifiziert hatte, obgleich der große holländische Kartograph Abraham Ortelius ihre Lage 1595 in einer Karte präzise eingezeichnet hatte. Im Hintergrund von Pocockes Bild erhebt sich der heilige Gipfel des Berges el-Qurn. Seine Pyramidenform trug vermutlich entscheidend dazu bei, dass das Tal als Begräbnisstätte der Könige gewählt wurde.*

45 oben *Pococke brachte einen hölzernen Sarkophag mit einer Mumie aus der Nekropole von Sakkâra von seiner Reise mit. Hier hatte der Geistliche einige unterirdische Grabkammern und die Katakomben besichtigt, in denen die Ägypter Falken und Ibisse, die heiligen Tiere der Götter Horus und Rê, bestatteten.*

45 unten *Pococke zeichnete auch eine Gesamtansicht der thebanischen Berge. Im Vordergrund stehen die Memnonskolosse, weiter hinten der Tempel von Medinet Habu auf der linken und das Ramesseum auf der rechten Seite. Hinter letzterem liegen die von Pococke beschriebenen Felsengräber.*

stellte. Zahlreiche Zeichnungen, Karten und Pläne begleiteten den Text und vermittelten den Lesern einen Gesamteindruck der aufgeführten Bauwerke. Pocockes Werk hatte sofort großen Erfolg und wurde ins Französische, Deutsche und Holländische übersetzt. Für die Nachwelt erwies es sich als besonders bedeutend, da mehrere der beschriebenen Monumente zur Zeit der ägyptischen Expedition zerstört oder schwer beschädigt wurden. Pococke interessierte sich hauptsächlich für Bauwerke, und zwar vor allem für die antiken Stätten Ägyptens. Gleichwohl fehlt es nicht an Ausführungen über die Landschaften der besuchten Gegenden und über Sitten und Gebräuche der Völker vor Ort. Am 7. September 1737 hatte Pococke sich in Livorno eingeschifft, am 29. desselben Monats ging er in Alexandria vor Anker. Er beschrieb die Metropole als eine Stadt voller Menschen von wahrhaft „hässlichem Charakter“. Er besichtigte die Stadt, die Moscheen, Klöster und Kirchen und verweilte bei den „herrlich gebauten“ Mauern der Altstadt und ihren antiken Monumenten. Zwei Obelisken, einer davon „abgebrochen, und das abgebrochene Stück lieget dabei“ erregten ebenso seine Aufmerksamkeit wie die Pompejussäule, „die nach den Zeiten des Strabo errichtet zu sein scheint“. Rings um sie lagen verschiedene Ruinen, die „einige arabische Geschichtsschreiber den Palast des Julius Cäsar nennen“, sowie Katakomben, die aus „einigen in den Fels gehauenen Zimmern“ bestanden. Pococke durchforschte auch die Umgebung der Stadt bis zum See Mareotis, nach Abukir, Rosette, Damiate und zum Delta. Dann reiste er weiter bis nach Kairo, wo er am 11. November eintraf: „Die Stadt Cairo lieget etwa eine Meile von dem Fluss, und dehnet sich ostwärts bis zwei Meilen gegen den Berg. Sie hat ungefähr sieben Meilen in die Runde, denn ich brauchte etwas mehr als zwei und dreiviertel Stunden, um die Stadt herum zu reiten und ich rechne, dass ich in einer Stunde zwei und eine halbe Meile geritten habe“. Pocockes Stadtbeschreibung beginnt im historischen Stadtkern, dem „Alten Cairo“, mit der römischen Festung

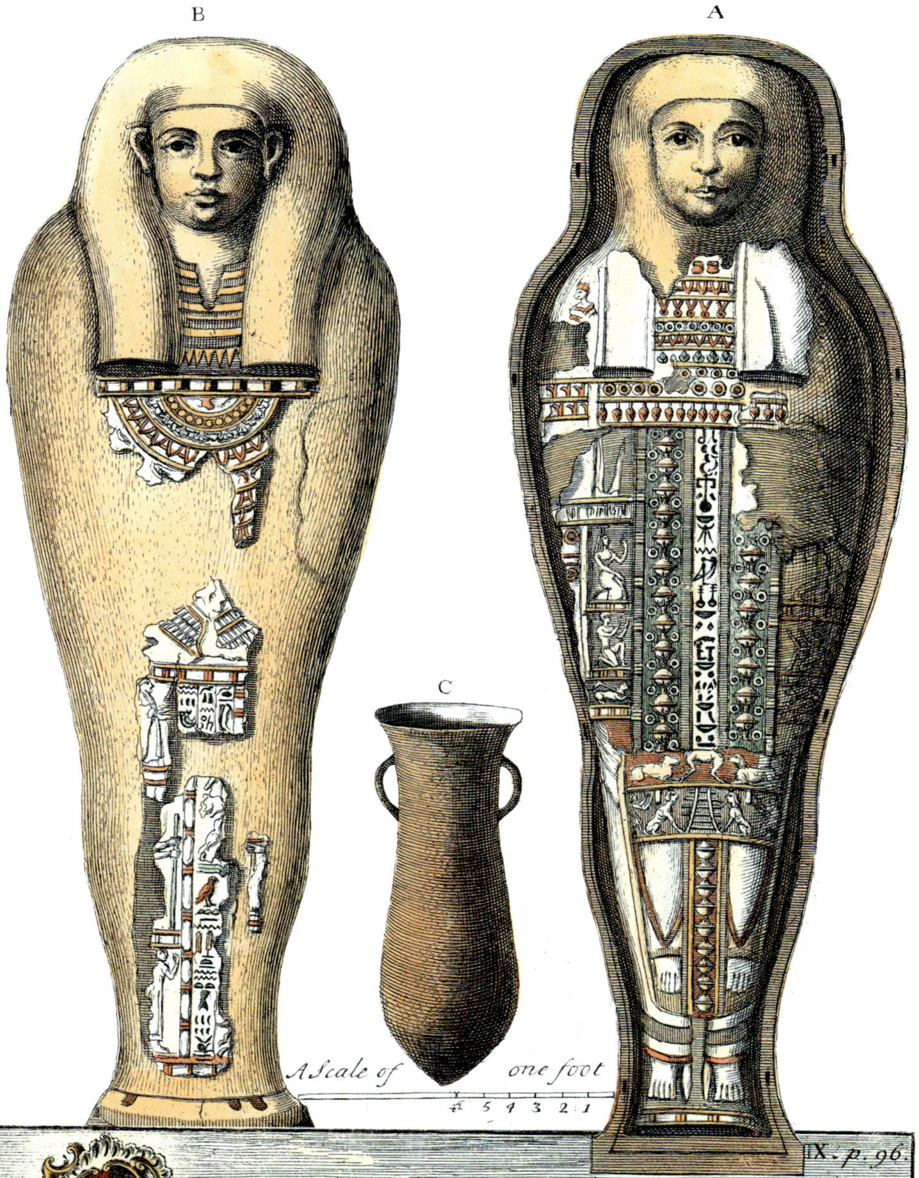

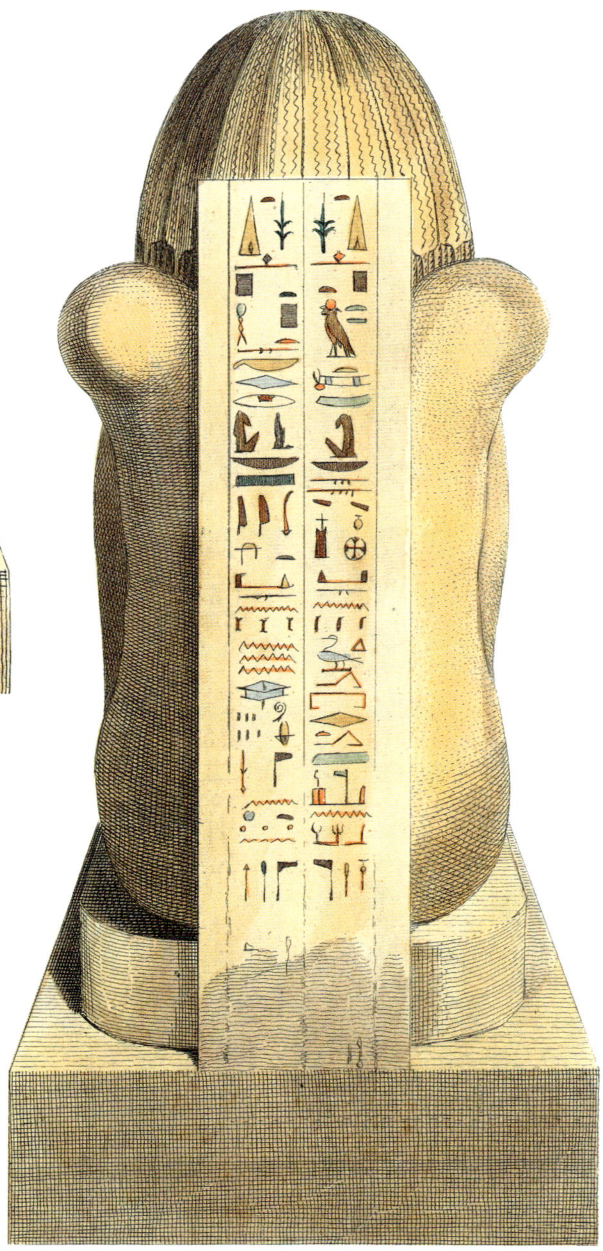

46 Bei einem italienischen Händler in Kairo entdeckte Pococke neben der „Isisstatue“ eine zweite desselben Typs, von der er glaubte, sie stelle Osiris dar. Aufgrund ihrer merkwürdigen Form hielt er die Funde für besonders alt.

Babylon und deren zum Teil heute noch sichtbaren Mauern. Dann folgt das moderne Kairo oder „Neucairo“ mit dem Binnenhafen Bulak. Das heute dicht besiedelte Viertel inmitten der Stadt lag damals „eine Meile von Neucairo entfernt“ und war der „Hafen für alle diejenigen Schiffe, welche den Fluss herauf aus den Theilen des Deltas kommen“. Pococke beschrieb zunächst die beiden Teile der Stadt, die koptischen Kirchen, die Synagoge, den Aquädukt und die öffentlichen Bäder, die Karawansereien und Wohnhäuser, dann wandte er sich der Festung zu, die heute unter dem Namen Zitadelle bekannt ist. Sie „lieget auf einem felsigen Hügel und scheinet durch die Kunst von dem Hügel, oder Berge Jebel Duise, welches der Name von der östlichen Seite des Jebel Mocattham ist, abgesondert zu sein. Man saget, dass der Saladin dieses Casteel erbauet habe.“ Hier befand sich auch der berühmte Josephsbrunnen, der, wie unser Reisender richtig feststellt, „diesen Namen nicht von dem Patriarchen Joseph“ hat, „sondern, wie einige Schriftsteller bemerken, von einem Großwesir dieses Namens, welcher dieses Werk unter der Regierung des Sultans Mahomet, eines Sohnes des Calaun (...), besorget hat“. Zwar interessierte sich Pococke nicht übermäßig für islamische Kunst, doch zeigte auch er sich von den Moscheen der Stadt beeindruckt, die den mittelalterlichen Reisenden wie „Pfarreien des Teufels“ vorgekommen waren. Ganz besonders faszinierte ihn die Moschee des Sultans Hassan: Mit großem Talent zeichnete Pococke auch einen Plan von Kairo, der die klar abgegrenzten Viertel und die bedeutendsten Bauwerke aufführt. Die Ausführungen über Kairo schließen mit einigen Anmerkungen über die Einwohner der

47 Während seines Besuchs in der thebanischen Totenstadt verbrachte Pococke einen halben Tag vor den Memnonskolossen. Er zeichnete sie und versuchte die Hieroglyphen sowie die zahlreichen griechischen und römischen Inschriften zu entziffern. Die Einheimischen glaubten, hinter den Schriftzeichen verberge sich der Fundort unermesslicher Reichtümer. Vergeblich versuchten sie daher, den Engländer am Kopieren der Inschriften zu hindern.

Stadt, die sehr vermischt sind, „denn die Stadt besteht theils aus Einwohnern, die von Geburt Ägypter sind, worunter die koptischen Christen gehören, theils aus Arabern; theils aus Volke, das aus der Barbarei und dem westlichen Afrika ist; ferner aus den Berbereien von Nubia, woher viele Leute kommen und sich als Bediente angeben". Pococke hält fest, dass in Kairo auch zahlreiche Angehörige anderer Volksgruppen leben, darunter „einige Griechen, einige wenige Armenier und verschiedene Juden. Von Europäern haben sich hier nur Franzosen, Engländer und einige Italiener aus Venedig und Livorno gesetzet." Nach Kairo wendet Pococke sich den antiken Stätten der unmittelbaren Umgebung zu, darunter Gîza und Sakkâra, und wundert sich darüber, dass „man die Lage von Memphis nicht recht wissen sollte, welches eine so große und berühmte Stadt, ja so lange Zeiten hindurch die Hauptstadt von Ägypten gewesen ist". Das Fehlen von Überresten erklärt er damit, dass „man viele der dasigen besten Materialien nach Alexandrien mag gebracht haben". Der Engländer beschreibt sodann die Pyramiden von Gîza und gibt ihre genaue Position im Verhältnis zu Memphis an. Auch zögerte er offenbar nicht, die Cheopspyramide zu besteigen, um eine Karte der gesamten Region zu zeichnen. Wie der schottische Forscher James Bruce glaubte auch Pococke, die steinerne Hülle der Pyramiden ruhe auf kleinen natürlichen Erhebungen. Pococke durchforschte auch das Innere der Cheopspyramide, nahm jedoch keine neuen Messungen vor, sondern übertrug die Angaben des Astronomen John Greaves und die von Benoît Maillet angefertigte Zeichnung. Im Anschluss begab sich Pococke nach Sakkâra, wo er unter anderem einen Plan des *Serapeums* anfertigte. In diesem riesigen Komplex unterirdischer Stollen liegen die gewaltigen Steinsarkophage der heiligen Apis-Stiere, die Auguste Mariette ein Jahrhundert später entdeckte. Außerdem besuchte Pococke die Nekropole von Dahschûr mit den beiden großen Pyramiden – der „Knickpyramide" und der „Pyramide nördlich von Dahschûr" –, die König Snofru, der Begründer der 4. Dynastie, hatte errichten lassen. Seine Reise führte ihn weiter in das fruchtbare Gebiet von Faijûm und hier zum Moeris-See (dem heutigen See Qarun) und dem riesigen Grabtempel der von Amenemhêt III. erbauten Pyramide von Hauwâra, den die klassischen Schriftsteller als „Labyrinth" bezeichnet hatten. Danach beschloss der unermüdliche Geistliche, weiter nach Oberägypten zu reisen und ließ sich zu diesem Zweck von Sheikh Osman Bei einen Brief ausstellen, der ihn den Herrschern all jener Gebiete anempfahl, die Pococke zu durchqueren gedachte. Sodann mietete er ein kleines Boot und kaufte Vorräte. Er erwarb auch einige Gastgeschenke (Tabak, Reis, Seife), die er hochrangigen Persönlichkeiten im Falle einer Begegnung überreichen wollte, eine Vorsichtsmaßnahme, die sich in der Folge als überaus hilfreich erwies. Am 6. Dezember 1737 verließ Pococke Kairo in Richtung Süden. Begleitet wurde er von einem

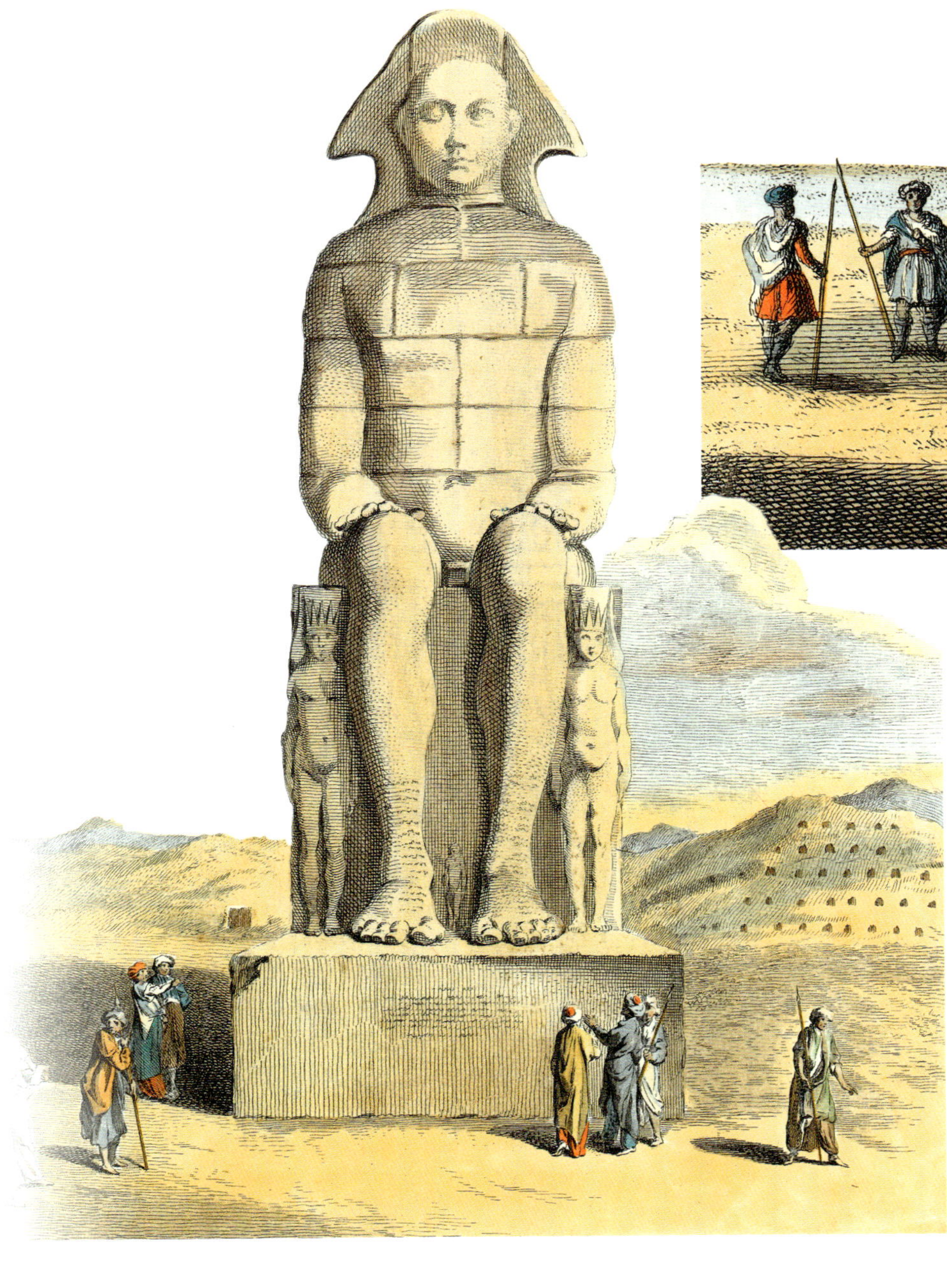

48 oben *Pococke zeichnete eine Karte der koptischen Klöster, die im Südosten von Kairo in der arabischen Wüste zwischen dem Nil und dem Roten Meer lagen und dem heiligen Paulus und dem heiligen Antonius geweiht waren. Hier legte der Pastor sowohl auf der Hinwie auf der Rückreise eine Pause ein. Aus Sicherheitsgründen umgab ein dicker Mauergürtel ohne Tore das Antoniuskloster. Nur mit Hilfe einer Winde gelangte man zu einer hoch gelegenen Maueröffnung, die Besuchern Einlass bot.*

48 unten u. 49 *Pococke interessierte sich nicht nur für die antiken Stätten der Pharaonen, sondern auch für die Bewohner des Landes. Unter anderem zeichnete er einen Kopten und einen Bei – einen hohen Würdenträger des Osmanischen Reiches – in ihrer traditionellen Kleidung. Dank seiner Skizzen kennen wir auch die Tracht der muslimischen Geistlichen, der Wachoffiziere, Tänzerinnen und Frauen aus dem Volk und die eines koptischen Priesters und einer Ägypterin, die auf einem Esel reitet.*

Diener und einem Dragoman, wie man die einheimischen Führer und Übersetzer der Europäer nannte. Pococke passierte die Pyramiden von Meidum und gelangte bis auf die Höhe des Antoniusklosters, wo er eine Pause einlegte. Dann setzte er seinen Weg nach Beni Suêf fort und richtete sich schließlich abermals nach Süden, um die Ruinen von Antinopolis, Hermopolis (heute el-Aschmunein), Lycopolis (Assiût), Panopolis (Akhmim) und Abydos zu besichtigen. Bei den Ruinen der antiken Stadt Tentyris (Dendara) entdeckte er „zwei Türen und vier Tempel, die miteinander zu verbunden sein schienen". Der Haupttempel war der Göttin Hathor gewidmet, doch Pococke glaubte fest, er sei der Isis geweiht. Der Engländer bewunderte die Säulen, deren Kapitelle auf allen vier Seiten Bilder der Göttin Hathor trugen und so fein behauen waren, dass sie gewiss „von einem der besten griechischen Bildhauer" stammen mussten.

Pococke erreichte sodann Qift, das antike Coptos, Ausgangspunkt einer bedeutenden Route, die den Nil mit der Hafenstadt Berenice am Roten Meer verband. Er hatte noch Gelegenheit, die heute verschwundenen Ruinen des Ortes zu durchstreifen, und reiste danach weiter nach Qus (Apollinopolis Parva). Hier bat er den Sheikh um eine Audienz, zeigte ihm sein Empfehlungsschreiben und überreichte ihm einen Tabaksbeutel, einen Sack Reis, einige Stücke Seife und ein Paar rote Schuhe. Als Gegenleistung erhielt er ein Schaf und die Erlaubnis, „die Alterthümer von Karnak und Luxerein zu sehen", „Teil des alten Theben, woselbst sich Trümmer von einem sehr prächtigen Tempel finden".

Am 13. Januar 1738 erreichte Pococke die „große Stadt Theben". „Sie lag auf beiden Seiten des Flusses und einige sagten, sie wäre von dem Osiris gebauet". Pococke wunderte sich ein wenig, weil er in den Ruinen keine Spuren eines Mauerrings fand, obwohl Theben laut Homer doch als Stadt der hundert Tore galt. Er wusste nicht, dass man das griechische Wort *pilon* fälschlich mit „Tor" übersetzt hatte, obgleich es an der betreffenden Stelle „Säule" bedeutete. Nachdem er die Säulen, Sphingen und Obelisken von Karnak und Luxor lange bewundert hatte, begab sich der Reisende ans westliche Ufer. Hier empfing ihn der Sheikh, führte ihn in sein Dorf und

stellte ihm Pferde und Begleiter für den Ritt ins Tal Bibân el-Molûk zur Verfügung, wo die „Gräber der Könige“ lagen.
Pococke war erst der vierte Reisende der Neuzeit, dem es gelang, in die Totenstadt vorzudringen. Vor ihm hatten lediglich die Pater Protais und Charles François im Jahre 1688 und, rund 20 Jahre später, Pater Sicard das Tal betreten. Pococke zeichnete die erste bekannte Karte der Nekropole. Sie führt 18 Gräber auf, von denen neun so weit freilagen, dass man ins Innere vordringen konnte. Der Engländer fertigte Pläne der zugänglichen Stätten an, doch lässt das Material nicht immer exakt erkennen, um welche Gräber es sich handelte. Mit Sicherheit besichtigte er die Gräber von Ramses IV. (KV2) und Ramses VI. (KV9), Amenmes (KV10), Ramses III. (KV11), Tausret und Setnacht (KV14), Sethos II. (KV15) und Ramses X. (KV18). Nachdem er einige Tage im Tal der Könige verbracht hatte, besuchte er auch noch einige Privatgräber, die in den Fels der thebanischen Berge gehauen waren, sowie das Ramesseum mit „einer sehr großen riesenförmigen Bildsäule, die um die Mitte des Rumpfes zerbrochen ist. Der Kopf ist sechs Fuß breit“. Im zweiten Hof des Tempels bemerkte Pococke auch „zwei Bildsäulen von schwarzem Granitstein. Die gegen Abend, welche sitzend vorgestellt ist, war von der Hand bis an den Ellenbogen vier Fuß hoch. Etwas davon lieget der Kopf mit der Mütze.“ Es handelte sich um die beiden Statuen von Ramses II., von denen sich eine noch immer im Tempel befindet. Die sitzende Figur stürzte dagegen etwa zur Zeit der napoleonischen Expedition um und Belzoni transportierte den oberen Teil der zerbrochenen Statue ab. Bevor Pococke ans östliche Ufer zurückkehrte, begab er sich noch zum Tempel von Medinet Habu, den er als Memnonium der klassischen Autoren identifizierte. Von den beiden riesigen Memnonskolossen, die vor den Ruinen des Tempels von Amenophis III. standen, fertigte er zwei elegante Zeichnungen. Nachdem er auch dem Tempel von Luxor einen Besuch abgestattet hatte, der dem „König der Könige Ozymandias“ gehört hatte, setzte Pococke seine Fahrt nilaufwärts bis zu den Tempeln von Hermonthis (Ermant) und weiter über Esna, Edfu und Kom Ombo fort. Am 21. Januar 1738 erreichte er Assuan in der Nähe des ersten Kataraktes, „eine schlechte und kleine Stadt mit einer Art von einer Festung oder vielmehr einer Baracke für die Janitscharen“. Er besichtigte die Überreste des antiken Syene, die Granithöhlen, die Inseln Elephantine und Philae und trat am 27. Januar die Rückreise an. Am 20. Februar machte er bereits in Manfalut Halt und am Abend des 27. tauchte Kairo vor ihm auf.

***50 oben** Sphingen, phantasievolle Hieroglyphen und Statuen von Gottheiten schmücken den Beginn des Kapitels, das Norden über die Pyramiden schrieb. Letztere bezeichnet er als „jene Bauwerke, denen Ägyptenreisende am meisten Aufmerksamkeit widmen sollten“.*

FREDERIK LUDWIG NORDEN

vant que d
rois me dif
gnes de la c
j'entends les
nombre des fept
encore aujourdhui,

Ces fuperbes Monumens ne fe trouvent qu'en Eg

Im Alter von nur 14 Jahren hatte Frederik Ludwig Norden, Sohn eines Artillerieoffiziers, bei der dänischen Marine angeheuert. Damit schlug Norden wie seine vier Brüder die militärische Laufbahn ein und entsprach dem Wunsch seines Vaters, der seine Söhne eigens zu diesem Zweck in Geographie, Fremdsprachen, Geschichte und Mathematik unterrichtet hatte. Als Offizier machte sich Frederik Norden rasch einen Namen als herausragender Mathematiker, Zeichner und Nautiker und erhielt bald den Auftrag, eine Reihe von Plänen und Landkarten zu korrigieren. Er erfüllte diese Aufgabe so brillant, dass König Christian VI. ihn 1732 zu einer Audienz bat. Der gebildete, aufgeklärte Herrscher, der sich für Literatur und Kunst interessierte, beschloss, Nordens Leistungen zu honorieren und wollte ihm zugleich die Möglichkeit geben, seine Fähigkeiten auszubauen. Auf Befehl des Königs ernannte die Admiralität Norden zum Zweiten Statthalter und räumte ihm einen Sonderstatus ein, der ihn von den üblichen Diensten der Offiziere seines Grades befreite und ihm Zeit ließ, sich mit Nautik und Schiffbaukunst zu befassen. Um sich auf diesen schwierigen Gebieten sachkundig zu machen, reiste Norden zunächst nach Holland, dann nach Marseille und nach Italien. Hier blieb er drei Jahre und knüpfte in dieser Zeit Kontakt mit Kunstliebhabern und geschichtsinteressierten Persönlichkeiten. Auch besichtigte er die ersten Sammlungen antiker Funde in Rom und Florenz, wo er zum Mitglied der Accademia di Disegno ernannt wurde. In Florenz erhielt Norden 1737 die königliche Order, nach Ägypten aufzubrechen und eine ausführliche, detaillierte Abhandlung über das Land zu schreiben. Zum einen sollte Norden untersuchen, ob es sich lohne, die Aktivitäten der dänischen Marine im östlichen Mittelmeerraum zu erhöhen, zum anderen wünschte Christian VI. mehr über das inzwischen berühmte Land am Nil, seine Geschichte und Kultur, zu erfahren. Norden schiffte sich in Livorno ein und erreichte Alexandria nach 30 Ta-

AU ROI.

SIRE,

L'Ouvrage du feu Capitaine Norden, que nous mettons aux pieds de VOTRE MAJESTE, a déja l'avantage précieux de Lui appartenir. Non ſeulement c'étoit par ordre & ſous

a 2 les

50 Mitte *Im Jahre 1737 sandte König Christian VI. von Dänemark den dänischen Marinekapitän Frederik Ludwig Norden nach Ägypten, wo er eine Abhandlung über das Land und seine Bauwerke verfassen sollte. Dank seines außergewöhnlichen künstlerischen Talents und seiner mathematischen und architektonischen Kenntnisse konnte Norden die ägyptischen Monumente sehr präzise zeichnen. Norden blieb fast ein Jahr in Ägypten und fuhr in dieser Zeit nilaufwärts bis nach ed-Derr in Nubien. Er war Mitglied der 1741 in London gegründeten Egyptian Society, der ersten Gesellschaft zur wissenschaftlichen Erforschung Ägyptens, der auch Richard Pococke angehörte. Obgleich Norden und Pococke Ägypten zeitgleich bereisten, begegneten sie einander nie.*

50 unten *In dieser von Osten aus gezeichneten Ansicht der Pyramiden von Gîza stellte Norden sein ganzes Können unter Beweis. Die vierte Pyramide von links ist die östlichste von drei Nebenpyramiden der Mykerinospyramide.*

51 *Erst 13 Jahre nach Nordens Tod, im Jahr 1755, erschien sein Reisebericht unter dem Titel* Voyages d'Egypte et de Nubie. *Er war König Friedrich V., dem Nachfolger Christians VI., gewidmet.*

Die Bilder in diesem Kapitel stammen aus Frederik Ludwig Norden, *Voyages d'Egypte et de Nubie*, Kopenhagen, 1755.

52 u. 53 unten Da Norden sehr autoritär auftrat und sich nie mit der Psyche oder den Umgangsformen der Ägypter befasst hatte, gestaltete sich seine Reise wesentlich aufregender als die seines Zeitgenossen Pococke. In Luxor und Karnak konnte der Däne auf der Hinreise nicht einmal von Bord gehen, während der Engländer die Ruinen dank einiger Höflichkeitsgeschenke völlig ungehindert durchstreifte. Erst auf der Rückreise gelang es Norden, die großen thebanischen Tempel in aller Eile zu besichtigen. Die Tempel von Luxor, von denen er zwei schöne Ansichten zeichnete, besuchte Norden sogar bei Nacht, um Ärger mit den Einheimischen zu vermeiden.

gen Fahrt im Juni 1737. Am 7. Juli traf er dann in Kairo ein – vier Monate vor Richard Pococke, von dem er zu jener Zeit vermutlich noch nie gehört hatte. Die Wege der beiden Reisenden kreuzten sich an zahlreichen archäologischen Stätten, ohne dass sie sich je persönlich kennen lernten. Ihre Ausbildung und Charakterstruktur hätte auch unterschiedlicher nicht sein können: Pococke verhandelte geduldig und mit diplomatischem Geschick mit den Einheimischen und den ägyptischen Behörden und verschaffte sich dadurch zahlreiche Erleichterungen, während der kühne, unternehmungslustige und impulsive Norden als typischer Militär nicht zögerte, zur Waffe zu greifen, wenn die Situation es zu erfordern schien. Norden erforschte mit großer Genauigkeit die Pyramiden von Gîza, fertigte die erste wirklich exakte Karte von ihnen an und fügte ihr einen langen Kommentar zur berühmten *Pyramidographia* des englischen Astronomen John Greaves bei. In Kairo musste Norden eine krankheitsbedingte Zwangspause von vier Monaten einlegen und konnte daher erst am 17. November nach Oberägypten aufbrechen. Pococke, der inzwischen Alexandria, das Delta und Kairo besucht hatte, machte sich 20 Tage später ebenfalls auf den Weg. Am 11. November traf Norden in Theben ein und schrieb in sein Rei-

53 oben Mit den Bauwerken am östlichen Nilufer hatte Norden mehr Glück. Es gelang ihm, den Kapitän zu besänftigen und an Land zu gehen. Hier besichtigte er in aller Kürze und mit dem Gewehr in der Hand die Memnonskolosse, die Ruinen von Medinet Habu und das Ramesseum, das er „Memnonspalast" nannte. Sein Bild zeigt, von Osten aus gesehen, den zweiten Hof des Tempels mit Resten des zweiten Pylons, den Osiriskolossen (E u. D) und dem zerstörten Koloss Ramses' II., „der Sonne der Prinzen" (G). Norden glaubte fälschlich, letzterer gebe das morgendliche Seufzen von sich, von dem die klassischen Autoren berichten, verwechselte ihn jedoch mit einem der Memnonskolosse weiter östlich in Richtung Nil. In der Mitte des Hofes liegt ein Kopf Ramses' II. (I), der an Ort und Stelle verblieb. Der mit „H" bezeichnete Koloss Ramses' II. ist hier noch unzerstört, war jedoch zur Zeit der napoleonischen Expedition bereits in zwei Teile zerbrochen. 1816 barg Belzoni den Kopf dieser Statue und ließ ihn ins British Museum bringen.

setagebuch: „Um vier Uhr Nachmittags erblickte ich in östlicher Richtung die Umrisse eines Obelisken und kurz darauf tauchten zahlreiche Säulengänge und alte Gebäude auf, die verstreut hier und da in der Ebene lagen..." Es handelte sich um die Ruinen der Tempel von Karnak, die Norden jedoch nur vom Wasser aus betrachten konnte, weil der Kapitän sich weigerte, ihn an Land gehen zu lassen. Pococke, der dieselbe Stelle einen Monat später erreichte, konnte die Stätte dagegen in aller Ruhe untersuchen, nachdem er zuvor durch eigens zu diesem Zweck mitgeführte Geschenke den örtlichen Sheikh wohlwollend gestimmt hatte. Norden gelang es erst am darauf folgenden Tag und nur unter massiven Drohungen, den Kapitän seines Schiffes zum Anlegen zu bewegen. Er verzichtete auf den Besuch von Karnak und Luxor und besichtigte in großer Eile mit dem Gewehr in der Hand die wichtigsten Monumente am Westufer des Nils: die Memnonkolosse, das Ramesseum, auch Memnonium genannt, und die Ruinen von Medinet Habu. Für das Tal der Könige blieb ihm hingegen keine Zeit.

Am 13. Dezember verließ Norden Theben und fuhr in Richtung Nubien. Er passierte die Tempel von Esna, Edfu und Kom Ombo und gelangte dann nach Assuan, wo er die Inseln Elephantine und Philae – von ihm Insel von El Heiss genannt – durchstreifte. Nach dem ersten Katarakt setzte Norden die Fahrt nilaufwärts fort und kam zunächst an den Tempeln von Debod und Kalabscha vorbei, wo die Einwohner einige Schüsse auf sein Boot abgaben. Vom Schiff aus sah er später die Ruinen der Tempel von Dendur, ed-Dakka und el-Maharraqa, es-Sebua, Amada und ed-Derr, doch schließlich weigerte sich der Kapitän, die Fahrt fortzusetzen und als alle Versprechungen und Drohungen nicht halfen, musste Norden am 6. Januar 1738 gegen seinen Willen den Rückweg antreten. Immerhin nutzte er nun die Gelegenheit, um einige Stätten genauer zu erforschen, die er auf der Hinreise gar zu flüchtig gestreift hat-

53 Mitte *Der dänische Offizier zeichnete die Memnonskolosse, identifizierte sie jedoch nicht mit den Statuen, welche die klassischen Schriftsteller erwähnen.*

54 *Es gelang Norden nicht nur, den ersten Katarakt zu passieren, von dem er eine ziemlich genaue Karte zeichnete, er drang im Unterschied zu Pococke sogar noch weiter vor und besichtigte alle nubischen Tempel. Erst in ed-Derr weigerte sich der Kapitän seines Schiffes, die Reise fortzusetzen, sodass Norden sich wider Willen gezwungen sah, die Rückfahrt anzutreten.*

55 *Norden besichtigte und zeichnete die Insel Philae, die er fälschlich* Ell Heiss *nannte, weil er sie mit der etwas weiter südöstlich gelegenen Insel el-Hesa verwechselte.*

te, fügte seinen Zeichnungen verschiedene Details hinzu und fertigte einige neue an. Am 3. Februar traf Norden wieder in Theben ein, während Pococke wenige Tage zuvor nach einem einmonatigen Aufenthalt direkt nach Assuan aufgebrochen war.
Diesmal gelang es Norden, wenn auch unter Schwierigkeiten und in großer Eile, die Ruinen von Luxor und Karnak zu besichtigen. Um sich ungehindert bewegen zu können, beschloss der mutige Offizier, Luxor bei Nacht zu durchforschen. In Karnak wurde er jedoch von Arabern umringt, die ihm mit offener Feindschaft begegneten und Geld von ihm forderten. Wieder einmal

griff Norden zu den Waffen, hielt es jedoch für geraten, seinen Besuch nicht allzu lange auszudehnen. Hastig malte er einige Skizzen und ging wieder an Bord. Derweil kehrte Pococke von Assuan zurück und traf einen Tag nach Nordens Abreise, am 5. Februar, wieder in Theben ein.
Nach 19 Tagen Fahrt erreichte Norden Kairo und blieb noch drei weitere Monate in Unterägypten, um die Region besser kennen zu lernen. Ende Mai schiffte er sich nach Europa ein; seine Reise hatte insgesamt etwas länger als ein Jahr gedauert. Im Laufe seines Aufenthaltes hatte der Däne zahlreiche Fakten gesammelt und Bilder gezeichnet.
Während die Notizen über Unterägypten in Form von losen Blättern vorlagen, hatte Norden seine Eindrücke von der dreimonatigen Reise nach Oberägypten in einem gebundenen Reisetagebuch festgehalten, zu dem auch eine 29 Seiten lange Karte des Nils gehörte. Dank seiner profunden Kenntnisse auf den Gebieten der Mathematik und Architektur und seines künstlerischen Talents war es Norden gelungen, die ägyptischen Bauwerke, die er überdies vermessen hatte, äußerst präzise zu zeichnen.
Der dänische König zeigte sich vom Bericht des jungen Forschers und den dazugehörigen Bildern so beeindruckt, dass er ihn vor dem versammelten Hof lobte, ihn zum Kapitän ernannte und ihn beauftragte, sein Material zu veröffentlichen. Norden begann nun mit der Reinzeichnung seiner Skizzen und redigierte sein Reisetagebuch, wobei er sich bemühte, Text und Bilder in Beziehung zueinander zu setzen. Er musste seine Arbeit jedoch bereits in der Anfangsphase unterbrechen, weil die Admiralität den Offizier zur Unterstützung der britischen Marine in den Krieg gegen Spanien schickte. Nach einer Reihe militärischer Aktionen kam Norden nach London, wo man ihn zum Mitglied der *Royal Society of Sciences* und der *Egyptian Society* berief. Lord Sandwich hatte die spätere *Egypt Exploration Society* 1741 als erste Gesellschaft zur Erforschung Ägyptens gegründet und auch Richard Pococke eingeladen, ihr beizutreten. Anlässlich seiner Aufnahme las Norden eine kurze, aus seinen Reisenotizen zusammengestellte Abhandlung über die Ruinen von Theben vor, die ein positives Echo fand und später unter dem Titel *Drawings of some ruins and Colossal Statues at Thebes in Egypt with an account of the same letter to the Royal Society* veröffentlicht wurde. Norden blieb bis zum Sommer 1742 in London, dann verschlechterte sich sein Gesundheitszustand, vielleicht aufgrund eines Tuberkulose- oder Typhusanfalls. Er verließ daraufhin England und begab sich nach Paris, von wo aus er zu den Küsten und Hafenstädten Frankreichs aufbrechen wollte. Seine Krankheit verschlimmerte sich jedoch zusehends und am 22. September 1742 starb Norden im Alter von nur 34 Jahren. Kurz vor seinem Tod vertraute der junge Däne seinem Freund, Kollegen und Gefährten auf der Reise nach England, dem Grafen von Danneskiold, sämtliche Unterlagen über Ägypten an.
Als der dänische König vom Tode Nordens erfuhr, befahl er, dessen Reisebericht zu veröffentlichen und veranlasste, dass der Nürnberger Kupferstecher Markus Tuscher die Zeichnungen druckte. Tuscher war einer der berühmtesten Graveure seiner Epoche und ein persönlicher Freund Nordens. Zu Lebzeiten des Dänen hatte er bereits zwei Tafeln für ihn gestochen, welche die Abhandlung für die Royal Society aus dem Jahre 1741 begleiteten.
1755 erschien unter der Herrschaft Friedrichs V., der nach Christian VI. den Thron bestiegen hatte, endlich Nordens Werk als bleibendes Zeugnis eines großen Reisenden, dem wir die ersten realistischen Zeichnungen und präzisen Karten der antiken Stätten Ägyptens verdanken.

JAMES BRUCE OF KINNAIRD

***56 u. 56–57** Der schottische Adlige und Diplomat James Bruce of Kinnaird war einer der ersten großen Erforscher des Nils. Im Dezember 1768 brach er in Begleitung seines Sekretärs Luigi Balugani und seines griechischen Dieners Strates von Kairo aus auf. Im Verlauf seiner Reise überquerte Bruce den Tanasee in Äthiopien und drang bis zu den Quellen des Blauen Nils vor. Nach seiner Heimkehr veröffentlichte Bruce 1790 unter dem Titel* Travels to Discover the Source of the Nile *sein Reisetagebuch, dem sowohl sein Porträt als auch diese Karte mit der Reiseroute entnommen sind.*

Der reiche Adlige James Bruce of Kinnaird wurde 1730 im schottischen Kinnaird geboren. Mit 24 Jahren heiratete er, doch starb seine Frau nach wenigen Monaten. Vermutlich verließ Bruce seine Heimat, um nicht ständig an diesen schweren Schicksalsschlag erinnert zu werden. 1762 wurde er zum englischen Konsul in Algerien ernannt, eine schwierige und nicht ungefährliche Aufgabe, denn der Bei von Algier galt als brutal und tyrannisch und dachte gar nicht daran, die abendländische Etikette oder die Immunität von Diplomaten zu respektieren. Dennoch versah Bruce sein Amt drei Jahre lang mit großem Erfolg, ehe er sich entschloss, die Altertümer des Landes zu erforschen. Von Algier aus bereiste der Schotte die gesamte nordafrikanische Küste bis nach Tripolis und besuchte nacheinander Syrien, Kreta und Zypern, bevor er 1768 in Ägypten eintraf. Im Dezember desselben Jahres machte sich Bruce in Beglei-

57 oben links *Für die Fahrt nilaufwärts benutzte Bruce diese* cangia, *ein typisch ägyptisches Boot, das sich durch einen geräumigen, bauchigen Schiffsrumpf und eine Kabine am Heck auszeichnete. Diese Schiffe waren mit einem großen Vorsegel und einem Klüver ausgestattet, die ihnen mäßige Geschwindigkeit verliehen.*

57 oben rechts *Bruce fuhr von Jaseir bis Massaua an der Küste des Roten Meeres entlang, wo ihn Achmet (Abb.), der Neffe des Stadtgouverneurs, empfing und versuchte, ihm durch einen Zwangsaufenthalt Geld abzupressen. Schließlich erreichte Bruce Gondar, die Hauptstadt Abessiniens, und hielt sich einige Zeit am Hof von König Tekla Haimanot auf.*

tung seines treuen Sekretärs Luigi Balugani und seines griechischen Dieners Strates von Kairo aus auf die Suche nach der Quelle des Blauen Nils. Sie reisten nilaufwärts bis nach Theben, wo Bruce die Tempel von Luxor und Karnak sowie die Totenstädte des westlichen Nilufers besichtigte. Da er sich mit den örtlichen Führern gut verstand, erklärten sie sich bereit, ihn nach *Bibân el-Molûk*, ins Tal der Könige, zu bringen. Hier stieg er ins Innere einer großen Grabstätte und entdeckte dort unter anderem ein faszinierendes Flachrelief, das zwei blinde Harfenspieler zeigte. Bruce fertigte eine recht phantasievolle Skizze der beiden Figuren an, doch geht aus ihr hervor, dass er sich im Grab von Ramses III. befand, dessen Plan Richard Pococke wenige Jahre zuvor erstmals gezeichnet hatte. Der Erfolg des Bildes, das Bruce einige Jahre später in seinem Reisebericht veröffentlichte, war so groß, dass man die Stätte in Europa fortan gemeinhin „Harfenspielergrab" oder „Bruce-Grab" nannte. Bruce setzte seine Reise nach Assuan fort, musste dann jedoch wegen regionaler Unruhen umkehren und durchquerte die arabische Wüste bis zum Hafen von El Quseir am Roten Meer. Er mietete ein Boot und fuhr an der Küste entlang bis nach Massaua und von dort unter tausend Schwierigkeiten und

57 unten *Heimwärts brach Bruce mit einer großen Karawane in Richtung Sudan auf und erreichte trotz Schwierigkeiten und Krankheit im April 1772 das Reich von Sennar. Wenig später raubte man ihn jedoch aus, sodass er sich entschied, nach Assuan zu reisen. Um die große Schleife des Nils vor Dongala abzukürzen, ritt der Schotte auf direktem Wege durch die Wüste.*

Die Bilder in diesem Kapitel stammen aus James Bruce, *Travels to Discover the Source of the Nile in the Years 1768, 1769, 1770, 1771, 1772 and 1773*, Edinburgh, 1805.

Gefahren weiter nach Adua, Aksum und Gondar, in die Hauptstadt Abessiniens.
Bevor Bruce von Europa aufgebrochen war, hatte er Arabisch sowie klassisches Äthiopisch gelernt und sich einige Grundkenntnisse in Medizin angeeignet. Diesem Wissen verdankte er eine Einladung an den Hof von König Tekla Haimanot, wo er einige an Pocken erkrankte Mitglieder der königlichen Familie erfolgreich behandelte. Zum Dank ernannte der Herrscher ihn zum Gouverneur einer seiner Provinzen und gestattete ihm außerdem, bis zum Tanasee zu reisen. Eine Revolte beendete jedoch das Unternehmen vorzeitig und der Schotte kehrte nach Gondar zurück, um einige Monate später in Begleitung seines Dieners Strates erneut aufzubrechen. Diesmal gelang es ihm tatsächlich, den Tanasee zu überqueren und bis zu den Quellen des Blauen Nils vorzudringen. Leider hatten die portugiesischen Jesuitenpater Pedro Paez und Jeronim Lobos die Quellen bereits über ein Jahrhundert zuvor entdeckt und in einem von Athanasius Kircher veröffentlichten lateinischen Reisebericht auch beschrieben. Bruce hatte die Werke der beiden Portugiesen vor seiner Abreise sogar gelesen, ihren Behauptungen jedoch keine Glauben geschenkt. Nach Gondar zurückgekehrt, musste Bruce fast ein Jahr lang das Ende eines blutigen Bürgerkrieges abwarten, ehe er den Heimweg antreten konnte.

Während der Reise beschloss Bruce, nilabwärts am Sudan vorbei zu fahren, wurde in der Gegend von Sennar jedoch fast seiner gesamten Habe beraubt. Hinter ed-Damer, kurz vor dem Zusammenfluss von Nil und Atbara, begab sich der Schotte an Land, um die Reise zu beschleunigen, indem er die große Kurve abkürzte, die der Nil zwischen dem 6. und dem 4. Katarakt vor Dongola beschreibt. In nur zwanzig Tagen durchquerte Bruce die Nubische Wüste und gelangte auf direktem Wege nach Assuan, von wo aus er nilabwärts bis nach Kairo weiterfuhr. Hier traf er erschöpft, krank und nahezu mittellos ein. Fast vier Monate benötigte Bruce, um seine Kräfte für die Rückreise nach Eng-

58 rechts u. 59 links *In Theben erreichte Bruce, dass man ihn* Bibân el-Molûk, *das Tal der Könige, betreten ließ. Dort drang er ins Innere des Grabes von Ramses III. vor und betrachtete fasziniert zwei Flachreliefs mit blinden Harfenspielern, die er in sein Reisenotizbuch übertrug. Das Bild, das einige Jahre später in seinem Reisebericht erschien, beeindruckte so sehr, dass das Grab fortan Harfenspielergrab oder Bruce-Grab hieß.*

59 unten *Auf der Reise nach Abessinien fuhr Bruce an der arabischen Küste des Roten Meeres hinab. Während eines Aufenthaltes in el-Labeia im Jemen zeichnete Bruce diese Frau vom Stamm der Beni Koraschan in ihrer traditionellen Tracht.*

land zu sammeln. Er hielt sich noch einige Zeit in Frankreich und Italien auf und kehrte 1773 schließlich in seine Heimat zurück. Der Bericht über seine Reise und die unzähligen Abenteuer, die er erlebt hatte, erregte Heiterkeit und Spott: Niemand mochte so recht an die Begebenheiten glauben, die viel zu übertrieben wirkten, um wahr sein zu können. Mittlerweile hatte sich Bruce auf seinen Privatbesitz in Schottland zurückgezogen. Nach dem verfrühten Tod seiner zweiten Frau beschloss er 1778, einen ausführlichen Bericht seiner Reisen zu veröffentlichen, der 1790 in fünf Bänden unter dem Titel *Travels to Discover the Source of the Nile on the years 1768, 1769,1770, 1771, 1772 & 1773* erschien und ins Französische sowie ins Deutsche übersetzt wurde. Bruce starb 1794.

58 unten links *Im Reich von Sennar machte Bruce dem dortigen Herrscher Ismail und dessen Lieblingsfrau seine Aufwartung.*

LOUIS FRANÇOIS CASSAS

60 u. 61 links
1784 rief der französische Botschafter in Konstantinopel, Choiseul-Gouffier, den Maler Louis François Cassas zu sich und schickte ihn auf eine lange Reise, die ihn nach Syrien, Palästina und Ägypten führte. Hier blieb er drei Monate lang, von Oktober bis Dezember 1785, und zeichnete die antiken Bauwerke Alexandrias, die Pyramiden von Gîza und die Moscheen von Kairo. Wie alle anderen Künstler, die Ägypten besuchten, zeichnete Cassas in Alexandria Kleopatras Nadel (links) und die Pompejussäule (rechts). Im Unterschied zu seinen Vorgängern war sein Bild der Säule nicht nur von hohem künstlerischem Wert, sondern gab auch die Proportionen des Monuments exakt wieder.

61 oben rechts *In Alexandria zeichnete Cassas auch die imposante Festung von Qait-Bey am Hafeneingang, die der gleichnamige mameluckische Sultan 1480 hatte erbauen lassen. Zuvor befand sich auf der Insel Pharos der berühmte Leuchtturm, dessen Feuer bei Nacht den Hafeneingang erhellt hatte.*

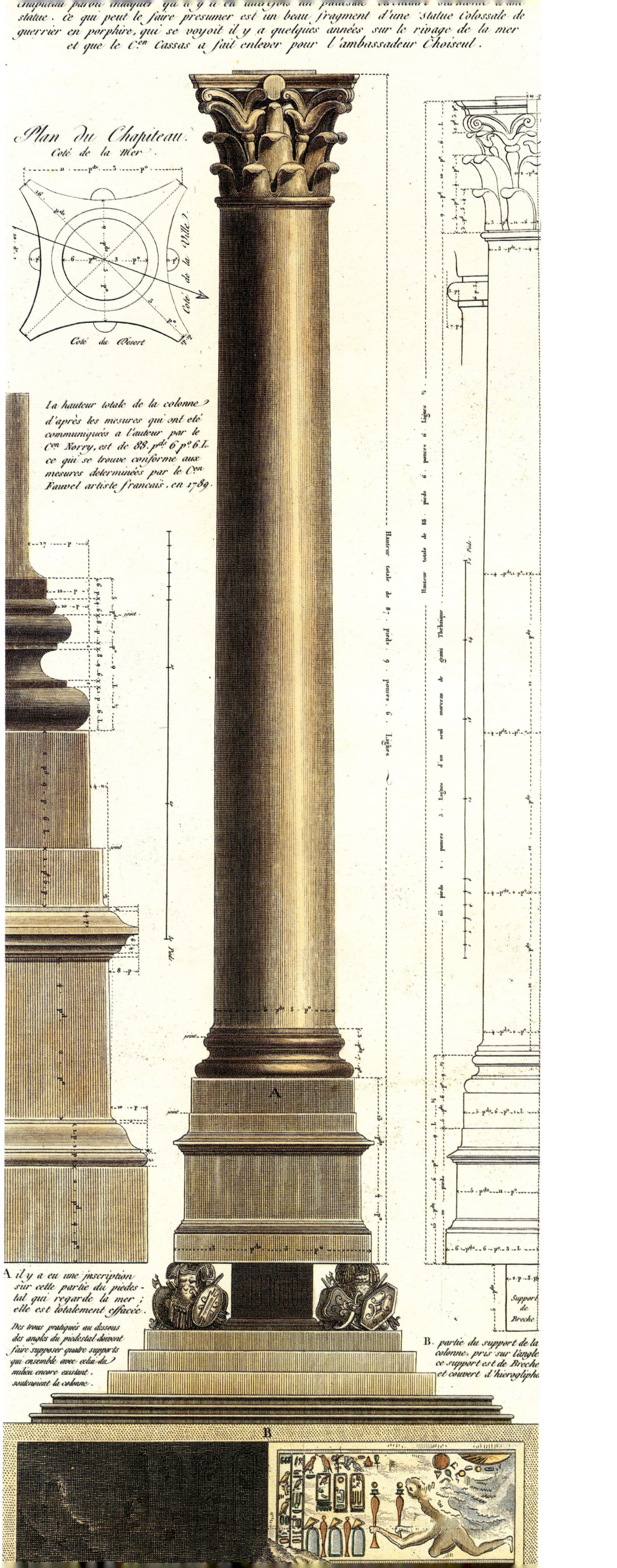

Der französische Mediziner, Archäologe und Historiker Constantin François Chasseboeuf war kaum 25 Jahre alt, als er mit 6000 Golddenaren im Gürtel und dem Tornister auf dem Rücken nach Ägypten und Syrien aufbrach. Berühmt wurde der junge Mann unter dem Pseudonym Volney, in dem sich seine Begeisterung für Voltaire und die Liebe zu seinem Heimatort Fernay verbanden. Volnay ging im Januar 1783 in Alexandria vor Anker und verbrachte hier einige Wochen, um die wichtigsten Bauwerke der Stadt und der Deltaregion zu besichtigen. Dann fuhr er nach Kairo, blieb dort bis September und setzte schließlich erneut die Segel in Richtung Jaffa, Akko, Tyrus und Syrien, wo er unter anderem Aleppo, Damaskus, Latakia und die gewaltigen Ruinen von Palmira besuchte. Im März 1785 schiffte sich Volney vermutlich in Akko ein und kehrte über Alexandria nach Frankreich zurück. Auf dem letzten Teil seiner Reise lernte er den Maler Louis François Cassas kennen und verwendete später einige Bilder von ihm für seinen Reisebericht, der 1787 unter dem schlichten Titel *Voyage en Egypte et en Syrie* erschien. Das Buch hatte sofort großen Erfolg und wurde besonders wegen der außergewöhnlichen Persönlichkeitsbeschreibungen gelobt, die es deutlich von allen bis dahin über den Orient erschienenen Schriften unterschied. Ein Kritiker be-

61 unten rechts *Als Cassas Ägypten bereiste, herrschten die Mamelucken über das Land. Die ehemaligen Sklaven asiatisch-kaukasischer Herkunft hatten durch militärisches und taktisches Geschick die Macht übernehmen können.*

Die Bilder in diesem Kapitel stammen aus Louis François Cassas, *Voyage Pittoresque de la Syrie, de la Phoenicie, de la Palestine et de la Basse Egypte*, Paris, 1795.

zeichnete es sogar als „eines der besten Werke des 18. Jahrhunderts und Meisterstück seiner Gattung". Volney hatte sich ein Jahr lang gründlich auf seine Reise vorbereitet. Die Reise selbst dauerte zwar nicht lange, doch wusste der Franzose seine Zeit bestmöglich zu nutzen und verfasste anschließend eine allen Regeln der Kunst entsprechende geographisch-politische Abhandlung, in der er seine Beobachtungen zur sozialen, wirtschaftlichen und politischen Situation der besuchten Regionen zusammenfasste. Obgleich Volney unglaublich nüchtern und systematisch vorging und sich kein Detail entgehen ließ, sind viele seiner Schilderungen doch durchaus poetisch. Volneys kulturgeschichtliche Katastrophentheorie schien die Eroberung Ägyptens geradezu einzufordern und nicht zufällig beriefen sich Bonaparte und seine Generäle gerne auf sein Werk.

Louis François Cassas, jener Maler, dem Volney auf seiner Reise begegnete, gehört zu den Künstlern, die trotz offenkundiger Begabungen und herausragender Eigenschaften fast völlig in Vergessenheit gerieten. 1756 kam er in Azay-le-Ferron zur Welt und studierte dann Kunst in Tours

62–63 *Die großen Moscheen Kairos gehörten zu den bevorzugten Motiven von Cassas, der sie mit außergewöhnlicher Genauigkeit in jedem kleinsten architektonischen Detail zeichnete: Links ist das extrem hohe Eingangsportal der Sultan-Hassan-Moschee zu sehen, während der Künstler rechts eine große Prozession vor der al-Azhar-Moschee festhielt.*

und Paris, ehe er eine Reise nach Rom unternahm. Mehr als von den Kunstschätzen der Stadt zeigte er sich von den großen Obelisken beeindruckt, die Papst Sixtus V. hatte wieder aufstellen lassen. Nachdem Cassas drei Jahre in Rom verbracht hatte, rief ihn der französische Botschafter Marie Gabriel Florent Choiseul-Gouffier, ein adliger Diplomat, der sich für antike Kunst begeisterte und selbst eine große Sammlung antiker Gegenstände besaß, 1784 zu sich nach Konstantinopel.

Von der Hauptstadt des Osmanischen Reiches aus brach Cassas zu einer langen Reise auf, die ihn nach Syrien, Palästina und Ägypten führte. In ihrem Verlauf fertigte der außerordentlich talentierte Maler und Zeichner zahlreiche Bilder an. Bekannt wurden vor allem die Bilder der Ruinen von Palmira in Syrien und von Baalbek im Libanon, die Volney zur Illustration seiner Abhandlung verwendete. Cassas blieb nur von Oktober bis Dezember 1785 in Ägypten, doch trotz der Kürze seines Aufenthaltes hinterließ er einige herrliche Radierungen, welche die Pyramiden von Gîza, die Moscheen von Kairo und die antiken Bauten von Alexandria zeigen. 1787 kehrte Cassas für weitere vier Jahre nach Italien zurück. 1791 begab sich der Künstler wieder in seine Heimat und organisierte hier eine Ausstellung mit 74 Modellen aus Terrakotta oder Kork, die viele der von ihm bewunderten Monumente darstellten, darunter acht Pharaonengräber. Einige Jahre später rief Cassas eine öffentliche Spendenaktion ins Leben, was einer gängigen Praxis seiner Zeit entsprach, und konnte mit dem Erlös seine Werke veröffentlichen, die 1795 in Paris unter dem Titel *Voyage Pittoresque de la Syrie, de la Phoenicie, de la Palestine et de la Basse Egypte* erschienen. Die drei von der *Imprimerie de la République* gedruckten Foliobände enthielten allerdings nur 175 von ursprünglich 330 Bildtafeln. Cassas, der für seine künstlerischen Leistungen mit der höchsten französischen Ehrung, der *Légion d'Honneur,* ausgezeichnet wurde, starb 1827 in Versailles.

64 *Zur Feier seines 30. Regierungsjubiläums hatte Sesostris I. in Heliopolis vor dem Tempel des Sonnengottes Rê zwei Obelisken mit Inschriften aufstellen lassen, von denen einer im 12. Jahrhundert zerstört wurde. Der andere steht heute in Zentrum eines großen und dicht bevölkerten Stadtteils von Kairo.*

65 *Auch die Chephrenpyramide in Gîza zeichnete Cassas ziemlich präzise: Der obere Teil ist mit Kalksteintafeln verkleidet, die man im unteren Teil zwischen der Mitte und dem Ende des 17. Jahrhunderts entfernt hatte. Die Darstellung des Totentempels, aus dem geheimnisvolle Rauchschwaden aufsteigen, ist dagegen ganz der Phantasie des Künstlers entsprungen.*

66–67 *Eine lange Prozession zieht an den so genannten Mameluckengräbern in Kairo vorbei: Hohe Würdenträger, erkennbar an dem typischen Turban, reiten dem Zug voran.*

68 Wie das Bild zeigt, benutzten Einheimische zur Zeit von Cassas einige der Gräber des Alten Reiches in Gîza und Sakkâra als Wohnungen.

69 In diesem von Cassas erdachten Tempel finden geheimnisvolle Zeremonien statt. Für die Kleider der Zuschauer griff der Künstler offensichtlich auf Modelle der griechisch-römischen Welt zurück. Die Architektur des Gebäudes nimmt die typischen Merkmale der ptolemäischen Epoche phantasievoll auf, einige dekorative Elemente, zum Beispiel die geflügelte Sonnenscheibe am Architrav der Hypostylhalle, lehnen sich durchaus an die Wirklichkeit an.

70–71 Cassas verband nicht nur gerne Phantasie und Wirklichkeit, sondern mischte auch Stilelemente verschiedener Epochen, um Ägypten als geheimnisvolles, esoterisches Land mit Zügen der Renaissance erscheinen zu lassen. Auf diesem Bild ist eine große Pyramide der 4. Dynastie zu sehen, die Ähnlichkeiten mit der Cheops- oder Chephrenpyramide aufweist. Zu beiden Seiten des Tempels im ptolemäischen Stil stehen Obelisken, davor erstreckt sich ein dromos *(langer Gang) mit Sphingen, die aus dem Neuen Reich stammen könnten. Zahlreiche Menschen in klassischen Gewändern folgen einer festlichen Prozession.*

RICHARD DALTON

72 oben *Richard Dalton, ein außergewöhnlicher Künstler, Gelehrter und Reisender, erreichte Ägypten im Jahre 1749, zwölf Jahre nach Pococke und Norden. Während seines Aufenthaltes besichtigte er ausschließlich Kairo und die direkte Umgebung und zeichnete zahlreiche eindrucksvolle Bilder, die er erst 1791 unter dem Titel* Antiquities and Views in Greece and Egypt with the Manners and Customs of the Inhabitants *veröffentlichte. Trotz seines hohen künstlerischen und wissenschaftlichen Wertes blieb Daltons Werk erstaunlicherweise bis heute weitgehend unbeachtet. Auf dieser Ansicht der Pyramiden von Gîza ist die Nase der Sphinx wie auf Pocockes Bildern unversehrt.*

72 unten u. 73 *Überaus genau zeichnete Dalton auch die Hauptkammer der nördlichen Snofrupyramide in Dahschûr mit ihrem hohen, auskragenden Gewölbe sowie den Eingang zur Cheopspyramide (rechts), der sich bis heute kaum verändert hat. Über der Öffnung, die in den absteigenden Gang mündet, ist ein gewaltiger monolithischer Architrav zu erkennen. Darüber erhebt sich ein doppeltes Spitzgewölbe, das das Gewicht der Mauern abfangen soll.*

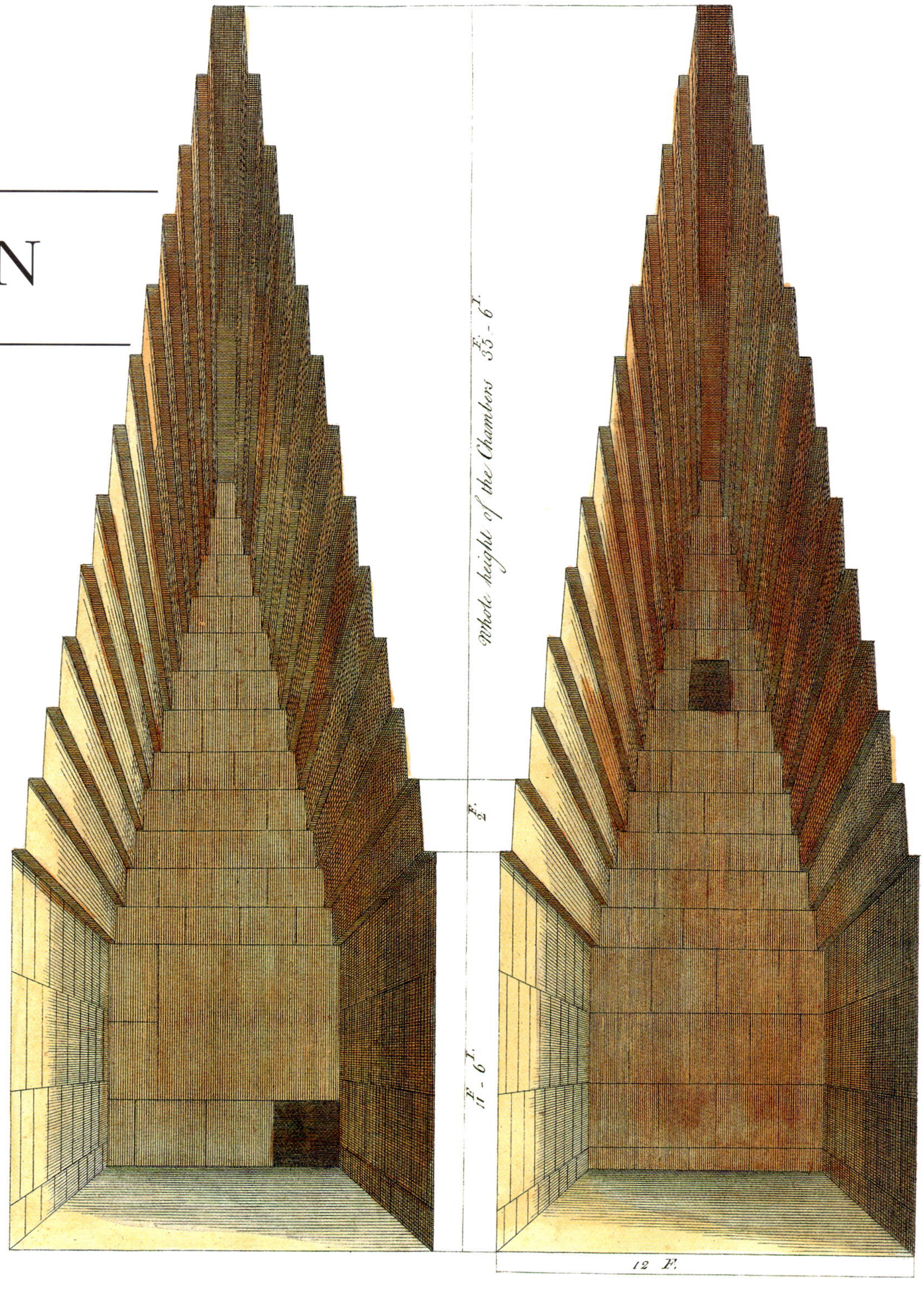

Die Bilder in diesem Kapitel stammen aus Richard Dalton, *Antiquities and Views in Greece and Egypt with the Manners and Customs of the Inhabitants*, London, 1791.

Wenige Jahre nach Pococke und Norden reiste 1740 auch der englische Arzt Charles Perry nach Ägypten. 1749 ging dann ein anderer Brite, der Bibliothekar und Zeichner Richard Dalton, in Alexandria von Bord, um die historischen Orte des Landes zu erforschen. Geboren 1715 in Whitehaven in Cumberland, hatte er zunächst in Rom Kunst und Literatur studiert und war dann zu einer Reise durch den Mittelmeerraum aufgebrochen, die ihn auch nach Griechenland und Ägypten führen sollte. Daltons Werk erschien erst in seinem Todesjahr, 1791, unter dem Titel *Antiquities and Views in Greece and Egypt with the manners and customs of the inhabitants*. Es enthielt außer dem Text 79 Stiche, die Dalton nach den vor Ort angefertigten Zeichnungen hergestellt hatte.

Daltons Absichten unterschieden sich grundlegend von denen früherer Ägyptenreisender, denn er wollte sich weder auf den Besuch der antiken Stätten beschränken, noch plante er eine umfassende Beschreibung des Landes. In der Einleitung zu den eindrucksvollen Bildtafeln, die sein Buch illustrieren, heißt es: „Der Herausgeber dieser Drucke hatte nie die Absicht, eine geographische oder historische Beschreibung des Landes zu verfassen, denn um das hierfür nötige Material zu sammeln, bedürfte es eines langen Aufenthaltes und eines fachkundigen Assistenten, der sich in den verschiedensten Wissensgebieten auskennt..."

Als aufmerksamer Reisender und talentierter Zeichner beobachtete Dalton vor allem die Bewohner des Landes, ihre Kleidung, Sitten und Gebräuche. Er verzichtete auf die lange und schwierige Fahrt nach Oberägypten und seine Zeichnungen zeugen eher von ethnographischem denn von archäologischem Interesse. Daltons Werk überschneidet sich daher nicht mit den Büchern von Norden, Pococke oder Perry, sondern ergänzt sie, indem es die bis dahin weitgehend unbeachtete Lebensweise der örtlichen Bevölkerung beschreibt.

Zum ersten Mal richtete ein Reisender sein Augenmerk auf die Kleidung der Menschen – zum Beispiel die Uniformen der Soldaten, Reiter und Offiziere –, die Aufschluss über ihren Rang und ihre soziale Position gab, aber auch auf Traditionen und religiöse Zeremonien, an denen Christen in der Regeln nicht teilnehmen durften. Dalton zeichnete unter anderem die Prozession des „heiligen Kamels“, bei der ein Dromedar ganz Kairo durchquerte. Auf dem Rücken trug es ein kleines, reich verziertes Zelt aus golddurchwirkten Stoffen mit Suren des Korans, die ihrerseits wertvolle Stoffe zum Schmuck der Heiligtümer in Mekka und Medina verbargen. Die Kleidung der Pilger auf dem Weg nach Mekka oder die seltsamen, zu beiden Seiten von Kamelrücken befestigten Tragsessel, in denen man Alte und Kranke zu den geweihten Stätten des Islam brachte, fasste der Engländer ebenso detailliert ins Bild wie die geordnete Ankunft der Pilger bei den Heiligtümern, die Zusammensetzung der Karawanen oder die Uniformen und Waffen der Reitertruppen, die sie begleiteten. Selbst die Gewänder, welche die höchsten mameluckischen Autoritäten in Kairo, der Pascha, der Emir und der Bei, bei ihren öffentlichen Ausritten durch die Stadt und ihre Umgebung trugen, fesselten Dalton und er zeichnete die Mächtigen zusammen mit den vorausgaloppierenden Reitern und den eilfertigen Dienern, die neben ihren Herren herrennen mussten. Besondere Aufmerksamkeit widmete Dalton den Pferden, ihrem Zaumzeug und ihrer Dressur. Er zeichnete die Tiere äußerst genau und plastisch, indem er ihre Bewegungen und ihr Muskelspiel betonte. Daneben hielt er das Treiben der Händler, Derwische, jungen Tänzerinnen und des einfachen Volkes fest, das an den Ufern des Nils lebte und seine Blöße mit Stofffetzen oder Palmblättern bedeckte. Im Text heißt es dazu: „Die Armut und Erschöpfung dieser Menschen ist überaus groß, wenn sie nicht genügend aufpassen, stürzen sich die hungrigen Krokodile auf sie. Wer bis zur Ankunft in [der Hafenstadt] Bulak überlebt, verkauft seine Habe und teilt den Erlös mit den an-

74 links Daltons Querschnitt der Cheopspyramide orientierte sich an dem seiner Vorgänger, John Greaves und Benoît de Maillet, wirkt aber noch deutlich präziser, insbesondere, was das Verhältnis der Basis im Vergleich zur Höhe und die Details der inneren Kammern anbetrifft. Auch in Daltons Zeichnung endet der absteigende Gang an dem Punkt, wo er mit dem aufsteigenden zusammentrifft, der seinerseits zur großen Galerie führt.

74 Mitte In der Grabkammer des Königs, hier von Süden aus gesehen, steht der große, leere Sarkophag, der die sterblichen Überreste des Königs enthalten sollte.

75 links Zu Daltons erstaunlichsten Zeichnungen gehört die der Großen Galerie in der Cheopspyramide, die alle nachfolgenden Künstler beeinflusst zu haben scheint. Ein ziemlich ähnliches Bild findet sich zum Beispiel in der Description de l'Egypte, die ein halbes Jahrhundert später erschien.

75 rechts Dalton zeichnete auch als Erster die Kammer der Königin, die er wirklichkeitsgetreu mit Spitzgewölbe abbildete. Die Nische im Hintergrund sollte vermutlich eine Statue des königlichen ka aufnehmen.

deren, damit sie auf einem gemieteten Boot nach Oberägypten zurückkehren können."
Dalton zögert auch nicht, den Sklavenmarkt von Kairo zu beschreiben, auf dem es eine reiche Auswahl abessinischer und äthiopischer Neger aus Oberägpten gab. Er weist darauf hin, dass diese Sklaven „in der Regel besser behandelt werden als die anderer Regionen Afrikas, mit denen die westindischen Inseln und Teile des amerikanischen Kontinents bevölkert sind." Ungeachtet seiner ethnographischen Interessen besichtigte Dalton natürlich auch die antiken Stätten in der Umgebung von Kairo und Alexandria, wobei er der seit dem Mittelalter üblichen Route folgte. Er besuchte Sakkâra, die Pyramiden von Dahschûr, die er „Pyrami-

den von Sakkâra" nennt, und die „Katakomben mit den Mumien, die keineswegs jene Gefühle auslösten, die wir aufgrund falscher Zeichnungen anderer Reisender erwarteten". Schließlich fertigte der Engländer noch einige genaue Bilder der Pyramiden von Gîza, die „zum Teil zerstört und zu Sandhügeln oder Steinhaufen zerfallen waren". Länger hielt Dalton sich bei der Cheopspyramide auf: Seine Bilder der Großen Halle und der Grabkammern wurden von vielen Malern und Zeichnern des 19. Jahrhunderts imitiert.

76 u. 77 *Mit fast ethnographischer Präzision zeichnete Dalton die Gewänder, welche die höchsten mameluckischen Würdenträger Kairos bei ihren öffentlichen Ausritten anlegten, aber auch die Kleider der einfachen Leute. Auf Seite 76 sieht man die Kopfbedeckungen des Emirs, des* kyiabey *(einer Art Generalsekretär) und eines Mannes aus dem Volk. Auf Seite 77 rechts ist der imposante Turban des* kadilisker, *eines hohen Kontrollbeamten, den der Sultan von Konstantinopel für jeweils ein Jahr einsetzte, zu sehen.*

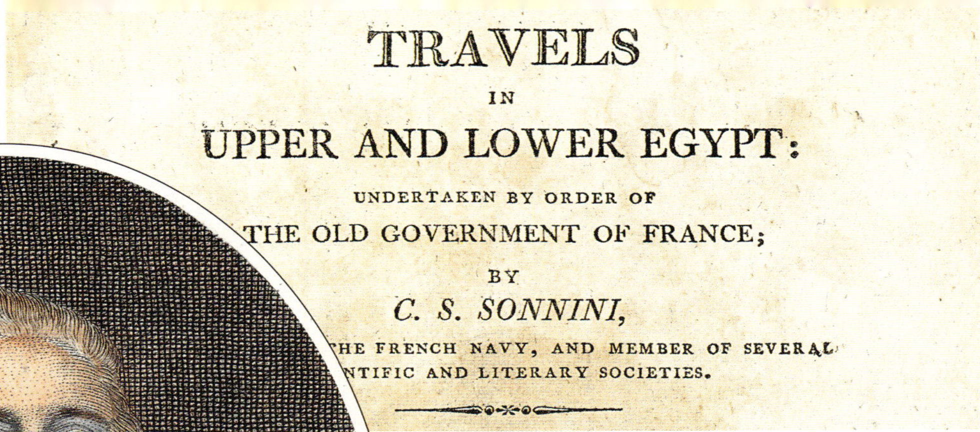
TRAVELS
IN
UPPER AND LOWER EGYPT:
UNDERTAKEN BY ORDER OF
THE OLD GOVERNMENT OF FRANCE;
BY
C. S. SONNINI,
…HE FRENCH NAVY, AND MEMBER OF SEVERAL
…NTIFIC AND LITERARY SOCIETIES.

CHARLES NICOLAS SONNINI

Charles Nicolas Sigisbert Sonnini de Manoncourt, ein Zeitgenosse Volneys, erforschte Ägypten zwischen 1777 und 1778. Er reiste nilaufwärts bis nach Theben, behauptete in seinem Reisebericht allerdings, er sei bis Assuan gekommen. Sonnini wurde 1751 wie Benoît de Maillet in Lothringen geboren und hatte zunächst als Anwalt gearbeitet. Unvermittelt erkannte er jedoch, dass er sich nicht zum Juristen, sondern zum Reisenden und Naturforscher berufen fühlte. Als Marineoffizier reiste Sonnini zuerst nach Südamerika und Afrika, dann bereitete er seine Fahrt nach Ägypten vor. Sonninis strenger Charakter, seine wissenschaftlichen Interessen und seine zutiefst antiklerikale Einstellung machten ihn zu einem begeisterten Anhänger der Aufklärung, der Naturwissenschaften und der Medizin. Eine tiefe Freundschaft verband ihn mit dem großen Naturforscher Buffon, mit dem er über lange Jahre zusammenarbeitete. So verfasste er nach seiner Rückkehr aus Ägypten im Jahre 1780 nicht als Erstes den traditionellen Reisebericht, sondern schrieb zunächst mehrere vogelkundliche Artikel für Buffons Hauptwerk, die *Histoire Naturelle*. Die Veröffentlichung des Reiseberichtes verzögerte sich außerdem, weil er wegen familiärer Streitigkeiten in finanzielle Bedrängnis geriet. Überdies weigerte sich die Regierung, seine Forschungsergebnisse anzuerkennen, und versagte ihm jegliche Unterstützung. Erst nachdem Napoleons Ägyptenexpedition das Interesse für das Land am Nil neu entfacht hatte, konnte Sonninis Werk, zu dem auch ein Atlas mit 40 Bildtafeln gehörte, 1799 unter dem Titel *Voyage dans la Basse et Haute Egypte* erscheinen. Drei Jahre später publizierte jedoch bereits Vivant Denon unter dem gleichen Titel seinerseits ein Buch, das großes Aufsehen erregte und Sonninis Abhandlung trotz ihrer Verdienste in Verges-

78 oben *Der Reisende und Naturforscher Charles Nicolas Sigisbert Sonnini de Manoncourt, ein französischer Marineoffizier, erreichte Ägypten im Juni 1777, fuhr nilaufwärts bis nach Theben und kehrte im Oktober des darauf folgenden Jahres nach Frankreich zurück. In seiner Heimat verfasste Sonnini anschließend zunächst vogelkundliche Artikel für die berühmte* Histoire naturelle *seines Freundes George Louis de Buffon, die er später auch in einer 128-bändigen Neuauflage herausgab. Sonninis eigenes, mit 40 Bildtafeln versehenes Werk erschien erst 1799 unter dem Titel* Voyage dans la Basse et Haute Egypte *und wurde sofort ins Englische übersetzt.*

78 unten *Im Haus eines italienischen Geistlichen in Kairo entdeckte Sonnini diese Statue aus der Gegend von Theben. Er glaubte, es handele sich um eine Priesterin mit zwei Statuen von Isis und Osiris in den Händen. Die Hieroglyphenschrift gab Sonnini eher phantasievoll wieder.*

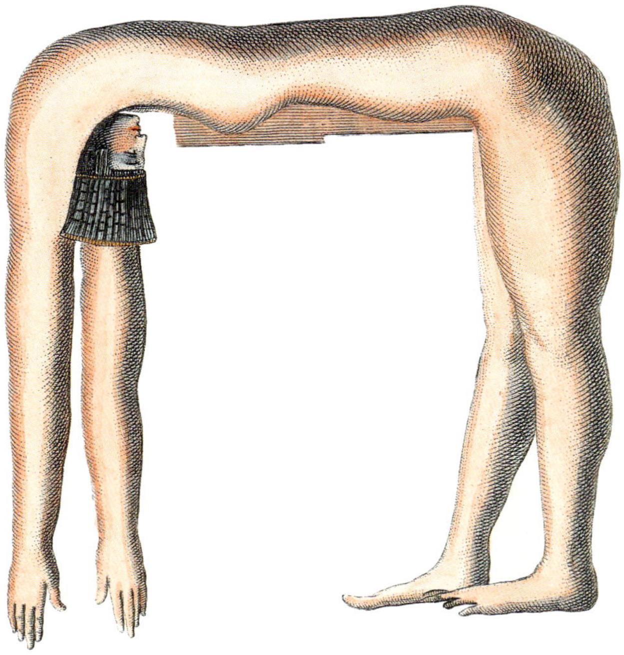

79 oben *Dieses Flachrelief der Himmelsgöttin Nut ziert die Decke der Hypostylhalle im Tempel der Hathor in Dendara. Sonnini widmete dem Bauwerk mehrere Bilder.*

79 Mitte *Am 21. März 1778 brach Sonnini nach Oberägypten auf. Bei sich trug er ein Empfehlungsschreiben, das ihm Murad Bei, einer der höchsten Mameluckenführer, ausgestellt hatte. Die majestätische Landschaft voller naturkundlich interessanter Details, die vor seinen Augen vorbeizog, beeindruckte den Franzosen zweifellos mehr als die antiken Stätten der Pharaonen. In der Tat gelang Sonnini eine relativ realistische Darstellung des Landes, während die Beobachtungen, die er über die Bauwerke anstellte, eher oberflächlich und uninteressant erscheinen.*

79 unten *Die antiken Bauwerke von Theben faszinierten Sonnini, doch zeichnete er hier lediglich den Tempel von Luxor. Ein Krieg zwischen verfeindeten Mameluckenparteien hinderte den Naturforscher an der Fortsetzung seiner Reise und zwang ihn, nach Kairo zurückzukehren.*

senheit geraten ließ. Zwar sind seine Aussagen zu den antiken Stätten nicht besonders interessant oder fundiert, doch gelang ihm immerhin eine wirklichkeitsgetreue und vollständige Darstellung des Landes. Im Unterschied zu den meisten anderen Reisenden war Sonnini in erster Linie Naturforscher. Genau deshalb ist Sonninis Buch interessant, denn es ergänzte das bereits vorhandene Material durch eine bis dahin eher unbeachtete Dimension.

Die Bilder in diesem Kapitel stammen aus Charles Nicolas Sonnini, *Travels in Upper and Lower Egypt*, London 1799.

NAPOLEON UND DIE ÄGYPTISCHE EXPEDITION

80 oben *Die Schlacht bei den Pyramiden vom 21. Juli 1798 endete mit dem ersten großen Sieg der französischen Armee in Ägypten. Dominique Vivant Denon, der berühmteste Künstler im Gefolge der napoleonischen Truppen, hielt den entscheidenden Moment der Schlacht im Bild fest: Die mameluckischen Reiterhorden werfen sich hier den französischen Divisionen entgegen, die auf Befehl ihrer Generäle Desaix, Dugua und Renier Gewehrsalven abfeuern. Im Hintergrund ist die Stadt Kairo zu erkennen.*

Am 19. Mai 1798 stach die Orientarmee unter Napoleons Oberbefehl in See. Ziel war ein noch weitgehend unbekanntes und vielfach mythisch verklärtes Land: Ägypten.
Die gewaltige Flotte umfasste 13 Kriegsschiffe, sechs Fregatten, eine Korvette, 35 kleinere Schiffe und 300 Transportschiffe mit 10 000 Mann Besatzung und 35 000 Soldaten. Innerhalb von nur acht Tagen eroberte sie Malta und hatte sich damit einen wichtigen Stützpunkt zur Kontrolle des östlichen Mittelmeerraums geschaffen. Am 2. Juli ging sie in Alexandria vor Anker, nachdem sie der Verfolgung durch die englische Seestreitmacht unter dem bereits damals gefürchteten Konteradmiral Horatio Nelson glücklich entkommen war.
Aus unterschiedlichen Gründen, in denen sich außenpolitische Vorhaben mit innenpolitischen Erwägungen mischten, unterstützten sowohl Charles Maurice de Talleyrand, seines Amtes Außenminister unter dem Di-

rektorium, als auch Bonaparte selbst das Projekt einer militärischen Invasion in Ägypten, mit der man bereits zu Zeiten Ludwigs XIV. geliebäugelt hatte. Ägypten war damals Teil des riesigen, im Niedergang begriffenen Osmanischen Reiches und stand unter der Herrschaft der Mamelucken, deren Name sich von dem arabischen Wort *mamluk* für „gekaufte Person" ableitet. Tatsächlich handelte es sich um Sklaven türkisch-kaukasischer Herkunft, die dank ihrer militärischen Fähigkeiten und überlegenen Kampftechnik im Jahre 1250 die

80–81 *Die Schlacht bei den Pyramiden fand in der Nähe von Imbaba statt, einem Ort am linken Nilufer gegenüber von Kairo. Fünf französische Divisionen, formiert zu Karrees, die an den Ecken durch Artilleriegeschütze gedeckt wurden, standen 8000 gut geschulten mameluckischen Reitern unter Murad Bei gegenüber. Am linken Flügel hatten die Divisionen von Menu und Bon Stellung genommen, in der Mitte kämpfte die Division Dugua mit Bonaparte selbst, während der rechte Flügel aus den Divisionen Desaix und Renier bestand. Murad Bei hatte 2000 Reiter als Nachhut zurückgelassen.*

81 unten rechts *Einer Überlieferung zufolge hielt Napoleon Bonaparte seinen Soldaten vor Beginn der Schlacht eine Rede, bei der er auf die Pyramiden wies und die historischen Worte sprach: „Soldaten, von der Spitze dieser Pyramiden blicken 40 Jahrhunderte auf euch herab".*

Macht in Ägypten übernommen hatten und hier bis 1517 – dem Zeitpunkt der Eingliederung Ägyptens ins Osmanische Reich – regierten. Die europäischen Nationen, insbesondere Frankreich, England, Österreich und Russland, hatten schon seit einiger Zeit ein Auge auf den Balkan und die osmanischen Gebiete im östlichen Mittelmeerraum geworfen. Unter geopolitischen Aspekten war der Moment für eine Militärintervention in Ägypten außerordentlich günstig: Frankreich hatte im 1. Koalitionskrieg einen überwältigenden Sieg errungen und Österreich 1797 den Frieden von Campo Formio aufgezwungen. Alle Augen blickten auf Napoleon Bonaparte und die unschlagbar wirkende französische Armee.

Andererseits hatten Russland, Preußen und Österreich kurz zuvor Polen aufgeteilt und Österreich war überdies durch die Kriege geschwächt, die es zwischen 1787 und 1797 gegen Frankreich und die Türkei geführt hatte. Außer dieser grundsätzlichen Einschätzung der Lage gab es für Talleyrand eine Reihe weiterer außenpolitischer Gründe, für Bonaparte überdies innenpolitische Erwägungen, die für einen Einmarsch in Ägypten sprachen. Das

82 links *Murad Bei, einer der bedeutenden Mameluckenführer, war Bonapartes Hauptgegner: Dieser schlug ihn in der Schlacht bei den Pyramiden, woraufhin der Bei mit den verbleibenden 4000 Reitern nach Oberägypten floh, um von hier aus den Widerstand zu organisieren. Auf der rechten Wange trägt Murad eine Narbe, die er von einem Säbelhieb in der Schlacht zurückbehalten hatte.*

82 oben rechts General Louis Charles des Aix de Veygoux, genannt „Desaix", befehligte die Vorhut des französischen Heeres und erhielt den Auftrag, Murad Bei nach Oberägypten zu folgen, um ihn dort zu besiegen. Desaix starb am 14. Juni 1800 in der Schlacht von Marengo.

82 unten rechts Der Divisionsgeneral Jean Baptiste Kléber übernahm nach Napoleons Abreise das Kommando über die Orientarmee. Dank seiner außergewöhnlichen militärischen Fähigkeiten siegte er am 20. März 1800 in der Schlacht von Heliopolis und schlug am Tag danach den zweiten Aufstand in Kairo ohne Zögern nieder. Ein fanatischer Syrer tötete Kléber am 14. Juni 1800 in Kairo.

82–83 Bonaparte überreicht dem Militärkommandanten von Alexandria einen Degen.

83 unten Zu Pferd reitet Bonaparte in die Große Moschee von Kairo ein, die französisches Artilleriefeuer schwer beschädigt hat. Hier hatten die Beteiligten des ersten Aufstandes vom 21. Oktober 1798 Zuflucht gesucht. Bei der Revolte kamen 300 Soldaten der napoleonischen Armee und 3000 Araber ums Leben.

Direktorium hätte einen direkten Militärschlag gegen England lieber gesehen, zumal ein Misserfolg den jungen General auf den Boden der Tatsachen zurückgeholt und seinem inzwischen bedrohlich wirkenden Machtinstinkt Grenzen gesetzt hätte. Bonaparte hielt einen Angriff gegen den englischen Erbfeind indes für zu gefährlich, wollte die Truppen andererseits aber keinesfalls demobilisieren. Er suchte daher nach einer anderen Möglichkeit für einen Feldzug und fand sie, indem er mit Talleyrands Hilfe das Direktorium davon überzeugte, dass „der Weg nach London über Ägypten" führe. Mit der neu aufgestellten Orientarmee nahm Napoleon Alexandria im Handstreich und wandte sich dann nach Kairo, wo er am 21. Juli die mameluckischen Truppen unter Murad Bei in der berühmten Schlacht bei den Pyramiden besiegte. In Wirklichkeit fand das Gefecht rund zehn Kilometer von den Pyramiden von Gîza entfernt bei Imbaba statt, einem heute dicht bevölkerten Viertel von Kairo. Während Murad Bei nach seiner Niederlage in Oberägypten Zuflucht suchte und der andere bedeutende Mameluckenführer, Ibrahim Bei, in aller Eile in die Deltaregion abreiste, übernahmen die Franzosen die Macht über fast ganz Ägypten, nicht ohne zuvor Widerstände von Seiten der Bevölkerung, insbesondere der Beduinen, niedergeschlagen zu haben.
Allerdings sollten sie an ihrem überwältigenden Anfangserfolg nur kurze Freude haben: Am 1. August 1798 gelang es der englischen Marine unter Admiral Nelson, die französische Flotte unter Vizeadmiral Brueys d'Aigailliers in der Bucht von Abukir nahezu vollständig zu vernichten. Zusammen mit 1500 Seeleuten kam

Brueys ums Leben, sein Admiralsschiff, die Orient, wurde versenkt und nur vier Schiffe konnten entkommen. Nun waren die napoleonischen Truppen abgeschnitten und in dem Land gefangen, das sie selbst kurz zuvor besetzt hatten. Trotz des schweren Verlustes entschloss sich Bonaparte nicht nur, Ägypten zu kolonisieren und zu modernisieren, sondern trieb auch mit allen Mitteln die wissenschaftliche Untersuchung des Landes voran. Zu diesem Zweck hatte er im Gefolge der Orientarmee eigens eine Gruppe von 167 Wissenschaftlern und Künstlern mit nach Ägypten genommen, die der speziell hierfür gegründeten *Commission des Arts et des Sciences* angehörten und begegneten den elegant gekleideten Intellektuellen eher mit Skepsis, zumal diese sich selbst während des dichtesten Schlachtgetümmels ungeachtet aller Gefahren mit ihren Karten, Schreib- und Messgeräten an den historischen Bauwerken zu schaffen machten. Nicht von ungefähr ist eine Episode überliefert, nach der ein französischer Offizier bei einem Überraschungsangriff der Mamelucken seinen Soldaten den Befehl gab, sich zum Karree zu formieren und „die Esel und die Wissenschaftler in die Mitte" zu nehmen. Am 22. August 1798 gründete Bonaparte das *Institut d'Egypte*, eine Akademie, die nach dem Vorbild des *Institut de France* in vier Klassen

84 *Am 1. August 1798 um zehn Uhr abends wurde die Seeschlacht von Abukir, von englischen Historikern auch „Nilschlacht" genannt, entschieden. Das französische Admiralsschiff,* die Orient, *ging in Flammen auf und explodierte mit einem Knall, der bis nach Kairo zu hören war. In der Schlacht kam der französische Oberkommandierende der Flotte, François Brueys d'Aigailliers, ums Leben. Horatio Nelson, der sich an Bord des englischen Admiralsschiffes* Vanguard *befand, wurde durch einen Splitter an der Schläfe verletzt.*

nun die Tradition der Erkundungsreisen des 18. Jahrhunderts fortsetzten. Sie bildeten eine Gruppe von Gelehrten, deren Forschungsgebiete sich unterschieden und ergänzten: Geographen, Architekten, Ingenieure und Astronomen waren ebenso vertreten wie Ärzte, Ökonomen, Archäologen und Orientalisten, Mineralogen, Chemiker, Naturforscher, Mathematiker, Maler, Zeichner und Graphiker. Die meisten von ihnen waren Mitglieder des *Institut de France*, einige, wie der Chemiker Claude Louis Berthollet und der Mathematiker Gaspard Monge, hatten Bonaparte bereits auf seinem Italienfeldzug begleitet. Aber auch andere Institutionen, etwa der *Jardin des Plantes*, das *Museum d'Histoire Naturelle* und große französische Schulen wie die *Ecole Politechnique* und die *Ecole des Arts et Métiers* hatten Vertreter in das Expeditionskorps entsandt. Die Offiziere und Soldaten (Mathematik, Physik, politische Ökonomie, Dichtung und Kunst) unterteilt war. Die neue Institution, der unter Leitung von Gaspard Monge die 36 besten Mitglieder der *Commission des Arts et des Sciences* angehörten, hatte sich, wie es im 2. Artikel der Gründungsstatuten heißt, „die Erforschung, Untersuchung und Publikation der naturkundlichen, gewerblichen und geschichtlichen Aspekte Ägyptens" zum Ziel gesetzt. Drei Tage später, am 25. August 1798, brach General Louis Charles des Aix de Veygoux, kurz „Desaix" genannt, mit 3000 Soldaten von Kairo aus nach Oberägypten auf, um Murad Bei aufzuspüren und endgültig zu schlagen. Desaix drang nilaufwärts bis Sediman vor und stand am 7. Oktober schließlich Murads 12 000 Mann starkem Heer gegenüber, das noch weiter nach Süden zurückwich. Am 22. Januar 1799 brachte Desaix den Mamelucken in der Schlacht von Samanud südlich von Abydos eine weitere Niederlage bei, der ein erneuter Rückzug Murads folgte. Während Desaix gegen Murad kämpfte und gleichzeitig Oberägypten besetzte, besiegte Napoleon zunächst den zweiten wichtigen Führer der Mamelucken, Ibrahim Bey, und machte sich anschließend daran, das Land zu befrieden. Dabei appellierte er, wo immer dies sinnvoll erschien, an die Zustimmung des Volkes, dem er sich als toleranter Feldherr präsentierte, der den Koran wie das islamische Recht zu respektieren bereit war. In der Praxis erwies es sich jedoch als fast unmöglich, zwei derart unterschiedliche Kulturen, Religionen und Welten miteinander in Einklang zu bringen. Die Spannungen mündeten am 21. Oktober 1798 in Kairo in einen offenen Aufstand, den Napoleon mit der ihm eigenen Energie und Willensstärke niederschlug. Nach dem endgültigen

84–85 *Mit voll gesetzten Segeln fuhr die englische Flotte am späten Nachmittag mit dem Admiralsschiff, der* Vanguard, *in der Mitte auf die französische Flotte zu, die am Ende der Bucht von Abukir vor Anker lag. Dann bildeten die Engländer zwei Flügel, kreisten die Franzosen ein und eröffneten das Feuer von beiden Seiten. Das Manöver erwies sich als voller Erfolg: Die Franzosen verloren 13 ihrer insgesamt 17 Schiffe sowie 3000 Mann, noch einmal genauso viele wurden gefangen genommen.*

85 *Konteradmiral Horatio Nelson war der Held der ersten Schlacht von Abukir (1. August 1798), in der er die französische Flotte von Vizeadmiral Brueys d'Aigailliers in der Bucht von Abukir östlich von Alexandria durch einen Überraschungsschlag vernichtete. In einem waghalsigen Manöver, das Brueys aufgrund von Untiefen für unmöglich erklärt hatte, nahm Nelson die französischen Schiffe von zwei Seiten unter Beschuss, ohne dass diese Zeit zur Gegenwehr gefunden hätten.*

Sieg begnadigte der französische General jene, die sich ihm unterwarfen, während er die Übrigen gnadenlos köpfen ließ. Die Araber, die ihn nun fürchteten und respektierten, gaben ihm daraufhin den Beinamen el-Sultan el-Khebir, „der große Sultan".
In der Zwischenzeit hatte das Osmanische Reich Frankreich am 9. September 1798 den Krieg erklärt, sich mit England verbündet und plante nun die Invasion Ägyptens, um das Land wieder unter seine Kontrolle zu bringen. Bonaparte wollte sich durch die Annexion Palästinas und Syriens gegen die Gefahr aus dem Osten schützen und verließ Kairo am 10. Februar 1799 mit 25 000 Soldaten auf der so genannten „Horusstraße", einer alten Route, welche bereits die Pharaonen bei ihren Eroberungszügen in den Mittleren Osten benutzt hatten. Die französische Armee eroberte Gaza und Jaffa, konnte aber die Festung von Akko trotz zweimonatiger Belagerung, während der zu allem Überfluss eine Pestepidemie ausbrach, nicht einnehmen.
Mit einem stark dezimierten Heer kehrte Bonaparte am 14. Juni nach Kairo zurück: Zu den Gefallenen kamen all jene, die Krankheit oder das ungewohnte Klima hinweggerafft hatten, sodass sich die Zahl der Soldaten auf nur noch 18 000 belief, die Hälfte der Männer, die ein Jahr zuvor in Alexandria von Bord gegangen waren. Am 14. Juli tauchte eine englisch-türkische Flotte von 113 Schiffen vor Abukir auf und den 18 000 türkischen Soldaten unter Mustafa Pascha gelang die Landung. Sofort begab sich Bonaparte mit 8000 Mann an Ort und Stelle, ohne auf die Truppen von General Jean Baptiste Kléber, dem zweiten Oberbefehlshaber der Orientarmee, zu warten. Am 25. Juli 1799 trug Bonaparte in der berüchtigten „zweiten Schlacht von Abukir", bei der 10 000 Soldaten ums

Leben kamen, einen glänzenden Sieg davon. Als Kléber mit der Verstärkung anrückte, war die Schlacht bereits gewonnen. Die Nachrichten, welche aus Europa nach Ägypten drangen, trübten allerdings die Freude über den Sieg. Frankreich befand sich in einer schwierigen Situation, denn das Direktorium schien der innenpolitischen Schwierigkeiten nicht Herr zu werden und überdies hatte die französische Armee in Deutschland und im Piemont schwere Verluste erlitten. Bonaparte entschloss sich daher, nach Europa

86 unten links *Voller Erstaunen und Bewunderung wandte sich General Kléber nach der zweiten Schlacht von Abukir (25. Juli 1799) dem siegreichen Bonaparte zu und sprach: „General, erlaubt mir, Euch zu umarmen, Ihr seid größer als die Welt“.*

zurückzukehren, und verließ heimlich Ägypten am 22. August 1799 auf der Fregatte Murio. Mit ihm reisten mehrere Mitglieder des *Institut d'Egypte*, darunter Dominique Vivant Denon, Monge und Berthollet, sowie einige Generäle. Zurück blieb Kléber, der die Orientarmee fortan als Oberkommandierender alleine befehligte. Die Lage in Ägypten spitzte sich jedoch weiter zu, denn der Großwesir des Sultanats von Konstantinopel rückte an der Spitze eines 70 000 Mann starken Heeres nach Kairo vor. Kléber entschied, die Armee am 20. März 1800 bei Heliopolis in der Nähe der Hauptstadt mit den verbleibenden 10 000 französischen Soldaten anzugreifen. Nachdem er seinen Männern eine Ansprache gehalten hatte, stellte der General sich an ihre Spitze und setzte alles auf eine Karte: Trotz der überwältigenden Übermacht seiner Gegner errang er wider alle Voraussicht einen Sieg, der es ihm erlaubte, die Ordnung im Lande wieder herzustellen. Eine neuerliche Welle der Unzufriedenheit mit der französischen Herrschaft war nämlich am 21. März abermals zu einer Revolte eskaliert, die Kléber nun rasch beendete, indem er Bulak, das Hafenviertel von Kairo, beschießen und in Brand stecken ließ. Vielleicht wäre die Geschichte des Ägyptenfeldzuges anders verlaufen, hätte nicht wenige Monate später, am 14. Juni, ein fanatischer Syrer Kléber im Auftrag des

86 rechts *Diese von Denon gezeichnete Karte gibt die Aufstellung der Truppen während der zweiten Schlacht von Abukir originalgetreu wieder. Am 25. Juli 1799 griff Bonaparte mit nur 8000 Soldaten 18 000 Türken unter Mustafa Pascha an, ohne Klébers Verstärkung abzuwarten.*

87 links *Auf dem Höhepunkt der zweiten Schlacht von Abukir wendet sich Brigadegeneral Joachim Murat an der Spitze seiner Reiter gegen Mustafa Pascha, der ihn mit einem Pistolenschuss verwundet. Murat trennt dem türkischen Oberbefehlshaber seinerseits zwei Finger der rechten Hand mit dem Säbel ab und nimmt ihn gefangen. Im Hintergrund ist die Festung am äußersten Ende der Bucht von Abukir zu erkennen, wo eine englisch-türkische Flotte die osmanischen Truppen hatte landen lassen. Ein Vergleich des Bildes mit Denons Karte belegt, mit welcher Präzision dieser die Truppenaufstellung, das Lager der Türken und die Kanonen einzeichnete.*

87 rechts *Aufgrund seines Alters erhielt General Menou nach Klébers Tod den Oberbefehl über die Orientarmee. Er besaß jedoch nicht die nötigen militärischen Fähigkeiten und so schlug das englische Heer unter Sir Ralph Abercromby die Franzosen in der Schlacht von Canopus am 21. März 1801 vernichtend.*

Osmanischen Reiches und der Briten ermordet. Nach seinem Tod neigte sich das ägyptische Abenteuer der napoleonischen Armee dem Ende zu. Am gleichen Tag wie Kléber starb 3000 Kilometer entfernt auch General Desaix, von einer Kugel getroffen, in der Schlacht von Marengo. Klébers Nachfolger, Jacques-François de Bussay de Menou, war ein außergewöhnlicher Mann: Um eine ägyptische Frau heiraten zu können, war er zum Islam übergetreten und hatte den Namen Menu Abdallah Pascha angenommen. Allerdings zeigte er sich der jetzigen Situation, in der die Ereignisse sich überstürzten, nicht gewachsen. Am 8. März 1801 gingen 17 500 Soldaten einer britisch-osmanischen Flotte unter Lord Keith an Land, denen weder Bonaparte noch Kléber, sondern lediglich die verbliebenen Franzosen gegenüberstanden, die General Friant in der Nähe von Alexandria gesammelt hatte. Am 21. März griff Menus Heer – 10 000 Fußsoldaten und 1500 Reiter – die Engländer unter Sir Ralph Abercromby an. Die Schlacht von Canopus, einem Ort zwischen Alexandria und Abukir, endete für die Franzosen jedoch mit einer verheerenden Niederlage. Menus Taktik erwies sich als katastrophaler Fehler, der 4000 Soldaten und fünf Generäle das Leben kostete. Am 27. Juni 1801 unterzeichnete General Augustin-Daniel Belliard mit dem Nachfolger des ebenfalls in der Schlacht gefallenen Abercromby, General Sir John Hutchinson, die Kapitulation und handelte aus, dass die französischen Truppen mit Waffen und Gepäck nach Hause zurückkehren durften. Am 30. August kapitulierte Menu zu den gleichen ehrenhaften Bedingungen, musste jedoch den Engländern zahlreiche archäologische Funde überlassen, darunter den Stein von Rosette, den Franzosen im Juli 1799 in der Nähe des gleichnamigen Ortes entdeckt hatten. Später sollte es sich herausstellen, dass dieser Stein den Schlüssel zur Entzifferung der Hieroglyphenschrift barg. In Ägypten selbst war das französische Abenteuer jedoch endgültig zu Ende.

EIN KÜNSTLER BEI DER VORHUT

Zu den Mitgliedern des *Institut d'Egypte* gehörte ein nicht mehr ganz junger, kultivierter Adliger von mittlerer Größe und angenehmer Erscheinung, Baron Dominique Vivant Denon, der 1747 in Givry, einem kleinen Dorf bei Chalon-sur-Saône, zur Welt gekommen war. Als Diplomat in Diensten Ludwigs XV. und Ludwigs XVI. hatte er Ämter in den französischen Botschaften von Sankt Petersburg, Stockholm und schließlich Neapel bekleidet, wo er von 1776 bis 1785 blieb. Kaum eine andere Persönlichkeit hatte so großen Anteil am wissenschaftlichen Erfolg der äyptischen Expedition wie der Literat, Lustspieldichter, Maler und Zeichner Denon. Er sollte eigentlich nicht an der Reise nach Ägypten teilnehmen, da man befürchtete, er sei aufgrund seines fortgeschrittenen Alters den Strapazen des Aufenthaltes nicht gewachsen. Allein die Fürsprache seiner Gönnerin, der späteren Kaiserin Joséphine de Beauharnais, bewirkte, dass er schließlich doch noch in das Expeditionskorps aufgenommen wurde. Es zeigte sich, dass Denon nicht nur unermüdlich arbeiten konnte, sondern auch großen Mut besaß: Als Desaix auf Bonapartes Befehl nach Oberägypten aufbrach, um Murad Bei endgültig zu besiegen, zögerte Denon nicht, sich der Vorhut der französischen Armee anzuschließen, und gehörte daher zu den ersten Mitgliedern der Kommission, die die bedeutenden antiken Stätten in Oberägypten besichtigten und im Bild festhielten. Die Arbeit gestaltete sich überaus schwierig, da die Bevölkerung den Franzosen feindlich gesinnt war und es immer wieder zu bewaffneten Zusammenstößen mit den Mamelucken kam. Dennoch konnte Denon seine Bilder fast immer zur eigenen Zufriedenheit fertig stellen.

In Dendara begeisterte sich Denon für die Schönheit des Großen Tempels der Hathor: „Vergebens suchte ich nach Ausdrücken, die Gefühle darzustellen, die mich unter dem Portikus von Tintyra überfluteten.

88 links *Denon glaubte, es sei ein Leichtes, eines der berühmtesten Monumente Alexandrias, die „Nadel der Kleopatra“ zusammen mit einem weiteren Obelisken, der in unmittelbarer Nähe auf dem Boden lag, als „Trophäe der Eroberung“ Ägyptens nach Frankreich zu verschiffen.*

88–89 oben *Auf diesem Bild, dem vielleicht schönsten und poetischsten Denons, sieht man den Künstler, wie er bei Sonnenuntergang die kärglichen Ruinen von Hieraconpolis zeichnet, die lediglich aus „Resten des Tores eines einstmals beachtlichen Bauwerks“ bestehen. Um die Szene zu füllen, hat Denon seine Diener, sein Pferd und einige Kamele hinzugefügt.*

89 oben *Die Pompejussäule betrachtete Denon äußerst kritisch und stellte fest, dass ihr Ruf keineswegs gerechtfertigt sei, denn sie sei nichts weiter als „eine schöne Säule und keinesfalls ein schönes Monument“.*

88–89 unten *In Rosette bemerkte Denon die Mischung der verschiedensten Volksgruppen, Rassen und sozialen Schichten (koptische Mönche, Beamte, ägyptische Bauern, Juden und Griechen), erkennbar nicht zuletzt an der Kleidung.*

89 unten *Der Künstler und Schriftsteller Dominique Vivant Denon, hier ein Jugendbild, schloss sich den Truppen unter General Desaix an und besichtigte als erstes Mitglied der* Commission des Arts et des Sciences *die Bauwerke Oberägyptens. 1802 veröffentlichte er unter dem Titel* Voyage dans la Basse et la Haute Egypte pendant les campagnes du Général Bonaparte *sein Reisetagebuch mit zahlreichen Bildern und machte damit als Erster die großen Werke der Pharaonen in Europa bekannt.*

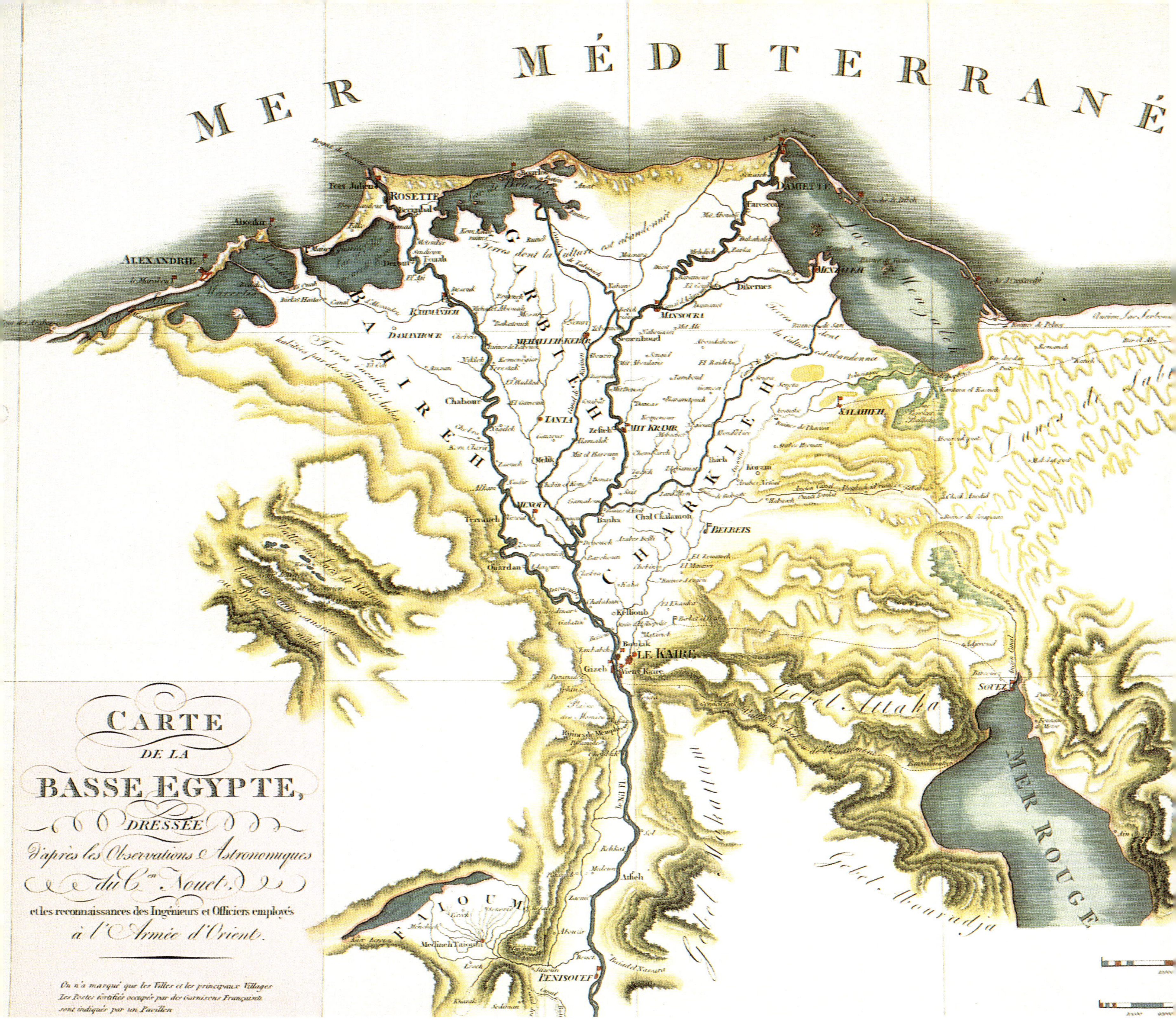

(...) Nie hob sich meine Seele im Anschauen eines Altertums so hoch...Ich zweifelte, etwas Vollkommeneres und Vollständigeres in Ägypten anzutreffen als Tintyra". Zwei Tage später, am 26. Januar 1799, erreichte Denon auf dem Gipfel seiner Begeisterung die Ruinen von Theben, doch verschlechterte sich seine Stimmung, als er erfuhr, wie wenig Zeit ihm zur Besichtigung blieb. Nachdem er den Tempel von Ramses III. in Medinet Habu, das Ramesseum und die Memnonskolosse besucht hatte, versuchte er, zur thebanischen Totenstadt vorzudringen und die Felsengräber zu untersuchen, doch verlief diese Exkursion alles andere als ruhig: „Ich ritt mit Desaix hinein, im festen Vertrauen auf den Frieden, der diese Wohnungen der Ruhe und des heiligen Schweigens umschwebt. Bald aber wurden wir aus den finsteren Teilen der Galerie mit Steinwürfen und Wurfspießen von unsichtbaren Feinden empfangen, welche unsere weiteren Entdeckungen beendeten."
Obgleich auch Desaix ein kultivierter Mann war, der sich für Kunst und Archäologie begeisterte, standen seine Interessen in deutlichem Widerspruch zu jenen von Denon, der sich selbstverständlich den militärischen Notwendigkeiten beugen und auf längere Aufenthalte an den antiken Stätten verzichten musste, da es Murad weiter zu verfolgen galt.
Denon tröstete sich jedoch, als er die Tempel von Esna und Edfu, die antike Apollinopolis Magna und die Ruinen des antiken Syene erblickte. Die französische Armee unter Desaix erreichte Assuan, die damalige Hauptstadt Oberägyptens, am 2. Februar, während Murad sich in die Wüste jenseits des ersten Kataraktes zurückzog. Denon begeisterte sich für die schöne Insel Philae mit dem mächtigen Isistempel, wo er erstmals lange genug (drei Wochen) bleiben durfte, um zahlreiche Zeichnungen der Bauwerke und eine ziemlich genaue Karte der gesamten Insel anzulegen. Als jedoch Araber aus Mekka in Quseir am Roten Meer an Land gingen und den Ort Qena angriffen, während gleichzeitig mameluckische Truppen unter Hassan Bei die Franzosen bedrohten, befahl General

90 *Auf seiner* Carte de la Basse Egypte, *die er anhand von Beobachtungen des Astronomen und Ingenieurs Nicolas Nouet erstellte, zeichnete Denon die französischen Militärposten in roter Farbe ein.*

91 links *Denon zeichnete eine* Carte de la Haute Egypte, *in die er mit einer gepunkteten Linie die Marschrouten der französischen Truppen eintrug, denen er sich angeschlossen hatte. Die Zahlen bei den Hauptörtlichkeiten verweisen auf die entsprechenden Bildtafeln in Denons Buch.*

91 rechts *Im Schatten einer Palme sitzend, vernimmt General Desaix einen Knaben, der ein Gewehr gestohlen haben soll. Der junge Dieb gesteht seine Schuld ein und reicht dem General seinen Hut als Zeichen der Unterwerfung. Desaix war für seine Gelassenheit so bekannt, dass die Araber ihn „den gerechten Sultan“ nannten.*

92 oben *Zu Beginn seiner Reise nach Oberägypten ritt Denon an der Pyramide von Meidum vorbei, konnte sich ihr jedoch nicht nähern, da sie jenseits des Kanals* Bahr Yusuf *lag, der den Nil mit dem Faijûm verbindet. Der Künstler begnügte sich damit, das Bauwerk zu zeichnen, das sich – betrachtet man es durch ein Fernglas – im Unterschied zu anderen bis heute kaum verändert hat.*

92–93 Mitte *Vom Nil aus zeichnete Denon diese herrliche Ansicht der Pyramiden von Memphis.*

92 unten *Nichts ist mehr von den mächtigen Ruinen des Tempels von Hermopolis (heute el-Aschmunein) geblieben, die Denon zeichnete. Die äußeren Säulen hatten einen Durchmesser von fast zweieinhalb Metern, die beiden mittleren waren sogar über drei Meter dick.*

92–93 oben *Auf dieser berühmten Zeichnung der Sphinx von Gîza sieht man einige Mitglieder der Kommission bei der Arbeit. Ein Gelehrter nimmt mit einem Lot Messungen vor, ein Zweiter hilft seinem Kollegen beim Ausstieg aus einer Spalte auf dem Kopf der Sphinx, die zu jener Zeit noch bis zum Hals im Sand begraben war. Die Menschen auf und vor der Sphinx verdeutlichen die Dimensionen des Monuments.*

Belliard, dem Dessaix das Kommando über Assuan übertragen hatte, den Abzug der Soldaten. Auch Denon musste die Stadt am 24. Februar verlassen und die Rückreise antreten. Am 7. März erreichte er Theben, von wo aus er sich nach Qus und Qift, zu den antiken Stätten *Apollinopolis Parva* und *Coptos*, begab. *Coptos* war der Ausgangspunkt einer bedeutenden Route, die dem *Wadi Hammamat* folgte und das Niltal mit dem Roten Meer und dem Hafen von Quseir verband.
In diesem Gebiet, genauer gesagt, in Benuth, kam es am 8. März 1799 zu einem schweren Gefecht zwischen den Truppen von General Belliard und den Mamelucken unter Hassan Bei, die wenige Tage zuvor die mit Verwundeten und Munition beladene Flotte von General Desaix gekapert und 500 Mann Besatzung niedergemacht hatten. Die Schlacht von Benuth dauerte drei Tage und drei Nächte und kostete 1200 Mamelucken, darunter Hassan Bei selbst das Leben. Danach folgte Denon Belliard in das einige Kilometer weiter nördlich gelegene Städtchen Qena, wo wenig später auch Desaix eintraf. Letzterer entschloss sich, den Brunnen von Bir Ambar zu besetzen, einen strategischen Punkt, der die Kontrolle über alle Routen der östlichen Wüste emöglichte, während Belliard das Dorf Nagadi (heute Nag-Hammadi) besetzen sollte. Von hier aus sollte er dann nach Theben zurückkehren, sehr zur Freude von Denon, der auf diese Weise eine letzte Gelegenheit erhielt, die Stätte zu besuchen und seine Bilder der Tempel von Luxor und Karnak fertig zu stellen.
Wie bei den Malen zuvor hielt sich die Armee jedoch nur sehr kurz in Theben auf, weil Belliard noch weiter nach Süden in Richtung Edfu vorstoßen musste, um einige Mamelucken zu verfolgen und eine andere wichtige Verbindungsstrecke zwischen dem Nil und dem Roten Meer abzuriegeln.
Denon fand kaum Zeit, die Tempel von Esna und Edfu zu zeichnen, wo sich der „herrliche Tempel von Apollinopolis, der schönste Ägyptens und größte nach jenen von Theben, befand, erbaut in einer Epoche, in der

94–95 *Bei seinem dritten Besuch in Theben im April 1799 zeichnete Denon den ersten Pylon des Chons-Tempels, vor dem sich das mächtige Portal von Ptolemaios Euergetes erhebt. Der französische Künstler fragte sich, ob das Gebäude tatsächlich ein Tempel oder nicht vielmehr ein Palast gewesen sei, ob die Pharonen in den Säulenhallen der Heiligtümer gewohnt hätten und ob ihre Paläste ähnlich konstruiert gewesen seien.*

94 *Denon hielt den Tempel von Luxor für den „am besten erhaltenen in Theben und zugleich einen der bedeutendsten in ganz Ägypten". Viele Einheimische benutzten den Tempel als Wohnstatt und hatten in seinem Inneren Häuser errichtet.*

Kunst und Wissenschaft ihre höchste Blüte entfaltet hatten". Dann musste er bereits nach Karnak zurückkehren und weiter nach Qena reisen, wo Belliard eine Expedition nach Quseir vorbereitete, da man hier einige feindliche englische Schiffe erwartete.

Denon nutzte den Aufenthalt in Qena, um erneut den Tempel von Dendara und die Ruinen von Qift zu besuchen. In der Zwischenzeit hatte Belliard eine Karawane aus 366 Soldaten auf Kamelen ausgerüstet und schickte sich an, nach Quseir aufzubrechen. Denon der sich mittlerweile so in Belliards Truppe eingelebt hatte, dass er alle „Erfolge, Gefahren, Missgeschicke und den Ruhm mit ihr teilte", schloss sich den Soldaten an. Die Expedition sollte nicht lange dauern: Belliard nahm Quseir, auf dessen Festung bereits die weiße Fahne wehte, am 29. Mai 1799 ohne Gegenwehr ein und ritt nach wenigen Tagen wieder zum Nil zurück. Hier erwartete ihn bereits eine Gruppe von acht Gelehrten unter Leitung des Ingenieurs Pierre Simon, die weiter flussaufwärts Messungen der Wasserhöhe vornehmen wollte. Dadurch bot sich Denon noch einmal die Gelegenheit, Theben, Esna und Edfu zu sehen und dieses Mal kehrte er nicht nur an die bereits besuchten Stätten zurück, sondern konnte endlich auch das Tal der Könige betreten, wo er die Gräber von Ramses IV. und Ramses III. besichtigte. Nun neigte sich der Aufenthalt in Oberägypten dem Ende zu und am 3. August 1799 trat Denon die

95 oben *Vor dem Pylon des Tempels von Luxor, den Denon als „Eingang zum Dorfe Luxor“ beschrieb, erhoben sich zwei Obelisken. Die beiden Kolossalstatuen von Ramses II. steckten bis zu Brust im Sand und der Boden war um einige Meter höher als heute. Mehmed Ali schenkte Frankreich den östlichen Obelisken, der seit 1836 auf der Place de la Concorde in Paris steht.*

95 unten *Vom Nil aus betrachtet, bot sich der Tempel von Luxor dem Betrachter als ein mächtiger, goldglänzender Komplex dar, unterbrochen von einigen malerischen arabischen Bauten.*

96–97 oben *Der ptolemäische Tempel von Edfu, dem antiken* Apollinopolis Magna, *war dem Falkengott Horus geweiht. Denon nannte ihn „den schönsten Ägyptens und größten nach denen von Theben, erbaut zu einer Zeit, da die Künste und Wissenschaften ihre höchste Blüte entfaltet hatten".*

96–97 unten *Von Süden aus gesehen verschwand der Tempel von Edfu fast völlig in den Sandmassen, die auch den ersten Hof und den Portikus bedeckten.*

97 *Denon berichtet, dass er beim Durchqueren des Dorfes Qus die Ruinen eines schönen und großen Portals erblickte, das bis zum Architrav im Sand steckte. Es war das „einzige Anzeichen dafür, dass sich hier die antike Stätte* Apollinopolis Parva *befand". Bei den Überresten handelte es sich um einen ptolemäischen Tempel für die Götter Haroeris und Heket.*

Rückreise an, die lediglich von einer Rast bei den Ruinen von Antinoe am rechten Flussufer, einige Dutzend Kilometer südlich von el-Minya, unterbrochen wurde. In Kairo schrieb Denon einen detaillierten Bericht für die Mitglieder des *Institut d'Egypte* und für Napoleon selbst, in dem er seine Beobachtungen festhielt. Napoleon war von den Ergebnissen so beeindruckt, dass er am 14. August 1799, wenige Tage vor seiner Abreise aus Ägypten, zwei neue Kommissionen ins Leben rief. Unter der Leitung des Mathematikers Jean Baptiste Fourier und des Ingenieurs Louis Costaz sollten sie Denons Reise noch einmal zurücklegen und dabei sämtliche Bauwerke zeichnen und beschreiben.
Denon kehrte im Gefolge Napoleons nach Frankreich zurück und überließ es seinen Kollegen, das von ihm begonnene Werk fortzusetzen und zu vertiefen. Er selbst ordnete seine Notizen und Bilder, die er kurze Zeit später, im Jahre 1802, unter dem Titel *Voyage dans la Haute et Basse Egypte pendant les campagnes du Général Bonaparte* veröffentlichte. Bedeutung erlangte das Buch nicht nur wegen seines eleganten Stils und der lebendig wirkenden Schönheit der 141 Bildtafeln, sondern vor allem, weil es gut sieben Jahre vor den ersten Bänden der *Description de l'Egypte* erschien.
In der Widmung für Bonaparte heißt es: „Den Glanz Eures Namens mit der Pracht der ägyptischen Bauwerke zu vereinen, heißt, den Ruhm unseres Jahrhunderts mit den märchenhaften Zeiten der Geschichte zu verbinden, die Asche des Sesostris und des Mendes zu neuem Leben zu erwecken, die Eroberer und Wohltäter waren, wie Ihr es seid. In dem Wissen, dass ich Euch auf einer Eurer bedeutendsten Expeditionen begleitet habe, wird Europa mein Werk mit Neugier und Interesse aufnehmen. Ich habe keine Begebenheit ausgelassen, damit es sich dem Helden, dem ich es überreiche, würdig erweisen möge."
In der Tat hatte das Buch einen ungeheuren Erfolg, ja es gehörte zu den „Bestsellern" der Epoche. Es wurde sofort ins Englische und ins Deutsche übersetzt, über vierzigmal aufgelegt und in Tausenden von Exemplaren verkauft. Denons *Voyage* und die nachfolgende *Description* sollten die einzigen, wenngleich überaus bedeutenden Früchte der ägyptischen Expedition bleiben, die Frankreich letztlich weder politische Vorteile noch Kunstschätze für seine Museen eingebracht hatte.
Viele Jahre später zog Napoleon in seinem Exil auf Sankt Helena in wenigen Worten die Bilanz seines ägyptischen Abenteuers: „Der Ruhm der Waffen, verbunden mit der künstlerischen Entdeckung, das ist es, was die Ägyptenexpedition auszeichnet."

98 oben *Die Insel Philae mit dem großen Isistempel aus der ptolemäischen Ära beeindruckte Denon wegen ihrer Schönheit. Philae war der einzige Ort, an dem der Künstler eine Zeit lang in Ruhe arbeiten konnte.*

98 unten *Um die Insel Philae zu erreichen, passierte Denon den ersten Katarakt. Philae lag stromaufwärts an einer Flussenge, dort, wo „der Fluss die Felsen durchbricht und an einigen Stellen Wasserfälle von mehreren Zoll Höhe bildet, die so ungewöhnlich sind, dass sie sich kaum im Bild darstellen lassen". Der Künstler erlebte den Katarakt, den andere Reisende als beeindruckendes Schauspiel beschrieben hatten, indes während einer Niedrigwasserperiode.*

99 *Denon zeichnete die erste einigermaßen genaue Karte von Philae, „der verzauberten Insel, deren Bauwerke nur durch einige Palmgruppen voneinander getrennt sind".*

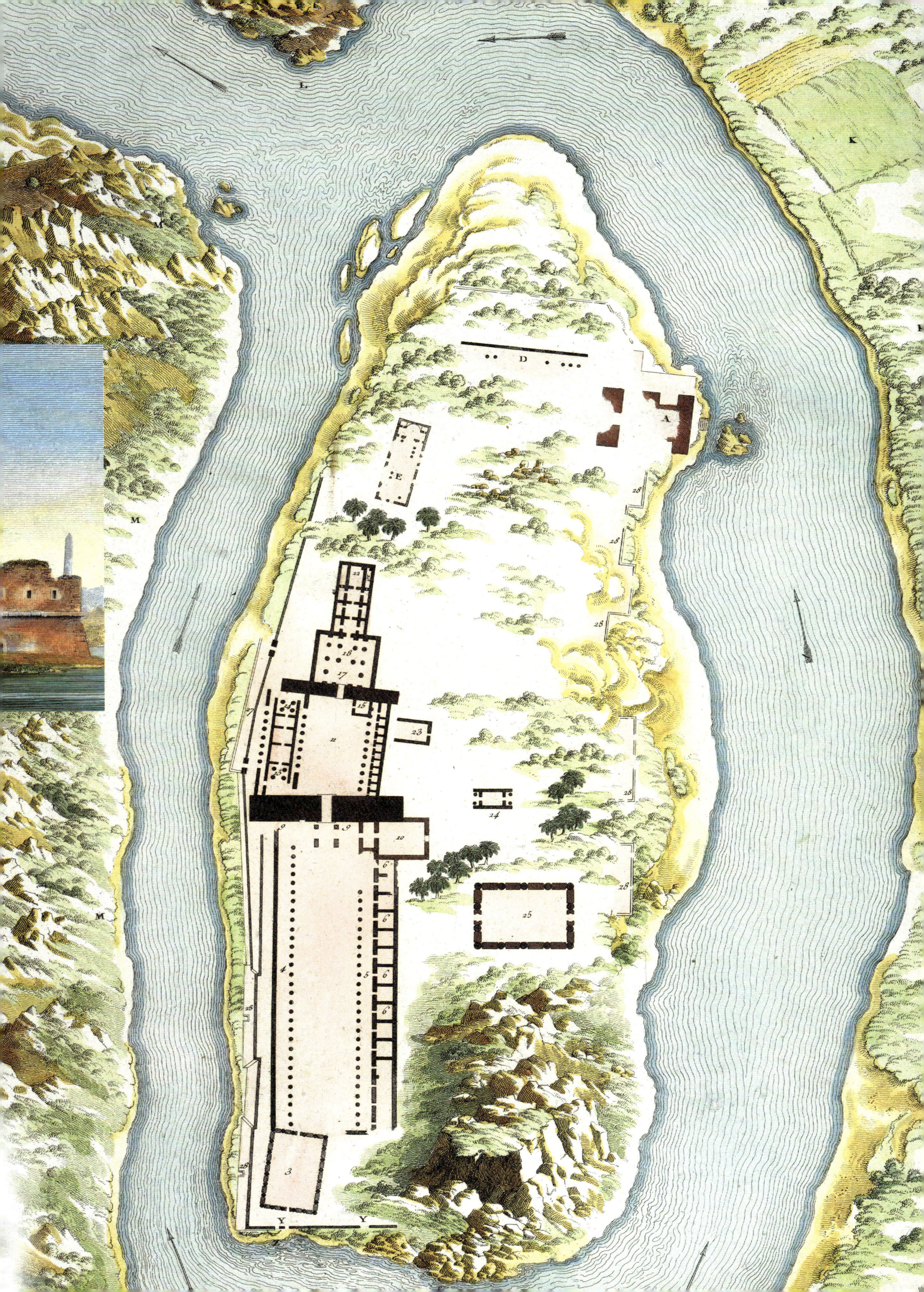
L
K
M
D
A
E
28
18
17
15
23
11
24
9
20
6
25
4
5
3
Y

100 oben *Die zweite Ausgabe der* Description *widmete der Buchhändler und Verleger Charles Louis Panckoucke König Ludwig XVIII.*

100 unten *Das* Institut d'Egypte, *eine Akademie nach dem Vorbild des* Institut de France, *machte den Palast des Hasan Kaschef in Kairo zu seinem Hauptsitz. Dem Instiut gehörten die 36 besten Wissenschaftler der* Commission des Arts et des Sciences *an, die Napoleon im Zuge seiner Ägyptenexpedition gegründet hatte. Auf dem Bild heißen der Präsident des Instituts, Gaspard Monge, und der Ingenieur Conté Napoleon Bonaparte willkommen.*

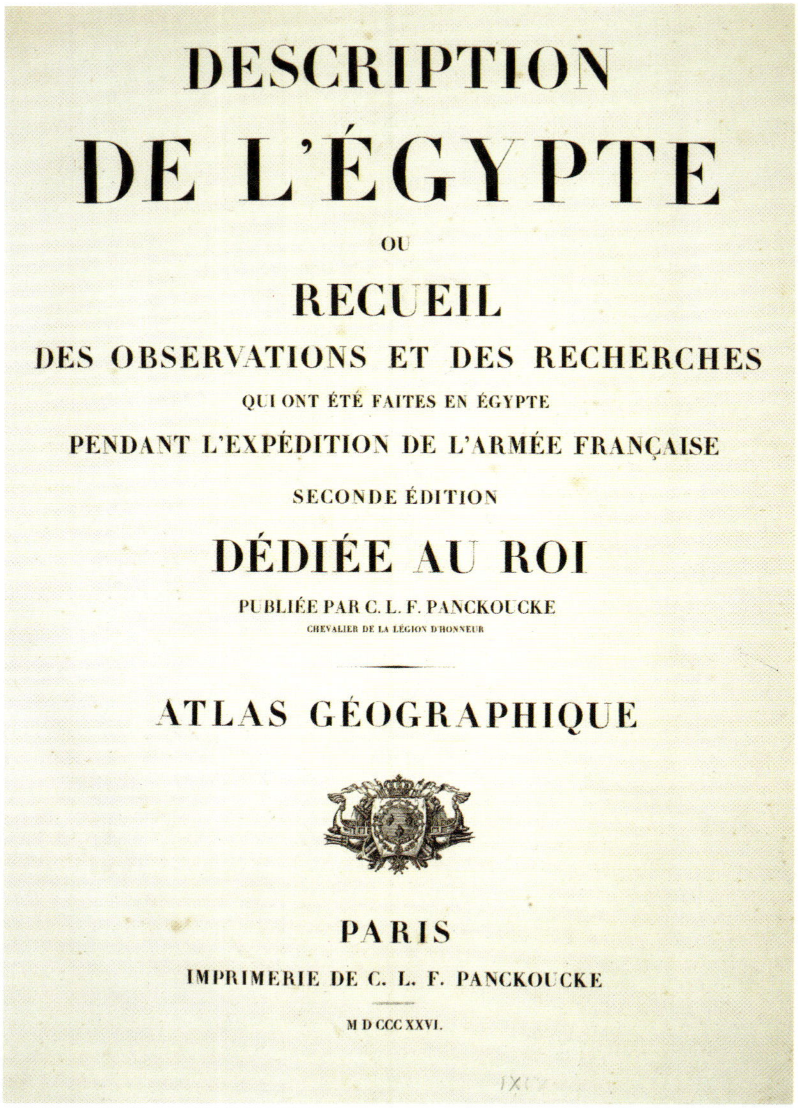

DESCRIPTION

DE L'ÉGYPTE

OU

RECUEIL

DES OBSERVATIONS ET DES RECHERCHES

QUI ONT ÉTÉ FAITES EN ÉGYPTE

PENDANT L'EXPÉDITION DE L'ARMÉE FRANÇAISE

SECONDE ÉDITION

DÉDIÉE AU ROI

PUBLIÉE PAR C. L. F. PANCKOUCKE

CHEVALIER DE LA LÉGION D'HONNEUR

ATLAS GÉOGRAPHIQUE

PARIS

IMPRIMERIE DE C. L. F. PANCKOUCKE

M D CCC XXVI.

101 *Umrahmt von neoklassizistischen Motiven zeigt das Titelblatt der ersten Ausgabe der* Description de l'Egypte *diese Gesamtansicht der wichtigsten Monumente Ägyptens. Das noch heute unersetzliche Werk stellt eine Enzyklopädie dar, die alle Bereiche Ägyptens von der Antike bis zur Zeit Napoleons abdeckt. Es dauerte über zehn Jahre, bis alle 22 Bände erschienen waren.*

DIE „DESCRIPTION DE L'EGYPTE"

EINE TAUSENDJÄHRIGE KULTUR IN EINEM EPOCHALEN WERK

Innerhalb von nicht einmal drei Jahren erforschten die 167 Mitglieder der *Commission des Arts et des Sciences*, die im Gefolge der napoleonischen Armee nach Ägypten reisten, das gesamte Land. Sie zeichneten, katalogisierten und registrierten alle bedeutenden Bauwerke und fassten die Forschungsergebnisse in einem geradezu enzyklopädischen Werk zusammen, das zwischen 1809 und 1828 in Paris zunächst in einer Auflage von 1000 Exemplaren erschien. 200 Bücher, die so genannte „Edition impériale", waren für die europäischen Herrscher und die bedeutendsten Persönlichkeiten der Epoche reserviert. Das außergewöhnliche Werk mit dem Titel *Description de l'Egypte, ou Recueil des Observations et des Recherches qui ont été faites en Egypte pendant l'expédition de l'armée française, publié par les ordres de S.M. l'Empereur Napoléon* umfasste neun großformatige Textbände mit insgesamt 7000 Seiten sowie zehn Bände mit Bildtafeln à 70 mal 54 cm und drei weitere à 108 mal 70,2 cm, die einen großen Atlas bildeten. Um das Werk überhaupt drucken zu können, hatte der Ingenieur Nicolas Jacques Conté eine spezielle Druckmaschine entwickelt, die ein eigens geschaffenes Papierformat verarbeitete. Die *Description* enthält 897 Bildtafeln, darunter 60 farbige, und

ALEXANDRIE
CHOBRAKIS
PYRAMIDES
SALAHIEH
SEDMENT
EL-ARICH
GAZA
NAZARETH
MONT-TABOR
SYENE
THEBES
ABOUKIR
N

insgesamt mehr als 3000 Zeichnungen von 200 Künstlern.
Sie stellte die erste organische, mit wissenschaftlichen Methoden durchgeführte Untersuchung der ägyptischen Altertümer dar und der Text wie auch die faszinierenden Lithographien begeisterten die Gelehrten, die europäischen Politiker und die Öffentlichkeit gleichermaßen. Das einzige wirklich sehenswerte Ergebnis der ägyptischen Expedition tröstete die Franzosen auch ein Stück weit über den militärischen Misserfolg des napoleonischen Unternehmens hinweg. Die erste Auflage war rasch vergriffen und so veröffentlichte der Herausgeber Panckoucke zwischen 1821 und 1829 eine zweite, einfachere und deutlich kleinere Ausgabe mit 27 Oktavbänden sowie

102 links *Unter den Mitgliedern der* Commission des Arts et des Sciences *waren viele namhafte Persönlichkeiten aus Wissenschaft und Kultur. Hier abgebildet sind (von oben nach unten) der Mathematiker Jean Baptiste Fourier, der Chemiker Claude Louis Berthollet, der Künstler Dominique Vivant Denon, der Ingenieur und Zeichner François Charles Cécile, der Mathematiker und Landvermesser Gaspard Monge – erster Präsident des* Institut d'Egypte *– und André Dutertre, Erster Zeichner der* Commission, *der auch die Porträts anfertigte.*

102–103 Mitte *Die Zeichnung fasst die wichtigsten archäologischen Funde der ägyptischen Expedition ins Bild, die hier zur Verschiffung nach Europa bereitstehen. Allerdings mussten die Franzosen die Monumente in der Folge den Engländern überlassen. Nur dem entschiedenen Einschreiten des Naturforschers Geoffroy Saint-Hilaire war es zu verdanken, dass sie wenigstens ihre Zeichnungen und Notizen behalten durften.*

102 rechts unten *Zwischen Edfu und Esna liegt* Necheb *(heute el-Kab), das zu griechisch-römischer Zeit* Eileithyiaspolis *hieß. Die Gelehrten zeichneten einen Plan der Stadt und malten die Dekorationen der Felsengräber ab. Hier dargestellt ist das Grab des Paheri, der während der 18. Dynastie städtischer Beamter war.*

Nachdrucken der Bildtafeln, die noch weiter zur Verbreitung des Werkes beitrug. Der gewaltige Umfang der *Description* resultierte aus der enormen Fülle von Daten, welche die Gelehrten gesammelt hatten, denn sie hatten die Bauwerke ja nicht nur gezeichnet, sondern sie zugleich unter wissenschaftlichen Gesichtspunkten analysiert und sie genauestens vermessen, um wirklichkeitsgetreue Karten und Schnitte anfertigen zu können. In einigen Fällen, zum Beispiel bei der Pompejussäule und der „Nadel der Kleopatra", hatten die Ingenieure und Topographen sogar große Drachen verwendet, um die exakte Höhe der Monumente zu bestimmen. Der Ingenieur Conté entwickelte überdies eine spezielle Sonde, die Aufschluss über noch unter Sandmassen begrabene Strukturen und Bauten geben sollte. Die Forschungen hatten sich gleichwohl nicht auf die Archäologie beschränkt: Naturkundler hatten sich auf die Spuren der Tierwelt begeben, die verschiedenen Fischarten

103 oben *In Gîza zeichneten die französischen Forscher mit großer Genauigkeit die Pyramiden und die Sphinx. Sie erstellten den ersten systematischen Plan der gesamten archäologischen Stätte, der 150 Jahre lang das präziseste Dokument über die Region bleiben sollte.*

103 unten *Die Gelehrten der* Commission des Arts et des Sciences, *hier im Garten des* Institut d'Egypte, *erforschten das Land in allen seinen Aspekten. Ihr gewaltiger Arbeitsaufwand ermöglichte die Veröffentlichung der* Description.

104–105 *Während einer Hochwasserperiode des Nils wurde der* Esbekija*-Platz in Kairo überflutet. Eine Zeichnung der* Description *hält diese denkwürdige Szene im Bild fest. Um eine Wiederholung der Katastrophe zu vermeiden, ließ Mehmed Ali die Ebene vor den Toren der Stadt aufschütten.*

104 unten *Die französischen Gelehrten untersuchten nicht nur die Bauwerke der Pharaonen, sondern auch das zeitgenössische Ägypten sowie die Sitten und Gebräuche seiner Bewohner. Die Zeichnung zeigt die unterschiedlichen Trachten zweier mameluckischer Würdenträger, eines Aghas (Militärkommandant, links) und eines* Sheikhs *(Zivilbeamter, rechts).*

105 oben *Der Palast des Qasim Bei war eines von zahlreichen antiken Gebäuden in Kairo, das die mameluckischen Würdenträger für sich als Wohnung nutzten.*

105 unten links *Zu Beginn seines Aufenthaltes in Ägypten requirierte Bonaparte den herrlichen Palast von Murad Bei in Gîza als persönliche Residenz.*

105 unten rechts *Diese Lithographie aus dem zweiten Band der* Description *zeigt einen ägyptischen Astronomen bei der Arbeit.*

106–107 oben *Auf dem großen Platz* Midan el-Roumeyleh *(heute* Midan Salah el-Din*) versammelten sich die Karawanen und Pilger nach Mekka. Im Hintergrund ist die Zitadelle mit ihrem dicken Mauerring und den beiden mächtigen Türmen zu sehen, die den Haupteingang der Festung, das große Tor* Bâb el-Asab, *umrahmen.*

106–107 unten *Zur Zeit der ägyptischen Expedition hatte Kairo über 260 000 Einwohner, eine für damalige Verhältnisse beachtliche Zahl. Napoleon versuchte, sich den Ägyptern als Befreier von der Mameluckenherrschaft und Beschützer des Volkes und der Kaufleute zu präsentieren.*

107 oben rechts
Mustafa Pascha, hier im Festgewand, befehligte die osmanischen Truppen, die Bonaparte in der zweiten Schlacht von Abukir am 25. Juli 1799 schlagen konnte. Mustafa selbst wurde während der Schlacht von General Joachim Murat verwundet und gefangen genommen.

des Nils gefangen und klassifiziert, Herbarien mit Blumen und anderen Pflanzen angelegt und die Steine und Mineralien analysiert.

Um die Veröffentlichung der Ergebnisse dieser gewaltigen Arbeit von 300 Gelehrten zu koordinieren, hatte Napoleon eine Kommission unter dem Vorsitz des Chemikers Berthollet eingerichtet. Ihm standen ab 1820 noch Conté, Lancret und schließlich Jomard zur Seite, der später selbst einen sechsbändigen Kommentar zur *Description* verfasste.

Die *Description* stellt eine wirkliche Enzyklopädie über Ägypten dar und die Arbeit der Wissenschaftler lässt sich durchaus mit jener vergleichen, die Diderot und D'Alembert anlässlich der Publikation ihrer berühmten *Encyclopédie* leisteten. Die *Description* gliedert sich in drei große Abschnitte: Der erste und wichtigste widmet sich dem antiken Ägypten

und umfasst nahezu die Hälfte des gesamten Werkes, nämlich vier Text- und fünf Bildbände. Der zweite und der dritte Teil gehen dann mit insgesamt fünf Text- und ebenso vielen Bildbänden auf den modernen Staat und die Naturgeschichte ein. Der erste Band mit Bildtafeln zur Antike, der auch eine neue, auf der Basis einer 1766 von D'Anville herausgegebenen Karte erstellte Landkarte von Ägypten enthält, illustriert die antiken Stätten in Oberägypten und hier besonders die Tempel von Philae und Elephantine in Assuan sowie die Tempel von Kom Ombo, Edfu und Esna. Daneben sind zahlreiche Zeichnungen und Stiche weniger bedeutender Stätten zu sehen, wie zum Beispiel Djebel Silsilah oder el-Kab, das antike Necheb, das die Griechen *Eleithyaspolis* nannten, sowie Tôd

***108 oben links** Die Künstler der ägyptischen Expedition stellten die Sphinx erstmals genau, wirklichkeitsgetreu und ohne eigene Interpretation dar. Hier ist das erste moderne Bild des Monuments zu sehen.*

***108–109 oben** In dieser Aufsicht der antiken Stätte von Gîza hielten die napoleonischen Architekten und Gelehrten jedes sichtbare Detail genauestens fest. Unter der Leitung von Jean Marie Coutelle und Jean Baptiste le Père begannen sie außerdem 1801 mit Grabungen in einer der Nebenpyramiden der Mykerinospyramide, weil sie hofften, hier die Grabkammer zu finden. Das Unternehmen erwies sich jedoch in der Kürze der Zeit als undurchführbar und wurde abgebrochen.*

***108 unten** Diese klassische Ansicht der Pyramiden von Gîza aus der* Description *ähnelt einem Jahrzehnte zuvor entstandenen Bild von Frederik Norden.*

***109** Zur Zeit der ägyptischen Expedition konnte man nur die Cheopspyramide betreten. Auf dieser Zeichnung, die stark an ein Bild des Engländers Dalton aus dem Jahre 1749 erinnert, ist die Große Galerie zu sehen.*

110 *In den Ruinen von Memphis, wenige Kilometer südlich von Kairo, entdeckten die Forscher Reste einer gewaltigen Statue von Ramses II. aus rosa Granit (heute im British Museum) und versuchten, sie mithilfe hölzerner Rollen abzutransportieren. Die Künstler malten ein farbiges Aquarell der Szene (links), das als Vorlage für die später in der* Description *veröffentlichte Bildtafel (rechts) diente.*

111 *General Desaix nahm mit seiner Truppe die Verfolgung von Murad Bei auf, der nach seiner Niederlage in der Schlacht bei den Pyramiden nach Oberägypten geflohen war. Am 2. Februar 1799 erreichte Desaix mit Assuan, dem antiken* Syene, *den südlichsten Punkt der napoleonischen Expedition. Während einer Rast ritzten die französischen Soldaten ihre Namen in die Ruinen eines Bauwerks. 1812 malte der französische Künstler Jean Charles Tardieu ein Ölbild von dieser Szene, das heute im Schloss von Versailles hängt.*

am rechten Nilufer nördlich von Luxor, wo sich ein noch heute erhaltener kleiner Tempel befindet. Auch Ermant (das griechische *Hermonthis*) ist vertreten, ein wenige Kilometer südlich von Luxor am rechten Nilufer gelegenes Städtchen, in dem sich die Ruinen eines Tempels für den Gott Month befanden. Hierzu gehörte auch ein *mammisi* (ein Seitengebäude, in dem man die Geburt des Gottes feierte, dem der nahe gelegene Tempel geweiht war) aus der römischen Epoche, der zur Zeit der ägyptischen Expedition noch in gutem Zustand war, 1860 jedoch einer Zuckerfabrik weichen musste. Der zweite Bildband zeigt Ansichten von der Gegend um Theben sowie alle Bauwerke am Westufer des Nils, den Tempel Ramses' II. in Medinet Habu ebenso wie das Ramesseum, den Tempel von Deir el-Bahari, die Memnonskolosse, den Tempel Sethos' I. und natürlich das Tal der Könige. Zu letzterem gehörten eine eigene Karte, die zahlreiche Gräber verzeichnete, sowie Illustrationen der Wandmalereien, welche die Kammern schmückten. Im westlichen Tal, auch Tal der Affen genannt, hatten die Forscher im August 1799 unter anderem das Grab des Pharaos Amenophis III. entdeckt.

Ein eigener Abschnitt des Bandes stellt schließlich verschiedene Objekte vor, die die Franzosen in Ägypten fanden oder von Einheimischen erwarben, darunter Mumien von Menschen oder Tieren, Grabbeigaben und -figuren *(uschebti)* sowie Götterstatuen, Vasen, Papyri, einige davon mit Auszügen aus dem Totenbuch. Der dritte Band behandelt ausschließlich die großen Tempel von Luxor und Karnak am anderen Flussufer, die hier erstmals in aller Ausführlichkeit dargestellt werden. Der vierte Band beschreibt das Gebiet südlich von Theben einschließlich der Ruinen von Dendara (dem griechischen *Tentyris*), der Tempel von Abydos und der Überreste des Heiligtums von Qaw el-Kebir, das 1821 einer Hochwasserperiode des Nils zum Opfer fiel. Auch über die Nekropole von Assiût (das griechische *Lycopolis*) und die Ruinen von Aschmunein, das während der griechisch-römischen Epoche *Hermopolis Magna* hieß, gab der Band Auskunft. In Hermopolis fanden die Franzosen einen großen Tempel, der dem Gott Thot, dem Pendant des griechischen Hermes und des römischen Merkur geweiht war. In Den-

Route de Paris a Syene
N° 1167 milles 340

dara vermaßen sie den großen Tempel der Hathor aus der ptolemäischen Ära und zeichneten die zahlreichen Flachreliefs ab, die Decken und Wände schmückten, darunter den berühmten Tierkreis, der 1821 in den Louvre gebracht wurde und in Dendara heute in einer Kopie zu sehen ist. Ebenfalls aus Dendara stammen die Bilder einer Isiskapelle und des in der Nähe des Tempels gelegenen *mammisi* aus der Zeit des Augustus, den die Forscher *typhonium* nannten, weil er mit Darstellungen des von den Griechen mit Typhon gleichgesetzten Gottes Bes geschmückt war.
In Abydos, einer antiken Kultstätte des Osiris, sollte sich nach der Überlieferung auch das Grabmal des Gottes befinden. Die Gelehrten studierten aber vor allem die Überreste der aus ungebrannten Ziegelsteinen erbauten archaischen Festung *Shunet el-Zibib*, und die Ruinen des Tempels von Sethos I. und das von ihm errichtete *Osireion,* einen merkwürdigen Kenotaph, welcher an die Entstehung der Welt aus dem Ur-Ozean Nun und die Auferstehung des Osiris erinnern sollte.
Die zweite Hälfte des Bandes widmet sich dagegen den Ruinen von *Antinoe,* jener Stadt, die Kaiser Hadrian im Gedenken an seinen im Nil ertrunkenen Lieblingsfreund Antinuus nahe dem heutigen Ort Schech Abada anlegen ließ, aber auch den Überresten von *Tell el-Amarna,* der Hauptstadt Achetaton, die der ketzerische Pharao Amenophis IV. (Echnaton) gründete, sowie den Nekropolen des Mittleren Reiches in Beni Hasan und dem Faijûm mit dem See Qarun. Die Franzosen bildeten die nach ihrer Meinung wichtigsten Bauwerke der fruchtbaren Region ab, zu denen sie den ptolemäischen Tempel von Qasr Qarum, den Obelisken von Abgig aus der Zeit Sesostris' II. sowie die Pyramiden von Amenemhêt III. in Hauwâra und von Sesostris II. in el-Lahun zählten. Es folgen sodann Beschreibungen der Pyramide

112 *Auf den Flachreliefs des Tempels von Dendara erscheint die Himmelsgöttin Nut besonders häufig. Die französischen Maler ahmten auf ihren Bildern den Stil klassischer Künstler nach.*

112–113 oben *Der Große Tempel der Hathor in Dendara faszinierte die Franzosen wegen der Reinheit seines Stils und der perfekt erhaltenen dekorativen Elemente. Dieses Bild zeigt die Fassade des Tempels mit den sechs Säulen, die in erlesenen Hathor-Kapitellen (Darstellungen der gleichnamigen Göttin) enden. Auf dem Dach des Gebäudes untersucht ein Gelehrter die Überreste von Ziegelsteinbauten, die Einheimische hier als Wohnstatt errichtet hatten.*

112–113 unten
Rings um den hier in der Seitenansicht dargestellten Tempel, dessen Außenmauern mit Flachreliefs und Hieroglyphen verziert sind, liegen die Ruinen zahlreicher weiterer Gebäude.

von Meidum und des Gebietes von Dahschûr mit den beiden mächtigen Snofru-Pyramiden. Die Stadt Memphis mit ihren antiken Überresten sowie das Umland mit den Nekropolen von Sakkâra und Gîza präsentiert der fünfte Band, wobei die Autoren Gîza mit den gewaltigen Pyramiden von Cheops, Chefren und Mykerinos sowie der Sphinx besondere Aufmerksamkeit schenkten. Vor der steinernen Löwenfrau, die zur Zeit der ägyptischen Expedition noch fast völlig unter Sandmassen begraben war, errichteten die Forscher ihr Zeltlager.
Die Pyramiden wurden genauestens vermessen und gezeichnet, vor allem die Cheopspyramide. Zur damaligen Zeit war sie die einzige, die man betreten konnte, sodass die Wissenschaftler auch ihre innere Struktur erforschten, unter anderem die berühmte „Große Galerie“, die bereits alle Reisenden des 18. Jahrhunderts fasziniert hatte. Die Gelehrten untersuchten auch die Mastabas im Osten und Westen der großen Pyramide und fertigten Bilder der zahlreichen Flachreliefs mit Leichenbanketten, bäuerlichen Szenen und Episoden aus dem Alltag an.
Der Rest des fünften Bandes blieb Kairo, der Deltaregion, der Landenge von Suez und Alexandria vorbehalten. Von Kairo zeigten die Verfasser der *Description* in erster Linie die römischen Überreste des antiken „Babylon“ und die Ruinen von Heliopolis, eines der bedeutendsten religiösen Kultstätten für den Sonnengott im alten Ägypten mit einem noch heute erhaltenen Obelisken von Sesostris I. Im Bereich der Deltaregion wurden, wenn auch unvoll-

114 *Die beiden Kolossalstatuen am Tempel von Luxor, die Ramses II. auf dem Thron zeigen, waren bis zur Brust von Sand bedeckt.*

114–115 *Den Tempel von Luxor (hier ein Aquarell von François Charles Cécile, das den Bildern in der* Description *als Vorlage diente) benutzten die Einheimischen bis zur Mitte des 19. Jahrhunderts als Wohnstatt. Im Innern hatten sie vor dem ersten Pylon einige Bauten aus rohem Ziegelstein und eine noch heute sichtbare Moschee errichtet. Der Boden des Tempels war damals um einige Meter höher als heute.*

115 unten *Den Franzosen gelang es erstmals, den ersten Pylon des Tempels von Luxor in seiner ursprünglichen Form zu rekonstruieren und abzubilden.*

ständig, unter anderem *Tanis* (heute San el-Hagar), die Hauptstadt der Herrscher der 21. und 22. Dynastie, *Mendes* (Tell el-Roba), *Bubastis* (Tell Basta) und der Isis und Osiris geweihte Tempel aus ptolemäischer Zeit in Behbeit el-Haggar präsentiert. Von Alexandria zeichneten die Franzosen einen ersten wirklich genauen Stadtplan und richteten ihr Augenmerk ansonsten auf die „Nadeln der Kleopatra“, zwei Obelisken aus der Epoche von Thutmosis III., und auf die Pompejussäule aus der Zeit des Diokletian. Während letztere sich noch heute vor Ort befindet, brachte man die Obelisken 1878 und 1881 nach London bzw. New York. Die Wissenschaftler beschränkten sich indes nicht darauf, die antiken Monumente der Pharaonen zu zeichnen, sondern analysierten auch die Überreste des Hippodroms, den so genannten „römischen Turm“ – in Wirklichkeit ein Teil der Stadtmauer aus byzantinischer Zeit – sowie einige muslimische Bauten wie die Atanasius-Moschee, für deren Brunnen man den heute im British Museum aufbewahrten Sarkophag des Pharaos Nektanebos II. verwendet hatte. Den Abschluss bildeten Darstellungen des Steins von Rosette, den die Franzosen 1801 den Engländern überlassen mussten, und der Ruinen von Abusir. Die ptolemäische Hafenstadt, früher *Taposiris Magna* genannt, liegt rund vierzig Kilometer westlich von Alexandria auf einer schmalen Landzunge, die das Mittel-

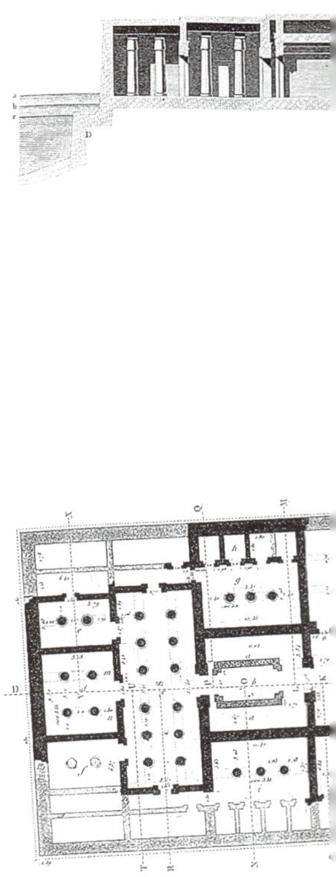

116 *Überraschend genau kopierten die Franzosen die Inschriften auf den beiden Obelisken vor dem ersten Pylon des Tempels von Luxor, zumal die Hieroglyphenschrift zu jener Zeit noch nicht entschlüsselt war. Dieses Bild zeigt den östlichen Obelisken, der bis heute an Ort und Stelle steht, von drei Seiten.*

116–117 oben *Diese Bildtafel zeigt eine Südansicht des Tempels von Luxor. Im Hof von Amenophis III., der sich am Ende des Großen Säulenganges öffnet, sind einige von Einheimischen errichtete Ziegelsteinbauten zu erkennen.*

116–117 unten *Die Gelehrten zeichneten nicht nur einen exakten Plan des Tempels, sondern fertigten auch einen Längsschnitt der Stätte an.*

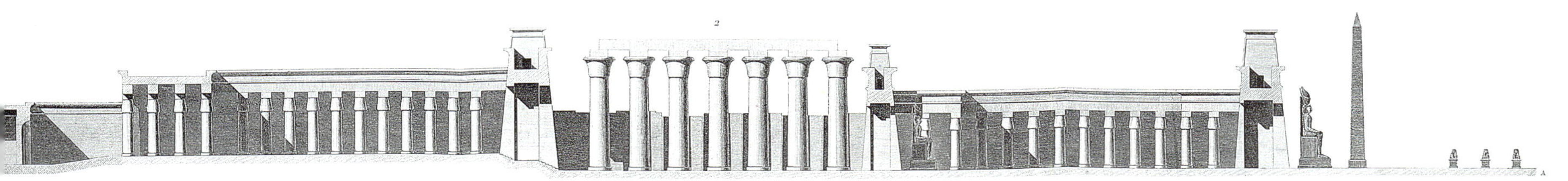

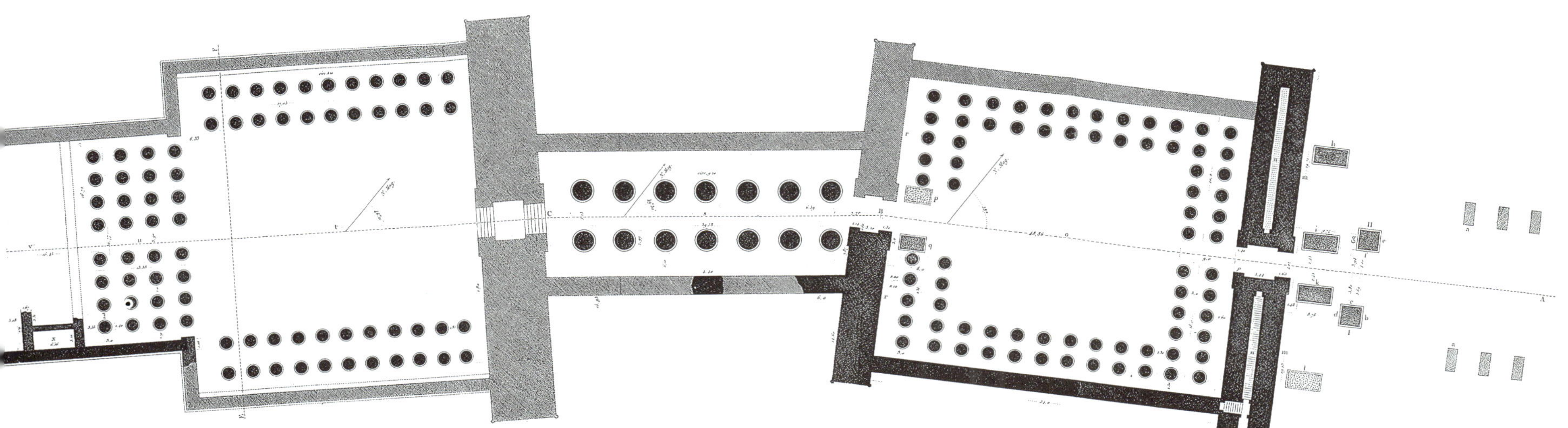

118 oben *Flachreliefs des Amun-Rê zieren die Kapelle des Philippos Arridaios, des Stiefbruders und Nachfolgers Alexanders des Großen. Sie zeigen die rituelle Reinigung und die Krönung des Gottes sowie den Transport der heiligen Barken von Amun-Rê, seiner Gattin Mut und ihres Sohnes Chons. Die napoleonischen Gelehrten waren fest davon überzeugt, dass die dekorativen Elemente nur zu einer königlichen Residenz und nicht zu einem Tempel gehören konnten.*

118–119 Mitte *Ausführlich beschäftigten sich die französischen Gelehrten mit den grandiosen Ruinen von Karnak. In der* Description *vermitteln zahlreiche Bildtafeln einen Eindruck von der antiken Stätte. Vor den Franzosen hatte nur Richard Pococke im Januar 1738 den Ort beschrieben und gezeichnet. Nun wurde er erstmals mit wissenschaftlichen Methoden erforscht.*

118–119 unten *Dieser Längsschnitt zeigt den Großen Säulensaal des Großen Amuntempels in Karnak. Während Denon die antiken Stätten eher mit den Augen des Künstlers als mit denen des Wissenschaftlers betrachtet hatte, bemühten sich die französischen Gelehrten in der Folge um eine möglichst präzise Darstellung auch der kleinsten Details.*

119 rechts *Die* Description *enthielt auch zahlreiche Bildtafeln von Skulpturen, die die Wissenschaftler in Karnak gefunden hatten, darunter diese mächtige Bildsäule am Eingang der Hypostylhalle.*

meer und den See Mariot trennt. Hier befanden sich die Reste eines Osiristempels und eines Bauwerkes, das dem berühmten Leuchtturm von Pharos nachgebildet war. Von letzterem fand man in jüngster Zeit einige Überreste in den Gewässern vor der Hafeneinfahrt von Alexandria.

Am Ende des fünften und letzten Bandes der *Description,* der sich mit den Altertümern Ägyptens beschäftigt, steht ein epigraphischer Teil, der Papyri, zahlreiche Hieroglypheninschriften, griechische und lateinische Texte und eine Reihe von Funden unterschiedlichster Herkunft abbildet, darunter Götterstatuen, Amulette, *uschebti,* Stelen und Fragmente von Sarkophagen.

Noch heute ist die *Description* für die Ägyptologie von fundamentaler Bedeutung. Dank ihrer erwachte das Interesse der Weltöffentlichkeit für das Land am Nil, dessen beeindruckende Vergangenheit und grandiosen Kunstschätze die Franzosen durch ihr Buch für jedermann zugänglich gemacht hatten. Zugleich begann aber auch ein neues Kapitel in der jüngeren Geschichte Ägyptens: Im Zuge des aufkommenden Kolonialismus wurde das Land zum Schauplatz eines unerbittlichen Kampfes zwischen den verschiedenen europäischen Mächten.

121 Die so genannten Memnonskolosse vor dem Gedächtnistempel von Amenophis III. waren bereits in der Antike berühmt, weil einer von ihnen in der Morgendämmerung ein Seufzen von sich gab. Die französischen Maler bildeten die beiden Statuen zwar relativ exakt, jedoch im Stil klassischer Künstler ab.

120–121 *Auch dem westlichen Bezirk von Theben widmeten die napoleonischen Gelehrten ihre Aufmerksamkeit. Hier lagen die großen Nekropolen der Könige, Prinzen, Adligen und hohen Beamten sowie die Gedächtnistempel der thebanischen Pharaonen, auch „Schlösser der Millionen Jahre" genannt, die dem Königskult dienten. Das Bild zeigt eine Südansicht des Tempels von Ramses III. in Medinet Habu mit dem charakteristischen* migdol, *einem Turm nach orientalischen Vorbild.*

120 unten *Die farbigen Flachreliefs im Hof des Tempels von Medinet Habu begeisterten die Gelehrten, die sie detailgenau abzeichneten. Diese Szene, die auch zu den Bildtafeln der* Description *gehört, zeigt den Triumphzug Ramses' III. nach seinem Sieg über die Seevölker: Von seinem Streitwagen herab präsentiert der Herrscher dem Gott Amun-Rê die von Priestern und Würdenträgern bewachten Gefangenen.*

122 oben *Die Franzosen hatten ihr Lager direkt neben dem Ramesseum (hier in einer Nordost-Ansicht) aufgeschlagen. Wie der Geschichtsschreiber Diodor von Sizilien nannten sie das Bauwerk „Grab des Usermaatrê“.*

122 unten *Mit dem Ramesseum verfuhren die Gelehrten wie mit den übrigen thebanischen Tempeln: Sie zeichneten einen exakten Plan und ergänzten ihn durch einen Längsschnitt und eine auf der Beschreibung Diodors von Sizilien fußende Rekonstruktion des zweiten Pylons, der zum zweiten Hof und zur Hypostylhalle führt.*

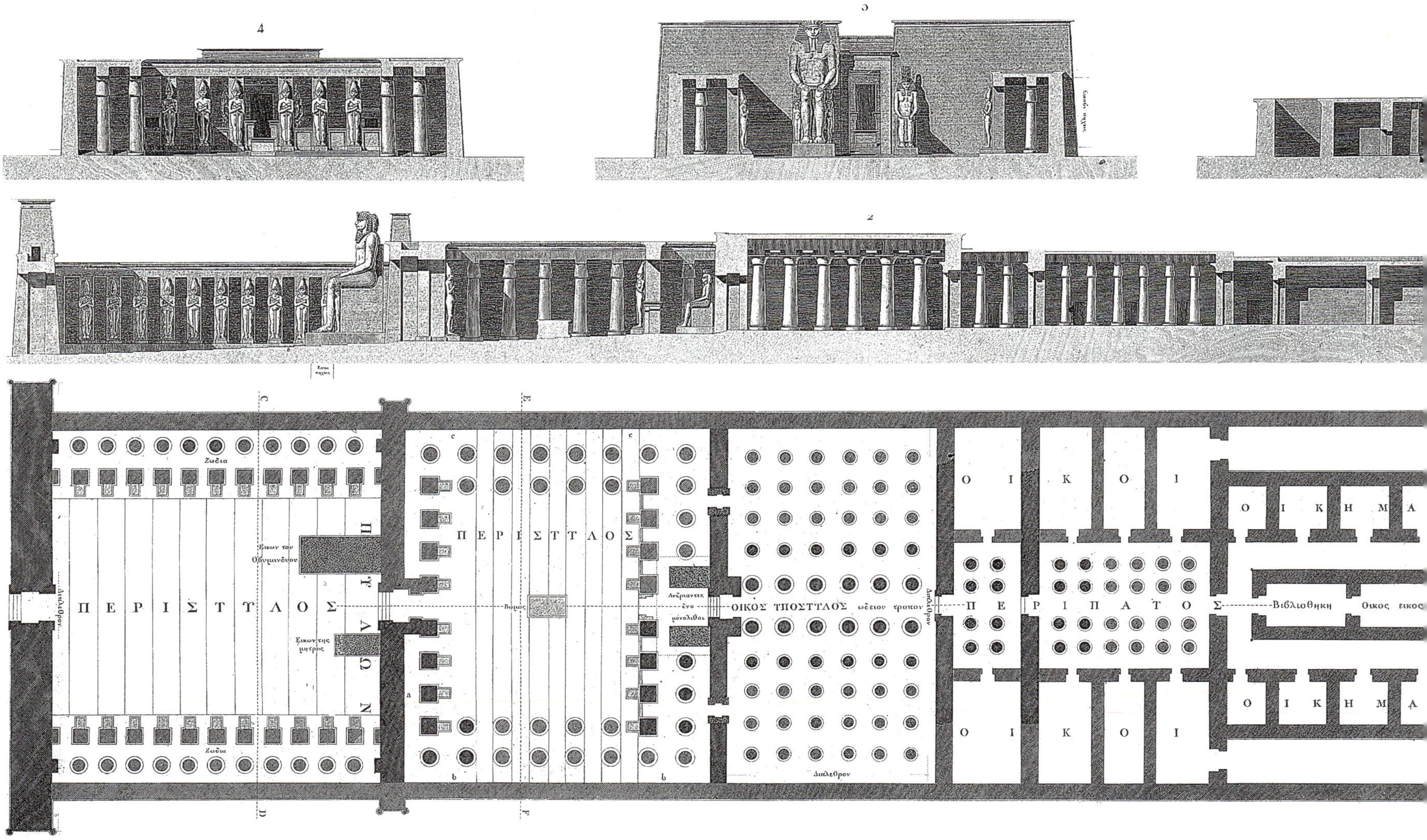

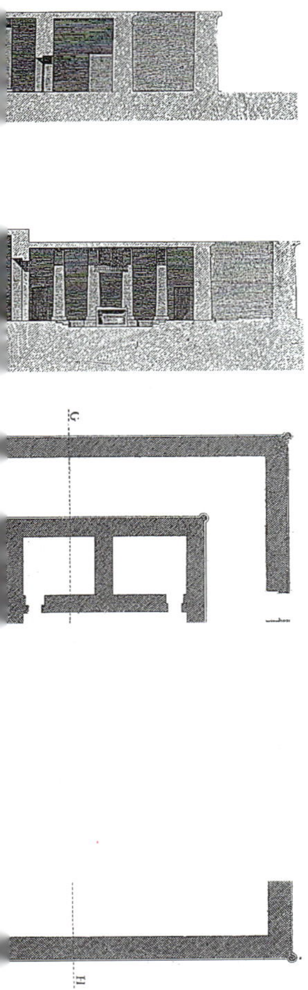

122–123 oben Der Gedächtnistempel von Ramses II. (hier von Osten aus gesehen) steht in der Nähe des Tempels von Medinet Habu und hat sich bis heute kaum verändert. Rechts ist die Kolossalstatue von Ramses II., der „Sonne der Prinzen", zu erkennen, die mit nach oben gerichteten Augen am Boden liegt. Vermutlich stürzte die gewaltige Bildsäule aus rotem Granit um, nachdem man begonnen hatte, die unteren Teile abzutragen.

123 unten Die französischen Wissenschaftler bemühten sich vergeblich, die Statue Ramses' II. abzutransportieren, die umgestürzt im zweiten Hof des Ramesseums lag. Dieses Werk vollbrachte erst Giovanni Battista Belzoni aus Padua im Jahre 1816.

124–125 Der große ptolemäische Tempel in Edfu, dem antiken Apollinopolis Magna, ist dem Falkengott Horus geweiht. Zur Zeit der ägyptischen Expedition war er noch nahezu perfekt erhalten, wenngleich die Einheimischen einige Ziegelsteinbauten auf dem Dach errichtet hatten.

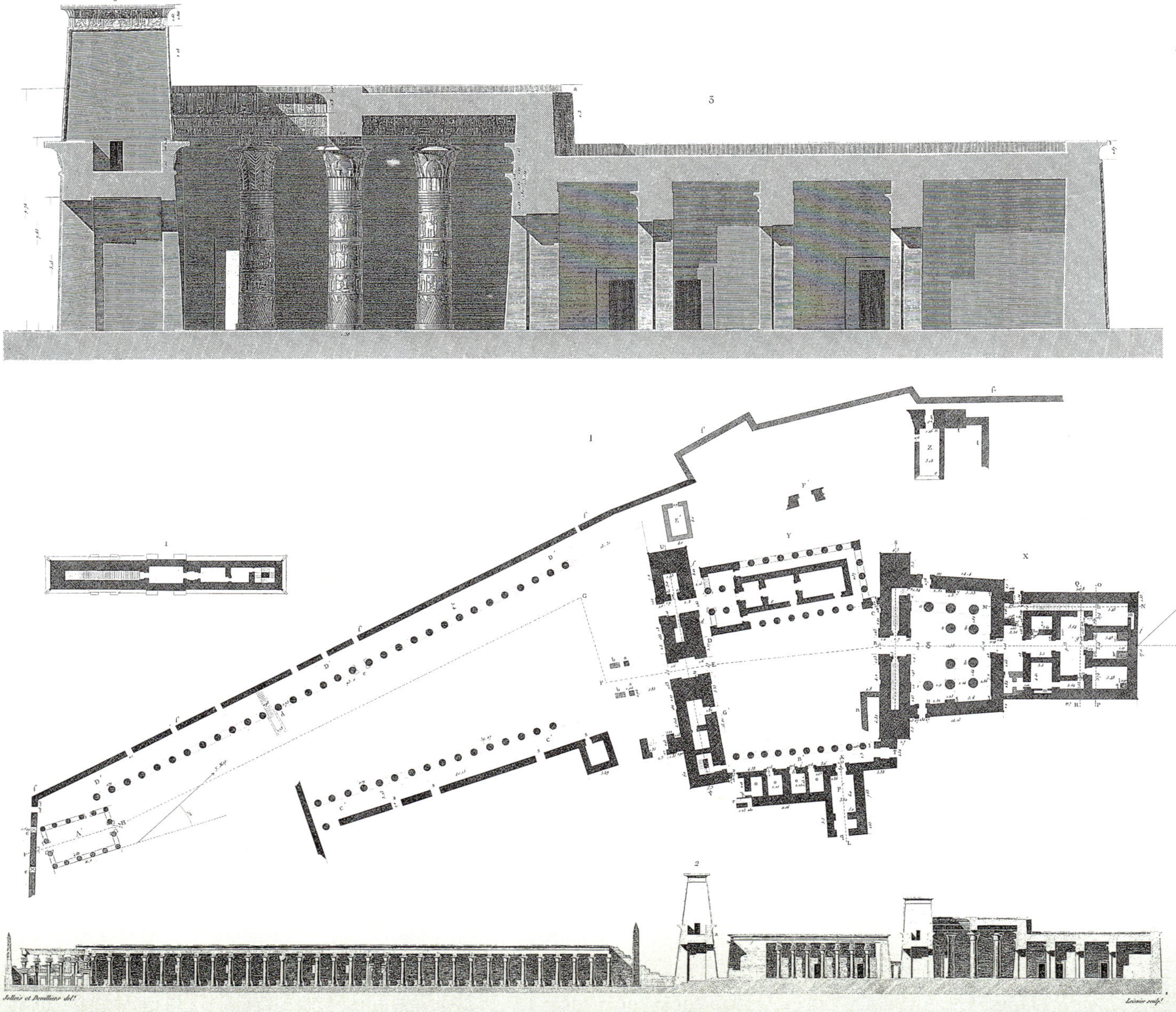

126 oben u. Mitte *Der erste Band der* Description de l'Egypte *zeigt die Bauwerke der Insel Philae und besonders den großen Isistempel aus der ptolemäischen Epoche, zu dem auch ein Plan und ein Querschnitt gehörten. Einer antiken Tradition folgend, beschrieb die* Description *zunächst die oberägyptischen und erst danach die unterägyptischen Stätten.*

126–127 *Die Insel Philae (hier eine Nordostansicht) liegt im Süden von Assuan, dem antiken Syene, direkt stromaufwärts des ersten Katarakts. Seit jeher begeisterten sich die Reisenden für die malerische, von Granitfelsen dominierte Landschaft, durch die der Nil sich hier seinen Weg bahnt.*

127 oben *Als „Haus des Ostens" bezeichneten die napoleonischen Gelehrten den eleganten Kiosk des Trajan, an dem ursprünglich bei großen religiösen Festen die heilige Isisbarke anlegte.*

128–129 *Eine der schönsten Bildtafeln der* Description *zeigt den Pronaos des Isistempels mit Säulen in erlesener Relieftechnik, die zur Zeit der ägyptischen Expedition noch die Originalfarben trugen. Die Farben verschwanden jedoch, als die Insel Philae nach dem Bau des ersten Assuan-Staudammes im Jahre 1902 während der Hochwasserperiode regelmäßig neun Monate lang in den Fluten des Nils versank.*

DER „KRIEG DER KONSULN“

HÄNDLER UND ABENTEURER AUF DER JAGD NACH ALTERTÜMERN

130 oben links *Giuseppe Acerbi wurde 1773 in Castelgoffredo bei Mantua geboren und 1826 zum österreichischen Generalkonsul für Ägypten ernannt. Er trug eine große Sammlung antiker Kunstschätze zusammen, die sich heute im Museo di Palazzo Te in Mantua befindet.*

130 oben rechts *Bernardino Drovetti aus der piemontesischen Stadt Barbania diente als Offizier in der „Grande Armée" Napoleons und wurde 1810 zum französischen Generalkonsul berufen. Viele bedeutende Stücke des Louvre und des Museo Egizio in Turin stammen von ihm.*

130 unten *Mehmed Ali gilt als Begründer des modernen ägyptischen Staates. 1805 wurde er zum Gouverneur ernannt und blieb bis zu seinem Tod, 1849, an der Macht. Im „Krieg der Konsuln" entschied er darüber, wer sich aus dem kulturellen Erbe Ägyptens bedienen durfte.*

131 *Der Tempel von Kom Ombo ist dem Krokodilgott Sobek und dem Gott Haroeris geweiht. Wegen seiner exponierten Lage am Nilufer gehörte er zu den Bauwerken, die Reisende des 19. Jahrhunderts bevorzugt darstellten.*

Die ägyptische Expedition und die anschließende Publikation von Denons *Voyage* und der *Description* hatten den Europäern eine verloren geglaubte, mysteriöse und faszinierende Welt eröffnet. Zu Beginn des 19. Jahrhunderts zog es immer mehr Reisende, Forscher, Abenteurer und Geschäftsleute nach Ägypten. Sie alle wollten die in den Büchern beschriebenen Kunstschätze mit eigenen Augen sehen, Funde für die ersten Altertumssammlungen erwerben oder an dem landwirtschaftlichen und industriellen Erneuerungsprogramm teilhaben, das der ägyptische Pascha Mehmed Ali ins Leben gerufen hatte.

Mehmed Ali beherrschte die Politik Ägyptens über die gesamte erste Hälfte des Jahrhunderts. 1769 in Kavala in Makedonien geboren, hatte sich der Offizier als Garant der Ordnung einen Namen gemacht und war mit Unterstützung der Einheimischen Statthalter von Ägypten geworden. Am 18. Juni 1805 ernannte der Sultan von Konstantinopel Mehmed Ali zum Gouverneur. Der kleine, bärtige Mann mit den lebhaften Augen zeichnete sich durch großen Mut, aber auch einen ausgeprägten Machtinstinkt aus. Am 1. März 1811 lud er die letzten Mameluckenführer und ihr Gefolge, insgesamt 500 Menschen, in seinen Palast ein, um die Ernennung seines Sohnes Tussum zum Kommandanten der Armee zu feiern, und ließ sie hier allesamt umbringen. Nachdem er auf diese Weise die Opposition im Lande ausgeschaltet hatte, wandte er sich nach außen und eroberte 1812 zunächst Mekka und Medina, dann den Sudan, wo er die Stadt Khartum gründete, und schließlich Syrien. 1839 schritten die europäischen Mächte ein und beschränkten Mehmed Alis Macht auf Ägypten, gestatteten ihm aber, die Herrschaft auf seine Nachkommen zu vererben, die bis 1952 regierten. In Ägypten selbst initiierte Mehmet Ali ein umfangreiches Reformprogramm, um das Land in einen modernen Staat zu verwandeln. Dabei war er auf die Hilfe ausländischer Experten angewiesen, unter denen der französische Konsul Bernardino Drovetti eine besonders wichtige Rolle spielte.

Drovetti war mit Mehmed Ali persönlich befreundet und besaß großen Einfluss. Er erhielt schließlich einen *Firman,* eine besondere Erlaubnis, die es ihm ermöglichte, Ausgrabungen vorzunehmen und aus

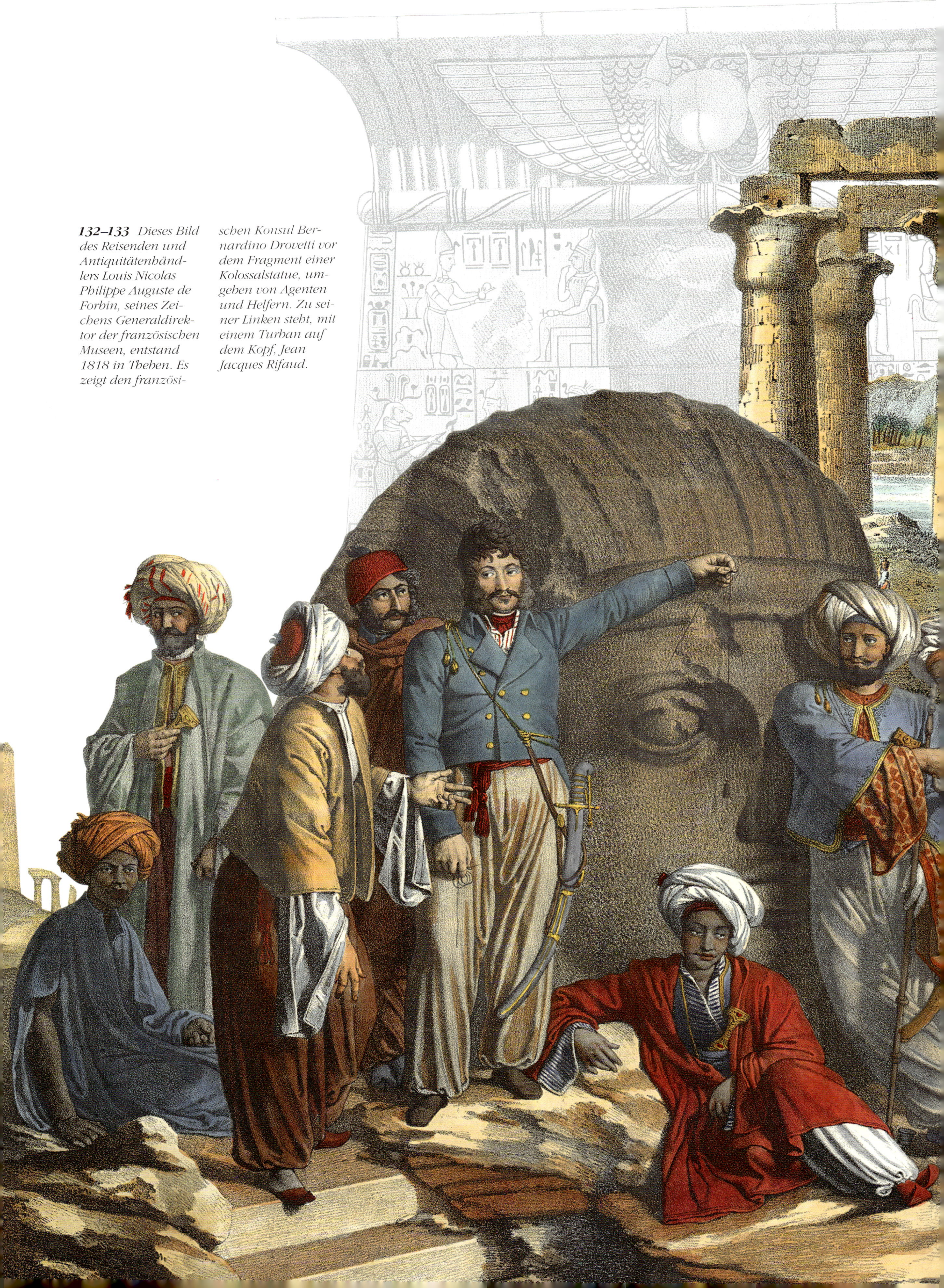

132–133 *Dieses Bild des Reisenden und Antiquitätenhändlers Louis Nicolas Philippe Auguste de Forbin, seines Zeichens Generaldirektor der französischen Museen, entstand 1818 in Theben. Es zeigt den französischen Konsul Bernardino Drovetti vor dem Fragment einer Kolossalstatue, umgeben von Agenten und Helfern. Zu seiner Linken steht, mit einem Turban auf dem Kopf, Jean Jacques Rifaud.*

den Funden eine Sammlung von Altertümern für Frankreich anzulegen. Die anderen europäischen Nationen beauftragten ihre eigenen Konsuln, ebenfalls neue Kunstschätze aufzutreiben und sie den Museen ihrer Heimatländer zukommen zu lassen. Da Mehmed Ali für seine ehrgeizigen Erneuerungspläne Geld, Maschinen und technisches Wissen benötigte, gestattete er im Gegenzug immer mehr Staaten, sich aus dem kulturellen Erbe Ägyptens zu bedienen. Der skrupellose, bis hin zur Gewaltanwendung geführte Kampf um die antiken Schätze ging unter dem Namen „Krieg der Konsuln“ als trauriges Kapitel in die Geschichte ein. Hauptakteure in diesem Ringen waren Bernardino Drovetti und der englische Konsul Henry Salt, doch auch der österreichische Konsul Giuseppe Acerbi und der Vertreter Schwedens und Norwegens, Giovanni Anastasi, beteiligten sich an der Suche nach Aufsehen erregenden Funden, die den Grundstock nationaler Sammlungen bilden sollten. Acerbi, der aus einem kleinem Ort in der Nähe von Mantua stammte, trug zwischen 1826 und 1834 während seiner Amtszeit als österreichischer Generalkonsul in Ägypten eine Vielzahl interessanter Stücke zusammen, die sich heute im Museo di Palazzo Te in Mantua befinden. Die noch eindrucksvollere Kollektion Anastasis wurde dagegen später auf Museen in Holland, London, Paris und Stockholm verteilt. Berühmtheit erlangte Anastasi insbesondere als Besitzer zahlreicher wichtiger Papyri, die heute im British Museum in London zu sehen sind.

BERNARDINO DROVETTI UND JEAN JACQUES RIFAUD

__134 Mitte__ Der Bildhauer und Maler Jean Jacques Rifaud aus Marseille war neben Frédéric Cailliaud aus Nantes der wichtigste Agent Drovettis. Rifaud arbeitete über vierzig Jahre in Ägypten und hinterließ mehr als 4000 Zeichnungen. Zwischen 1817 und 1823 leitete er zahlreiche Ausgrabungen in Karnak, bei denen er insgesamt 66 Statuen zutage förderte.

__134 unten__ Die Zeichnung illustriert, mit welchen Techniken Rifaud einen Sarkophag aus einer Grabkammer der thebanischen Nekropolen barg.

__135__ Rifaud erwies sich nicht nur als geschickter „Antiquitätenjäger", sondern überdies als brauchbarer Zeichner und Schriftsteller: 1830 veröffentlichte er ein fünfbändiges Werk unter dem Titel Voyages en Egypte, en Nubie et lieux circonvoisins, depuis 1805 jusqu'en 1828.

Von allen diplomatischen Vertretern europäischer Mächte in Ägypten war Bernardino Drovetti zweifellos der bekannteste und charakteristischste. 1776 in der piemontesischen Stadt Barbania geboren, verdingte er sich zur Zeit des ersten Italienfeldzuges in der napoleonischen Armee. Dank seiner außergewöhnlichen Fähigkeiten machte er rasch eine brillante militärische Karriere und stieg innerhalb weniger Jahre erst zum Oberleutnant, dann zum Hauptmann und Generaladjutanten von Joachim Murat und schließlich zum Oberstleutnant auf. 1803 wurde er als Vizekonsul nach Ägypten entsandt und sieben Jahre später zum französischen Generalkonsul ernannt. Drovetti zeichnete sich durch eine außergewöhnliche Beobachtungsgabe und Intuition aus, konnte aber auch energisch und entschieden auftreten, wenn die Gelegenheit es erforderte. Innerhalb weniger Jahre entwickelte sich Drovetti zu einem Experten auf dem Gebiet der ägyptischen Politik und kannte alle bedeutenden Persönlichkeiten. Dieser Tatbestand war sein Glück, denn nach dem Sturz Napoleons im Jahre 1820 wurde er zunächst nach Frankreich zurückbeordert, anschließend aber wieder eingesetzt, da es niemanden gab, der ihn angesichts des überaus diffizilen Kräftespiels in Ägypten annähernd adäquat hätte ersetzen können.

In den ersten Jahren des 19. Jahrhunderts stand Ägypten naturgemäß im Mittelpunkt des Interesses all jener europäischen Mächte, die um

Die Bilder in diesem Kapitel stammen aus Jean Jacques Rifaud, *Voyages en Egypte, en Nubie et lieux circonvoisins, depuis 1805 jusqu'en 1828, Paris 1830.*

VOYAGE
EN ÉGYPTE, EN NUBIE,
ET LIEUX CIRCONVOISINS,
depuis 1805 jusqu'en 1828;

PUBLIÉ

PAR M. Chevar. J. J. RIFAUD,

Chevalier de la Légion d'honneur, auteur d'un Tableau de l'Egypte, de la Nubie, et lieux circonvoisins et de plusieurs autres publications scientifiques; membre de l'Academie Royale de Marseille et de la Société statistique de la mem ville; membre adjoint du conseil de la Société de Géographie de Paris, de la Société asiatique de Paris; membre de la Société Royale des antiquaires de France; membre du Conseil de la Société statistique universelle de Paris; questeur de l'Academie de l'industrie agricole commerciale de Paris, et secrétaire du Comité des prix et des encouragements; membre de l'Institut historique de Paris, et de la Société pour l'émancipation intellectuelle de Paris, membre correspondant des Academies Royales de Bordeaux, d'Aix, Rouen, Nantes, Toulouse, et de la Société d'émulation d'Abbeville, membre correspondant de la Société Médico-Botanique de Londres, membre correspondant des antiquaires de Copenhague, de l'Académie des Sciences de Gothenbourg de la Société Royale de statistique de Dresde, membre honoraire et correspondant de la Société polytechnique (polytechnische Gesellschaft) de Leipzig, de cracovie de venise, etc. etc. etc.

OUVRAGE

Composé de trois cents planches et cinq volumes de Texte représentant les Monumens de ces contrées, Costumes, Cérémonies, et l'histoire naturelle.

eine Vormachtstellung im Nahen Osten kämpften und sich überdies permanent mit dem gewandten Mehmed Ali auseinander setzen mussten. Da Bernardino Drovetti sich mit dem ägyptischen Herrscher ausgezeichnet verstand, verschaffte er Frankreich einen entscheidenden Vorteil, indem er Mehmed Ali so weit wie möglich gegen den Einfluss der Engländer abschirmte und sich als Gegenleistung in vielen Bereichen nützlich machte. Mit seiner Hilfe modernisierte der Gouverneur die Armee, steigerte den landwirtschaftlichen Ertrag und verbesserte das Bewässerungssystem der Felder, baute überall im Lande Industrieanlagen und dämmte eine Choleraepidemie ein.

Dank seines freundschaftlichen Verhältnisses zu Mehmet Ali genoss Drovetti zahlreiche Privilegien und galt bald als begehrte Kontaktperson für alle Europäer, die in Ägypten lebten oder sich vorübergehend hier aufhielten, besonders jedoch für Archäologen und Antiquitätenhändler. Gerade auf diesem Gebiet nämlich war Dovretti selbst unermüdlich tätig und da er einen von Mehmed Ali unterzeichneten *Firman* besaß, konnte er sich überall ungehindert bewegen und Arbeiten aller Art durchführen lassen. Zahlreiche Agenten reisten im Auftrag des Konsuls zu den viel versprechendsten archäologischen Stätten, um dort Funde zu erwerben oder selbst Ausgrabungen durchzuführen und so stach Drovettis persönliche Sammlung bald unter all jenen hervor, die zur damaligen Zeit in Ägypten und Europa entstanden.

Zu den Agenten des Diplomaten gehörten Wissenschaftler wie der Geologe Frédéric Cailliaud aus Nantes, Künstler wie der aus Marseille stammende Bildhauer Jean Jacques Rifaud, Abenteurer wie Antonio Lebolo, aber auch so genannte „französische Mamelucken“ wie Joseph „Yussef“ Rosignani – ehemalige Soldaten oder Deserteure der napoleonischen Armee, die in Ägypten ge-

blieben waren, sich zum Islam bekehrt und einen arabischen Namen angenommen hatten. Begegneten sich die Agenten unterschiedlicher Konsuln, kam es häufig zu Zusammenstößen und wenn es darum ging, einen Fund oder eine viel versprechende Stätte zu sichern, griffen die Männer ohne langes Zögern zu den Waffen. Belzoni berichtet von mehr als einer Auseinandersetzung mit den Agenten Drovettis, den er so sehr hasste, dass er seinen Namen stets auf den ersten Buchstaben reduzierte und ihn nur „D." nannte. Drovetti beschränkte sich nicht auf das Sammeln antiker Kunstschätze, sondern machte sich auch daran, die weniger bekannten Gebiete Ägyptens zu erforschen. Im Jahre 1816 begab er sich nach Oberägypten und studierte die nubischen Tempel bis hinunter nach Abu Simbel. Hier versuchte er, in den großen Tempel

136 *Rifaud nahm auch an der Reise teil, die Drovetti 1816 nach Nubien bis zum zweiten Katarakt unternahm. Der Franzose zeichnete unter anderem dieses Bild des Tempels von Dendur aus römischer Zeit, der ursprünglich zwischen denen von Kalabscha und Dakka stand. Da der Tempel nach dem Bau des großen Assuan-Staudamms in den Fluten des Nils versunken wäre, baute man ihn 1963 ab und errichtete ihn im Metropolitan Museum of Art in New York neu.*

137 *Dieser von Rifaud gezeichnete Tempel, von dem heute nichts mehr erhalten ist, gehörte zur antiken Stätte* Contra Latopolis *(heute el-Hella), die am rechten Nilufer gegenüber von Esna liegt. Esna selbst hieß* Latopolis, *nach „lates", einem in der Region heimischen Fisch.*

Ramses' II. einzudringen, konnte jedoch den Sand nicht beiseite schaffen, der den Eingang blockierte. Drei Jahre später unternahm der Diplomat in Begleitung des italienischen Arztes Alessandro Ricci und des französischen Zeichners Louis Maurice Linant de Bellefonds eine Expedition in die Libysche Wüste, die ihn bis zur Oase von Siwa führte. Die Ergebnisse dieser Reise veröffentlichte François Jomard in der Folge unter dem Titel *Voyage à l'oasis de Syouah rédigé et publié par M. Jomard d'après les matériaux recueillis par M. le Chevalier Drovetti et par M. Frédéric Cailliaud pendant leurs voyages dans cette Oasis en 1819 et 1820.*
Drovetti übte sein Amt bis 1829 aus, dann kehrte er nach Italien zurück und setzte sich in Turin zur Ruhe, wo er 1852 starb.
Da der französische König Ludwig XVIII. Drovettis überaus wertvolle Sammlung abgelehnt hatte, erwarb sie der König von Sardinien-Piemont, Karl Felix, 1824 für 400 000 piemontesische Lire und erweiterte auf diese Weise den Turiner Bestand. Das neu gegründete Ägyptologische Museum vereinigte die beiden Sammlungen auf Wunsch des Königs im Palast der Akademie der Wissenschaften in Turin.
Zu der Sammlung gehörten 169 Papyri und Handschriften, 485 Objekte aus Eisen, Bronze oder Blei, weitere 2400 Funde, vor allem Skarabäen und Amulette, 102 Mumien und andere Gegenstände, 3007 Medaillen sowie 95 Statuen, darunter die berühmte Bildsäule von Ramses II.

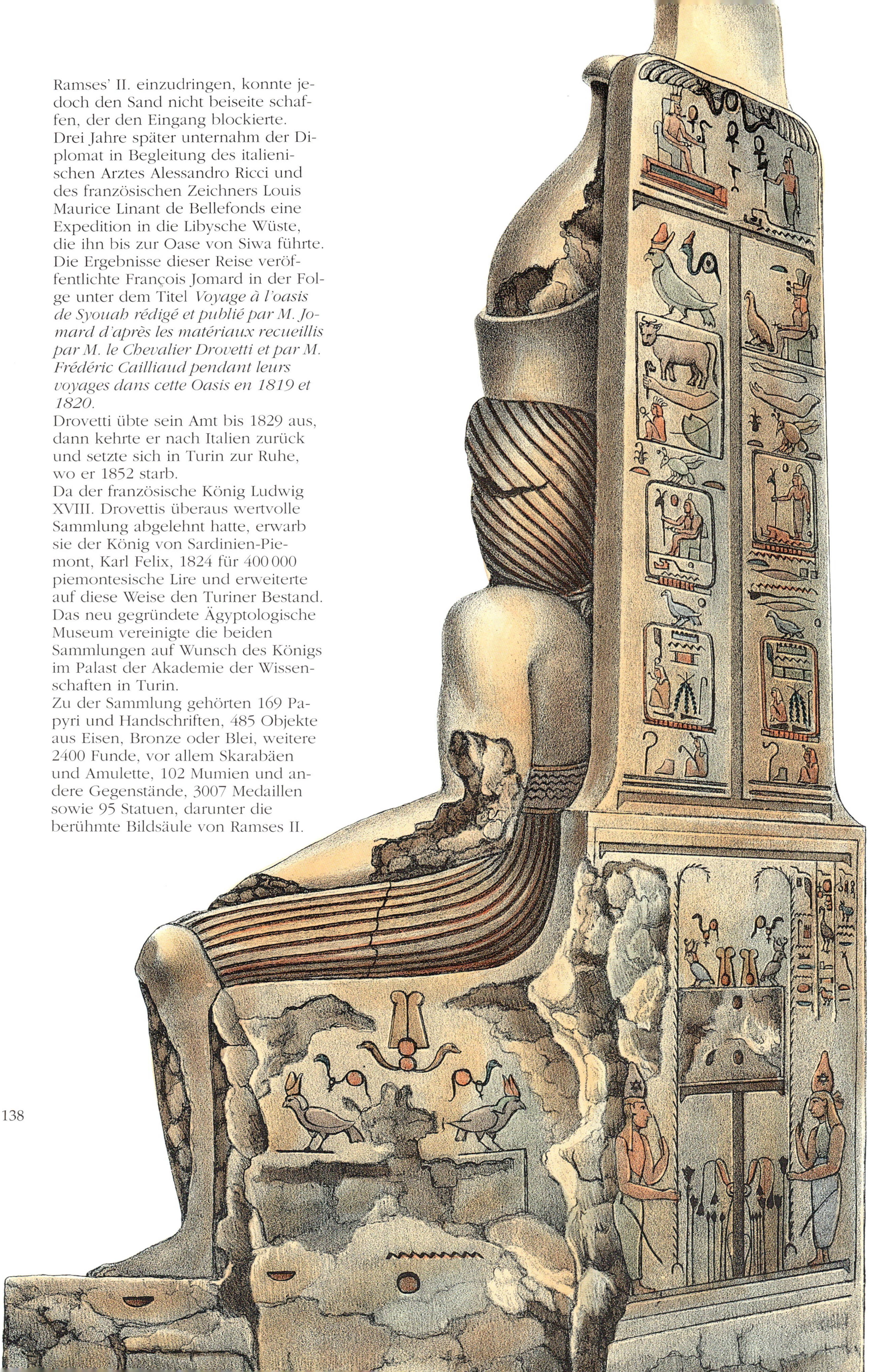

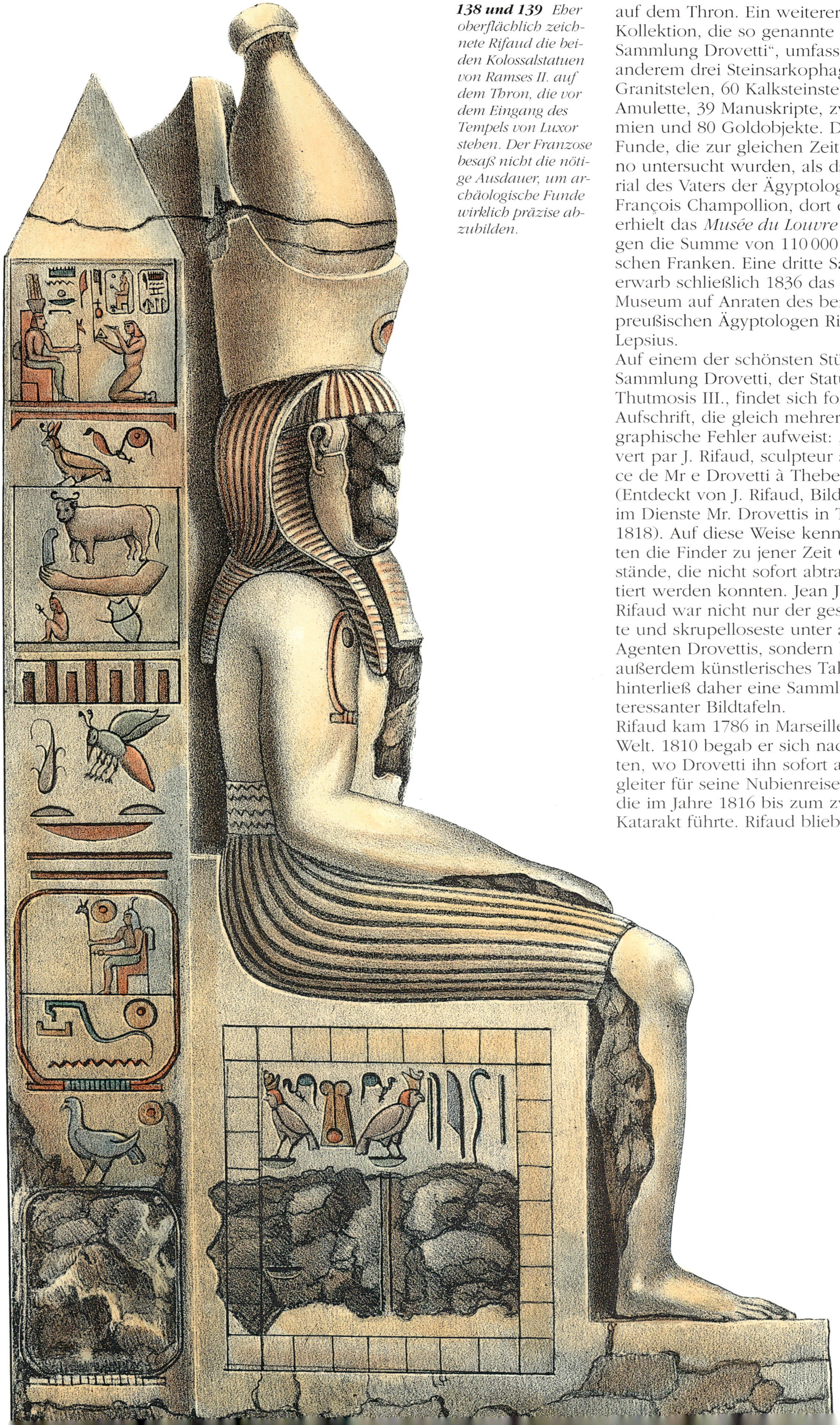

***138 und 139** Eher oberflächlich zeichnete Rifaud die beiden Kolossalstatuen von Ramses II. auf dem Thron, die vor dem Eingang des Tempels von Luxor stehen. Der Franzose besaß nicht die nötige Ausdauer, um archäologische Funde wirklich präzise abzubilden.*

auf dem Thron. Ein weiterer Teil der Kollektion, die so genannte „zweite Sammlung Drovetti", umfasste unter anderem drei Steinsarkophage, 10 Granitstelen, 60 Kalksteinstelen, 500 Amulette, 39 Manuskripte, zwei Mumien und 80 Goldobjekte. Diese Funde, die zur gleichen Zeit in Livorno untersucht wurden, als das Material des Vaters der Ägyptologie, Jean François Champollion, dort eintraf, erhielt das *Musée du Louvre* 1827 gegen die Summe von 110 000 französischen Franken. Eine dritte Sammlung erwarb schließlich 1836 das Berliner Museum auf Anraten des berühmten preußischen Ägyptologen Richard Lepsius.

Auf einem der schönsten Stücke der Sammlung Drovetti, der Statue von Thutmosis III., findet sich folgende Aufschrift, die gleich mehrere orthographische Fehler aufweist: „Decouvert par J. Rifaud, sculpteur au cervice de Mr e Drovetti à Thebes. 1818" (Entdeckt von J. Rifaud, Bildhauer im Dienste Mr. Drovettis in Theben. 1818). Auf diese Weise kennzeichneten die Finder zu jener Zeit Gegenstände, die nicht sofort abtransportiert werden konnten. Jean Jacques Rifaud war nicht nur der geschickteste und skrupelloseste unter allen Agenten Drovettis, sondern besaß außerdem künstlerisches Talent und hinterließ daher eine Sammlung interessanter Bildtafeln.

Rifaud kam 1786 in Marseille zur Welt. 1810 begab er sich nach Ägypten, wo Drovetti ihn sofort als Begleiter für seine Nubienreise anwarb, die im Jahre 1816 bis zum zweiten Katarakt führte. Rifaud blieb über

140–141 oben *Dieses Bild zeigt eine Südost-Ansicht des Tempels von Luxor. Rund um das Bauwerk stehen aus ungebrannten Ziegeln errichtete Wohnhäuser der Einheimischen.*

140 unten rechts *Rifaud, der sich sehr für die ägyptische Bevölkerung interessierte, beschrieb und zeichnete die Sitten und Gebräuche der Einheimischen. Hier holen zwei arabische Frauen mit großen Amphoren auf dem Kopf Wasser aus dem Nil.*

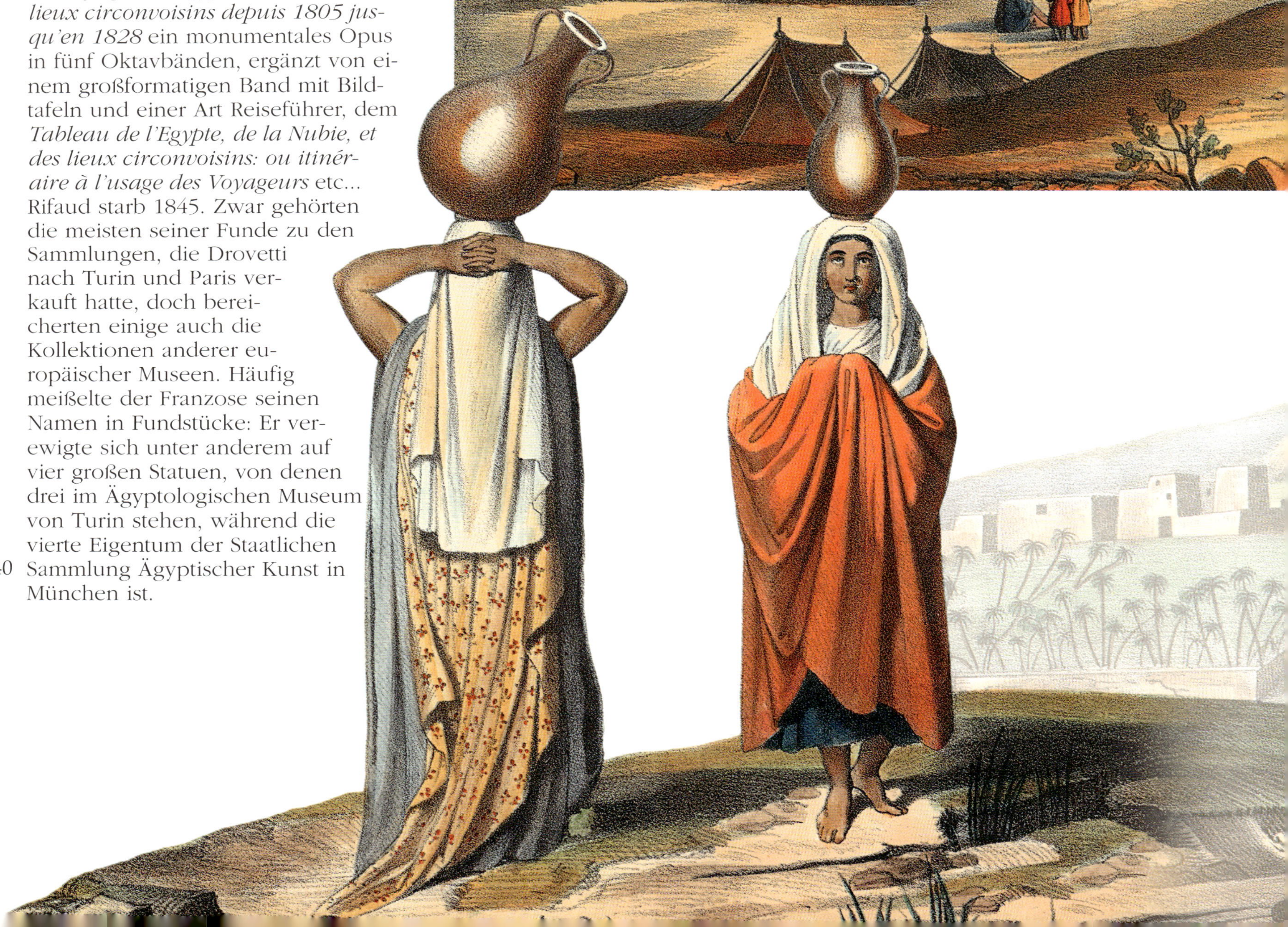

vierzig Jahre lang in Ägypten. Er war außergewöhnlich intelligent und begabt und leitete, vor allem in der Gegend von Theben, die meisten Ausgrabungen für Drovetti. Mehmed Ali nannte ihn den „Vater der Antike“. In der Nähe des großen Amuntempels in Karnak förderte Rifaud zahlreiche Gebäudereste zutage, entdeckte mindestens 100 Statuen und fertigte über 4000 Zeichnungen an, die nicht nur die antiken Bauwerke, sondern alle Aspekte des ägyptischen Lebens illustrierten. Als reiner Autodidakt ging Rifaud zwar mit dem ihm angeborenen künstlerischen Empfinden, aber ohne wissenschaftliche Methodik ans Werk.
Rifaud sammelte und zeichnete nicht nur antike Kunstschätze, sondern betätigte sich auch als Schriftsteller. 1830 veröffentlichte er unter dem Titel *Voyages en Egypte, en Nubie et lieux circonvoisins depuis 1805 jusqu'en 1828* ein monumentales Opus in fünf Oktavbänden, ergänzt von einem großformatigen Band mit Bildtafeln und einer Art Reiseführer, dem *Tableau de l'Egypte, de la Nubie, et des lieux circonvoisins: ou itinéraire à l'usage des Voyageurs* etc... Rifaud starb 1845. Zwar gehörten die meisten seiner Funde zu den Sammlungen, die Drovetti nach Turin und Paris verkauft hatte, doch bereicherten einige auch die Kollektionen anderer europäischer Museen. Häufig meißelte der Franzose seinen Namen in Fundstücke: Er verewigte sich unter anderem auf vier großen Statuen, von denen drei im Ägyptologischen Museum von Turin stehen, während die vierte Eigentum der Staatlichen Sammlung Ägyptischer Kunst in München ist.

140–141 unten *Geschickt fasste Rifaud die Landschaften und kleinen Weiler an den Ufern des Nils ins Bild, hier das oberägyptische Dorf Thut.*

141 unten rechts *Auch die naturkundlichen Aspekte Ägyptens ließ Rifaud nicht außer Acht: Er malte Tiere und Pflanzen wie diese Wasserpflanze aus der Familie der Liliengewächse und diesen in den ägyptischen Wüsten häufig vorkommenden Busch.*

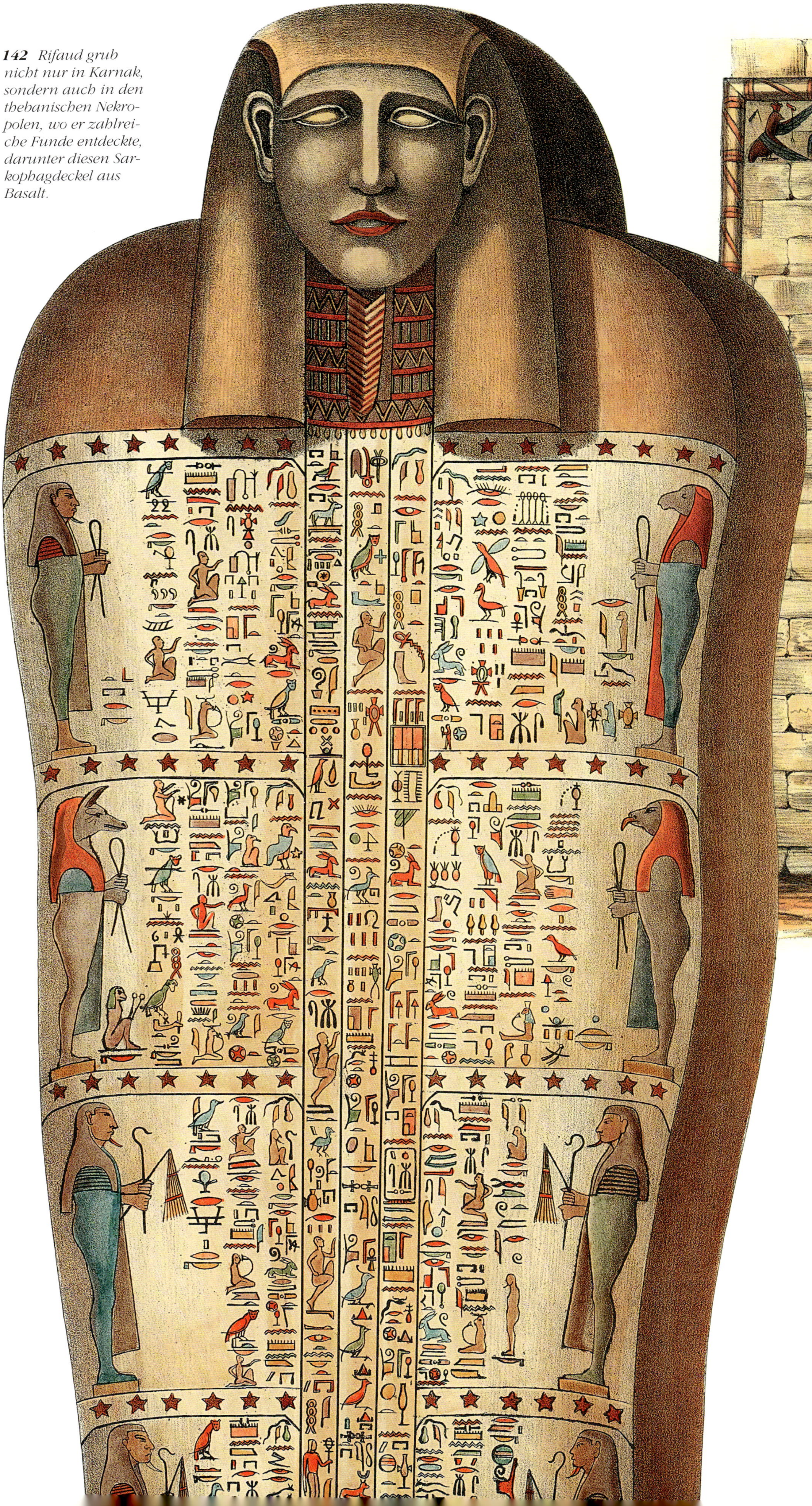

142 *Rifaud grub nicht nur in Karnak, sondern auch in den thebanischen Nekropolen, wo er zahlreiche Funde entdeckte, darunter diesen Sarkophagdeckel aus Basalt.*

142–143 oben *Während der Reise nach Nubien, die Rifaud 1816 mit Drovetti unternahm, zeichnete er den großen griechisch-römischen Tempel von Dakka, dem antiken Pselkis. Das mächtige Bauwerk wurde zwischen 1962 und 1968 ab- und in Wadi es-Sebû'a wieder aufgebaut. Hierhin brachte man auch den kleinen Tempel von Maharraka.*

143 unten rechts
Diese Bildsäulengruppe entdeckte Rifaud im Ostteil des Amuntempels in Karnak. Ramses II. in Gestalt eines Gottes sitzt in der Mitte, zu seiner Linken der Gott Amun, zu seiner Rechten die Göttin Mut. In Karnak grub Rifaud herrliche Statuen aus, vor allem die Bildsäule Ramses' II., den größten Schatz des Ägyptologischen Museums in Turin.

144–145 oben *Diese Ansicht des Ortes Tanta in der Deltaregion mit seinen Türmchenbauten und den beiden hohen Minaretten ist ein weiteres typisches Beispiel für Rifauds Landschaftsmalerei.*

144 unten und 145 unten *Rifauds Bilder spiegeln sein ethnographisches Interesse wider. Hier sieht man eine arabische Frau unter einem kleinen Zelt und einen Jungen beim Mahlen von Flachs.*

144–145 Mitte *Erst 1843 erforschte der deutsche Archäologe Richard Lepsius die Pyramide von Amenemhêt III. in Hauwâra, im Faijûm, mit wissenschaftlichen Methoden. Die klassischen Autoren bezeichneten den gewaltigen Grabtempel als „Labyrinth".*

HENRY SALT

Die Bilder in diesem Kapitel stammen aus Henry Salt, *Twenty-four views taken in St. Helena, The Cape, India, Ceylon, Abyssinia and Egypt*, London 1809.

146 oben *Der Künstler, Reisende und Diplomat Henry Salt, hier auf einem Bild von J.J. Halls, wurde 1816 zum englischen Generalkonsul für Ägypten ernannt und sollte eine Kollektion antiker Funde für das British Museum zusammenstellen. Salt war Drovettis Hauptgegner im „Krieg der Konsuln". Er konnte Giovanni Battista Belzoni aus Padua sowie den Griechen Giovanni d'Athanasi („Yanni") als persönliche Agenten verpflichten.*

Eher zufällig schlug Henry Salt, der 1816 zum britischen Generalkonsul ernannt wurde, im Alter von sechsunddreißig Jahren die diplomatische Laufbahn ein. Im Jahre 1802 trat der Künstler und Maler eine Stelle als Sekretär des englischen Sammlers George Annesley, Graf von Mountnorris, an und unternahm in dieser Funktion mit seinem Dienstherren zwei lange Reisen, die ihn nach Indien, Abessinien und Ägypten führten. Salt beschrieb seine Eindrücke in einem detaillierten Bericht, dem *Account of a Voyage to Abissinia and Travels into the Interior of Country... in the years 1809-1810,* ergänzt durch einen Bildband mit dem Titel *Twenty-four views taken in St. Helena, the Cape, India, Ceylon, Abyssinia and Egypt.* Nach seiner Berufung zum Konsul erhielt Salt unter anderem den Auftrag, eine Sammlung antiker Kunstschätze für das British Museum zu beschaffen. Er widmete sich dieser Aufgabe mit großer Energie, sah sich aber in jeder Hinsicht von Drovetti behindert.

Drovetti war gegenüber seinem englischen Konkurrenten uneinholbar im Vorteil: Er lebte seit Jahren in Ägypten und erfreute sich überdies der persönlichen Wertschätzung durch Mehmed Ali. Salt ließ sich nicht entmutigen und ging mit den gleichen Methoden wie sein Rivale vor. Er stellte eine Reihe gewandter Agenten ein und stieß in Kairo auf Giovanni Battista Belzoni und den Griechen Giovanni d'Athanasi. Belzoni arbeitete fortan als Salts Hauptagent, Giovanni („Yanni") d'Athanasi suchte zwischen 1817 und 1827 vor allem in der Gegend von Theben nach wertvollen Objekten. Dank dieser Mitarbeiter gelang es Salt innerhalb von nur zwei Jahren, eine erste bedeutende Kollektion zusammenzutragen, die er dem British Museum 1818 für 2000 Pfund Sterling verkaufte. Eine zweite, noch größere Sammlung mit 4014 Funden beschaffte Salt zwischen 1819 und 1824.

Diesmal lehnte das British Museum den Kauf jedoch ab. Für 10 000 Pfund Sterling ging die Kollektion an den französischen König Karl X. und ergänzte die Bestände des Musée du Louvre. Schließlich trug Salt eine dritte und letzte Kollektion zusammen, die 1083 Stücke umfasste. Acht Jahre nach dem Tod des Briten, der 1827 in der Nähe von Alexandria starb, erwarb das British Museum bei einer Auktion einen Großteil dieser Funde.

146–147 unten *Vor seiner Ernennung zum Konsul bereiste Salt mit dem englischen Sammler und Antiquitätenhändler George Annesley, bekannter als Lord Valentia, den Orient. Der begabte Maler Salt hielt seine Eindrücke in dem Buch* Voyages and Travels to India, Ceylon, the Red Sea, Abyssina and Egypt in the years 1802–1806 *fest, aus dem auch diese Ansicht der Pyramiden und der Stadt Kairo stammt.*

146–147 oben *Diese Gesamtansicht fasst die großen Moscheen von Kairo ins Bild: Im Vordergrund erhebt sich die mächtige Moschee von Sultan Hassan aus dem 14. Jahrhundert, rechts die kleinere* el-Mahmudiah*-Moschee.*

WILLIAM JOHN BANKES UND GRAF LOUIS DE FORBIN

148 oben *Der Reisende und Antiquitätenhändler William John Bankes hatte unter Wellington als Generaladjutant gedient (hier ein Bild von Maxim Gauci). Er unternahm zwei Reisen nach Oberägypten und Nubien, in deren Verlauf er die so genannte „Königsliste" im Tempel Ramses' II. in Abydos entdeckte. Bankes beauftragte auch Belzoni mit dem Abtransport des Obelisken, der vor dem Isistempel auf der Insel Philae stand. Der Italiener führte das schwierige Unternehmen erfolgreich zu Ende und so fand der Obelisk auf Bankes' Besitz in Kingston Lacey, in Dorset, eine neue Heimat.*

Die Wege von William John Bankes kreuzten sich an manchen Punkten mit denen von Henry Salt. Bankes stammte aus einer reichen englischen Aristokratenfamilie und verfügte über beträchtliche finanzielle Mittel. Er war persönlich mit Lord Byron befreundet, diente Graf Wellington als Feldadjutant und reiste über alle Maßen gerne. Besonders zogen ihn die antiken Stätten der Pharaonen an und so unternahm er 1815 eine erste Reise nach Nubien. Begleitet wurde er von Giovanni Finati aus Ferrara, einem Abenteurer, der aus der napoleonischen Armee desertiert war, sich später Mehmed Alis Truppen angeschlossen hatte und nun als Führer und Dolmetscher für Reisende aus dem Abendland arbeitete. Während dieser ersten Reise fand Bankes auf der Insel Philae jenen berühmten Obelisken, dessen Transport er in der Folge Giovanni Battista Belzoni anvertraute. Zwischen 1818 und 1819 begab sich Bankes mit Salt und Belzoni erneut nach Nubien und hielt sich an-

Die Bilder in diesem Kapitel stammen aus Louis de Forbin, *L.N.P.A. Voyage dans le Levant,* Paris 1819.

148 unten *Graf de Forbin, ein begabter Zeichner, illustrierte sein Werk* Voyage dans le Levant en 1817 et 1818 *und ergänzte es durch ein Album mit 78 großformatigen Bildtafeln. Die Bilder, die das Heilige Land und Ägypten zeigen, beziehen auch die Lebensweise der Bevölkerung mit ein. Auf dieser Zeichnung sind einige Araber bei der Rast zu sehen.*

148–149 Über den Obelisken von Alexandria schrieb De Forbin: „Umsonst haben sich die Engländer bemüht, den Obelisken von der Stelle zu bewegen, dessen Basis sich neben jenem erhebt, der noch aufrecht steht“.

149 oben *Während seiner Reise nach Oberägypten rastete De Forbin in Beni Suef, wo er „Almeen“ beobachtete, junge Mädchen, die in der Öffentlichkeit tanzten oder musizierten.*

schließend für einige Monate zusammen mit den Zeichnern Alessandro Ricci und Linant de Bellefonds in Theben auf.
Banks entdeckte auch die berühmte Königsliste im Tempel von Ramses II. in Abydos mit den Namen der wichtigsten ägyptischen Herrscher. Drovettis Nachfolger in Kairo, der französische Konsul Jean François Mimaut, nahm diese Liste in seine Sammlung auf und verkaufte sie später an das British Museum.
Banks schrieb nicht nur selbst zwei bedeutende Abhandlungen, die unter den Titeln *Travels in the East und Geometrical Elevation of an Obelisk... from the Island of Philae, together with the pedestal... first discovered by W.J.B.* erschienen, sondern finanzierte 1830 auch die *Life and Adventures of Giovanni Finati* betitelte Autobiographie seines italienischen Freundes und Führers.
Während Bankes sich bei seiner Suche nach antiken Kunstschätzen auf Salt gestützt hatte, nahm Louis Nicolas Philippe Auguste de Forbin die Hilfe Drovettis in Anspruch. Der 1777 in Südfrankreich geborene Maler, Künstler und Reisende De Forbin wurde schließlich zum Generaldirektor der französischen Museen ernannt und begab sich in dieser Funktion 1818 nach Aufenthalten in Griechenland, Syrien und Palästina auch nach Ägypten, um Funde für die Bestände des Louvre zu erwerben. Seinen durch eine Sammlung selbst gezeichneter Bildtafeln ergänzten Reisebericht *Voyage dans le Levant en 1817 et 1818* widmete De Forbin dem französischen König: „Sire, Eure Majestät hat es mir ermöglicht, die Ruinen von Athen, Syrien, der Wiege der christlichen Religion, und Ägypten zu besuchen (...). Palästina bewahrt noch heute das Andenken an den Heiligen Ludwig und der Name Eurer illustren Vorfahren schützt noch immer Bethlehem, den Berg Tabor und das Heilige Grab. Überall wird der Reisende vom Anblick des Lilienwappens be-

ruhigt, das an die reinsten Gedanken des Ruhmes und der Gerechtigkeit erinnert. Ägypten hat in den Siegern von Heliopolis die Söhne jener Franzosen erkannt, die einst die Sultane erzittern ließen...“ De Forbin kam in *el-Arish* im nördlichen Sinai an und reiste dann auf dem Landweg über Palästina weiter nach Ägypten. Er erreichte Damiette im Nildelta und schiffte sich am 22. Dezember 1817 nach Kairo ein, wo er eine Zeit lang blieb.
Am 13. Januar 1818 brach De Forbin nach Oberägypten auf und kam am 28. Januar in Luxor an, wo er mit der systematischen Untersuchung der thebanischen Ruinen begann. Nur wenige Monate zuvor hatte Belzoni im Tal der Könige die Gräber von Ramses I., Sethos I. und dem Fürsten Montuherchepeschef entdeckt. Dort begegnete De Forbin auch Henry Salt und vermerkte nicht ohne Neid, dass die Engländer sich mittlerweile in dem Gebiet festgesetzt hatten: „Durch viel Geld und viele Geschenke“, schrieb der Franzose in sein Reisetagebuch, „erkauften sie [die Engländer] sich das Wohlwollen der Araber und alle ihre Unternehmungen waren bisher von Erfolg gekrönt. M. Drovetti kämpft gleichwohl standhaft gegen diese neuen Herren Ägyptens“. In Theben traf De Forbin auch den französischen Naturforscher Frédéric Cailliaud, der soeben von einer Expedition in die Arabische Wüste zurückgekehrt war und behauptete, er habe die Smaragdminen der Pharaonen und die Ruinen der antiken Stadt Berenice entdeckt. Schließlich lernte De Forbin zwei Agenten Drovettis kennen, den französischen Mamelucken Yussef (Joseph Rosignani) und Jean Jacques Rifaud, „einen kleinen, unternehmungslustigen und cholerischen Franzosen aus Marseille, der einen Hagel von Stockschlägen auf die Araber niedergehen ließ, wenn sie seinen provenzalischen Dialekt nicht verstehen wollten...“ De Forbin wollte eigentlich den Nil bis zum ersten Katarakt hinauffahren, verzichtete jedoch auf sein Vorhaben und kehrte vorzeitig nach Kairo zurück, weil er sich abermals von englischen Reisenden gestört sah. Besonders erzürnte ihn die Gegenwart von Lord Belmore, einem reichen britischen Antiquitätenhändler, der bis zum zweiten Katarakt vorgedrungen war und eine beachtliche Sammlung antiker Funde zusammengetragen hatte, und der Anblick einer „englischen Kammerzofe, die, bekleidet mit einem kleinen rosa Spenzer und mit einem Sonnenschirm in der Hand,“ zwischen den Ruinen des Tempels von Luxor umherspazierte. Nachdem er den Tempel von Dendara besichtigt hatte, fuhr De Forbin daher wieder nach Kairo. Er beschaffte sich einen Plan der Chephrenpyramide, deren Eingang Belzoni gefunden hatte, und veröffentlichte ihn vorab in seinem Buch, womit er sich den Zorn und die Verachtung des Italieners zuzog. Belzoni warf ihm vor, er habe die Leistung für sich in Anspruch nehmen wollen, obgleich De Forbin in einer Fußnote zu dem Plan ausdrücklich angemerkt hatte, dass er eine Entdeckung Belzonis wiedergab. Von Kairo aus reiste De Forbin nilabwärts bis nach Alexandria, wo er Drovetti besuchte und die Reste seiner zweiten Sammlung bewunderte (der Hauptteil befand sich bereits auf der Reise nach Europa). Mehrmals war er auch bei Mehmed Ali zu Gast, den er vor seiner Rückkehr nach Frankreich porträtierte.

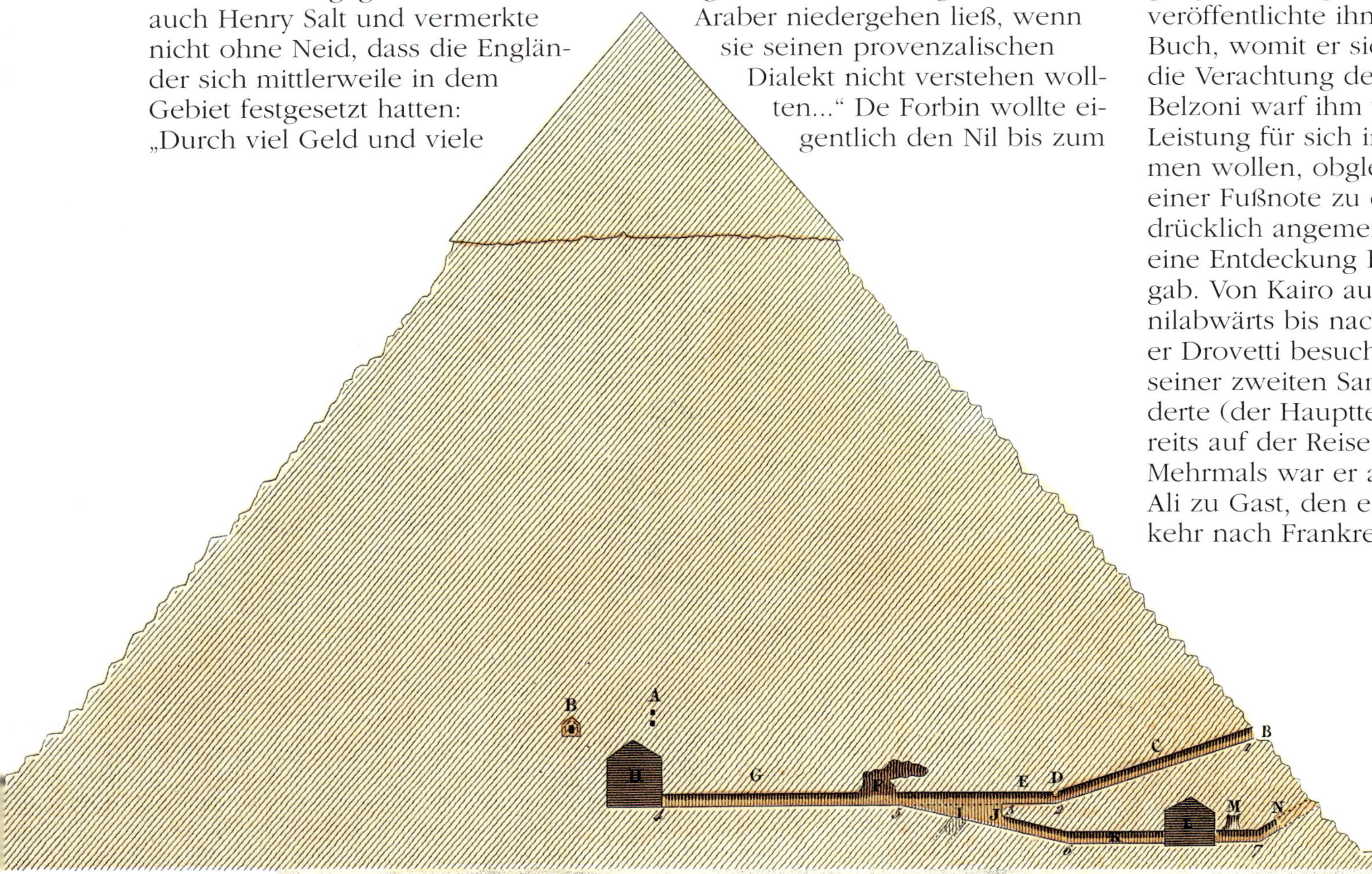

150 oben *De Forbin veröffentlichte als Erster einen Querschnitt der Chephrenpyramide, der entstanden war, nachdem Belzoni den Eingang des Bauwerkes entdeckt hatte. Zu Unrecht bezichtigte der Italiener den Franzosen des Plagiats: De Forbin hatte in seinem Buch ausdrücklich darauf verwiesen, dass die Zeichnung auf Belzonis Entdeckung basierte.*

150 unten *Das Ramesseum, das De Forbin wie viele Reisende des 19. Jahrhunderts „Memnonium" nannte, beschrieb der Franzose als Labyrinth von Höfen, Heiligtümern und Säulen.*

151 *Dieses Bild aus Karnak zeigt die Säulen der Hypostylhalle sowie, im Vordergrund, den Hof des 3. Pylons mit dem Obelisken von Thutmosis I.*

FRÉDÉRIC CAILLIAUD

DEN PHARAONISCHEN SMARAGDMINEN AUF DER SPUR

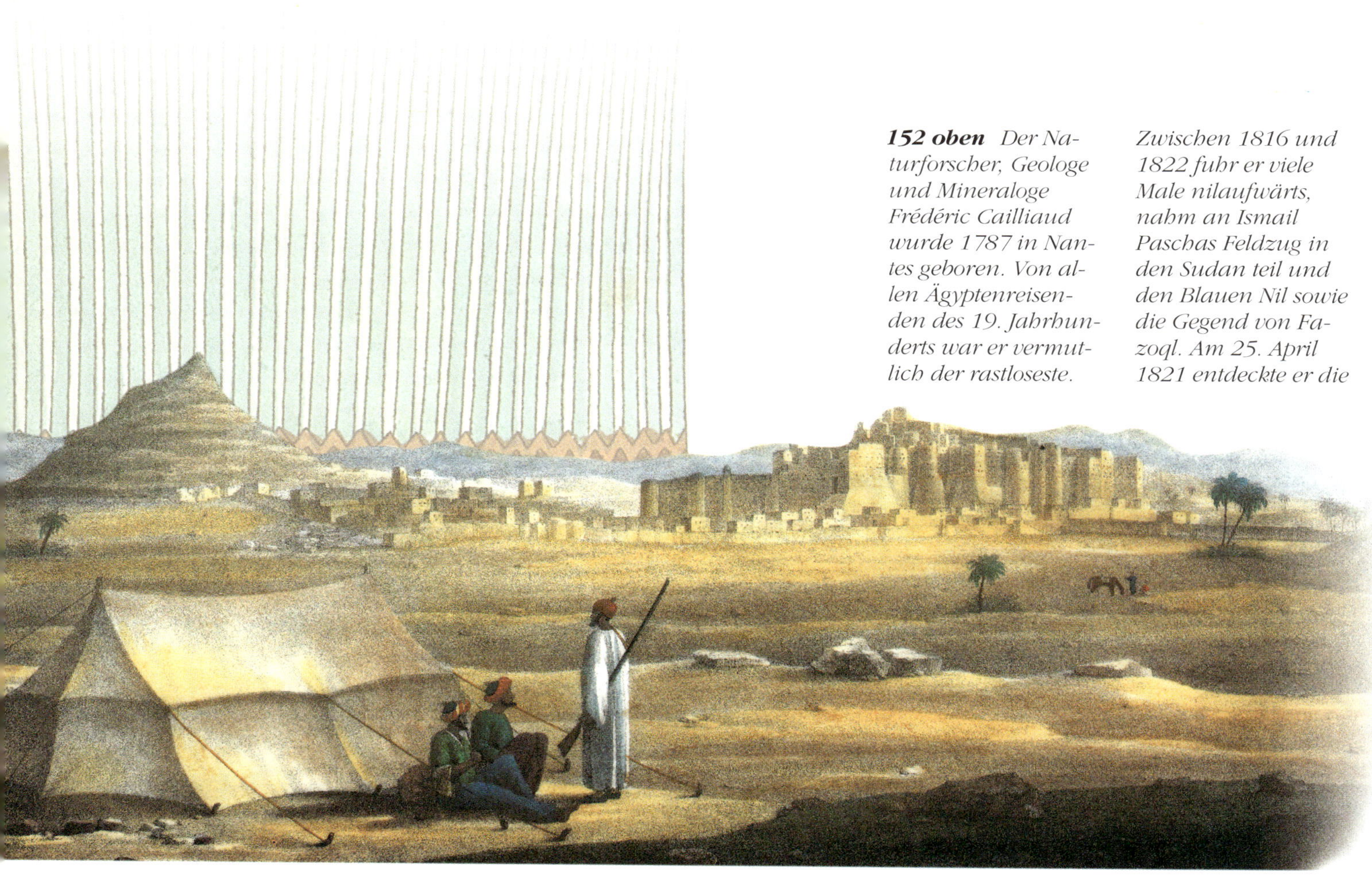

152 oben *Der Naturforscher, Geologe und Mineraloge Frédéric Cailliaud wurde 1787 in Nantes geboren. Von allen Ägyptenreisenden des 19. Jahrhunderts war er vermutlich der rastloseste. Zwischen 1816 und 1822 fuhr er viele Male nilaufwärts, nahm an Ismail Paschas Feldzug in den Sudan teil und den Blauen Nil sowie die Gegend von Fazoql. Am 25. April 1821 entdeckte er die Ruinen von Meroë, der antiken Hauptstadt eines großen nubischen Reiches. Cailliaud durchstreifte auch die Arabische und die Libysche Wüste bis zur Oase von Siwa.*

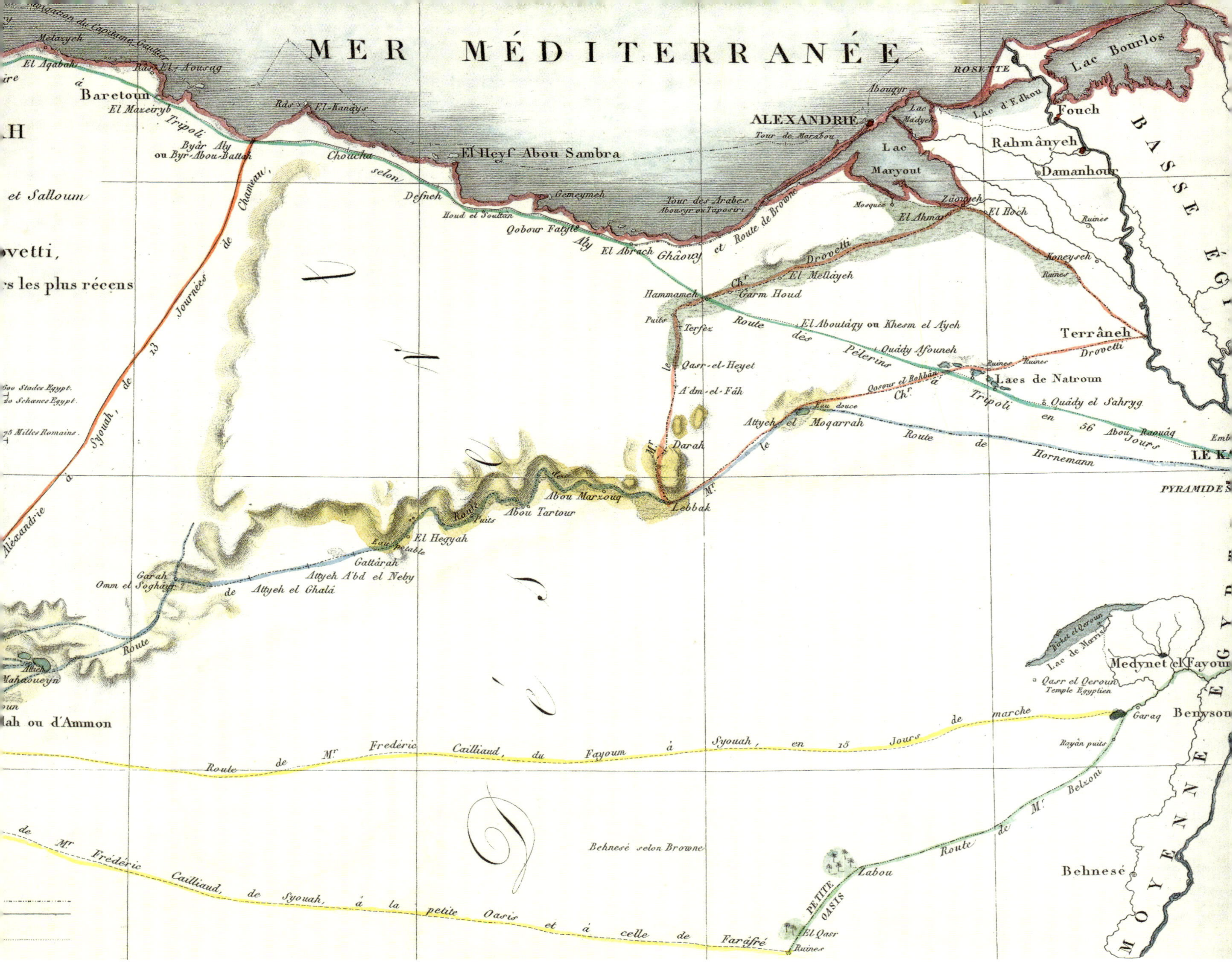

Ende August des Jahres 1814 lichtete ein kleines Schiff vor Sizilien die Anker und steuerte geradewegs auf Konstantinopel zu. An Bord der *Espérance* befanden sich der Geologe Frédéric Cailliaud und ein ehemaliger Offizier aus dem Heer Murats, der beschlossen hatte, Europa zu verlassen und sein Glück im Morgenland zu suchen.
Cailliaud (1787–1869) stammte aus Nantes. Er war nach Italien gereist, um Rom, Pompeji und vor allem die Steine und Mineralien von Vesuv und Ätna zu studieren. Nach über einem Jahr hielt er es jedoch für geraten, Italien zu verlassen, wo es angesichts der allgemeinen politischen Lage für Franzosen gefährlich werden konnte. Nach einer schwierigen und abenteuerlichen Reise traf Cailliaud in der Hauptstadt des Osmanischen Reiches ein und verbrachte dort einige Monate als Experte für Goldschmiedearbeiten und Edelsteine am Hof des Sultans. Während seines Aufenthaltes in Konstantinopel beschloss Cailliaud, nach Ägypten zu fahren, wo er nicht nur die antiken

152 unten *Cailliaud war der vierte abendländische Reisende, der die Oase von Siwa erreichte. Vor ihm hatten nur der Engländer William George Browne, der Deutsche Frederik Hornemann und der französische Offizier Vincent Yves Boutin die Oase besucht, letzteren hatte man wenige Monate vor Cailliauds Ankunft hier ausgeraubt.*

152–153 *In Begleitung von Leutnant Pierre-Constant Letorzec reiste Cailliaud zwischen November 1819 und März 1820 zur Oase von Siwa, wenige Monate vor Drovetti, der sich im Februar 1820 der militärischen Expedition von Hassan Bei, dem Gouverneur von Bahrija, anschloss. Cailliaud und Letorzec brachen von Beni Suef und dem Faijûm aus auf und trafen am 10. 12. 1819 in Siwa ein. Auf dem Rückweg durchquerten sie die Oasen von Bahrija, Dakhla und el-Kharga und erreichten nach insgesamt rund 1880 Kilometern die Stadt Assiût.*

153 unten *Im Dorf el-Qasr, in der Nähe der auch „kleine Oase" genannten Oase von Bahrija, zeichnete Cailliaud die Ruinen aus der griechisch-römischen Epoche.*

Kunstschätze besichtigen wollte, sondern auch neue Steine und Mineralien für seine Sammlung zu finden hoffte. Im Mai 1815 kam der Franzose nach Alexandria und blieb hier abermals sieben Monate lang. In dieser Zeit lernte er Arabisch und studierte die Geographie und Geschichte des Landes. Hier lernte Cailliaud auch Drovetti kennen, der sein Amt als französischer Generalkonsul aus politischen Gründen hatte niederlegen müssen, aber noch immer große Macht, finanzielle Mittel und einen gewissen Einfluss auf Mehmed Ali besaß.
Drovetti zögerte zunächst, schlug Cailliaud dann aber vor, ihn auf eine Reise nach Oberägypten zu begleiten. Ende Dezember 1815 begab sich Cailliaud nach Kairo, wo Drovetti soeben die letzten Vorbereitungen für die Expedition abschloss, und ab 19. Januar 1816 segelten die beiden

154–155 *Auf der Grundlage von Beobachtungen, die Frédéric Cailliaud und Bernardino Drovetti auf ihren Reisen durch die Libysche Wüste angestellt hatten, zeichnete der Geograph und Architekt Edmé François Jomard, der bereits an der äyptischen Expedition teilgenommen und die* Description *mitkoordiniert hatte, eine detailgenaue Karte der Oase von el-Kharga. Da sie im Westen von Theben lag, hieß sie auch „Oase von Theben“.*

Franzosen nilaufwärts. Zu den Teilnehmern der Expedition gehörte auch Drovettis Feldadjutant Joseph Rosignani.
In Assiût waren Drovetti und Cailliaud bei Doktor Marucchi aus Genua zu Gast, dem Leibarzt von Mehmed Alis Sohn Ibrahim Pascha. Dann fuhren sie weiter, besichtigten die Tempel von Abydos und Dendara und trafen am 14. Februar in Theben ein.
Über einen Monat nach ihrem Aufbruch aus Kairo erreichten sie am 21. Februar schließlich Assuan und mussten nun ihr bequemes Schiff verlassen, da es den ersten Katarakt nicht überwinden konnte. Die beiden Reisenden umgingen das Hindernis auf dem Landweg und schifften sich anschließend auf einem kleineren Boot wieder ein, um ihren Weg nilaufwärts bis nach Abu Simbel fortzusetzen. Dort angekommen, besuchten sie die beiden herrlichen Tempel von Ramses II. und Nofretiri, die Johann Ludwig Burckhardt erst drei Jahre zuvor entdeckt hatte. Der mächtige Ramsestempel war allerdings zu großen Teilen unter einer dicken Sandschicht begraben, die den Eingang versperrte. In langen Verhandlungen überredete Drovetti nun Daud Kashef, den wichtigsten Beamten vor Ort und Oberaufseher über die Bauwerke, ihm eine Reihe von Bauern zur Verfügung zu ste

154 unten *Der bedeutendste Tempel der Oase von el-Kharga war der noch gut erhaltene Tempel von Hibis, den der persische König Dareios I. dem Gott Amun geweiht hatte. Nördlich des Tempels lag die römische Stadt Hibis, die Namensgeberin des Tempels. Cailliaud traf am 7. Juli 1818 zum ersten Mal in el-Kharga ein und kehrte im März 1820 nach seinem Besuch in der Oase Siwa noch einmal zurück.*

155 unten *Der Pylon des Tempels von Hibis, von Cailliaud „großer Tempel von el-Kharga" genannt, ist zum Teil unter Sand begraben. Links versuchen einige Einwohner, den Sand zu entfernen; rechts ist das kleine Zelt des Franzosen zu sehen.*

156 oben *Während seines ersten Aufenthaltes in der östlichen Wüste im November 1816 entdeckte Cailliaud auf der Route, die Edfu mit dem Roten Meer verbindet, diesen Tempel aus der Zeit Sethos' I., den er „Tempel von Redesiah" nannte. Im September 1818 beschrieb Belzoni dasselbe Gebäude unter dem Namen „Tempel von Wadi el-Miah".*

156–157 *Cailliaud veröffentlichte den Bericht über seine Reisen in die östliche (oder Arabische) Wüste unter dem Titel* Voyage à l'oasis de Thèbes et dans les déserts situés à l'orient et à l'occident de la Thébaïde fait pendant les années 1815, 1816, 1817 et 1818 *und fügte ihm die erste Karte der Region bei.*

len, die binnen weniger Tage den Zugang zum Tempel freilegen sollten.
Ohne den Beginn der Arbeiten abzuwarten, reisten Cailliaud und Drovetti noch weiter bis in das kleine Städtchen Wadi Halfa, das einige Dutzend Meilen weiter südlich am zweiten Katarakt lag. Der Abstecher dauerte acht Tage, doch als die beiden Franzosen am 14. März wieder in Abu Simbel eintrafen, lag der Tempel noch genauso unberührt da, wie sie ihn eine Woche zuvor verlassen hatten. Die Gruppe machte sich daraufhin auf den Heimweg, doch ließ Drovetti bei allen nubischen Tempeln zwischen Abu Simbel und dem ersten Katarakt anhalten und ritzte in viele seinen Namen.
Nachdem sie auch noch alle archäologischen Stätten des Niltals aufgesucht und eine längere Pause in Assiût eingelegt hatten, langten die beiden Reisenden Anfang August wieder in Kairo an.
Während dieser ersten, fast viermonatigen Reise hatte Cailliaud wissenschaftliche Daten über die Steine der durchquerten Regionen gesammelt

sowie Skizzen und Bilder angefertigt, die sein Talent im Umgang mit dem Zeichenstift und seine außergewöhnlich gute Beobachtungsgabe unter Beweis stellten.

Auf Bitten Drovettis empfing Mehmed Ali den Franzosen und ernannte ihn am 7. August 1816 zum „Hofmineralogen". Mit seiner Berufung erhielt Cailliaud auch seinen ersten offiziellen Auftrag: Er sollte in die östliche Wüste reisen und nach den legendären Smaragdminen suchen, die noch die Ptolemäer ausgebeutet hatten, ehe sich ihre Spuren verloren.

Im September machte sich Cailliaud in Begleitung von Rosignani abermals nach Oberägypten auf. Anfang November des Jahres 1816 drangen die beiden in der Nähe von Edfu, bei dem kleinen Dörfchen Redesiah, in die Berge der Arabischen Wüste vor und entdeckten nach zwei Tagen einen kleinen Tempel an einem Hang, den Cailliaud „Tempel von Redesiah" nannte.

Nach einigen weiteren Tagen Marsch lagerte Cailliaud mit seiner Karawane in der Nähe eines Gebirges namens Djebel Zabara. Hier fand der Franzose tatsächlich zahlreiche Smaragde, die er Mehmed Ali nach seiner Rückkehr am 10. Januar 1817 in Kairo

157 unten *Auf seiner zweiten Reise in die Arabische Wüste im November 1817 suchte Cailliaud die antiken Smaragdminen der Pharaonen, die er in der Nähe des Djebel Zabara fand. Unweit des Djebel Sekeit entdeckte der Geologe die Ruinen einer alten Stadt und die Überreste dieses Felsentempels.*

stolz präsentierte. Der Pascha zeigte sich über das Ergebnis der Reise so erfreut, dass er den Franzosen sogleich aufforderte, erneut nach Oberägypten aufzubrechen, um die archäologischen Stätten weiter zu erkunden und nach zusätzlichen Smaragdminen zu forschen. So sah Cailliaud sich gezwungen, eine dritte Reise zu unternehmen, die er in Mittelägypten und in der Region von Theben unterbrach, um jene Bauwerke ausführlich zu untersuchen, die er mit Drovetti nur gestreift hatte. Dann begann Cailliaud seine zweite und noch wichtigere Expedition in die östliche Wüste, begleitet von fünfzig Grubenarbeitern und 120 Kamelen.

Anfang November 1817 stieß der Geologe erneut in die Wüste vor, passierte den Djebel Zabara und erreichte den nahe gelegenen Djebel Sekeit. Hier entdeckte er eine Stadt mit Ruinen, „so schön wie die von Pompeji", zahlreichen Tempeln, über 800 Häusern und schließlich die größte der antiken Smaragdminen.

Im Januar 1818 traf Cailliaud wieder am Nil ein und fuhr nach Theben, wo er zahlreichen Europäern begegnete, darunter Belzoni, der wenige Monate zuvor die Gräber von Ramses I. und Sethos I. entdeckt hatte, dem Grafen De Forbin, Konsul Henry Salt sowie Lord und Lady Belmore, die soeben von einer Reise zum zweiten Katarakt zurückkamen. Bei ihnen befand sich Enegildo Frediani, der die Wege des Franzosen einige Jahre später, während des Feldzuges von Ismail Pascha in den Sudan, erneut kreuzen sollte.

Nach einigen Tagen fuhr der Geologe weiter nach Kairo und von dort aus nach Alexandria, wo sich Mehmed Ali zwischenzeitlich aufhielt. Hier überreichte er dem Herrscher die mitgebrachten Rohsmaragde und berichtete ihm, dass er die Minen der Pharaonen sowie die Ruinen des antiken Ortes *Sekeit* entdeckt habe, den man zunächst fälschlich mit der Stadt Berenice gleichsetzte.

Im September desselben Jahres schlug Belzoni denselben Weg wie der Franzose ein, überquerte den Djebel Sekeit und drang nach Südosten bis zum Ufer des Roten Meeres vor. In der Nähe des Vorgebirges von Ras Banas stieß er auf die Ruinen des ptolemäischen Hafens und der echten Stadt Berenice.

Kurz darauf, am 26. März 1818, machte sich der unermüdliche Franzose erneut auf den Weg nach Oberägypten, diesmal mit dem Vorhaben, die Oase von Kharga zu erforschen, die östlich von Theben in der Wüste lag. Er erreichte sein Ziel am 7. August nach einem strapaziösen Marsch und schloss in den folgenden Wochen die Erkundung der Oase mit ihren zahlreichen archäologischen Überresten ab. Dann kehrte er nach Esna zurück, fuhr nilabwärts nach Kairo und Alexandria und schiffte sich dort nach Frankreich ein.

Als Cailliaud Ende Februar 1819 in Paris eintraf, wurde er mit großen

158 In Semna, im südlichsten Abschnitt des zweiten Kataraktes, musste Cailliauds Schiff über eine Strecke von 20 Metern mit Seilen gezogen werden, um der starken Strömung standzuhalten: An der gleichen Stelle hatte die Flotte von Ismail Pascha, der zwei Monate vor dem Franzosen hier vorbeigekommen war, über vierzig Boote verloren. Im Hintergrund sind die Ruinen der Festung von Semna-Ost zu erkennen, der ein anderes Kastell am Westufer des Nils gegenüberlag (nicht auf dem Bild). Beide Festungen stammten aus dem Mittleren Reich. Der zur Zitadelle von Semna-Ost gehörige Tempel von Hatschepsut und Thutmosis III. wurde im Museum von Khartum wieder aufgebaut. Ebenso verfuhr man mit dem Tempel von Semna-West.

159 oben Nachdem Cailliaud den Djebel Barkal verlassen hatte, entdeckte er am 18. Mai 1822 in Tombos diese über vier Meter große Kolossalstatue aus Granit. Rechts neben der Bildsäule sitzt Cailliaud in orientalischer Kleidung mit einem Turban auf dem Kopf und dem Zeichenblock in der Hand.

159 Mitte Auf der Rückreise legte der Franzose am 19. Januar 1821 auf der Insel Argo am dritten Katarakt an, wo er die Überreste eines Tempels der 25. Dynastie fand. In der Nähe lagen zwei fast sieben Meter große Kolossalstatuen aus Granit, von denen eine in zwei Teile zerbrochen war.

159 unten Ende März 1822 besichtigte Cailliaud die Ruinen von Naga, einer der Städte im Umkreis von Meroë, und zeichnete eine Karte des Ortes sowie seine wichtigsten Bauwerke. Hierzu gehörten der Amun geweihte Große Östliche Tempel und der Westliche Tempel, der auch „Tempel der Löwen“ genannt wurde, weil der dem Löwengott Apedemak, der neben Amun wichtigsten Gottheit des Pantheons von Meroë, geweiht war.

160–161 *Am 3. Oktober 1820 brachen Cailliaud und Letorzec von Kairo aus in den Sudan auf, um die Truppen von Ismail Pascha einzuholen, der zu einem Eroberungszug aufgebrochen war. Die beiden Franzosen erreichten das Heer im Februar 1821 bei Nuri in der Nähe des vierten Kataraktes. Auf dem Heimweg, im April 1822, kehrten Cailliaud und Letorzec, die nun in Begleitung von Leutnant de Bellefonds reisten, in die Gegend des vierten Kataraktes zu Füßen des „heiligen Berges“ Djebel Barkal zurück. Hier entdeckten sie Napata, ein bedeutendes religiöses Zentrum des Reichs von Meroë. Die beiden Franzosen untersuchten und beschrieben die zahlreichen Überreste dieser wichtigen archäologischen Stätte, die allein 13 Pyramiden und sechs Tempel besaß, darunter das hier abgebildete, Hathor und Bes geweihte „Typhonium“. Der Geologe hielt sich 17 Tage am Djebel Barkal auf und zeichnete insgesamt 26 Bilder von den Bauwerken der Region.*

160 unten links *Unmittelbar nördlich von Meroë liegt Assur, die Hauptstadt jenes großen Reiches, das sich zwischen dem 4. Jahrhundert v. Chr. und dem 3. Jahrhundert n. Chr. zwischen dem ersten und dem sechsten Katarakt ausdehnte. In Assur zeichnete Cailliaud diese mächtige Pyramide mit dem dazugehörigen Totentempel.*

160 unten rechts *Cailliaud zeichnete die Ruinen des Haupttempels am Djebel Barkal, der dem Gott Amun geweiht war.*

161 *Auf dem Weg zu den Truppen von Ismail Pascha machten Cailliaud und Letorzec am 4. Januar 1821 bei den Ruinen des Tempels von Amenophis III. in Soleb Halt. Hier, unterhalb des dritten Katarakts, beobachteten die Franzosen zahlreiche Nilpferde.*

Ehren empfangen. Unbeeindruckt von seinem Erfolg spielte Cailliaud bereits mit dem Gedanken, nach Ägypten zurückzukehren, diesmal aber in offizieller Mission als Vertreter Frankreichs. Sein Wunsch sollte sich schon wenige Monate später erfüllen: Am 15. September 1819 befand sich der Geologe an Bord eines Schiffes mit Kurs auf Ägypten, begleitet von seinem Assistenten, dem Leutnant zur See Pierre-Constant Letorzec, gut ausgestattet mit wissenschaftlichem Material und mit einem wohlgefüllten Portefeuille in der Tasche. Während seines zweiten Aufenthaltes in Ägypten trat Cailliaud offiziell als *Murad Effendi* in Erscheinung, sein Adjutant Letorzec erhielt den Namen *Abdallah el-Faquir*. In erster Linie wollten die Franzosen die Libysche Wüste erforschen und reisten zwischen November 1819 und März 1820 zunächst unter schwierigen Bedingungen zur Oase Siwa. Hier gelang es ihnen, das Misstrauen der Einheimischen zu überwinden und – zumindest aus der Entfernung – die Ruinen des Zeus-Amun-Tempels zu betrachten. Danach suchten sie alle anderen Oasen der Libyschen Wüste auf: Bahrija, Dakhla sowie Kharga, die Cailliaud bereits von seiner ersten Reise her kannte. Noch im gleichen Jahr schloss sich Cailliaud in Kairo der Expedition von Ismail Pascha in den Sudan und nach Sennar an, zu der auch andere Europäer wie Alessandro Ricci, Enegildo Frediani und Maurice Louis Linant de Bellefonds gehörten. Am 3. Oktober brachen Cailliaud und Letorzec von Kairo aus auf, segelten binnen kürzester Zeit nilaufwärts und holten schließlich Ismails Truppen ein, die bereits bis in die Gegend von Dongala südlich des dritten Kataraktes vorgestoßen waren. Im Verlauf dieser langen und überaus anstrengenden Reise besichtigte Cailliaud die archäologischen Stätten im sudanesischen Nubien, darunter den berühmten Djebel Barkal zwischen dem dritten und dem vierten Katarakt, und bestimmte als Erster die exakte Position der antiken Stadt Meroë mit ihren herrlichen Pyramiden, wo er am 15. April 1821 eintraf. Im September 1822 fand sich Cailliaud mit seinem Begleiter wieder in Kairo ein und fuhr von hier aus nach Alexandria. Bevor er am 28. Oktober 1822 endgültig seine Heimat ansteuerte, besuchte er noch ein letztes Mal Mehmed Ali und Konsul Drovetti, die sich beide in der Stadt aufhielten. Cailliaud war zu diesem Zeitpunkt erst 35 Jahre alt. Den Rest seines langen Lebens verbrachte er mit der Veröffentlichung seiner Reisetagebücher. Daneben untersuchte er die zahlreichen Funde, die er nach Frankreich hatte bringen lassen, stellte naturkundliche Forschungen an und kümmerte sich um das Museum von Nantes, in dem er als Konservator wichtige Aufgaben übernahm. Cailliaud starb 1869 in seiner Heimatstadt.

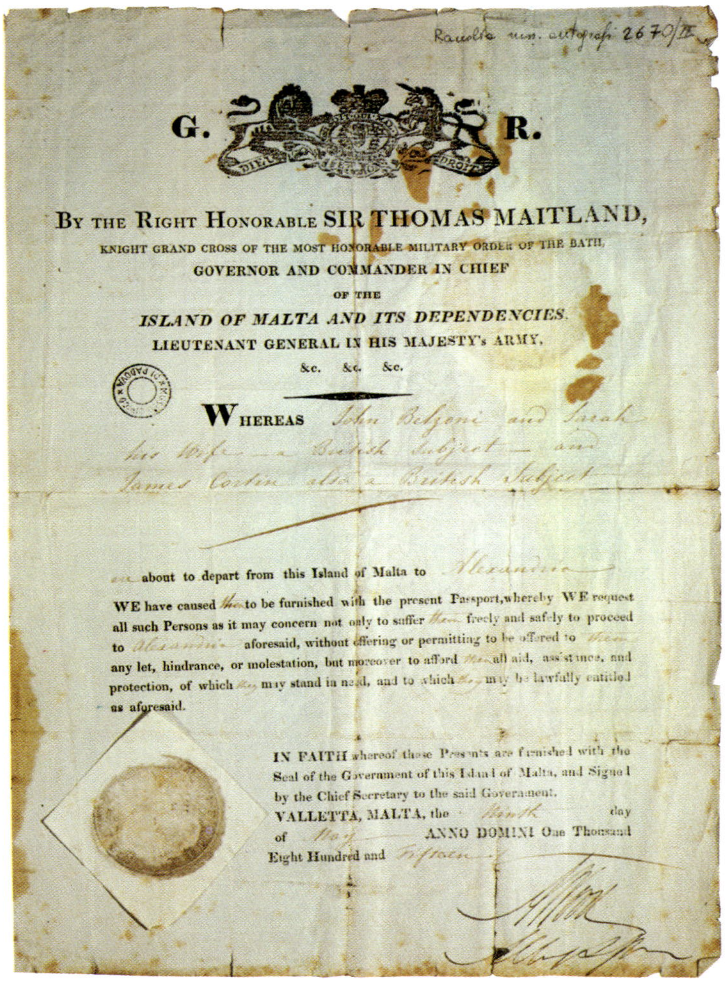

Raccolta mss. autografi 2670/II

G. R.

DIEU ET MON DROIT

By the Right Honorable SIR THOMAS MAITLAND,
KNIGHT GRAND CROSS OF THE MOST HONORABLE MILITARY ORDER OF THE BATH,
GOVERNOR AND COMMANDER IN CHIEF
OF THE
ISLAND OF MALTA AND ITS DEPENDENCIES.
LIEUTENANT GENERAL IN HIS MAJESTY's ARMY,
&c. &c. &c.

WHEREAS John Belzoni and Sarah his Wife — a British Subject — and James Curtin also a British Subject

are about to depart from this Island of Malta to Alexandria

WE have caused them to be furnished with the present Passport, whereby WE request all such Persons as it may concern not only to suffer them freely and safely to proceed to Alexandria aforesaid, without offering or permitting to be offered to them any let, hindrance, or molestation, but moreover to afford them all aid, assistance, and protection, of which they may stand in need, and to which they may be lawfully entitled as aforesaid.

IN FAITH whereof these Presents are furnished with the Seal of the Government of this Island of Malta, and Signed by the Chief Secretary to the said Government.
VALLETTA, MALTA, the Ninth day of May ANNO DOMINI One Thousand Eight Hundred and Fifteen

GIOVANNI BATTISTA BELZONI

EIN MANN FÜR ALLE FÄLLE

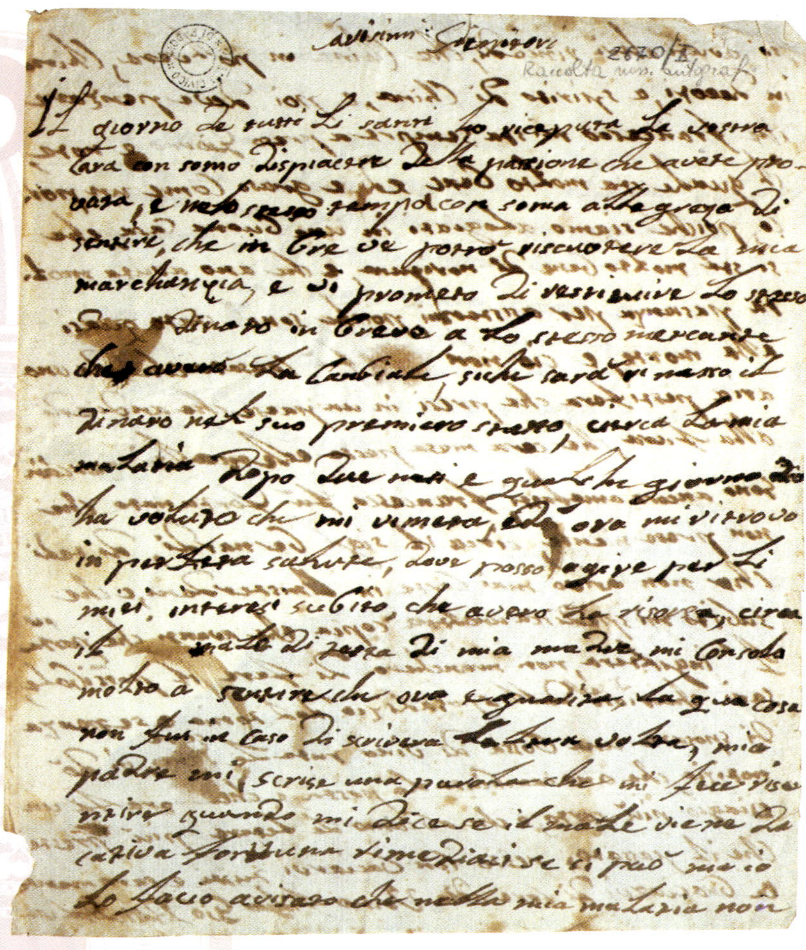

Carissimi Genitori

Raccolta mss. autografi 2670/II

Il giorno da tutti li santi ho ricevuto la vostra cara con sommo dispiacere della passione che avete provata, e nello stesso tempo con somma allegrezza di sentire, che in tre ve ponno riscuotere la mia marchanzia, e di prometto di restituire lo stesso dinaro in breve a lo stesso mercante ...

162 oben links *Am 19. Mai 1815 stellte Sir Thomas Maitland, der Gouverneur von Malta, Belzoni, seiner Frau Sarah und ihrem Diener James Curtin diesen Pass aus. Die Gruppe schiffte sich in Malta ein und erreichte am 9. Juni 1815 Alexandria.*

162 oben rechts *Giovanni Battista Belzoni wurde 1778 in Padua geboren, wanderte jedoch mit 25 Jahren nach England aus, wo er bis 1812 lebte. Er reiste nach Spanien, Portugal und Malta und von dort aus auf Einladung eines Botschafters von Mehmed Ali weiter nach Ägypten, wo er dem Pascha eine selbst entwickelte hydraulische Maschine vorstellen wollte. Da der Herrscher sein Projekt ablehnte, entschloss er sich, im Auftrag des englischen Generalkonsuls Henry Salt nach antiken Kunstschätzen zu suchen. Zu Belzonis größten Leistungen gehörten die Freilegung des Tempels von Ramses II. in Abu Simbel, die Entdeckung der Gräber von Ramses I. und Sethos I. im Tal der Könige und die Öffnung der Chephrenpyramide in Gîza.*

Im Jahre 1820 veröffentlichte der bekannte Herausgeber Murray in London ein Buch, das sofort großes Aufsehen erregte. Der Quartband trug den Titel *Narrative of the Operations and recent Discoveries within the Pyramids, Temples, Tombs and Excavations in Egypt an Nubia and of a Journey to the Coasts of the Red Sea, in search of the ancient Berenice and another to the Oasis of Juppiter Ammon* und wurde durch einen Atlas mit 44 Aquarellzeichnungen (*Fortyfour Plates illustrative of the Researches and Operations of Belzoni in Egypt and in Nubia*) ergänzt. Das Werk, das Howard Carter, der Entdecker des Grabes von Tut-anch-Amun noch ein Jahrhundert später als „eines der faszinierendesten Bücher, die je über Ägypten geschrieben wurden," bezeichnete, wurde sofort in mehrere Sprachen übersetzt. Im Vorwort des Autors heißt es: „Da ich meine Entdeckungen alleine gemacht habe, wollte ich auch alleine den Bericht darüber schreiben, auch wenn der Leser mich deshalb zu Recht für tollkühn halten wird; dennoch sage ich ihm offen: Wenn es meinem Bericht zuweilen an Gefälligkeit oder Eleganz mangelt, so ist er darum nur umso wahrer und genauer. Obgleich ich kein gebürtiger Engländer bin, habe ich es vorgezogen, in dieser Sprache zu schreiben, so gut ich es eben kann, und will meinen Lesern lieber selbst von meinen Studien in Ägypten, Nubien, an der Küste des Roten Meeres und in den Oasen berichten, als anderen das Wort zu überlassen, die meine Gedanken schlechter ausdrücken würden, als ich es kann. Nichts ist mir wichtiger, als gut verstanden zu werden: Deshalb be-

162 unten *Dieses Bild zeigt einen von Belzoni handgeschriebenen Brief.*

162–163 *Belzoni bezeichnete die Kolossalbüste von Ramses II., die im zweiten Hof des Ramesseums in Theben lag, als „Jungen Memnon". Der Abtransport dieses Fundes war Belzonis erstes schwieriges Unternehmen in Ägypten. Der Junge Memnon befindet sich heute im Hauptsaal des British Museum in London.*

schränke ich mich darauf, zu erzählen, was im Jahre 1819 geschah. Die Beschreibung der Mittel, die ich anwandte, um meine Ziele zu erreichen, die Schwierigkeiten, die sich mir in den Weg stellten, und die Art und Weise, wie ich sie überwand, vermitteln einen recht genauen Eindruck von den Sitten und Gebräuchen der Völker, mit denen ich es zu tun hatte (...)".

Das viel gerühmte Werk stammte von Giovanni Battista Belzoni, den George Bernard Depping, der Übersetzer der französischen Ausgabe, als einen „... Mann von hünenhafter Gestalt, gebaut wie ein Herkules, der mit dem Kopf an den Türrahmen stößt ..." beschrieb. Giovanni Battista Bolzon, der seinen Namen später in Belzoni umänderte, wurde am 5. November 1778 in Padua geboren. Als junger Mann arbeitete er zunächst im Friseurladen seines Vaters, fühlte sich jedoch schon bald zu Höherem berufen und ging zunächst nach Rom, später nach Paris und Holland, wo er Kenntnisse in Hydraulik und Mechanik erwarb. 1803 brach er gemeinsam mit seinem Bruder Francesco nach England auf, blieb dort neun Jahre und nahm schließlich sogar die britische Staatsbürgerschaft an. Seinen Lebensunterhalt verdiente er auf Jahrmärkten mit selbst erfundenen Wasserspielen oder als Athlet in Sadler's Wells Theatre, wo er als „patagonischer Samson" auftrat. In dieser Zeit lernte er auch Sarah Banne aus Bristol kennen, die er bald darauf heiratete. Im Jahre 1815 folgte Belzoni einer Einladung von Ismail Gibraltar, dem Botschafter Mehmed Alis, der ihn als Hydraulikexperten nach Ägypten bat. Der Pascha führte damals gerade eine Reihe von Reformprojekten im landwirtschaftlichen Bereich durch, zu denen auch die Verbesserung der Bewässerungssysteme gehörte. Am 9. Juni traf Belzoni in Alexandria ein, doch zwang ihn eine Pestepidemie in der Stadt zunächst in Quarantäne, ehe er schließlich per Schiff nach Kairo weiterreisen konnte. Nach einer längeren Wartezeit aufgrund zahlreicher widriger Umstände empfing Mehmed Ali endlich den Italiener. Dieser legte seine Pläne für eine hydraulische Maschine vor, welche nach Meinung ihres Erfinders das traditionelle Schöpfrad (saqya) bei der Bewässerung der Felder ersetzen sollte. Mehmed Ali zeigte sich überaus interessiert und befahl Belzoni, die Maschine zu bauen und ihm vorzuführen. Ein zufälliger oder absichtlich herbeigeführter Zwischenfall bei der Demonstration und die feindli-

che Haltung der Berater des Paschas, die das Projekt strikt ablehnten, ließen Mehmed Ali jedoch auf sein Vorhaben verzichten. Zum Glück hatte Belzoni, der nun völlig mittellos dastand, inzwischen viele der Europäer kennen gelernt, die sich zur damaligen Zeit in Kairo aufhielten. Unter anderem hatte er Freundschaft mit dem berühmten Orientalisten Ibrahim Ibn Abdallah, genannt „der Scheich“, geschlossen, einem Schweizer aus Lausanne, der mit bürgerlichem Namen Johann Ludwig Burckhardt hieß. Dieser hatte kurz zuvor die Ruinen der antiken Stadt Petra im heutigen Jordanien und die Tempel von Abu Simbel in Nubien entdeckt. Vergebens hatte Burckhardt auch versucht, eine über sieben Tonnen schwere Kolossalbüste aus Theben abzutransportieren, die in der Nähe des *Memnoniums* lag.

164–165 *Belzoni kam im August 1816, kurze Zeit nach Drovetti, erstmals nach Abu Simbel. Auch der Italiener versuchte, den Eingang des Großen Tempels freizulegen, musste seine Arbeit jedoch bald unterbrechen, weil er weder über ausreichend Zeit noch über genügend Lebensmittel verfügte. Erst im darauf folgenden Jahr brachte Belzoni das Unternehmen im Zuge einer zweiten Reise zu Ende: Am 1. August 1817 betrat er das Innere des Tempels, der zu seiner großen Enttäuschung vollständig geplündert war.*

165 oben *So präsentierten sich Belzoni die Tempel von Abu Simbel, das zur damaligen Zeit „Ibsambul“ hieß. Der Orientalist Johann Ludwig Burckhardt hatte sie am 22. März 1813 entdeckt. Als zweiter abendländischer Reisender besichtigte der britische Antiquitätenhändler William John Bankes die Stätte in Begleitung seines Führers und Dolmetschers Giovanni Finati aus Ferrara.*

165 unten *Diese Gesamtansicht der Ruinen des Amuntempels in Karnak, eines von Belzonis gelungensten Bildern, zeichnete der Italiener vom Dach des ersten Pylons aus. Im Hof vor dem zweiten Pylon steht die große Säule eines Kiosks, den der Pharao Taharka zur Zeit der 25. Dynastie hatte errichten lassen. In Karnak grub Belzoni vor allem im Bereich des Tempels der Mut, wo er zahlreiche Dioritstatuen der Göttin Sechmet fand.*

Burckhardt stellte den Italiener dem neuen englischen Generalkonsul für Ägypten, Henry Salt, vor, und Belzoni erklärte, er sei in der Lage, den gewaltigen Monolithen nach England zu schaffen. Salt schloss daraufhin einen rechtsgültigen Vertrag mit Belzoni ab und versprach ihm außerdem, alle antiken Kunstschätze, die er während seiner Reise finden sollte, käuflich zu erwerben. Am 30. Juni 1816 brach Belzoni in Richtung Theben auf und erreichte nach 22 Tagen Fahrt Luxor. Er schlug sein Lager am östlichen Nilufer unweit des Ramesseums zunächst in einem kleinen Haus im nahe gelegenen Dörfchen Qurna auf, ehe er in den Tempel selbst übersiedelte. Die Kolossalstatue, die er abtransportieren sollte, lag im zweiten Hof, doch benötigte Belzoni aufgrund ihrer

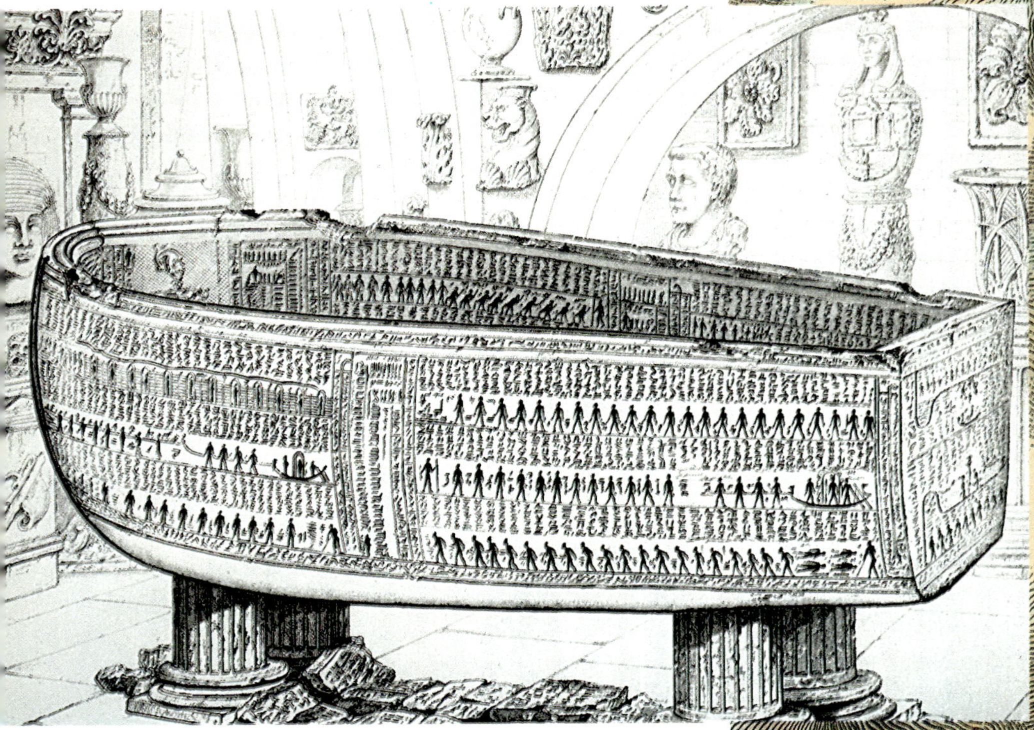

Größe eine Reihe von Helfern, um sie auf einen Schlitten zu heben und zum Nil zu schaffen. Belzoni hatte zunächst einige Schwierigkeiten, Arbeiter zu finden, schließlich stellte ihm der Kaschef der Region aber doch ein paar Leute zur Verfügung und es gelang ihnen die Büste bis ans Ufer des Nils zu bringen.
Nun musste der Italiener allerdings zunächst auf ein geeignetes Schiff warten, welches das Gewicht des Kolossalkopfes tragen konnte, und reiste daher zwischenzeitlich bis zum zweiten Katarakt nach Nubien. Er besichtigte die Tempel von Esna, Edfu und Kom Ombo, die Ruinen des antiken *Syene* und die Insel Philae in Assuan und kam dann nach Abu Simbel, wo sein Freund Burckhardt drei Jahre zuvor den herrlichen Felsentempel Ramses' II. sowie einen weiteren Tempel entdeckt hatte, der Ramses' Gattin Nofretiri und der

Göttin Hathor geweiht war. Damals hatte Burckhardt die Bauwerke nicht betreten können, weil die Fassade mit dem Eingangsportal halb unter einem annähernd 20 Meter hohen Sand- und Schutthügel begraben lag. Die Freilegung des Tempels gestaltete sich auch jetzt schwieriger als vorgesehen, zumal es Belzoni an Geld und Lebensmitteln fehlte. Nach sieben mühsamen Tagen gab er sein Vorhaben daher zunächst auf, nicht ohne im Namen des Generalkonsuls Seiner Königlichen Majestät von England einen ausgezeichnet erhaltenen Obelisken in Besitz genommen zu haben, der vor dem Isistempel auf der Insel Philae stand und Champollion später wertvolle Hilfe bei der Entzifferung der Hieroglyphenschrift leisten sollte. Zurück in Theben, wartete er weiter auf ein Schiff, um die Büste des „jungen Memnon" nach Kairo zu bringen, und begann derweil in Karnak zu graben. Im Tempel der Mut fand er insgesamt 16 Dioritstatuen, davon sechs unversehrt, die die löwenhäuptige Göttin Sechmet zeigten. Außerdem entdeckte er eine bemerkenswerte Statue aus weißem Quarzit, die Sethos II. darstellte.

Auch das Tal der Könige interessierte Belzoni, der hier vor allem im Westtal, dem so genannten Tal der Affen, nach antiken Schätzen suchte. Er entdeckte das Grab des Eje, des vorletzten Pharaos der 18. Dynastie und Nachfolgers von Tut-anch-Amun, und hinterließ am Türpfosten die heute fast vollständig verschwundene Inschrift „Discovered by Belzoni – 1816".

Mitte November konnte Belzoni endlich seine kostbaren Funde verschiffen und fuhr mit ihnen nach Kairo, wo er sich jedoch nur kurze Zeit aufhielt: Zu sehr reizte es ihn, den Tempel von Abu Simbel freizulegen und in sein Inneres einzudringen. Bereits am 20. Februar 1817 reiste

166 links *Leer und mit geöffnetem Deckel stand der Alabastersarg des Königs in seiner ursprünglichen Position als einziger Fund in der Grabkammer Sethos' I. Belzoni bot das kostbare Stück, das mit Passagen aus dem Pfortenbuch verziert ist, dem British Museum an, das den Preis jedoch für übertrieben hielt und den Kauf ablehnte. In der Folge erwarb der Architekt und Sammler Sir John Soane den Sarkophag für 2000 Pfund Sterling und stellte ihn in seinem Hausmuseum aus, wo er noch heute zu sehen ist.*

166–167 *Belzoni zeichnete eine Karte vom Tal der Könige, in die er die von ihm entdeckten Grabkammern eintrug. Die wichtigsten waren die Gräber von Ramses I. (KV 16), Sethos I. (KV 17), dem Fürsten Montuherchepeschef (KV 19) und das Grab des Eje (WV 23) im Westtal, einem Seitental von Bibân el-Molûk. Außerdem fand Belzoni vier weitere, weniger wichtige Gräber (KV 21, KV 30, KV 31 und WV 25). Das Grab Sethos' I., in England häufig auch „Belzoni-Grab" genannt, entdeckte er am 18. Oktober 1817.*

167 oben *Dieses unveröffentlichte Aquarell, das Belzoni auf Karton zeichnete, gehörte zum Modell des Grabes von Sethos I. und zeigt einen Ausschnitt aus der II. und III. Stunde des Amduatbuches, der eine Wand in der Grabkammer zierte.*

167 Mitte *Diese Zeichnung nimmt eine Passage aus dem Pfortenbuch auf. Sie gehörte zu einem Flachrelief im Saal mit vier Pfeilern im Grab Sethos' I., den Belzoni als „Vorzimmer" bezeichnete.*

167 unten *Auch dieses Bild, ein anderes Flachrelief mit einem Ausschnitt aus dem Pfortenbuches, gehörte zum Modell der Grabkammer von Sethos I. Es zeigt die Reise des Sonnenkönigs Rê in seiner Himmelsbarke zur Nachtzeit.*

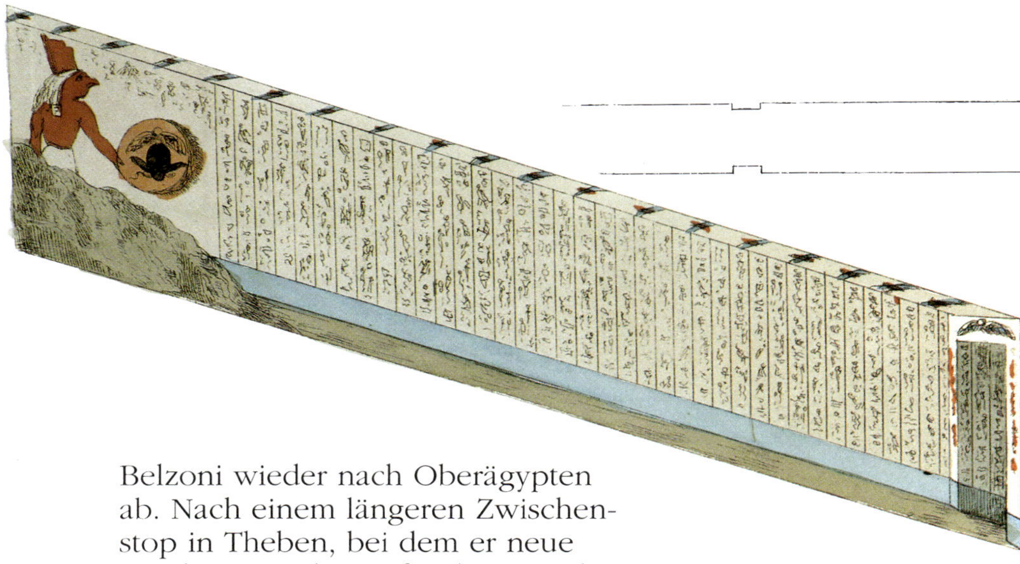

Belzoni wieder nach Oberägypten ab. Nach einem längeren Zwischenstop in Theben, bei dem er neue Funde sammelte, traf Belzoni Ende Juni in Begleitung der britischen Marineoffiziere Leonard Irby und James Mangles sowie des Italieners Giovanni Finati wieder in Abu Simbel ein. Es dauerte über einen Monat, bis der Tempel freigelegt war. Am 1. August 1817 aber konnte Belzoni das Bauwerk betreten, in dem er eine Tem-

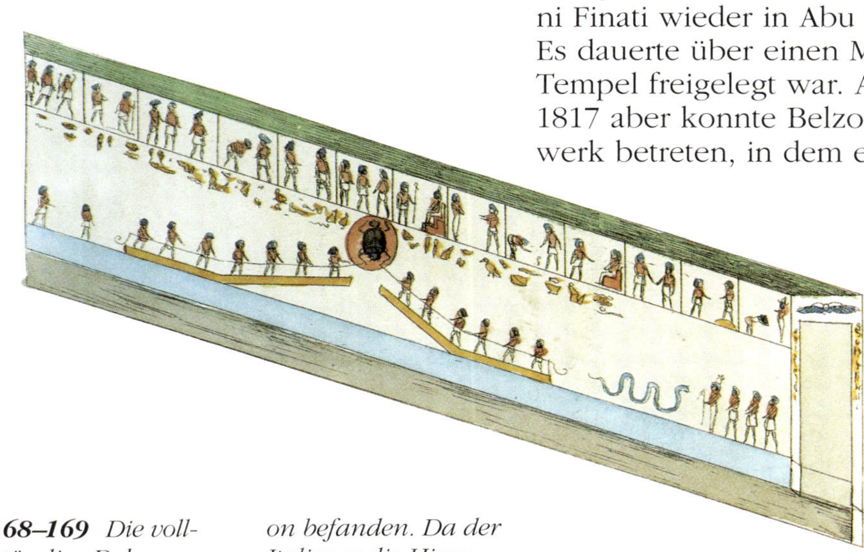

168–169 *Die vollständige Dokumentation des Grabes von Sethos I. gehört zu Belzonis großen Verdiensten. Zum ersten Mal entstand hier der Querschnitt eines Grabes, bei dem die Flachreliefs aller Wände sich in der richtigen Position befanden. Da der Italiener die Hieroglyphenschrift nicht lesen konnte, bediente er sich der Methode des Briten Thomas Young und glaubte daher, das Grab gehöre einem unbekannten Pharao namens „Psammuthis“.*

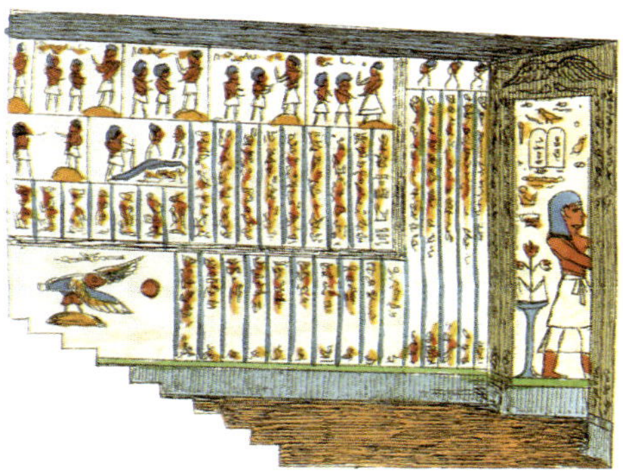

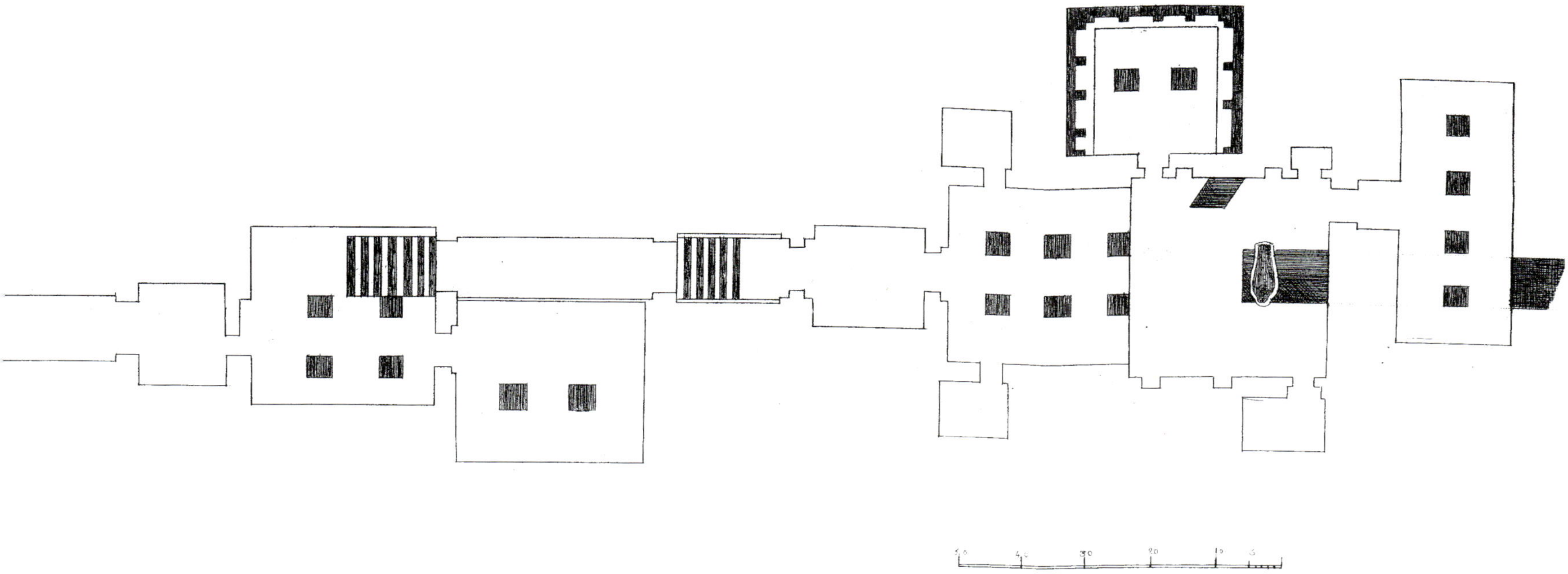

peratur von 50 °C maß. Obgleich die Entdeckung des Tempels von großer historischer und wissenschaftlicher Bedeutung war und erheblich zum Ruhm des Italieners beitrug, war Belzoni enttäuscht, denn es gab nichts, was er hätte davontragen und zu Geld machen können. Die Legenden über die märchenhaften Schätze, die im Inneren des Tempels ruhen sollten, waren offenkundig falsch und so beschloss Belzoni, nach Theben zurückzukehren und seine Suche in *Bibân el-Molûk*, dem Tal der Könige, fortzusetzen. Hier entdeckte er zu seinem Glück zunächst das Grab des Fürsten Montuherchepeschef, dann das des Pharaos Ramses' I. und nach einigen Tagen, am 18. Oktober 1817, noch ein weiteres Grab von außergewöhnlicher Größe, das mit herrlichen farbigen Flachreliefs geschmückt war. Es war allerdings – vermutlich bereits in der Antike geplündert worden und in der Grabkammer stand lediglich ein herrlicher Alabastersarkophag. Da der Italiener die Hieroglyphenschrift

170 *Auf diesem Detail einer Bildtafel, die Belzoni vom Grab Sethos' I. zeichnete, ist die Geiergöttin Nechbet mit gespreizten Flügeln zu sehen. Darüber stehen die Schriftzeichen des Königs.*

171 *Auf dieser eindrucksvollen Bildtafel steht Sethos I. vor Hathor: Die Göttin hält seine linke Hand fest, während er ihr mit der Rechten sein* menat *(Halsband) reicht. Das Flachrelief befand sich auf der rechten Wand am Ende des Saales, der in den dritten Korridor mündet. Ein zweites, ziemlich ähnliches Flachrelief zierte die gegenüberliegende Wand. Die französisch-toskanische Expedition unter Leitung von Champollion und Rosellini nahm die beiden Reliefs 1828/29 ab. Sie sind heute im Musée du Louvre und im Museo Archeologico in Florenz zu sehen.*

nicht lesen konnte, hielt er das Grab für das eines imaginären Pharaos namens Psammuthis. In Wahrheit gehörte es Sethos I., dem Vater Ramses' II.
Belzoni beendete die Ausgrabungen innerhalb weniger Tage und begann mit Hilfe von Alessandro Ricci, einem Arzt und Zeichner aus Siena, Kopien der über 800 Flachreliefs anzufertigen. Dann ließ er Ricci in Theben zurück, fuhr nach Kairo, um einige persönliche Angelegenheiten zu ordnen und suchte bei dieser Gelegenheit noch einmal die großen Pyramiden von Gîza auf. Nun entschloss er sich, an der Chephrenpyramide zu graben, die nach Aussage Herodots keine inneren Kammern besitzen sollte. Mit einer Gruppe bezahlter Araber begann Belzoni nach einem Eingang zu suchen, fand, nach anfänglichen Misserfolgen, am 2. März 1818 tatsächlich den Gang ins Innere und hatte damit das „Geheimnis" der zweiten Pyramide von Gîza gelüftet. Eine vermutlich aus dem 13. Jahrhundert stammende arabische Inschrift auf einer der Wände belegt indes, dass die Pyramide bereits Jahrhunderte zuvor geöffnet worden war, doch hatten sich die Spuren der Grabräuber längst im Dunkel der Zeiten verloren. Zur Erinnerung prägten die Briten eine Medaille mit der Büste Belzonis auf der einen und der Chephrenpyramide mit der Inschrift „opened by G. Belzoni, March 2nd 1818" auf der anderen Seite.

__172 oben__ Dieses Bild zeigt die Öffnung, durch die Belzoni ins Innere der Cheopspyramide eindrang. Durch den Spalt gelangte der Italiener in den absteigenden Gang, welcher sich an den heute nicht mehr benutzten oberen Eingang anschließt. Vermutlich wegen einer Änderung des Bauplans besitzt die Pyramide zwei übereinander liegende Eingänge; Belzoni fand den oberen der beiden.

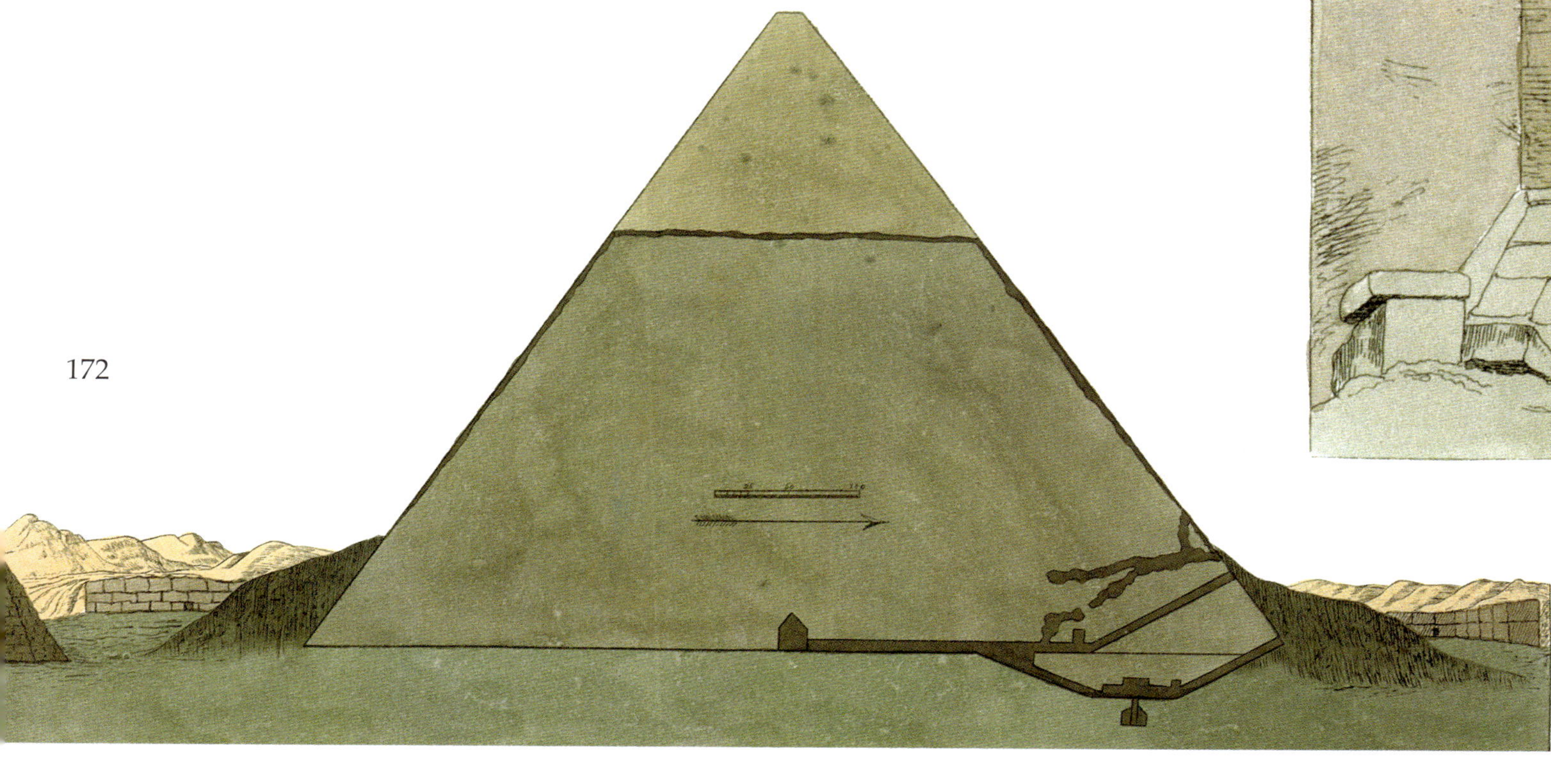

172 unten *Belzoni zeichnete den ersten Querschnitt der Chephrenpyramide, konnte ihn jedoch erst nach seiner Rückkehr nach Europa im Jahre 1820 veröffentlichen. In der Zwischenzeit hatte Graf de Forbin die Zeichnung in seinem Buch* Voyage dans le Levant *publiziert, das 1819 erschien. Obgleich der Franzose darauf hingewiesen hatte, dass es sich um eine Entdeckung Belzonis handelte, geriet der Italiener über die Vorabveröffentlichung in großen Zorn.*

Zwischenzeitlich hatte Ricci in Theben die Kopien der Reliefs im Grab von Sethos I., häufig auch „Belzoni-Grab“ genannt, fertig gestellt. Belzoni unternahm nun eine Reise in die Arabische Wüste, wo er Smaragdminen und die Ruinen der antiken Stadt Berenice zu finden hoffte. In der Nähe des Vorgebirges *Ras Banas* stieß er tatsächlich auf die Überreste der alten Hafenstadt, die Ptolemaios II. Philadelphos einst hatte anlegen lassen. Auf dem Rückweg nahm er den Obelisken von Philae mit, den er auf seiner ersten Reise gekennzeichnet hatte, und verließ Theben im Januar 1819 endgültig, um mit seinen kostbaren Schätzen nach Kairo zurückzukehren. Gleichwohl war Belzonis ägyptisches Abenteuer noch nicht ganz beendet, denn noch plante der Italiener eine letzte Reise. Er ließ seine Frau in Kairo zurück und machte sich auf den Weg in die Libysche Wüste, um die Oase von Siwa, im Altertum auch „Oase des Zeus-Ammon“ genannt, aufzusuchen, deren berühmtes Orakel bereits Alexander der Große befragt hatte. Belzoni kam allerdings nur bis

172–173 *Bereits in der Antike hatten Räuber die Grabkammer der Chephrenpyramide geplündert. Sie enthielt lediglich einen leeren Sarkophag mit einigen Rinderknochen, vielleicht eine Opfergabe. Eine arabische Inschrift enthüllte, dass man die Pyramide im 13. Jahrhundert geöffnet hatte. Auf einer der Wände hinterließ Belzoni seinen Namen und das Datum der Entdeckung, den 2. März 1818.*

173 oben rechts *Großbritannien ließ zu Ehren Belzonis eine Medaille prägen, die an die Öffnung der Chephrenpyramide erinnern sollte.*

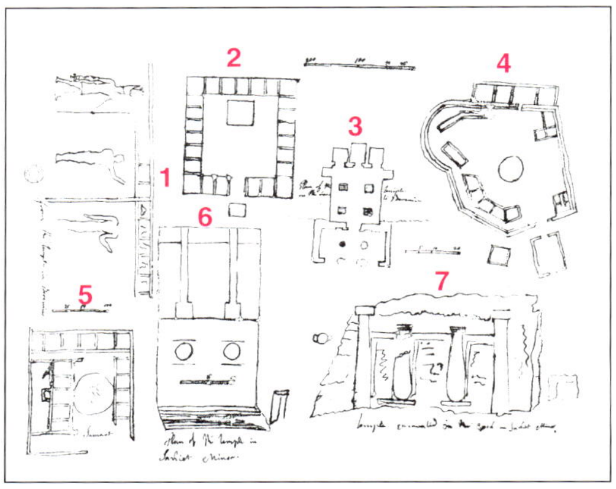

174 oben links *Diese Zeichnungen fertigte Belzoni von den wichtigsten Bauwerken, die er während seiner Expedition in die Arabische Wüste im September/Oktober 1818 untersuchte. Unter anderem zeichnete er die Flachreliefs des in Berenice ausgegrabenen Tempels (1), den Plan einer Karawanserei auf der antiken Route nach Berenice (2), den Plan des Tempels von Wadi Miah auf der Route, die Edfu mit dem Roten Meer verbindet (3), eine kleine griechisch-römische Festung auf der Strecke nach Berenice (4), den Plan der Station von Bir Samut (5), den Plan des Felsentempels im Djebel Sekeit (6) sowie die Fassade des Felsentempels von Sekeit (7).*

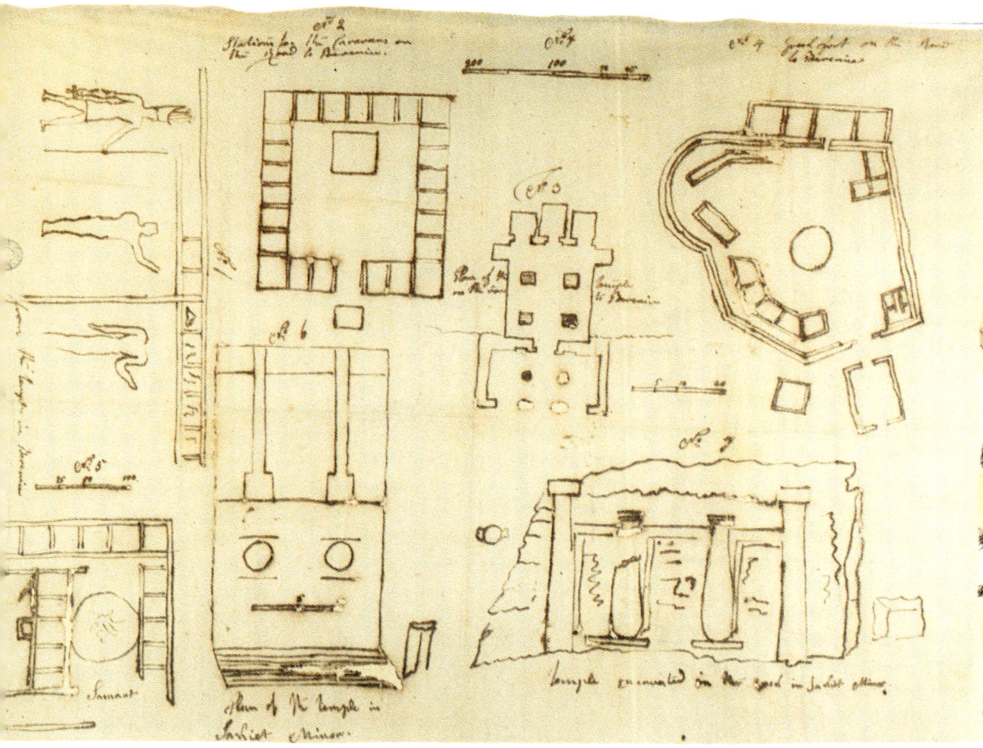

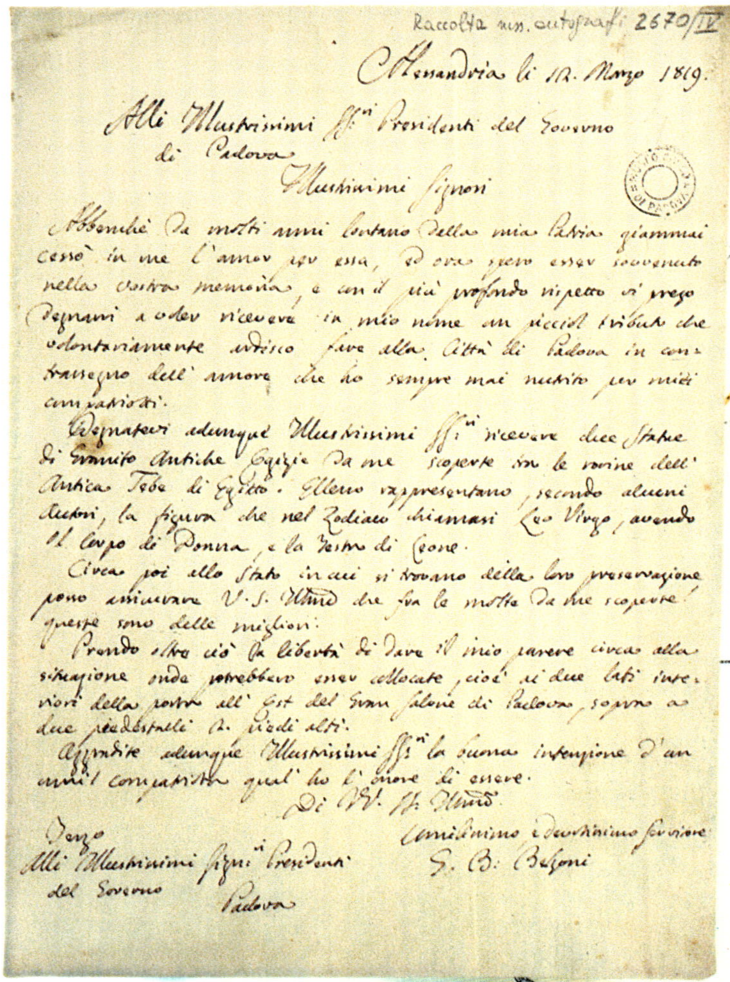

Raccolta ms. autografi 2670/IV

Alessandria li 12 Marzo 1819.

Alli Illustrissimi Sig.ri Presidenti del Governo di Padova

Illustrissimi Signori

Abbenché da molti anni lontano della mia Patria giammai cessò in me l'amor per essa, ed ove spero esser sovvenuto nella vostra memoria, e con il più profondo rispetto vi prego degnarvi a voler ricevere in mio nome un piccol tributo che volontariamente ardisco fare alla Città di Padova in contrasegno dell'amore che ho sempre mai nutrito per miei compatrioti.

Degnatevi adunque Illustrissimi Sig.ri ricevere due Statue di Granito Antiche Egizie da me scoperte fra le rovine dell'Antica Tebe di Egitto. Elleno rappresentano, secondo alcuni lettori, la figura che nel Zodiaco chiamasi Leo Virgo, avendo il Corpo di Donna, e la Testa di Leone.

Circa poi allo Stato in cui si trovano della loro preservazione posso assicurare V. S. Illma che fra le molte da me scoperte queste sono delle migliori.

Prendo oltre ciò la libertà di dare il mio parere circa alla situazione onde potrebbero esser collocate, cioè ai due lati interiori della porta all'Est del Gran Salone di Padova, sopra a due piedestalli 2. piedi alti.

Aggradite adunque Illustrissimi Sig.ri la buona intenzione d'un umil compatriota qual ho l'onore di essere.

Di V. S. Illma

Umilissimo e devotissimo servitore
G. B. Belzoni

Dezzo
Alli Illustrissimi Signori Presidenti del Governo
Padova

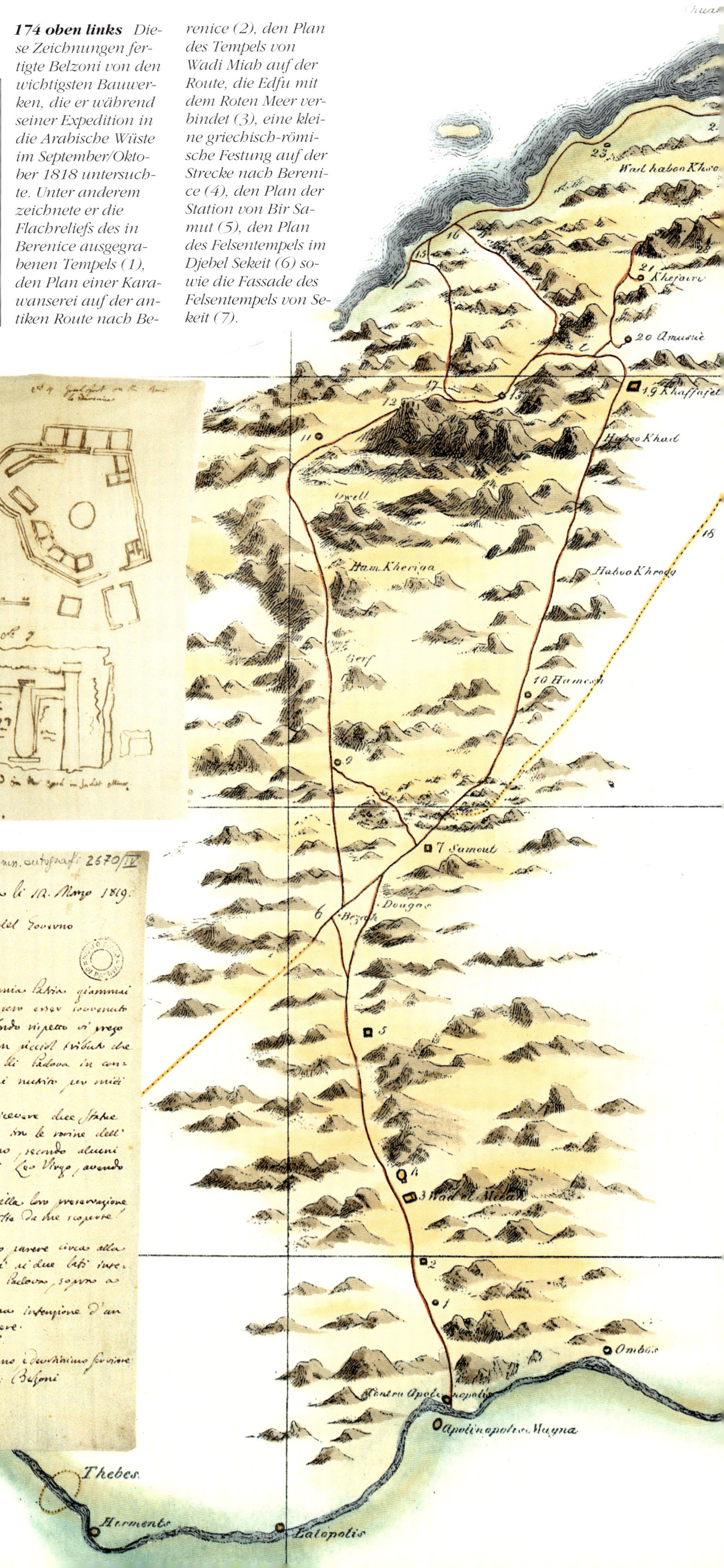

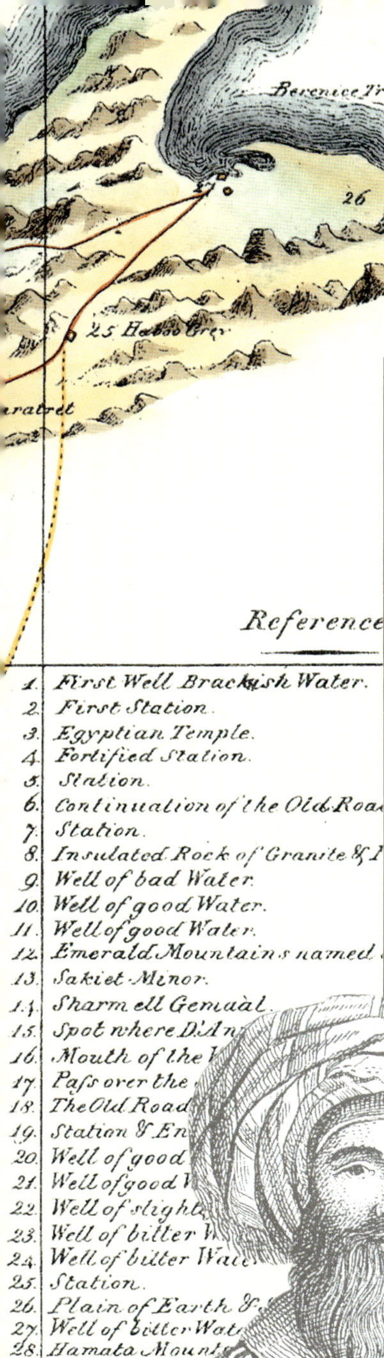

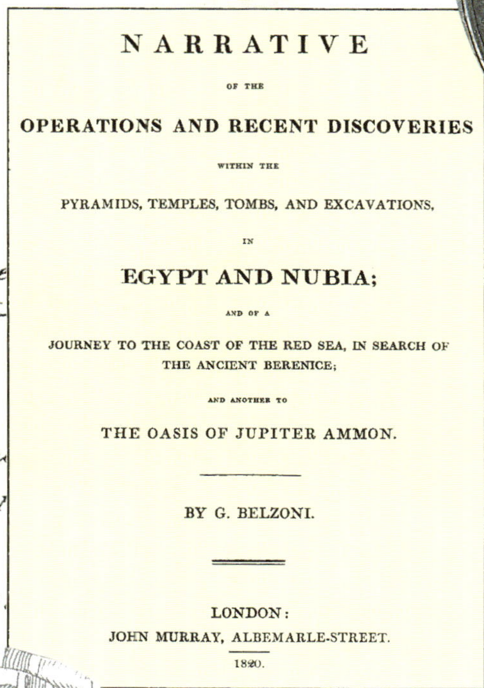

NARRATIVE

OF THE

OPERATIONS AND RECENT DISCOVERIES

WITHIN THE

PYRAMIDS, TEMPLES, TOMBS, AND EXCAVATIONS,

IN

EGYPT AND NUBIA;

AND OF A

JOURNEY TO THE COAST OF THE RED SEA, IN SEARCH OF THE ANCIENT BERENICE;

AND ANOTHER TO

THE OASIS OF JUPITER AMMON.

BY G. BELZONI.

LONDON:
JOHN MURRAY, ALBEMARLE-STREET.
1820.

175 oben rechts *Um Belzonis Geschenk angemessen zu würdigen, ließ der Stadtrat von Padua diese Gedächtnismedaille mit den beiden kostbaren Funden prägen.*

174 unten links *Diesen Brief schickte Belzoni im März 1819 von Alexandria aus ab. Er bat darin den Stadtrat von Padua, zwei Statuen der löwenköpfigen Göttin Sechmet, die er in Karnak gefunden hatte, als Geschenk anzunehmen.*

174–175 *Diese Karte zeigt, auf welchem Weg Belzoni von Edfu aus nach Berenice gelangte. Während seiner Reise legte der Italiener mehrere Bauwerke frei und zeichnete auch einen Plan des Felsentempels unweit der Mündung des Wadi Miah, den Frédéric Cailliaud einige Zeit zuvor entdeckt hatte. Der noch heute erhaltene Tempel war Sethos I. geweiht.*

zur Oase von Bahrija, die bis dahin noch nie ein abendländischer Reisender betreten hatte. Nach seiner Rückkehr schiffte er sich mit seiner Frau nach Europa ein und verließ Ägypten für immer. In Padua machte Belzoni Halt, stattete seiner Heimatstadt einen Besuch ab und schenkte den Stadtoberen zwei Dioritstatuen der Göttin Sechmet, die heute im *Museo degli Eremitani* stehen.
Dann reiste der Wahlengländer weiter nach London und präsentierte dem begeisterten Publikum in einer grandiosen Schau in der *Egyptian Hall* in Piccadilly die Funde, die er während seines vierjährigen Aufenthaltes in Ägypten zusammengetragen hatte. Unter anderem zeigte er auch die Zeichnungen und die Kopien des Grabes von Sethos I., mit letzteren rekonstruierte er die beiden schönsten Säle und sorgte mit Hilfe einiger Gaslampen für eine diffuse, geheimnisvoll wirkende Beleuchtung. Die Ausstellung wanderte anschließend weiter nach Paris, just zu jener Zeit, als Champollion seine berühmte *Lettre à M. Dacier* verfasste, in der er das Geheimnis der Hieroglyphenschrift entschlüsselte.
Belzoni starb im darauf folgenden Jahr, am 3. November 1823, in einem kleinen Dorf in Äquatorialafrika, unweit der Mündung des Flusses Benin. Hierher war der Italiener gereist, um die Quelle des Niger zu finden. Sein Leichnam wurde in sechs Fuß Tiefe unter einem Baum begraben.

175 unten *Die Ausstellung, die Belzoni in der Egyptian Hall in Picadilly organisierte, präsentierte die beiden schönsten Säle des Grabes von Sethos I. Hier ist der Raum mit den vier Pfeilern zu sehen, den der Italiener „Vorzimmer" nannte. Am Eröffnungstag wickelte Belzoni vor einer staunenden Menschenmenge eine Mumie aus ihren Binden.*

176 oben *Im Jahre 1820 reiste der preußische Offizier Baron Johann Heinrich Benjamin Menu von Minutoli im Auftrag seiner Regierung nach Ägypten, um eine wissenschaftliche Mission zu erfüllen. Im Oktober 1820 leitete er eine große Expedition zur Oase von Siwa in der Libyschen Wüste. Auch trug er eine bedeutende Sammlung antiker Kunstschätze zusammen, die großenteils mit dem Schiff versank, das sie nach Europa bringen sollte. Auf diesem Bild von Louis Faure aus dem Jahre 1823 (Staatsmuseum Berlin) rastet von Minutoli in der Oase.*

VON MINUTOLI ENTDECKT DIE OASE VON SIWA

176 unten *Der Preuße nahm in der antiken griechisch-römischen Stadt* Her*mopolis Magna (heute Aschmunein) sowie in Sakkâra Ausgrabungen vor, die der Italiener Girolamo Segato in seinem Auftrag fortführte. Dieser konzentrierte die Arbeiten auf die Stufenpyramide des Djoser.*

176–177 *Auf dieser Karte zeichnete von Minutoli die Route ein, über die er Siwa erreicht hatte. Er traf nach Frédéric Cailliaud und Bernardino Drovetti ein. Letzterer hatte sich den Truppen von Hassan Bei angeschlossen, der die Oase von Siwa 1820 im Auftrag von Mehmed Ali eroberte.*

177 unten *1792 betrat erstmals ein Europäer, der Engländer William George Browne, die Oase von Siwa. Ihm folgte 1798 der Deutsche Frederik Hornemann. Die Bewohner der Oase waren keine Muslime und sprachen einen lokalen Berberdialekt. Den Fremden aus dem Abendland begegneten sie feindlich, und ihre Abneigung milderte sich erst nach der Eroberung durch Hassan*

Die Bilder in diesem Kapitel stammen aus Heinrich von Minutoli, *Reise zum Tempel des Jupiter Ammon in der Libyschen Wüsten und nach Ober-Aegypten*, Berlin 1824.

Bei. Von Minutoli, der einige Monate nach dem Feldzug in Siwa eintraf, konnte die Oase daher ohne Gefahr durchstreifen. Auf diesem Bild ist das befestigte Dorf Aghurmi, einige Kilometer östlich von Siwa, zu sehen. Hier stand der Tempel mit dem berühmten Orakel des Zeus-Ammon, der zur Zeit des Pharaos Amasis aus der 26. Dynastie entstanden war.

Johann Heinrich Carl Menu von Minutoli stammte aus einer Genfer Adelsfamilie neapolitanischen Ursprungs. Im Jahre 1820 entsandte der preußische König den herausragenden Offizier nach Ägypten, wo er eine wissenschaftliche Mission besonderer Art zu erfüllen hatte: Zum einen sollte er die riesige Libysche Wüste erforschen, die sich im Westen des Nils ausdehnte, zum anderen galt es, Material über Oberägypten zu sammeln. Wie Giovanni Battista Belzoni traf auch von Minutoli in Begleitung seiner Frau in Ägypten ein. Die Gräfin schrieb während ihres Aufenthaltes ein interessantes Tagebuch, in dem sie neben den üblichen Orts- und Personenbeschreibungen auch kleine Anekdoten festhielt. Das Werk erschien 1826 in Paris unter dem Titel *Mes souvenirs d'Egypte*. Von Minutoli nahm sofort die Organisation des wichtigsten Programmpunktes – die Erforschung der Libyschen Wüste – in Angriff und lud den Naturforscher Victor Ehrenberg und den piemontesischen Ingenieur Gruoc ein, an der Expedition teilzunehmen. Nachdem von Mi-

178 links *Diese elegante, papyrusförmige Säule mit geschlossenem Kapitell und farbiger Bemalung gehörte zu einem heute verschwundenen Tempel des Thot aus der Zeit des Philippos Arridaios, der sich unter den Ruinen der antiken Stadt Hermopolis Magna (heute Aschmunein) befand.*

178 rechts *Die Flachreliefs auf der oberen Bildtafel zeigen die Reinigung und Krönung des Pharaos in der Kapelle des Philippus Arridäus in Karnak; unten sind drei Geister dargestellt, die eine der Türen des Reiches von Osiris bewachen. Die Szene stammt aus einem von Belzoni entdeckten Grab im Tal der Könige.*

179 *Dieses Bild schmückte einen Holzsarkophag: Ein verstorbener Pharao hält in den Händen die charakteristischen Attribute des Osiris, Geißel (nekhakha) und Zepter (heqa). Auf dem Kopf trägt er Reste einer erlesenen Sonnenkrone (hemem).*

nutoli zunächst in Sakkâra einige Ausgrabungen vorgenommen hatte, brach er am 5. Oktober 1820 nach Siwa, zur „Oase des Zeus-Ammon“, auf. Der Preuße erreichte die Oase nach 21 Tagen als fünfter Europäer nach dem Engländer William George Browne (1792), dem Deutschen Frederik Hornemann (1798), dem Franzosen Frédéric Cailliaud (1819) und dem französischen Generalkonsul Drovetti (1820). Von Minutoli erforschte die Oase gründlich, fertigte Zeichnungen der wichtigsten Bauwerke an und trat am 12. November die Rückreise an. Zurück in Alexandria bemerkte der preußische Offizier allerdings, dass die Bilder von Siwa kaum gut genug waren und er durch den plötzlichen Tod von Gruoc auch viele Reisenotizen nicht mehr gebrauchen konnte. Von Minutoli beauftragte daher den Italiener Gerolamo Segato, nach Siwa zurückzukehren, um die Dokumentation zu vervollständigen.
In der Zwischenzeit hatte sich von Minutoli entschieden, nach Europa heimzureisen und am 17. Juli das österreichische Frachtschiff Cleopatra bestiegen. Mit sich führte er eine ansehnliche, immerhin 90 Kisten umfassende Sammlung antiker Kunstschätze, die er mit Segatos und Drovettis Hilfe zusammengetragen hatte. Nach 39 Tagen traf der Preuße mit seiner Frau und der kostbaren Fracht in Triest ein, von hier aus fuhr er über Land weiter nach Berlin, nahm aber nur 20 Kisten mit sich. Die größeren und schwereren Stücke

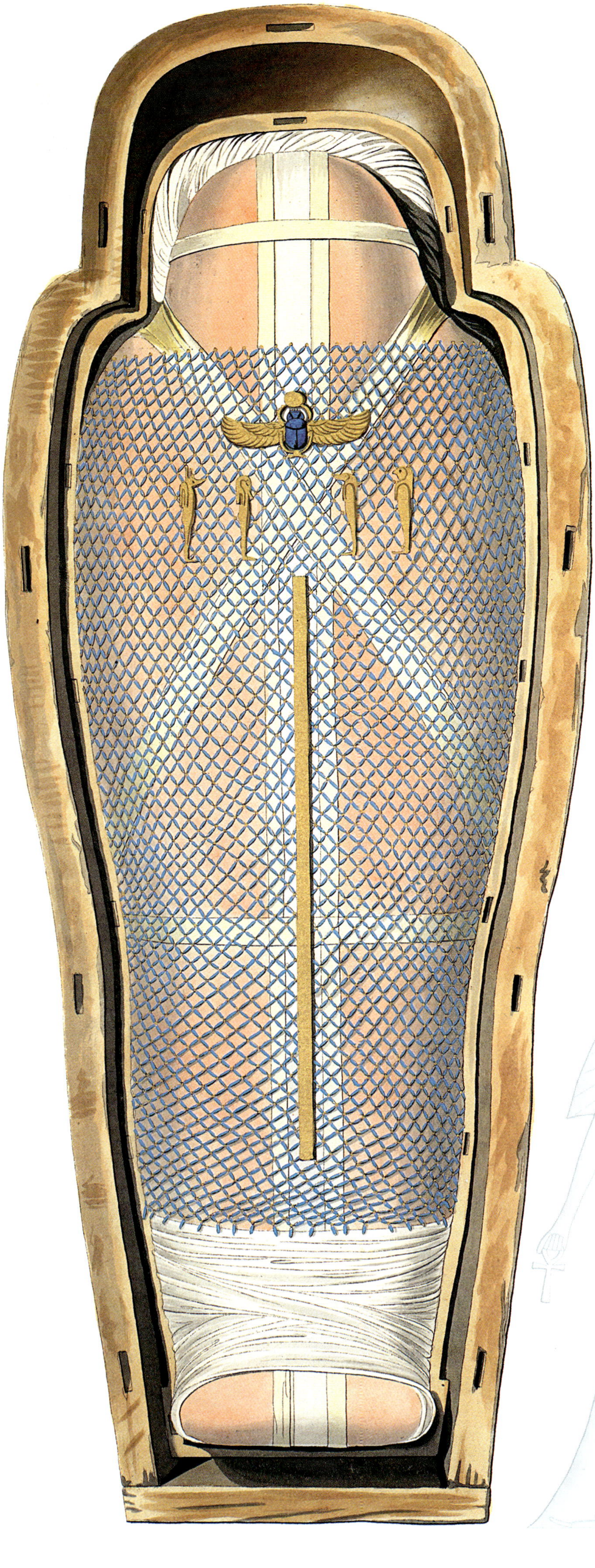

180 und 181 rechts
Zu den Schätzen, die von Minutoli sammelte, gehörten zahlreiche Sarkophage und Mumien, die mit vielen anderen Objekten versanken. Im Auftrag des Offiziers zeichnete der deutsche Künstler Dähling diesen Sarkophag, den der französische Sammler James de Pourtalés-Gorgier dem preußischen König geschenkt hatte. Die Mumie im Sarkophag war vollständig erhalten und trug noch ihr Netz aus Glasperlen, das als magischer Schutz galt. Darüber lagen einige Amulette, die einen geflügelten Skarabäus und die vier Söhne des Horus darstellten. Letztere hatten die Aufgabe, die Kanopen mit den Eingeweiden des Verstorbenen zu beschützen. Die Bildtafel erschien in von Minutolis Reise zum Tempel des Jupiter Ammon in der Libyschen Wüste und nach Ober-Aegypten in den Jahren 1820 und 1821. Mit einem Atlas von 38 Tafeln und einer Karte des Karawanenzuges *sowie in Segatos* Atlante Monumentale dell’Alto e del Basso Egitto.

sollten auf dem Seeweg folgen, erreichten ihr Ziel jedoch nie, da das Schiff mit allen Schätzen, darunter viele Sarkophage und Mumien, im Meer versank.
1824 veröffentlichte von Minutoli einen umfänglichen Reisebericht mit dem Titel *Reise zum Tempel des Jupiter Ammon in der Libyschen Wüste und nach Ober-Aegypten in den Jahren 1820 und 1821...* Ein Atlas mit 38 Bildtafeln und insgesamt 234 Zeichnungen, davon 41 von Segato, 54 von Minutoli selbst und 29 von Alessandro Ricci, einem Arzt aus Siena und früheren Reisebegleiter Belzonis, ergänzte das Werk. Die verbliebenen Stücke seiner Sammlung verkaufte von Minutoli zum Teil nach Paris, den Rest erhielt das Berliner Museum, das auf Anweisung des preußischen Königs Friedrich Wilhelm IV. auch die bedeutende und reichhaltige Sammlung des Antiquitätenhändlers und Sammlers Giuseppe Passalacqua aus Triest erwarb und letzteren später selbst als Konservator einstellte.

181 unten links
Unter den Zeichnungen, die von Minutoli veröffentlichte, war auch dieses Flachrelief aus dem kleinen Tempel von Abu Simbel, das die Königin Nofretiri zeigt. Sie trägt eine lange Tunika und hält in der rechten Hand ein Zepter. Hinter ihr steht die Göttin Hathor, auf dem Kopf die für sie typische Kopfbedeckung mit der Sonnenscheibe zwischen den leierförmigen Kuhhörnern.

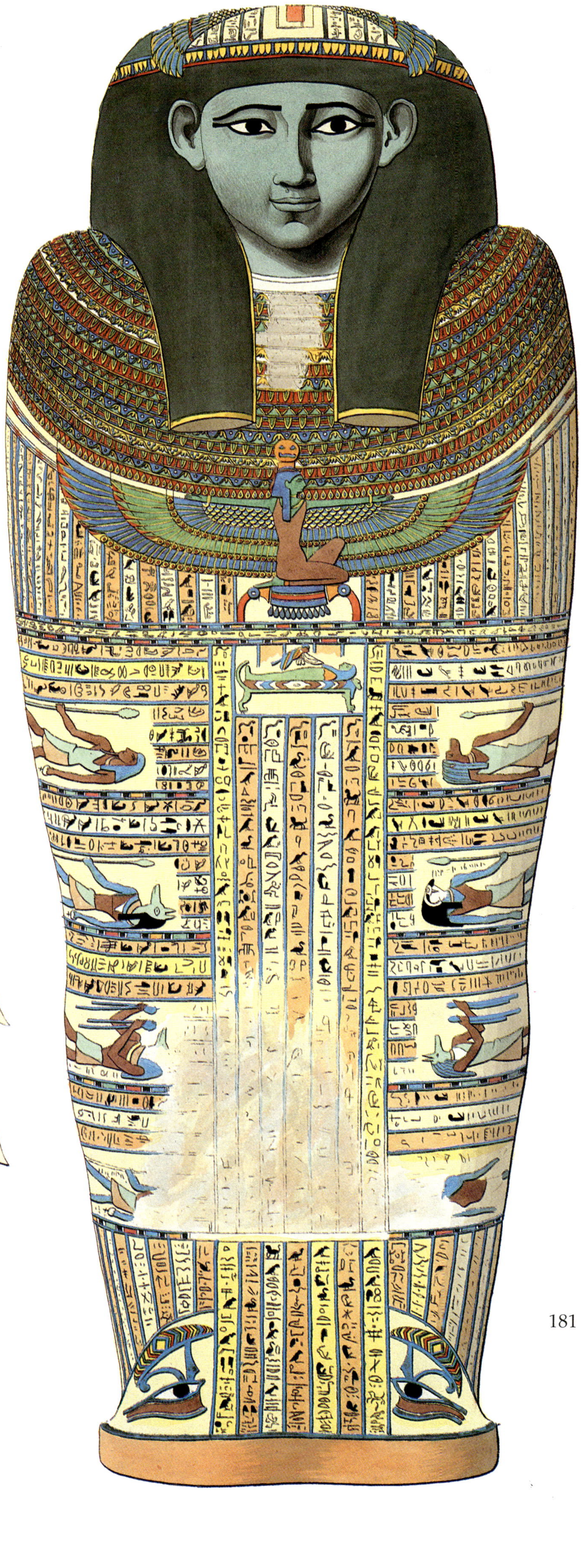

Die Bilder in diesem Kapitel stammen aus Girolamo Segato, *Atlante del Basso e Alto Egitto*, Florenz 1835.

Wie viele andere Reisende seiner Zeit gelangte auch Girolamo Segato eher zufällig nach Ägypten. Der außergewöhnlich begabte Zeichner, Naturforscher und Chemiker kam 1792 in Vedana, einem Ort in der italienischen Provinz Belluno, zur Welt. Auf der Suche nach einer Anstellung begab er sich später nach Venedig und wurde dort dem bedeutenden Geschäftsmann Annibale de Rossetti vorgestellt. Dieser bot ihm einen Posten in der Firma seiner Familie in Kairo, wo sein Bruder Carlo überdies als Konsul die Länder Österreich und Russland vertrat. Im Jahre 1818 traf Segato auf der Brigg *Arpocrate* in Ägypten ein und blieb dort fünf Jahre lang bis 1823.

Zur Zeit von Segatos Ankunft in Kairo hatte Giovanni Battista Belzoni

GIROLAMO SEGATO ERFORSCHT DIE PYRAMIDE DES DJOSER

182 oben *Der Italiener Girolamo Segato (hier ein Bild aus dem Stadtmuseum von Belluno) kam im Jahre 1818 nach Ägypten. Der außergewöhnlich begabte Naturforscher und Zeichner arbeitete als Topograph für Mehmed Ali und unternahm abenteuerliche Reisen in die Nubische und die Libysche Wüste. Seine bedeutendste Leistung war die Öffnung der Djoserpyramide in Sakkâra im Jahre 1821.*

182 unten *Im Verlauf seiner Reisen nach Oberägypten besichtigte Segato den Großen Tempel der Hathor in Dendara. Hier ergänzte und berichtigte er zahlreiche Zeichnungen aus Denons* Description de l'Egypte.

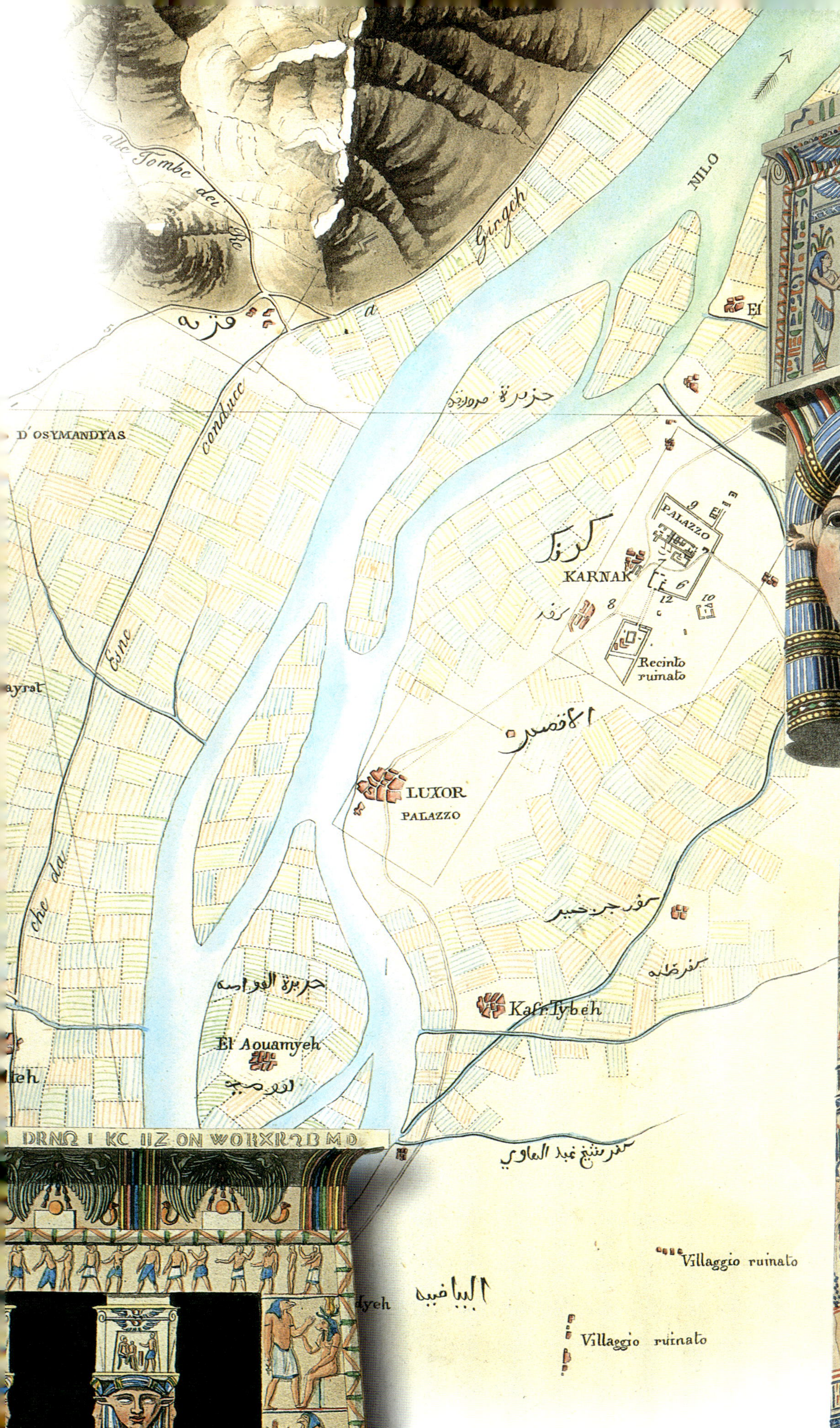

183 links *Segato, ein exzellenter Kartograph, zeichnete einen Plan der Bauwerke von Theben, den er seinem 1837, ein Jahr nach seinem Tod postum veröffentlichten Atlas beifügte.*

183 rechts *Ein Hathor-Kapitell und farbige Flachreliefs zieren diese prachtvolle Säule aus der Vorhalle des Tempels von Dendara. Segato zeichnete die Säule unter Berücksichtigung einer fast identischen, die sich auf Tafel 12 von Denons* Description *findet.*

bereits seine größten und schwierigsten Unternehmungen hinter sich gebracht und war in der Hauptstadt ziemlich bekannt.
Wie sein berühmter Landsmann begeisterte auch Segato sich sogleich für die antike und zu großen Teilen noch unerforschte Welt der Pharaonen. Zu Beginn befasste sich der Italiener aber weniger mit kostbaren Funden als vielmehr mit den topografischen Aspekten des Landes. Auf Anweisung von Ismail Pascha, dem Sohn Mehmed Alis, zeichnete Segato Karten und Pläne der Hauptstadt und dehnte sein Interessengebiet erst allmählich auf die großen Bauwerke der Pharaonen aus. 1819 unternahm er eine erste Reise nach Oberägypten.
Im Jahre 1820 bot sich Segato die Gelegenheit, das übrige Land und den oberen Lauf des Nils zu erkunden: Gemeinsam mit zwei weiteren Italienern, dem Reisenden Enegildo Frediani und dem Ingenieur Lorenzo Masi, folgte er der Einladung Mehmed Alis und schloss sich der großen militärischen Expedition an, die sich unter dem Oberkommando von Ismail Pascha anschickte, den Sudan zu erobern. Segato brach bereits am 6. Mai und damit vor den Truppen von Ismail Pascha von Kairo aus auf und erreichte Assuan am 17. Mai. Einen Monat später befand er sich bereits am zweiten Katarakt und reiste nun allein in südöstlicher Richtung, nachdem man ihn, vermutlich aufgrund nie ganz geklärter Intrigen, von der Expedition ausgeschlossen hatte. Vierzig Tage lang marschierte Segato alleine durch die von Stämmen der Abaden bewohnte Arabische Wüste und stieß dabei auf eine große Gruppe von Dörfern, die er in seinen Notizen als „Reich von Chiollo“ bezeichnete. Eine Woche hielt sich der Italiener in dieser Region auf, dann trat er den Rückweg an und fuhr, nachdem er den Wadi Hal-

184–185 *Während der ersten Monate seines Aufenthaltes in Ägypten zeichnete Segato zahlreiche Karten, darunter diesen Plan der Nekropole von Kairo, bei dem er sowohl seine ausgefeilte Technik als auch die ihm eigene Präzision unter Beweis stellte.*

184 unten *1820 konnte Segato auf Einladung Ismail Paschas an dessen Feldzug in den Sudan teilnehmen, dem sich auch der Reisende Enegildo Frediani anschloss. Aus bis heute ungeklärten Gründen verließ Segato jedoch die Expedition, nachdem er Wadi Halfa und den zweiten Katarakt passiert hatte. Alleine durchstreifte er die von Eingeborenenstämmen, den Abaden, bewohnte Nubische Wüste. Der Italiener stieß unter anderem auf eine Gruppe von Dörfern, die er „Reich von Chiollo“ nannte, deren genaue Position jedoch nie identifiziert wurde.*

fa erreicht hatte, nilabwärts, wobei er an den bedeutenden archäologischen Stätten Halt machte.
Mit Zeichenblock, Stiften, Farben und Denons berühmtem Buch *Voyage dans la Haute et Basse Egypte* ausgerüstet, fertigte Segato zahlreiche Bilder.
Auch den Großen Tempel der Hathor aus der ptolemäischen Epoche in Dendara studierte Segato eingehend und zeichnete hier den berühmten Tierkreis, der sich heute im *Musée du Louvre* befindet. Am Ende seiner Kräfte, jedoch mit einer bemerkenswerten Fülle von Zeichnungen in der Tasche, kam Segato

am 29. November 1820 wieder in Kairo an.
Die Eindrücke dieser ersten, außergewöhnlichen Erfahrung fasste er in einem langen und sehr lebendigen Brief zusammen, den er am 26. Dezember 1820 an seinen Bruder Vincenzo schrieb: „Ich besichtigte dreißig Ruinen herrlicher Städte (...). Ich besichtigte den Sonnenbrunnen, die heilige Insel Philae (...). Als Erster wagte ich es, den ersten Katarakt bei Hochwasser hinaufzufahren, wobei mein Schiff von 200 Männern gezogen wurde (...). Ich besichtigte weitere 16 großartige Tempel und

185

185 *Im Auftrag von Minutolis begab sich Segato im September 1821 nach Siwa, um das Material über die Bauwerke der Oase zu vervollständigen. Im Verlauf seines Aufenthaltes zeichnete er die Flachreliefs des Amuntempels in Aghurmi, die später im Werk des preußischen Offiziers erschienen.*

186 links *„Einfluss des Mondes auf die Seele“: Diesen phantasievollen Titel gab Segato der Zeichnung einer Stele, die er in den Kammern der Djoserpyramide gefunden hatte. In Wirklichkeit zeigt das Bild die belebende Wirkung der Sonnenstrahlen auf den Verstorbenen, der hier in Gestalt des Osiris erscheint.*

186 rechts *In Theben zeichnete Segato die Hieroglyphen auf dem Obelisken des Tempels von Luxor, die Minutoli in seinem Werk veröffentlichte.*

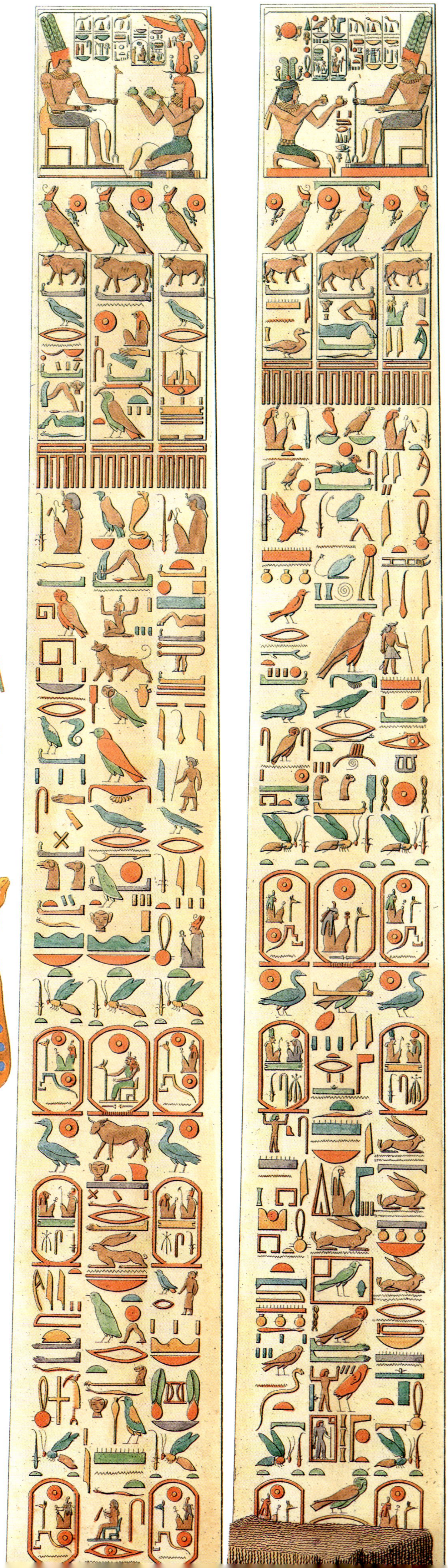

187 *Im Jahre 1798 hatte Denon den Tierkreis im Tempel von Dendara entdeckt und erstmals gezeichnet. 1820 ließ sich Segato von ihm inspirieren und fertigte ein neues Bild des Tierkreises an. 1821 nahm der französische Ingenieur Jean Baptiste Lelorrain das Fresko von der Decke der Kapelle ab und ließ es nach Frankreich transportieren. Heute ist es im* Musée du Louvre *zu sehen.*

besonders den von Ebsambul [Abu Simbel], der wie manche andere in den Felsen gehauen, indes der schönste seiner Art ist (...). Ich durchquerte den Coloicombo, bestieg die unendliche Troglodytenkette, die Nubien von der großen Wüste der Abaden trennt. Hier marschierte ich in Richtung Ost, ein Viertel Südost (...). Wie oft hielt ich mir den Unterschied zu Italien vor Augen, wo ich die Annehmlichkeiten und Zerstreuungen des Lebens im Schoße der Familie und der Freunde in einem lieblichen Klima genießen durfte, während sich hier nur die unendliche, von nackten und wilden

Schwarzen bevölkerte Wüste ausdehnte, in der alles Denken allein dem Wunsch nach Wasser gilt (...).“ In Kairo lernte Segato den Offizier von Minutoli kennen, der soeben aus der Oase Siwa zurückgekehrt war. Dieser zeigte sich so begeistert von Segatos präzisen Zeichnungen, dass er ihn mit der Erforschung der archäologischen Stätte von Sakkâra betraute. Hier begann der Italiener in den ersten Monaten des Jahres 1821 zu arbeiten. Sogleich erregte die Stufenpyramide des Djoser seine Aufmerksamkeit und wie Belzoni im Falle der Chephrenpyramide machte sich Segato auf die Suche nach einem möglichen Eingang. Mit wissenschaftlicher Methodik erkundete er zunächst die äußeren Strukturen, dann entfernte er mit einer Gruppe von Arbeitern den Schutt rings um das Bauwerk und entdeckte schließlich einen Brunnen, der zum in 15 Meter Tiefe gelegenen Haupteingang des Bauwerkes führte.

Nachdem er den Brunnen und den Eingang freigelegt hatte, konnte Segato als erster Reisender der Moderne in die Pyramide vordringen, die Schatzsucher gleichwohl wie alle anderen großen Pyramiden bereits in der Antike geplündert hatten. Drei Tage benötigte Segato, um das komplexe Innere zu erforschen: Ohne Unterbrechung arbeitete er in den schmalen Gängen, fertigte zahlreiche detaillierte Zeichnungen an und gelangte durch ein regelrechtes Labyrinth von Gängen endlich in die Grabkammer, in welcher der leider nur noch in Teilen erhaltene Sarkophag aus rotem Granit stand. In der Zwischenzeit war von Minutoli aus Siwa zurückgekehrt, hatte das von ihm gesammelte Material in Ruhe gesichtet und dabei festgestellt, dass seine Aufzeichnungen ungenügend und von nur mittelmäßiger Qualität waren. Der Preuße bat daher Segato, noch einmal für ihn nach Siwa zu reisen und neue Zeichnungen anzufertigen. Ende September 1821 brach er nach Siwa auf und traf drei Monate später wieder in Kairo ein, nachdem er die ihm übertragene Mission mit Bravour erfüllt hatte.

In den darauf folgenden Monaten stellte Segato im Auftrag des Offiziers eine Kollektion von Altertümern zusammen und zeichnete genauestens zwei königliche Ellenmaße, die der Kanzler des österreichischen Konsulats in Ägypten, Baron Giuseppe Nizzoli, und Bernardino Drovetti gefunden hatten. Aus dieser Zeit stammen die letzten Notizen Segatos über archäologische Unternehmungen. Den Rest seines Aufenthaltes verbrachte der Italiener vermutlich mit Studien zur Botanik und Chemie sowie zur Mumifizierung und Versteinerung, zwei Gebieten, denen er sich nach seiner Rückkehr nach Italien im April 1823 ausführlich widmete.

Leider lassen sich die Leistungen, die Segato in Ägypten vollbrachte, nur schwer einschätzen, da der Italiener vom Unglück verfolgt war: Der größte Teil seiner Aufzeichnungen, die er bei seiner Abreise nach Italien vorübergehend im Hause von Rossetti gelagert hatte, wurde im August 1823 bei einem Brand zerstört. Auch der Hauptteil der Sammlung für das Berliner Museum, die Segato im Auftrag des Offiziers von Minutoli zusammengetragen und von Alexandria aus in 90 Kisten verschifft hatte, erreichte sein Ziel nie, denn das Schiff versank, nachdem der Preuße mit nur 20 Kisten in Livorno das Schiff verlassen hatte, um den Landweg einzuschlagen.

Verbittert und enttäuscht ließ sich Segato in Florenz nieder und plante gemeinsam mit Lorenzo Masi die Veröffentlichung eines Buches. Allerdings erschien 1827 nur der erste Band unter dem Titel *Saggi pittorici, geografici, statistici, catastali sull'Egitto*. Nachdem man Segato trotz der massiven Unterstützung Alessandro Riccis aus politischen Gründen von der französisch-toskanischen Expedition Champollions und Rosellinis ausgeschlossen hatte, bereitete er ab 1833 ein zweites Werk vor. Der von Domenico Valeriani illustrierte *Atlante monumentale dell'Alto e Basso Egitto* erschien 1837 postum, ein Jahr nach Segatos Tod. Zieht man die 26 Zeichnungen und Bildtafeln des Italieners heran, die von Minutoli in sein Werk über Ägypten aufnahm, zeigt sich deutlich, dass wir uns nur einen sehr unvollständiges Bild von Segatos Leistungen machen können. Doch selbst wenn wir nur auf der Basis des vorhandenen Materials urteilen, treten gewisse Merkmale klar zutage: Offenkundig war Segato ein unermüdlicher und exakter Beobachter, talentierter Zeichner, Topograph und Wegbereiter der wissenschaftlichen Zeichnung, darüber hinaus eine vielseitig begabte Persönlichkeit. Als Erster fand er einen Eingang zur Stufenpyramide des Djoser in Sakkâra und beschrieb das Bauwerk mit wissenschaftlicher Methodik. Da aber Segato den größten Teil des Materials über seine Zeit in Ägypten verlor, lässt sich seine Arbeit kaum angemessen würdigen.

188–189 oben *Detailgenau zeichnete Segato eine der herrlichen Kammern in der Djoserpyramide, deren Eingang er im Januar 1821 entdeckt hatte. Die Decke des Gemachs zieren Sterne, die Wände sind grün gekachelt.*

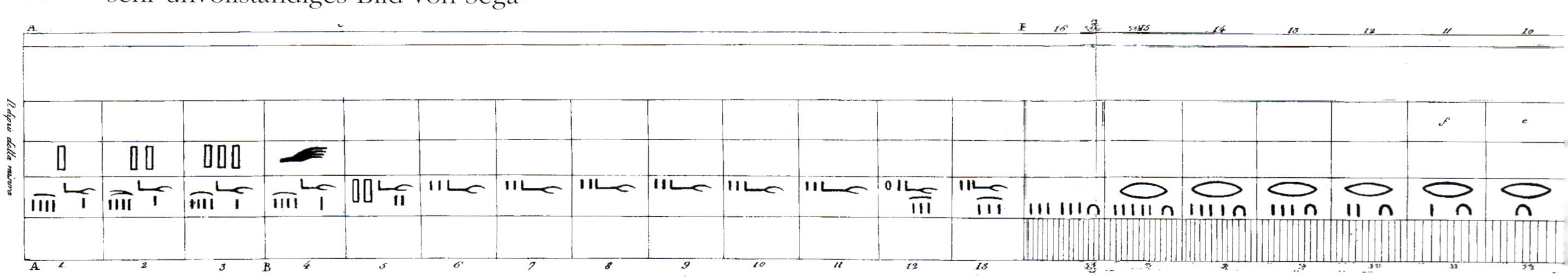

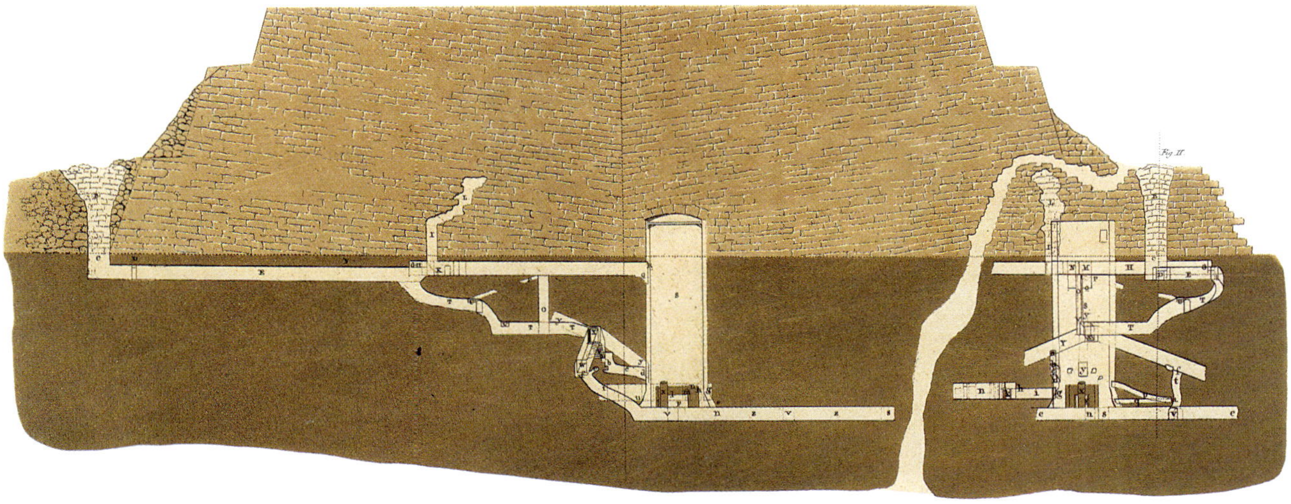

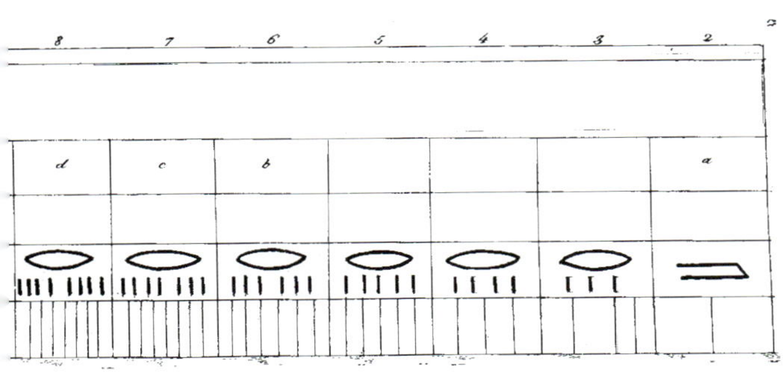

188–189 unten *1822 erwarben der französische Konsul Drovetti und der Kanzler des österreichischen Konsulats, Nizzoli, zwei seltene königliche Ellen. Dieses antike ägyptische Maß war 52,5 Zentimeter lang und in 28 Zoll unterteilt. Segato zeichnete die beiden Ellenmaße – eines davon aus Holz, das andere aus Quarzit –, die sich heute im Ägyptologischen Museum in Turin und im Archäologischen Museum von Florenz befinden. Hier dargestellt ist das Ellenmaß aus der Sammlung Drovettis, das einem Würdenträger der 18. Dynastie namens Amenemhop gehört hatte.*

189 oben *Segato zeichnete auch den ersten Nord-Süd-Querschnitt der Pyramide des Djoser. Deutlich ist die komplexe Struktur der Gänge und Kammern zu erkennen.*

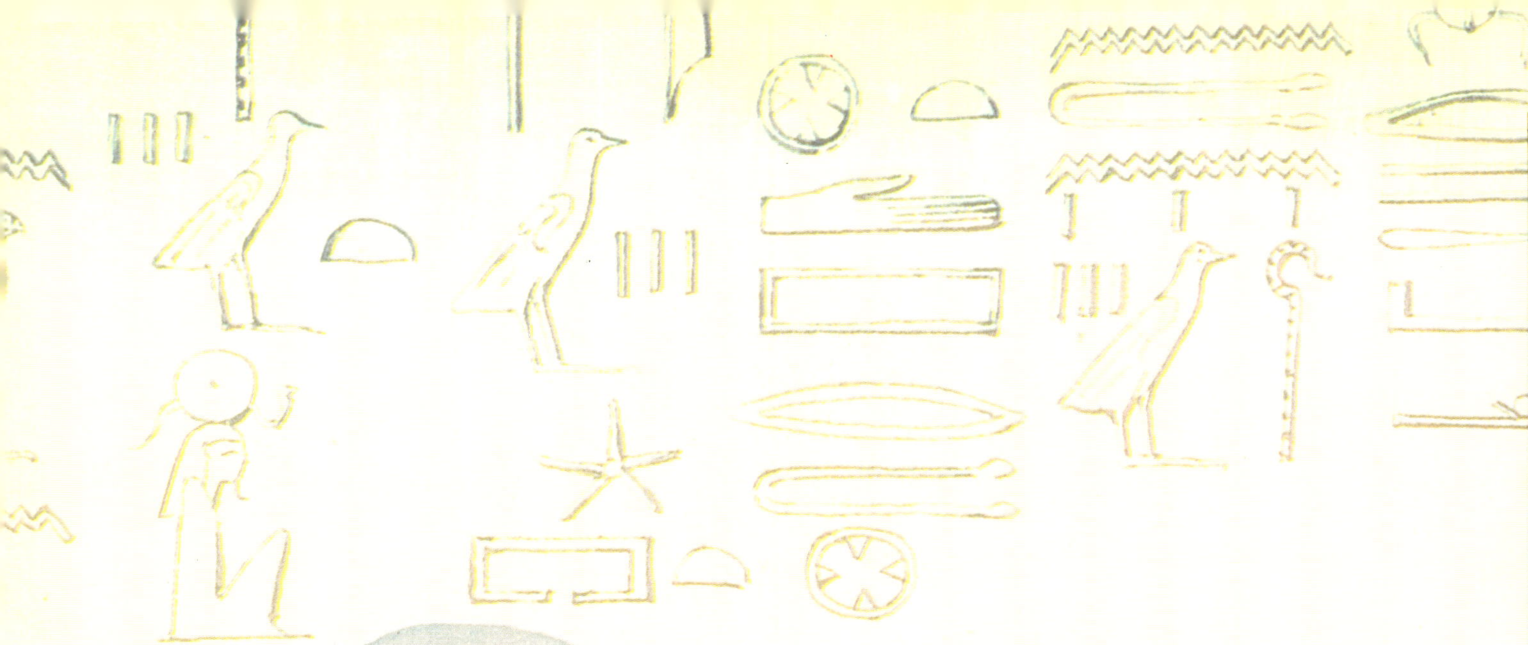

190 links *Besonders intensiv arbeiteten die Mitglieder der französisch-toskanischen Expedition im Tal der Könige, wo sie Flachreliefs und Inschriften in 16 Gräbern kopierten. Zum ersten Mal galten die Hieroglyphen nicht mehr als einfache Bilder oder geheimnisvolle Symbole, sondern enthüllten ihren Sinn. Endlich konnte man auch die Königsgräber ihren tatsächlichen Inhabern zuordnen. Die Zeichnung zeigt ein Flachrelief aus dem Saal mit vier Pfeilern im Grab Sethos' I., das dem IV. Gesang und dem Beginn der V. Stunde des Pfortenbuches entspricht: Horus lässt Vertreter der vier Völker der bekannten Welt ein.*

190 rechts *Zusammen mit dem französischen König Karl X. unterstützte der Großherzog von Toskana, Leopold II., die Expedition. Im Juli 1827 befürwortete er die Gründung zweier paritätisch besetzter Kommissionen, einer toskanischen unter Ippolito Rosellini und einer französischen unter Jean François Champollion.*

CHAMPOLLION UND DIE FRANZÖSISCH-TOSKANISCHE EXPEDITION

190–191 *Auf diesem zwischen 1835 und 1836 entstandenen Bild von Giuseppe Angelelli sieht man die Mitglieder der französisch-toskanischen Expedition zwischen den Säulen des Tempels von Luxor. In der Mitte sitzt Champollion, daneben stehen Ippolito Rosellini und, zu seiner Linken, sein Bruder Gaetano. Weiter links liegt im Vordergrund Salvatore Cherubini mit einer seiner Zeichnungen in der Hand, hinter ihm sitzt der Naturforscher Giuseppe Raddi und dahinter der Zeichner Albert Bertin. Ganz links stehen ein Dragoman, der Arzt und Zeichner Alessandro Ricci in rotem Gewand, der Maler Alexandre Duchesne sowie die Zeichner Nestor L'Hôte und Pierre Lehoux. Hinten links ist im Schatten Angelelli selbst zu erkennen.*

Im Juli 1799 begannen die napoleonischen Truppen mit dem Wiederaufbau der Festung St. Julien, um von dort aus das Städtchen Rashid zu verteidigen. Dabei entdeckte der französische Marineoffizier Pierre Bouchard eine seltsame, etwas über einen Meter große Platte aus dunklem Basalt, die aus dem Boden ragte und eine lange, dreigeteilte Inschrift in Hieroglyphen, demotischer und griechischer Schrift trug. Sofort befahl Bouchard, den Stein zu bergen und schickte ihn an General Menou, der ihn seinerseits an die Mitglieder der wissenschaftlichen Kommission weiterleitete. Diese erkannten zwar nicht die wahre Bedeutung des Fundes, schrieben den Text jedoch ab und fertigten Kopien an. Zwei Jahre später übernahmen die Engländer nach ihrem Sieg über die Franzosen die meisten antiken Kunstschätze, darunter auch den Stein von Rosette. Sie sandten ihn sogleich an das British Museum, wo er noch heute in der ägyptologischen Abteilung zu bewundern ist. Einige Zeit darauf, im Jahre 1808, begann der Franzose Jean François Champollion die Kopien der Inschriften des Steins zu analysieren. Champollion wurde 1790 in Figeac, einem kleinen Ort im Quercy, geboren. Unter dem Einfluss seines älteren Bruders Jacques Joseph, der später den Namen Champollion-Figeac annahm, wandte sich der junge Mann bereits früh dem Studium der Sprachwissenschaft und der Orientalistik zu. Er besuchte zunächst das Lyzeum in Grenoble, anschließend das *Collège de France* und die *Ecole Pratique des Langues Orientales* in Paris. Im Alter von sechzehn Jahren beherrschte er bereits zehn Sprachen, darunter insbesondere die koptische, was ihm bei der Entschlüsselung der Hieroglyphenschrift eine große Hilfe war. Zeitgleich mit Champollion versuchten noch zahlreiche andere Gelehrte wie Thomas Young, Johan David Akerblad und George Zoëga, dem Geheimnis auf die Spur zu kommen.
Mit kaum 18 Jahren berief man Champollion zum Professor der Universität von Grenoble. Gut 14 Jahre lang widmete er sich dem Studium der Hieroglyphenschrift und konnte das Problem schließlich dank drei genialer Eingebungen lösen. Zunächst bemerkte er, dass die gut bekannte koptische Sprache das letzte Stadium des Altägyptischen darstellte. Dann wurde ihm klar, dass es

***192 oben** Der Stein von Rosette, der eine dreigeteilte Inschrift in Hieroglyphen, demotischer Schrift und griechischer Übersetzung trägt, enthält ein Dekret, das Ptolemaios V. Epiphanos 196 v. Chr. erließ. Mithilfe dieses Fundes gelang es Champollion, das Geheimnis der Hieroglyphenschrift zu entschlüsseln. Im Juli 1799 hatte Kapitän Bouchard das kostbare Stück entdeckt, musste es jedoch nach der Niederlage der Franzosen den Engländern überlassen. Heute befindet sich der Stein im British Museum.*

sich bei den Hieroglyphen um eine Mischung aus ideographischen und phonetischen Zeichen handelte, und schließlich erkannte er, dass die in Kartuschen eingeschlossenen Hieroglyphen phonetische Transkriptionen der Pharaonamen sein mussten. Aus dem griechischen Text des Steins von Rosette ging eindeutig hervor, dass es sich um ein im 2. Jahrhundert v. Chr., zur Zeit von Ptolemaios V. Epiphanos erlassenes Dekret handelte. Der letzte Teil der griechischen Inschrift wies diese außerdem als Übersetzung der Passagen in demotischer Schrift und Hieroglyphen aus. Rasch begriff Champollion, dass er den Schlüssel in der Hand hielt, der es ihm erlauben würde, den Mechanismus der Hieroglyphenschrift zu verstehen. Davon ausgehend, dass jede Hieroglyphe einem alphabetischen Zeichen entsprechen müsse, gelang es ihm schließlich, den

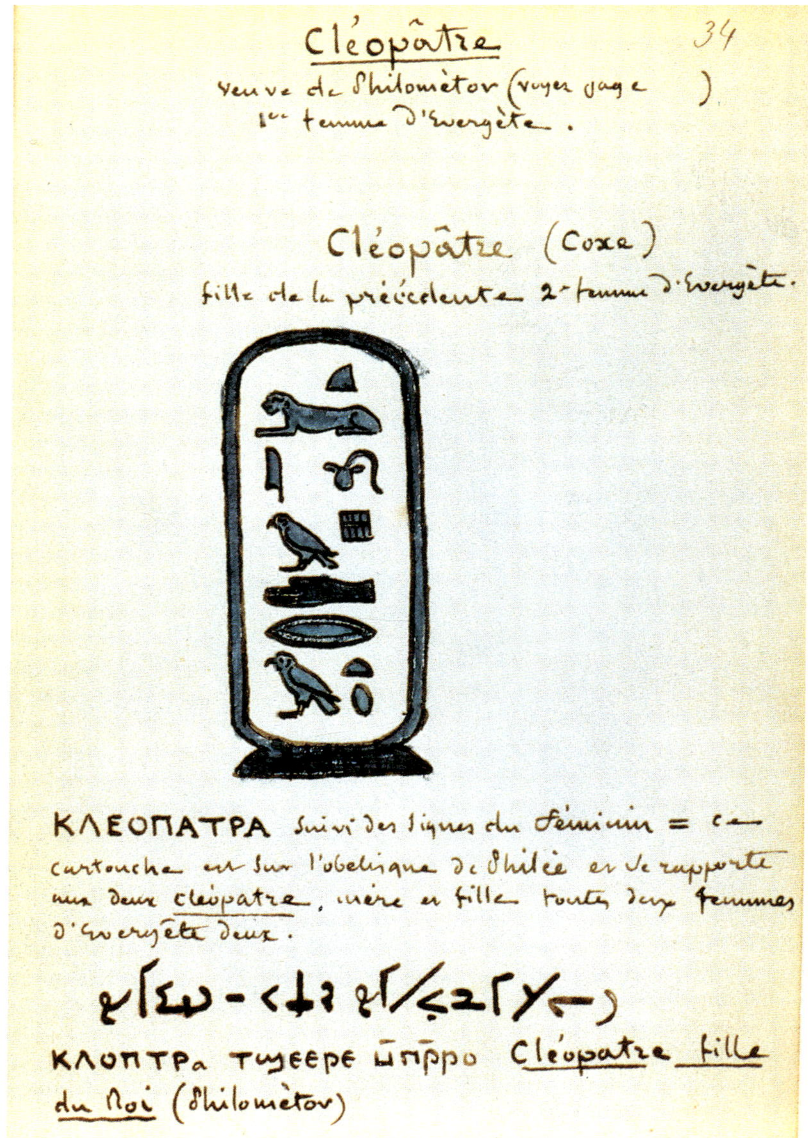
Cléopâtre 34
veuve de Philométor (voyez page)
1re femme d'Evergète.
Cléopâtre (Coxe)
fille de la précédente 2e femme d'Evergète.
ΚΛΕΟΠΑΤΡΑ suivi des signes du féminin = ce cartouche est sur l'obélisque de Philée et se rapporte aux deux Cléopatre, mère et fille toutes deux femmes d'Evergète deux.
ΚΛΟΠΤΡα ΤϢΕΕΡΕ ΜΠΡΡΟ Cléopatre fille du Roi (Philométor)

***192 unten links** Dieses vermutlich von Giuseppe Angelelli gezeichnete Bild zeigt Jean François Champollion im Beduinengewand. Im September 1822 entschlüsselte der nur 32 Jahre alte Professor die Hieroglyphenschrift mit Hilfe einer Kopie des Steins von Rosette, die Marcel und Galland in Kairo angefertigt hatten, bevor der Fund in die Hände der Engländer fiel.*

***192 unten rechts** Champollion stellte die These auf, dass die Kartuschen die Namen der Pharaonen enthielten. Es gelang ihm, den Namen Ptolemaios auf dem Stein von Rosette und den der Kleopatra auf dem Obelisken von Philae zu entziffern.*

Namen PTOLMYS zu entziffern. 1819 hatte Belzoni den Obelisken von Philae geborgen und ihn an den englischen Antiquitätenhändler Bankes verkauft, der ihn im Garten seines Hauses in Kingston Lacey in Dorset aufstellte. 1821 untersuchte Champollion die zweisprachige (in Griechisch und Hieroglyphenschrift gehaltene) Inschrift des Obelisken und konnte hier den Namen Kleopatra entziffern. Nun kannte er die alphabetische Transkription von immerhin zwölf Hieroglyphen. Er wandte seine Methode auf andere Schriftrollen an, entschlüsselte immer mehr Zeichen und präsentierte der Fachwelt am 22. September 1822 seine Entdeckung in der berühmten *Lettre à M. Dacier, Secrétaire de l'Académie royale des Inscriptions et Belles-Lettres*, 1824 gefolgt von dem Buch *Précis du système hiéroglyphique...*, in dem er den grundlegenden Mechanismus der Hieroglyphenschrift enthüllte. In der Folge wollte Champollion seine Entdeckung an weiteren Texten erproben und unternahm zu diesem Zweck mehrere Reisen, die ihn vor allem nach Italien und dort in das *Museo Egizio* in Turin führten. Hier nämlich befand sich die wohl größte ägyptologische Sammlung der Welt, die Champollion wesentlich weiterbrachte und ihn zu dem berühmten Ausspruch „Der Weg nach Memphis und Theben führt über Turin" veranlasste. Bis zum Februar 1825 arbeitete der Franzose mehrere Monate lang in Turin und sichtete in dieser Zeit eine gewaltige Materialfülle, die er in seinen *Lettres à M. le Duc de Blacas d'Aulps* in chronologischer Reihenfolge klassifizierte. Danach begab sich Champollion nach Rom und Florenz, wo er den jungen Professor Ippolitio Rosellini kennen lernte und sich sofort mit ihm anfreundete. Rosellini, der Begründer der Ägyptologie in Italien, kam im Jahre 1800 in Pisa zur Welt. Er erwarb zuerst einen Doktorgrad in Theologie, studierte dann jedoch in Bologna orientalische Sprachen an der Schule von Giuseppe Mezzofanti, wo man ihm in der Folge den Lehrstuhl für orientalische Sprachen übertrug.

1827 reiste er für ein Jahr nach Paris, um dort die von Champollion vorgeschlagene Methode zur Entschlüsselung der Hieroglyphen zu erlernen. In dieser Zeit entschieden die beiden Wissenschaftler, eine Forschungsreise nach Ägypten zu unternehmen. Die Expedition unter der Leitung Champollions und Mitwirkung Rosellinis kam dank der Unterstützung durch den Großherzog von Toskana, Leopold II., und den französischen König Karl X. zustande und ging als „französisch-toskanische Expedition"

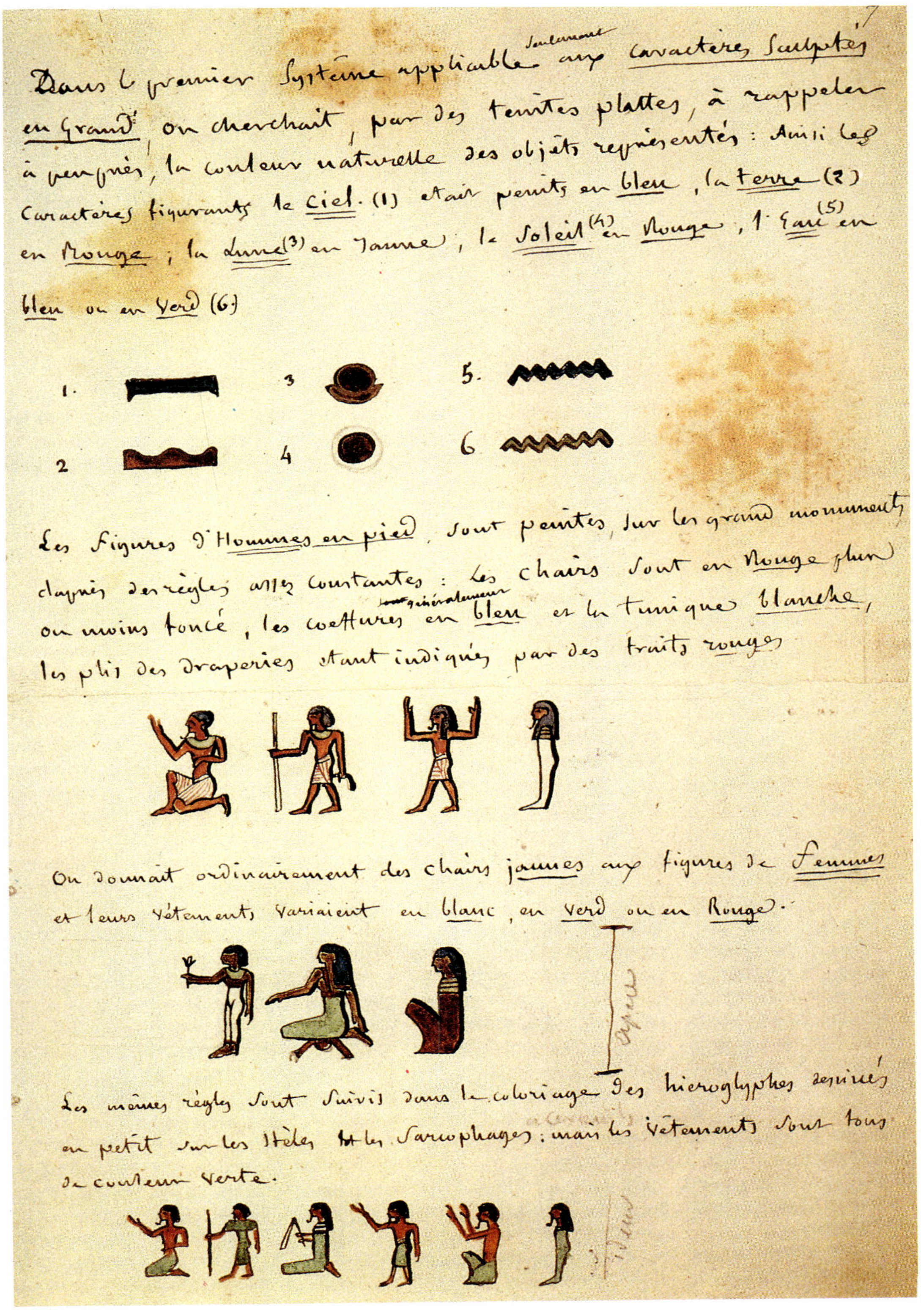

7

Dans le premier Système applicable seulement aux caractères Sculptés en Grand on cherchait, par des teintes plattes, à rappeler à peu près, la couleur naturelle des objets représentés : Ainsi les caractères figurants le Ciel (1) était peints en bleu, la terre (2) en Rouge ; la Lune (3) en Jaune ; le Soleil (4) en Rouge, l'Eau (5) en bleu ou en Verd (6).

1. 3 5. 2 4 6

Les figures d'Hommes en pied, sont peintes, sur les grand monuments d'après des règles assez constantes : les chairs sont en Rouge plus ou moins foncé, les coeffures généralement en bleu et la tunique blanche, les plis des draperies étant indiqués par des traits rouges.

On donnait ordinairement des chairs jaunes aux figures de Femmes et leurs vêtements variaient en blanc, en verd ou en Rouge.

Les mêmes règles sont suivis dans le coloriage des hieroglyphes dessinés en petit sur les Stèles et les Sarcophages ; mais les vêtements sont tous de couleur verte.

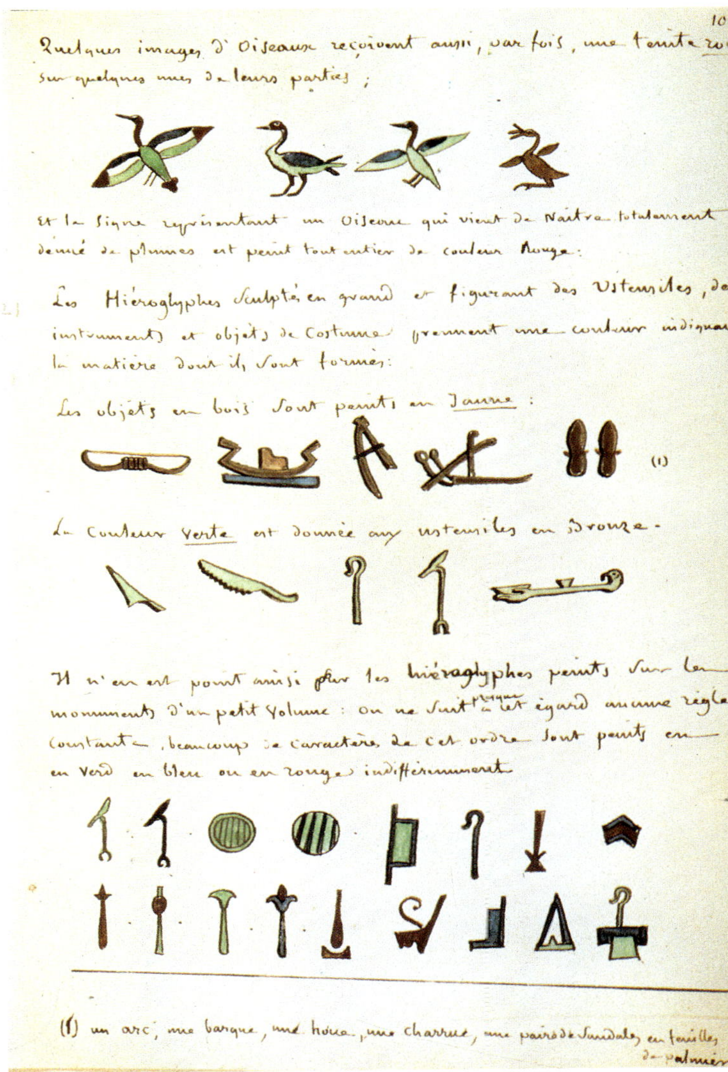

10

Quelques images d'Oiseaux reçoivent aussi, par fois, une teinte rouge sur quelques unes de leurs parties ;

et le signe représentant un Oiseau qui vient de naître totalement dénué de plumes est peint tout entier de couleur Rouge :

Les Hiéroglyphes Sculptés en grand et figurant des Ustensiles, des instruments et objets de Costume, prennent une couleur indiquant la matière dont ils sont formés :

Les objets en bois sont peints en Jaune : (1)

La couleur verte est donnée aux ustensiles en bronze.

Il n'en est point ainsi pour les hiéroglyphes peints sur les monuments d'un petit volume : on ne suit à cet égard aucune règle constante, beaucoup de caractères de cet ordre sont peints en verd en bleu ou en rouge indifféremment.

(1) un arc, une barque, une houe, une charrue, une paire de sandales, en feuilles de palmier

193 links *Champollion ahnte, dass die Hieroglyphen eine Mischung aus phonetischen und ideographischen Zeichen darstellten. Einige Zeichen transkribierten lediglich Laute, andere standen hingegen für ganze Gedanken.*

193 rechts *Nach und nach konnte Champollion auch den anderen Zeichen der ägyptischen Sprache eine Bedeutung zuordnen. Hier ist eine Manuskriptseite der von ihm verfassten ersten ägyptischen Grammatik zu sehen.*

in die Geschichte ein. Am 21. Juli 1828 schifften sich die Teilnehmer von Toulon aus nach Ägypten ein. Zu der Gruppe gehörten der Arzt und Zeichner Alessandro Ricci aus Siena, der bereits zehn Jahre zuvor mit Belzoni in Ägypten gearbeitet und unter anderen vom Grab Sethos' I. eine Vielzahl von Zeichnungen angefertigt hatte, sodann der Maler Giuseppe Angelelli, die Zeichner Nestor L'Hôte und Salvatore Cherubini, Alexandre Duchesne, Albert Bertin und Pierre Lehoux, der Historiker Charles Lenormant, die Architekten Antoine Bibant und Gaetano Rosellini, der Bruder des Mitorganisators, sowie der Naturforscher Giuseppe Raddi und sein Mitarbeiter Gaetano Galastri. Die 14-köpfige Gruppe sollte über ein Jahr in Ägypten arbeiten. Nach 28 Tagen Fahrt ging die *Eglé* in Alexandria vor Anker. Hier wurden Champollion und Rosellini von dem französischen Generalkonsul Bernardino Drovetti und seinem toskanischen Kollegen, Carlo de Rossetti, empfangen. Diese beherbergten die Gelehrten etwa einen Monat lang, bis sie alle bürokratischen Formalitäten erledigt und die Expedition vor Ort bis ins kleinste Detail geplant hatten. Obgleich die Organisation viel Zeit in Anspruch nahm und die Männer darüber hinaus zahlreiche gesellschaftliche Verpflichtungen in Alexandria wahrnehmen mussten, untersuchten Champollion und Rosellini dennoch die Monumente der Stadt, allen voran die berühmte Pompejussäule und die so genannte „Nadel der Kleopatra". In der Zwischenzeit ließ der Firman – der für Ausgrabungen und Forschungen im Land notwendige offizielle Erlaubnisschein – auf sich warten, denn Mehmed Ali zögerte, seine Unterschrift auf ein Papier zu setzen, das einfachen Gelehrten jene Rechte einräumen sollte, die ansonsten Konsuln und anderen Vertretern ausländischer Mächte in Ägypten vorbehalten blieben. Um die Dinge zu beschleu-

194 oben *In seiner berühmten* Lettre à Monsieur Dacier, Secrétaire perpétuel de l'Académie royale des Inscriptions et Belles-Lettres *verkündete Champollion am 22. September 1822, dass er die Hieroglyphenschrift entschlüsselt habe, und erklärte deren Mechanismus. In Wirklichkeit erschien der Brief erst einen Monat nach dem offiziellen Datum.*

194–195 unten *In diesem Skizzenbuch hielt der Maler Salvatore Cherubini, ein Bruder von Ippolito Rosellinis Frau Zanobia, während der Expedition Landschaften und Eindrücke fest.*

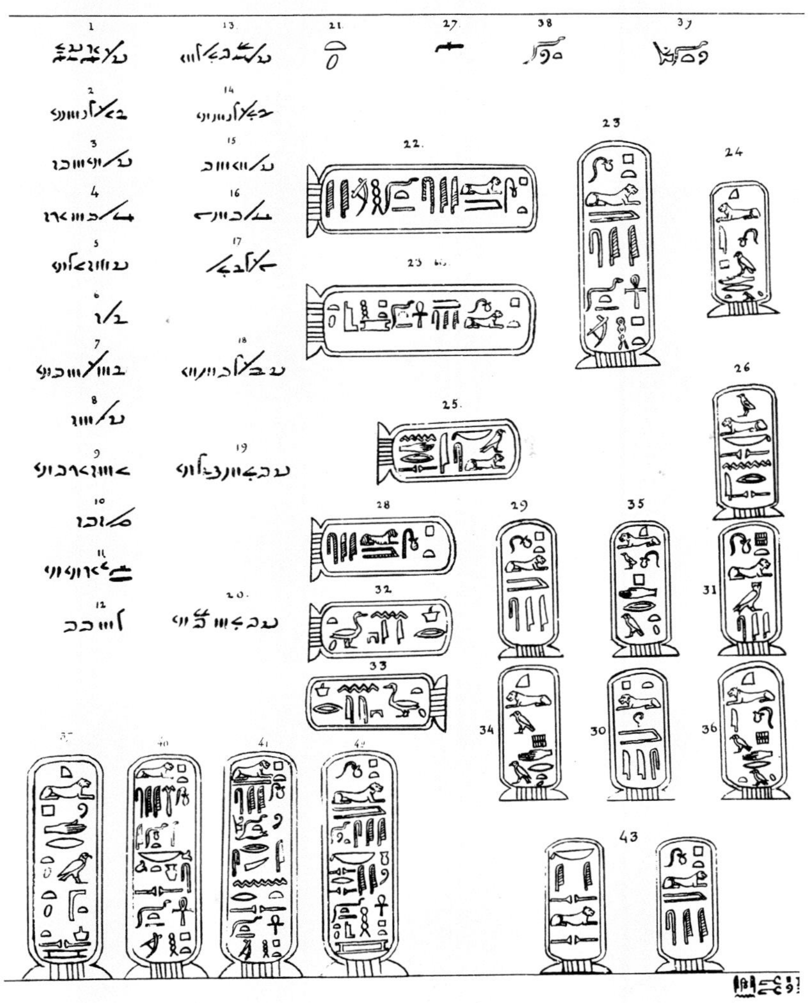

LETTRE

A M. DACIER,

SECRÉTAIRE PERPÉTUEL DE L'ACADÉMIE ROYALE DES INSCRIPTIONS ET BELLES-LETTRES,

RELATIVE A L'ALPHABET

DES HIÉROGLYPHES PHONÉTIQUES

EMPLOYÉS PAR LES ÉGYPTIENS POUR INSCRIRE SUR LEURS MONUMENTS LES TITRES, LES NOMS ET LES SURNOMS DES SOUVERAINS GRECS ET ROMAINS;

PAR M. CHAMPOLLION LE JEUNE.

A PARIS,

CHEZ FIRMIN DIDOT PÈRE ET FILS,

LIBRAIRES, RUE JACOB, N° 24.

M. DCCC. XXII.

195 oben rechts *Diese Skizze zeichnete André Bertin vom Grab Sethos' I. Die dargestellten Libyer haben blaue Augen und tragen lange Tuniken.*

195 Mitte *Jean François Champollion wurde „der Jüngere“ genannt, um ihn von seinem Bruder Jacques Joseph zu unterscheiden, der später den Namen Champollion-Figeac annahm. Dieses Bild zeichnete Salvatore Cherubini im Juli 1829 in Theben. Drei Jahre zuvor, am 15. Mai 1826, hatte man den Wissenschaftler zum Konservator der unter Karl X. neu gegründeten ägyptologischen Abteilung des Louvre ernannt.*

nigen und den Ablauf der Expedition zu vereinfachen, überließen Drovetti und sein Kollege Giovanni Anastasi, der Konsul von Norwegen und Schweden, Champollion und Rosellini mit Erlaubnis des Paschas zeitweise ihre eigenen *Firmans*. So konnte die Forschungsgruppe am 14. September 1828 auf zwei angemieteten Segelbooten, der *Iris* und der *Athir*, schließlich von Alexandria aus nilaufwärts nach Süden fahren, wo die bedeutendsten archäologischen Fundstätten des Landes lagen. Vor der Abreise waren die Zuständigkeiten und Pflichten eines jeden Teilnehmers genau festgeschrieben worden: Champollion übernahm die Rolle des Ober-, Rosellini die des Unterkommandierenden, während Lenormant die Aufgaben des Generalinspekteurs zufielen. Innerhalb von fünf Tagen durchquerte die Gruppe das gesamte Delta, unterbrochen lediglich von einem Zwischenstopp in *Sa el-Hagar*, wo sich die Ruinen der antiken Stadt *Sais* befanden. In Kairo nahm sie der toskanische Vizekonsul Mac Ardle in Empfang, bei dem sie für etwa zehn Tage blieben. Am 3. Oktober reiste die Gruppe weiter nilaufwärts in das rund zehn Kilometer entfernte Dorf *Mit Rahina*, um die Ruinen der antiken Stadt Memphis, der großen Hauptstadt des Alten Reiches, zu er-

195 unten rechts *Dieses auf 1831 datierte Bild des Malers Leon Cogniet gilt als offizielles Porträt Champollions, obgleich es ihm nach Meinung von Zeitgenossen relativ wenig ähnelte. In Wirklichkeit entstand das Bild erst 1834, zwei Jahre nach Champollions Tod am 4. März 1832.*

196 oben links *Alle Einzelheiten der Expedition wurden genau festgehalten, darunter die Verteilung der Gruppenmitglieder auf die beiden Schiffe, die man für die Fahrt nilaufwärts angemietet hatte: An Bord der Isis befanden sich Ricci, Angelelli, Bibent Cherubini, Gaetano Rosellini und L'Hôte, auf der Athyr reisten Bertin, Duchesne, Leboux und Raddi.*

197 oben *Für das Titelblatt der großen Bände der* Monumenti dell'Egitto e della Nubia *fertigte der Maler Giuseppe Angelelli diese Zeichnung an. Sie sollte den Hintergrund zu einem Porträt Rosellinis bilden, fand aber – vermutlich, weil sie für ein horizontales und nicht für ein vertikales Format gedacht war, – nie Verwendung.*

kunden. Nach einer kurzen Besichtigung der Stätte begaben sich die Mitglieder der Expedition einige Kilometer tiefer ins Landesinnere, um auch noch *Sakkâra* und die Nekropolen von Gîza anzusehen. Hier blieben sie einige Tage bis zum 12. Oktober und setzten ihre Reise nilaufwärts anschließend fort. Nach acht Tagen gelangten sie zur Nekropole von *Beni Hasan*, wo sie sich gut zwei Wochen aufhielten und ihre erste wirklich bedeutungsvolle Arbeit leisteten, indem sie die überaus interessanten Felsengräber aus der Zeit des Mittleren Reiches beschrieben

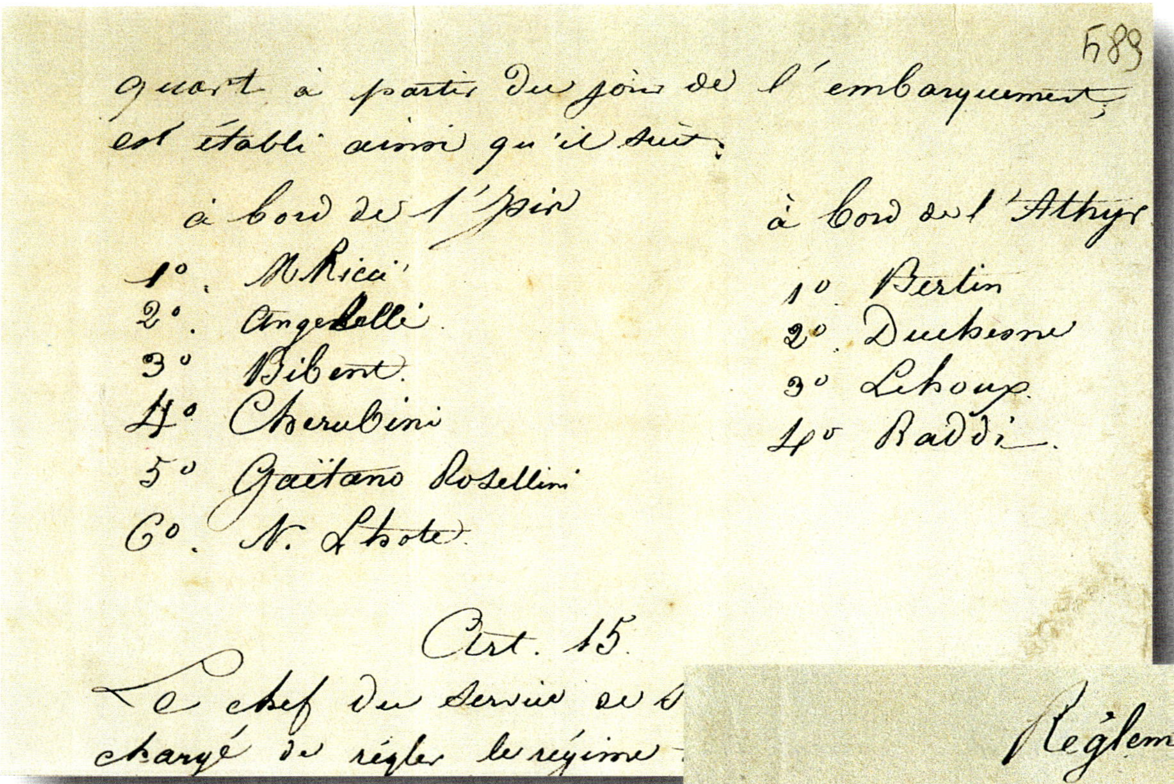
589

quart à partir du jour de l'embarquement, est établi ainsi qu'il suit:

à bord de l'Isis	à bord de l'Athyr
1°. M. Ricci	1° Bertin
2°. Angelelli	2° Duchesne
3° Bibent	3° Lehoux
4° Cherubini	4° Raddi
5° Gaëtano Rosellini	
6°. N. Lhote	

Art. 15.

Le chef du service de s… chargé de régler le régime …

197 Mitte *Der Ägyptologe Ippolito Rosellini aus Pisa war der erste Schüler Champollions und eng mit diesem befreundet. Er lernte den Franzosen im August 1825 in Florenz kennen, als dieser während einer Italienreise die wichtigsten ägyptologischen Sammlungen in Turin, Rom und Florenz studierte. Zum ersten Mal erwähnte Champollion Rosellini in einem Brief, den er im April 1826 an seinen Bruder Jacques Joseph schickte. Darin beschrieb er den Italiener als „sehr gelehrten jungen Mann voller Leidenschaft".*

196 Mitte *Vor der Abfahrt einigten sich Champollion und Rosellini auf eine 17 Artikel umfassende „Reiseordnung", nach der sich alle Mitglieder der französisch-toskanischen Expedition richten mussten. In Artikel 1 hieß es: M. Champollion wird mit der Gesamtleitung der Expedition betraut. Er bestimmt darüber, an welchen Orten die Gruppe anhält und wie lange sie sich dort aufhält. Auch entscheidet er über alle Fragen, die den Fortgang der Reise betreffen, sowie über die Verteilung und Reihenfolge der Arbeiten.*

196 unten *In dieser Szene, die sich in Wirklichkeit unter der auf der anderen Seite abgebildeten befindet, schlagen einige Soldaten auf hethitische Spione in blauen Tuniken ein, um Informationen über die Position des feindlichen Heeres zu erhalten.*

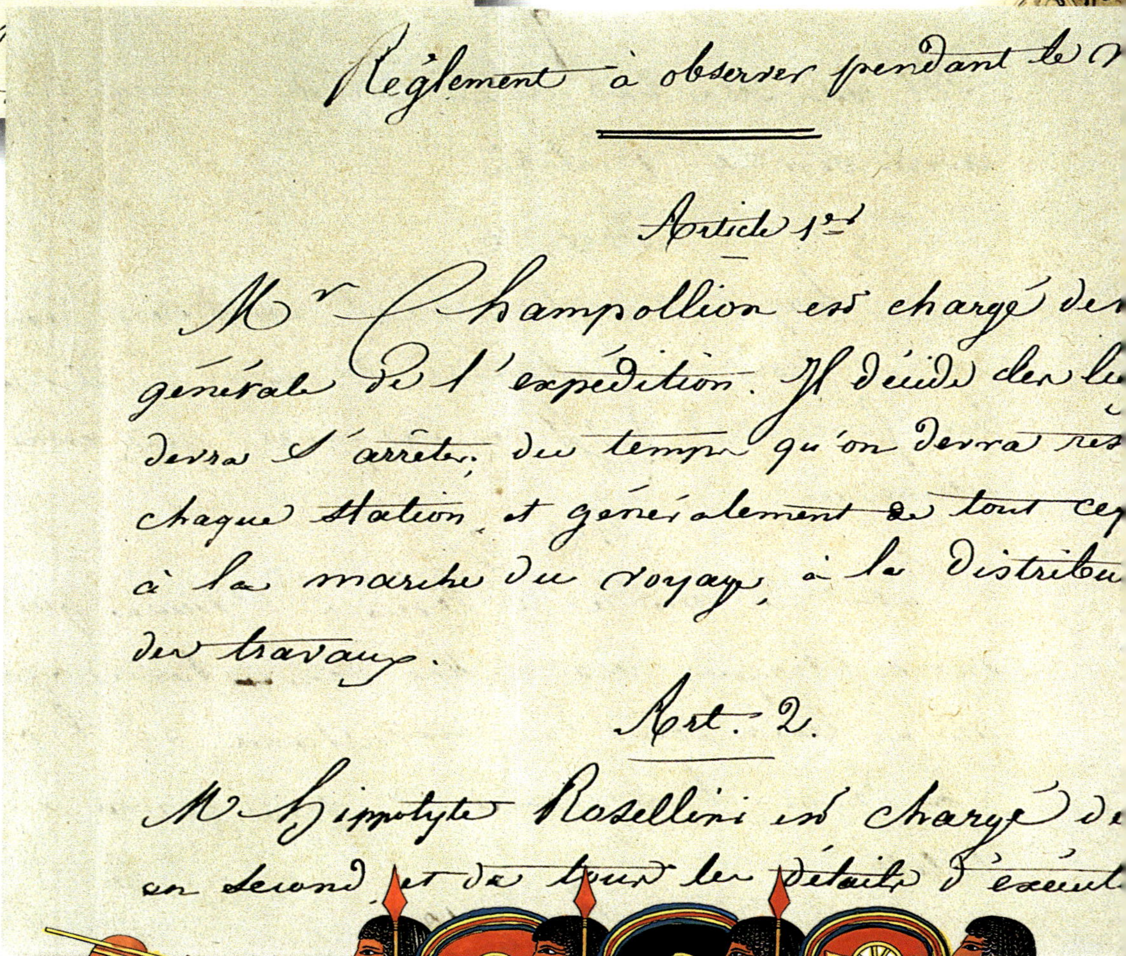
Réglement à observer pendant le …

Article 1er

Mr Champollion est chargé de … général de l'expédition. Il décide des lie… devra s'arrêter, du temps qu'on devra res… chaque station, et généralement de tout ce… à la marche du voyage, à la distribu… des travaux.

Art. 2.

Mr Hippolyte Rosellini est chargé de… en second et de tous les détails d'exécut…

und zeichneten. Mit rund 400 zumeist farbigen Bildern der Flachreliefs, welche die Gräber zierten, machten sie sich wieder auf den Weg und besichtigten in der Folge die Ruinen von jener Stadt, die Kaiser Hadrian am Nil hatte erbauen lassen, Assiût und den Tempel von Dendara. Am 20. November trafen sie schließlich in Luxor ein und durchforschten nun die Überreste des antiken Theben.
Obgleich Theben damals wie heute als größte und wichtigste archäologische Stätte Ägyptens galt, hielten sich die Gelehrten bei ihrem ersten Besuch nur sehr kurz hier auf und nutzten dann die günstigen Witterungsverhältnisse, um weiter nach Süden bis nach Nubien zu reisen. Am 26. November brachen Champollion und Rosellini von Luxor aus nach Assuan auf und erreichten das antike *Syene*, die Hauptstadt Unternubiens, am 4. Dezember.
Hier mussten die Wissenschaftler die beiden großen Schiffe verlassen, auf denen sie ihre Reise begonnen hatten, da sie mit ihnen unmöglich den direkt stromaufwärts von Assuan gelegenen ersten Katarakt überwinden konnten. Die Forscher luden daher ihr gesamtes Gepäck und Material aus und beschlossen, das Hindernis auf dem Landweg zu umgehen. Danach schlugen sie ihr Lager auf der Insel Philae auf, um dort wichtige Bauwerke aus der ptolemäischen und römischen Epoche wie den mächtigen Isistempel und den berühmten Kiosk des Trajan zu zeichnen.
Die Gruppe kampierte direkt im Kiosk des Trajan und benutzte als Küche und Vorratslager den nahe gelegenen *mammisi*. Mit diesem Begriff bezeichnete Champollion das kleinere Nebengebäude der Haupt-

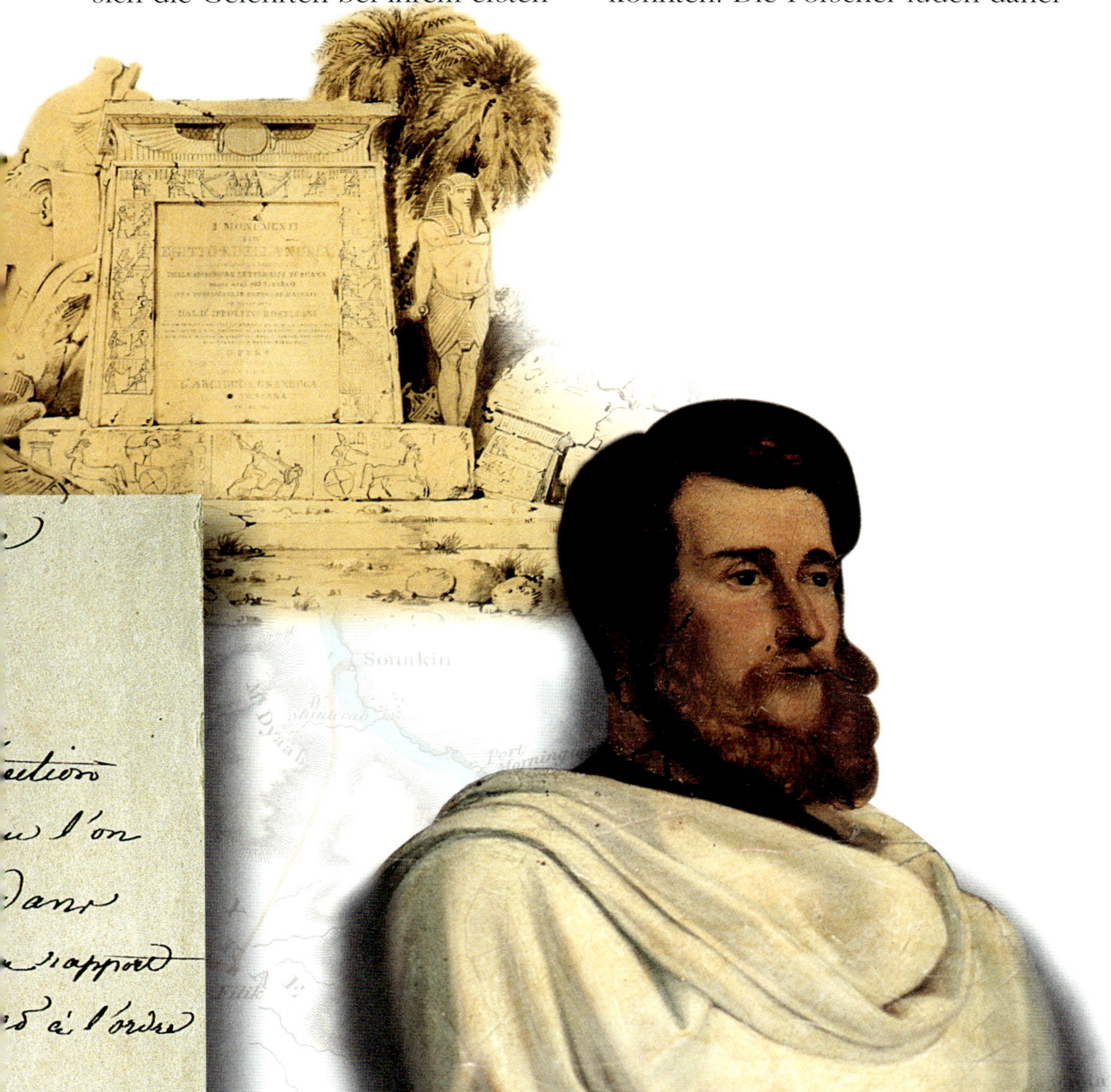

197 unten *Diese Kopie eines Flachreliefs aus dem Tempel Ramses' II. in Abu Simbel gehört zu einem Zyklus, der die Schlacht von Kadesch nachzeichnet. Ein Offizier hält den Streitwagen des Königs, während drei andere sich vor dem Herrscher verneigen, der auf dem Bild nicht zu sehen ist.*

REISEROUTE UND AUFENTHALTE DER FRANZÖSISCH-TOSKANISCHEN EXPEDITION

1828		**1829**	
18. Aug.	**Alexandria**	03. Jan.	**Abu Simbel**
19. Sept.	**Kairo**	17. Jan.	**Qasr Ibrim**
09. Nov.	**Assiût**	18. Jan.	**ed-Derr**
17. Nov.	**Dendara**	21. Jan.	**Wadi es-Sebû'a**
20. Nov.	**Theben**	23. Jan.	**ed-Dakka**
28. Nov.	**Esna**	25. Jan.	**Dendûr**
30. Nov.	**Edfu**	26. Jan.	**Kalabscha**
04. Dez.	**Assuan**	02. Febr.	**Philae**
18. Dez.	**Kalabscha**	24. Febr.	**Edfu**
19. Dez.	**ed-Dakka**	03. März	**Esna**
20. Dez.	**Wadi es-Sebû'a**	08. März	**Theben**
23. Dez.	**ed-Derr**	15. Sept.	**Kairo**
26. Dez.	**Abu Simbel**	25. Sept.	**Alexandria**
30 Dez.	**Wadi Halfa**		

198 oben *Im März 1829 zeichnete Alexandre Duchesne in Theben dieses Skizzenporträt seines Kollegen Nestor L'Hôte, der zur Zeit der Expedition erst 24 Jahre alt war. L'Hôte selbst fertigte über 600 Kohlezeichnungen und Aquarelle, die nicht nur Gebäude und Hieroglypheninschriften, sondern auch ägyptische Landschaften ins Bild fassten. Auch schrieb er zahlreiche Briefe und ein Reisetagebuch, das er 1833 veröffentlichte. Nach zwei weiteren Ägyptenreisen in den Jahren 1838–39 und 1840–41 starb er 1842 mit kaum 38 Jahren.*

tempel aus ptolemäischer Zeit, in dem die Geburt des Gottes, dem der Tempel geweiht war, gefeiert wurde. Der Aufenthalt in Philae dauerte zwölf Tage, dann reisten die Forscher weiter südwärts zu den Tempeln von Abu Simbel. Damit begann der beschwerlichste Abschnitt der Expedition, denn die Gelehrten mussten auf kleinen Booten fahren, die als Einzige den Katarakt überwinden konnten.

Am 26. Dezember erreichten Champollion und Rosellini Abu Simbel mit dem Großen Tempel Ramses' II., den der berühmte schweizerische Orientalist Ludwig Burckhardt 1813 entdeckt hatte. 1817 war es Belzoni gelungen, den Eingang des Tempels freizulegen, doch war dieser noch immer zu weiten Teilen von Wüstensand bedeckt. Nur unter großen Anstrengungen und mit dem Einsatz von sechzig Männern gelang es schließlich, eine kleine Öffnung in den Sandberg zu graben, der den Eingang blockierte. Dann endlich konnten die Mitglieder der Expedition den Tempel betreten, dessen Größe und Erhabenheit sie sogleich in den Bann schlug. Auch in Abu Simbel blieben die Männer nur für kurze Zeit: Bereits am 28. Dezember fuhren sie auf direktem Wege zu ihrem letzten Reiseziel, nach Wadi Halfa am zweiten Katarakt, wo sie unter anderem eine Stele von Ramses I. fanden und mitnahmen. Nun galt es an die Rückkehr zu denken, die am 1. Januar 1829 begann.

Unter reisetechnischen Gesichtspunkten gestaltete sich die Fahrt von Süden nach Norden in der Regel einfacher und verlief schneller als der Hinweg, da die Schiffe sich von der

198 unten *Die Ruinen des Tempels von Medinet Habu sind hier in einem Aquarell von L'Hôte zu sehen. Champollion bezeichnete diesen vom großen Tempel Ramses' II. beherrschten Ort in Westtheben als „Kompendium ägyptischer Baukunst".*

198–199 *So präsentierte sich zu Champollions Zeiten der „Tempel der Millionen Jahre" von Sethos I. in Qurna: Im Hintergrund ist der heilige Berg el-Qurn zu sehen, der über die Totenstädte wachte.*

Strömung treiben lassen konnten. Andererseits verhinderten Gegenwinde aus nördlicher und nordöstlicher Richtung nun ein allzu rasches Vorankommen.

Champollion und Rosellini beschlossen, erneut in Abu Simbel anzuhalten, wo sie diesmal für zwölf Tage blieben. Zum ersten Mal seit der Öffnung des Tempels wurden nun die zahlreichen Flachreliefs und Inschriften an den Wänden präzise beschrieben und abgezeichnet. Schweren Herzens verließen die Forscher am 16. Januar die Stätte und kehrten nach kurzen Zwischenstopps bei den Tempeln von *Wadi es-Sebû'a* und *Kalabscha* am 1. Februar 1829 nach Philae zurück. Von hier aus ging es über den ersten Katarakt weiter nach Assuan und dann nach Norden. Auf ihrem Weg nach Luxor, wo sie am 8. Februar eintrafen, untersuchten Champollion und Rosellini noch die Tempel von *Kôm Ombo*, die Stätten von Djebel Silsileh und *el-Kab* sowie den Tempel von *Esna*. Luxor stellte für die Gelehrten das wichtigste Reiseziel dar, und so entschieden sie sich, hier volle sechs Monate lang zu bleiben. Die Gruppe erkundete die großen Gräber im Tal der Könige, die Gräber der Fürsten, das Ramesseum sowie die Tempel von Medinet Habu, Karnak und Luxor und fertigte detailgenaue Zeichnungen von den dortigen Flachreliefs an.

Als der Aufenthalt in Theben sich dem Ende zuneigte, konnten die Wissenschaftler mit ihrer Arbeit zufrieden sein. Sie hatten über 300 Gräber besichtigt, zahlreiche wichtige Objekte gefunden oder erworben und dazu Hunderte von Zeichnun-

gen und Notizen angefertigt. Am 4. September machte sich die Expedition auf den Weg nach Kairo, das sie nach nur elf Tagen Fahrt erreichten. Während ihres kurzen Besuches in der Hauptstadt waren Champollion und Rosellini mehrfach bei Mehmed Ali zu Gast, dann reisten die beiden Männer mit den übrigen Mitgliedern der Gruppe weiter nach Alexandria, wo sie am 25. September eintrafen. Hier mussten sie allerdings lange auf ihr Schiff, die *Eglé,* warten, mit dem sie gekommen waren und das sie nun wieder heim nach Europa bringen sollte. Diese Zwangspause nutzten die Forscher, um ihre Aufzeichnungen zu ordnen, die rund 1400 Zeichnungen zu sichten und ihre kostbaren Funde für den Transport über See zu verpacken. Als die *Eglé* dann noch immer auf sich warten ließ, beschlossen die Gelehrten, Ägypten dennoch zu verlassen, da sie keinesfalls während der Wintermonate das Mittelmeer überqueren wollten. Als erste schifften sich Rosellini und seine toskanischen Freunde am 17. Oktober auf der *Aristide* ein, die Kurs auf Livorno nahm; Champollion und die übrigen Mitglieder der Expedition gingen am 6. Dezember in Alexandria an Bord und trafen am 25. Dezember 1829 wohlbehalten in Toulon ein.

Nun aber lag vor Champollion und Rosellini die mühevolle Aufgabe, das wertvolle, in langen Monaten anstrengender Arbeit und unter vielerlei Entbehrungen und Gefahren gesammelte Material zu sortieren und zu bearbeiten. Das Ergebnis fasste Rosellini schließlich in einem monumentalen Opus mit dem Titel *Monumenti dell'Egitto e della Nubia* zusammen, das noch heute zu den Standardwerken der ägyptologischen Wissenschaft gehört.

200–201 *So beschreibt Nestor L'Hôte, der auch dieses schöne Aquarell malte, den zweiten Katarakt: „...Über eine gewaltige Strecke liegen in der Ebene nichts als unendlich viele Inseln und Felsen, durch die der brausende Fluss sich windet".*

201 *In einer ganz neuen Perspektive stellte L'Hôte den Kiosk des Trajan auf der Insel Philae dar. Neben dem Monument ist eines der Zelte der Expedition zu sehen, die im Dezember 1829 und vom 1. bis 7. Februar 1829 einige Tage auf der Insel kampierte.*

202–203 *Um die Texte und Verzierungen der Gräber im Tal der Könige besser untersuchen zu können, schlugen Champollion und Rosellini ihr Lager im Grab Ramses' VI. auf. Mit am genauesten studierten die beiden Ägyptologen die Grabstätte Ramses' III. mit ihren zahlreichen Flachreliefs an den Wänden: Hier nimmt der Pharao eine Räucherung vor und gießt in Anwesenheit der Götter Ptah-Sokaris und Isis reinigendes Wasser aus.*

203 rechts *Merenptah, der Sohn und Nachfolger Ramses' II., steht vor dem Gott Rê-Harachte, der ihm „Leben, Beständigkeit und Dauer" schenkt.*

Im Dezember 1830 sandte Ippolito Rosellini ein Schreiben an den Großherzog von Toskana, Leopold II., in dem er ein Exposé seiner geplanten Veröffentlichung vorstellte und um die Genehmigung des Buches bat. Dieses sollte die während der Expedition gesammelten Aufzeichnungen und Bilder enthalten, die Rosellini mit Hilfe seines Bruders Gaetano und seines Freundes Alessandro Ricci überarbeitet hatte.
Am 15. Januar 1831 gab der Ägyptologe ein „Manifest" heraus, in dem er Inhalt und Gliederung seines Werkes präsentierte und um Unterstützung sowie Vormerkungen warb. Um den Druck zu finanzieren, schickte Rosellini außerdem seinen Freund und Mitarbeiter Alessandro Ricci nach Deutschland und England, wo er ebenfalls Subskribenten gewinnen sollte. Einige Monate zuvor hatte Rosellini bereits einen langen Brief an seinen Lehrer und Reisegefährten Champollion geschrieben, in dem er ihn zur redaktionellen Mitgestaltung seines Werkes einlud. Am 18. Mai 1831 antwortete Champollion und lud ihn zu einem klärenden Treffen für die zweite Hälfte des Monats Juli nach Paris ein. Trotz einiger kleinerer Kontroversen gelangten die beiden Ägyptologen zu einer Übereinkunft und Rosellini konnte zufrieden nach Pisa zurückkehren, um letzte Hand an die Redaktion der *Monumenti* zu legen.
Leider sollten sich die beiden Forscher nie mehr wieder sehen: Kaum ein halbes Jahr später starb Champollion am 4. März 1832 überraschend und viel zu früh an einem Schlaganfall. Eigentlich sollte Champollions Bruder, Jacques Joseph Champollion-Figeac, anstelle des Verstorbenen an der Endredaktion des Buches mitwirken, doch verschlechterte sich das Verhältnis zwischen ihm und dem Italiener schon bald und als der Franzose schließlich

verlangte, als alleiniger Herausgeber zu fungieren, brach der Kontakt völlig ab. In dieser Situation entschied Ippolito Rosellini in Übereinstimmung mit dem Großherzog von Toskana, das Werk in eigener Regie zu veröffentlichen. Schon Ende 1832 begann die Druckerei Nicolò Capurro & Co mit dem Druck der ersten Ausgaben. Über den komplizierten Satz der ungewöhnlichen Bildzeichen wachte der Maler Giuseppe Angelelli, ein Reisegefährte Champollions und Rosellinis.
In den vier darauf folgenden Jahren erschienen zunächst acht Oktavbände, ergänzt durch einen zweibändigen Atlas im Folioformat. Am 4. Juni 1843 starb Rosellini. Ein Jahr nach

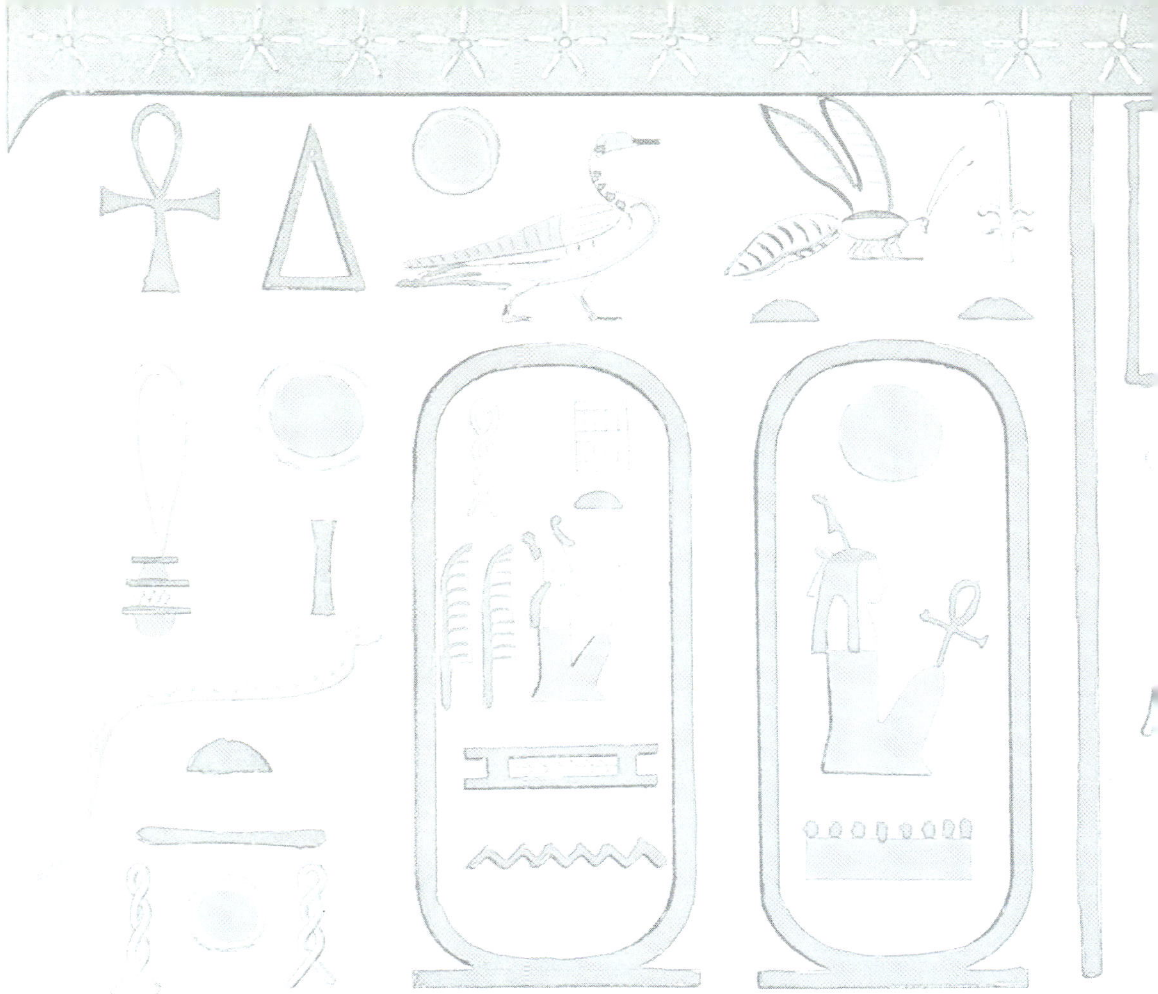

204 *Auch im Grab von Sethos I., das Belzoni 1817 entdeckt hatte, fertigten die Forscher viele Zeichnungen an: Auf diesem Flachrelief führt der Falkengott Horus den Pharao vor Osiris, den Herrscher der Totenwelt, und Imentit, die Göttin des Okzidents. Das Podest, auf dem die beiden Gottheiten Platz genommen haben, ist mit Hieroglyphen verziert, die für die Wörter* ged, ankh *und* uas *– Leben, Stabilität und Dauer – stehen.*

205 *Im Grab Sethos' I. beschränkten sich Champollion und Rosellini nicht auf die Untersuchung der Inschriften und Flachreliefs. Unter anderem nahmen sie zwei Gemälde von den Wänden ab und ließen sie nach Paris und Florenz bringen. Dieses Flachrelief, das Alessandro Ricci bei der Entdeckung des Grabes bereits in einem weniger ausgefeilten und realistischen Stil gezeichnet hatte, befand sich ursprünglich auf der linken Seite des Eingangs zum dritten Gang und ist heute im Musée du Louvre zu sehen. Sein analoges Gegenüber wird im Museo Archeologico in Florenz aufbewahrt.*

205

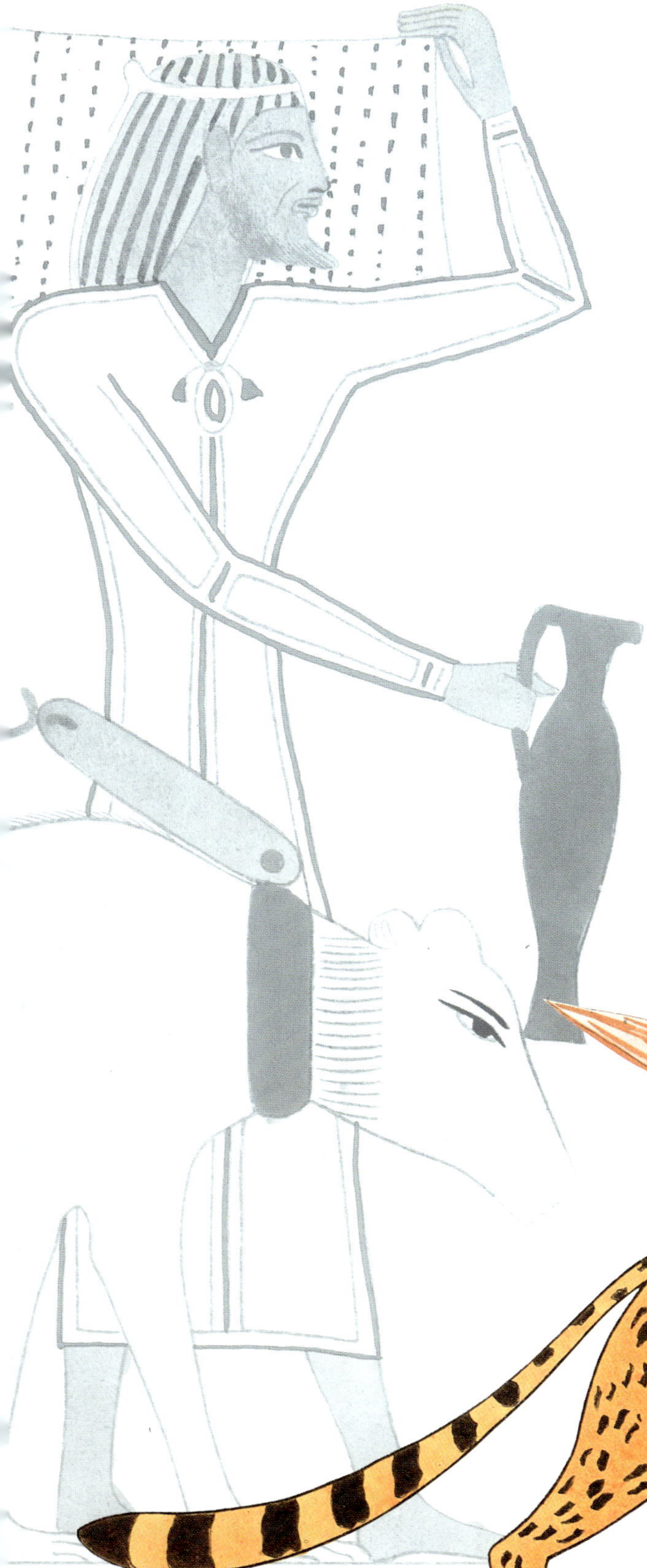

206–207 *Die Mitglieder der Expedition untersuchten auch die Gräber hoher Würdenträger in der thebanischen Nekropole und zeichneten die interessantesten Wandmalereien exakt ab. Im Grab des Wesirs Rechmir aus der 28. Dynastie entrichten auf einem Bild Nubier ihre Tributzahlungen in Form von Elefantenstoßzähnen, Weihrauch und exotischen Tieren. Neben Raubtieren und einem kleinen Elefanten ist eine Giraffe zu sehen, an deren Hals sich ein Affe festklammert. Während die Tiere in den thebanischen Gräbern sehr realistisch wirken, gibt es in den Grabstätten des Mittleren Reiches in der Nekropole von Beni Hasan viele Phantasietiere, die Champollion und Rosellini besonders faszinierten.*

M. R.

208–209 *Im großen Tempel von Ramses II. in Abu Simbel, den Belzoni 18 Jahre zuvor geöffnet hatte, leistete die französisch-toskanische Expedition eine beachtliche Arbeit, denn noch niemand hatte zuvor die Flachreliefs beschrieben und abgezeichnet. Hier führt Ramses II. äthiopische und nubische Gefangene vor den obersten Gott des thebanischen Pantheons, Amun-Rê, und dessen Gattin Mut. Zwischen beiden ist abermals Ramses zu sehen, diesmal in göttlicher Gestalt. Die vertikalen Textreihen beinhalten an alle drei Gottheiten gerichtete Anrufungen und Gebete.*

Ros.

N°. LXXXVI.

G. sculp.

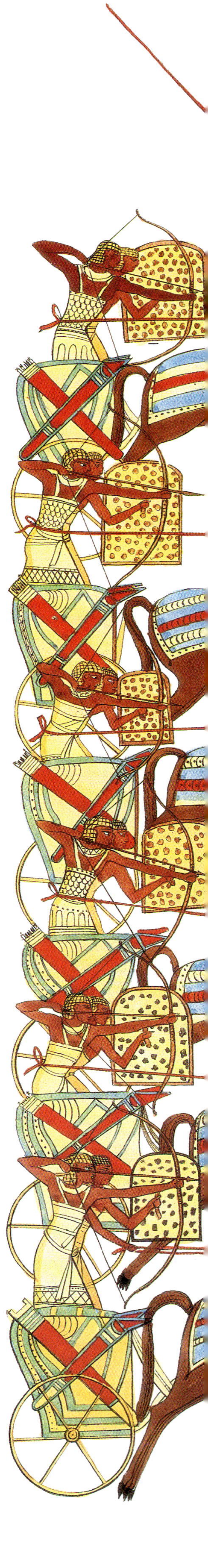

210 oben *Dieses berühmte Flachrelief stammt von der südlichen Wand des Pronaos im großen Tempel von Abu Simbel. Auf einem bereits besiegten Gegner stehend, tötet Ramses II. hier einen libyschen Feind mit der Lanze. Bemerkenswert ist die Position der Waffe, die hinter den Kopf des Herrschers gemalt wurde, um sein Gesicht nicht zu verdecken. Ein beigefügter Hieroglyphentext rühmt die Taten des Pharaos.*

210 unten *Ramses' Armee greift eine syrische Festung an, deren Verteidiger unter dem feindlichen Pfeilhagel zusammenbrechen. Die Bilder auf dem Pronaos des Tempels von Abu Simbel illustrieren Szenen aus dem Krieg, den Ramses II. gegen die Hethiter führte. Er endete 1274 v. Chr. mit der berühmten Schlacht von Kadesch unweit des syrischen Flusses Orontes.*

211 *Die ägyptischen (links) und die syrischen (rechts) Streitwagen preschen während der Schlacht aufeinander zu: Die ägyptischen Bogenschützen greifen in Reih und Glied an und töten mit ihren Pfeilen die Feinde und deren Pferde.*

212–213 *Zwei feurige Rösser mit elegantem Zaum- und Sattelzeug ziehen den Streitwagen des Pharaos. Ramses II. schießt einen Pfeil auf die syrische Festung von Kadesch ab (vgl. S. 210). Um den Bogen halten zu können, hat der Herrscher die Zügel an seinen Gürtel gebunden.*

seinem Tod wurden dann ein neunter Oktavband und ein dritter Band des *Atlante* posthum veröffentlicht. In verschiedenen Abschnitten widmete sich das Werk den historischen Bauwerken, den weltlichen Monumenten und schließlich den Kultstätten Ägyptens. Die neun Textbände umfassten immerhin 3300 Seiten, die Atlanten 390 große Bildtafeln, davon 110 farbige, mit Zeichnungen von Giuseppe Angelelli, Salvatore Cherubini, Nestor L'Hôte und Gaetano Rosellini. Für die Franzosen gab Champollion-Figeac seinerseits zwischen 1835 und 1847 eine eigene Ausgabe des Werkes in vier Bänden heraus, die den Titel *Monuments de l'Egypte et de la Nubie d'après les dessins exécutés sur les lieux sous la direction de Champollion le Jeune* trug. Ihr folgten später die *Notices descriptives conformes aux notices autographes rédigées sur les lieux par Champ. le Jeune* in zwei Quartbänden, die großenteils bereits bei Rosellini veröffentlichte Bildtafeln enthielten.

214–215 Hier tötet Ramses II. eine Gruppe von Gefangenen unterschiedlicher Rassen, was an den verschiedenen Hautfarben zu erkennen ist. Die Opfer sind für Amun-Rê bestimmt, der dem Pharao den Säbel (khepesh) reicht. Die Hieroglyphen am äußeren rechten Bildrand bezeichnen den Pharao mit dem Namen Horus.

215 Die letzten Bildtafeln des Abschnittes, den Rosellini den historischen Monumenten Ägyptens widmete, zeigen Flachreliefs aus den Gräbern von Sethos I. und Ramses III. Zu sehen sind Angehörige fremder Völker in ihren traditionellen Trachten. Der Libyer zur Linken trägt die charakteristische Lockensträhne, während der Asiate rechts sich durch seine Hakennase und den spitz zulaufenden Vollbart auszeichnet.

215

216 oben *Deutlich sind auf diesem Bild zwei Syrer mit ihrem typischen rotblonden Bart zu erkennen.*

216 Mitte und unten *Diese beiden Bilder im Werk Rosellinis zeigen einen Libyer und einen Nubier (unten) mit den für ihr jeweiliges Volk charakteristischen Frisuren und Schmuckstücken.*

217 *Unter den Wandgemälden im Tempel von Abu Simbel befindet sich dieses Bild eines Mannes, der zu einer Gruppe asiatischer Gefangener von Ramses II. gehört. Die beiden anderen Gemälde stammen aus dem gleichen Tempel und zeigen zwei asiatische Soldaten aus der hethitischen Armee, welche die von den Ägyptern eroberte Festung von Kadesch verteidigte. Beide Kämpfer zeichnen sich durch ihre blauen Augen aus.*

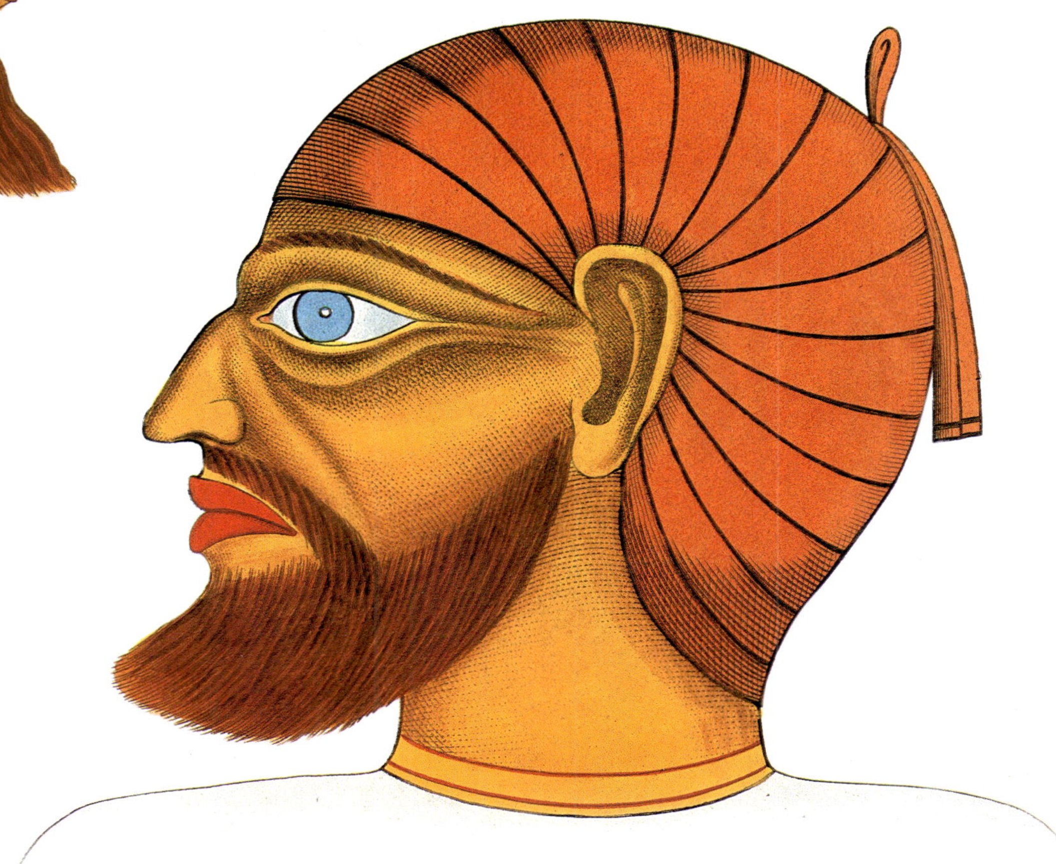

JOHN GARDNER WILKINSON

BEGRÜNDER DER ÄGYPTOLOGIE IN ENGLAND

218 oben links *In den Gräbern und Tempeln von Theben fertigte Wilkinson viele Zeichnungen an. Diese Schlachtszene aus der großen Hypostylhalle im Tempel von Karnak zeigt den Pharao Sethos I. auf seinem Streitwagen.*

218 oben rechts *Aus dem Vergleich verschiedener Flachreliefs rekonstruierte Wilkinson das Aussehen eines antiken Streitwagens.*

218 unten *Wilkinson gilt als Begründer der Ägyptologie in England. Zwischen 1821 und 1833 arbeitete er über zwölf Jahre lang in Theben. Außer seinen Büchern hinterließ er einen noch immer unveröffentlichten, 56-bändigen Korpus von Notizen und Zeichnungen, der sich heute in der* Bodleian Library *in* Oxford *befindet.*

218–219 *Der große britische Ägyptologe zeichnete die erste wissenschaftliche Karte von Theben, in die er die genaue Position aller wichtigen Bauwerke eintrug. Auch führte er eine noch heute verwendete, logisch nachvollziehbare Nummerierung für die Gräber im Tal der Könige ein.*

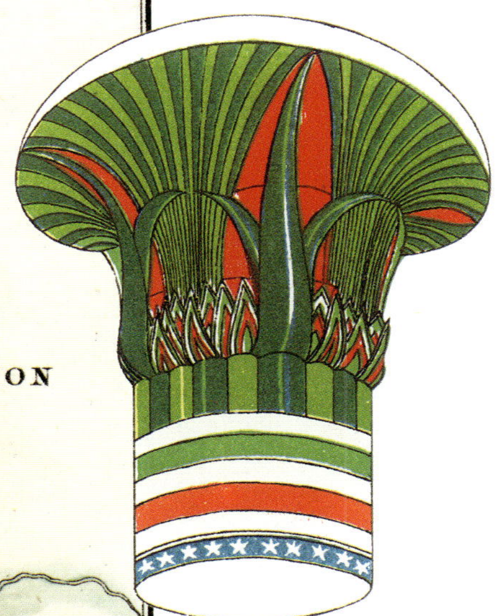

219 unten *Wilkinson untersuchte die Architektur der ägyptischen Tempel aufs Genaueste und unterschied verschiedene Säulen- und Kapitelltypen: Hier ist eine Papyrusbündelsäule mit offenem Kapitell zu sehen.*

John Gardner Wilkinson schien für die Wissenschaft nicht zu taugen, brach er doch sein Studium in Oxford nach nur zwei Jahren ohne Abschluss ab. Lieber wollte er die militärische Laufbahn als Offizier im Dienste seiner Majestät einschlagen, vor seinem Eintritt in die Armee aber noch eine Reise nach Europa und Ägypten unternehmen. Während er sich in Italien aufhielt, begegnete er 1820 in Neapel dem Antiquitätenhändler Sir William Gell, der ihn dazu brachte, seine Pläne aufzugeben und stattdessen ägyptische Archäologie zu studieren. 24jährig kam Wilkinson im darauf folgenden Jahr nach Ägypten, wo er die nächsten zwölf Jahre verbringen sollte. Er erkundete sämtliche Monumente und antiken Stätten des Landes, reiste nilaufwärts bis zum zweiten Katarakt und beschrieb als Erster die Malereien und Flachreliefs der Gräber von Armarna und Beni Hasan. Außerdem identifizierte er Hauwâra im Faijûm als das in der klassischen Literatur beschriebene „Labyrinth“ und verfasste ganz allein ein umfassendes Handbuch zur Geschichte und Chronologie der ägyptischen Antike. 1824 begab sich der junge Engländer nach Theben ans Westufer des Nils. Sein Lager schlug er in dem noch heute erhaltenen Grab eines Würdenträgers der 18. Dynastie namens Amethu (TT 83) auf, das auf dem Hügel von Sheikh Abd el-Qurna direkt über der größten und wichtigsten Privaten Nekropole Thebens lag. In der Nekropole von Qurna, in der einige Jahre zuvor auch Belzoni kampiert hatte, war Wilkinson keineswegs allein. Vielmehr befand er sich in der Gesellschaft einer Reihe anderer Europäer, zumeist Agenten der Konsuln Salt und Drovetti, darunter Piccinini aus Lucca und die Griechen Giovanni („Yanni“) d'Athanasi und Thomas Triantaphyllos.

Im Unterschied zu den beiden Letztgenannten interessierte sich Wilkinson nicht in erster Linie für Ausgra-

220 oben links *Zur Zeit von Wilkinson war Grabraub in Ägypten an der Tagesordnung: Die Einheimischen beobachteten das wachsende Interesse der Europäer an der antiken Kultur und versuchten, ihre mageren Einkünfte durch den Verkauf von Funden aufzubessern. Auf diesem Aquarell von Wilkinson sucht eine Araberin in einem thebanischen Grab zwischen den Mumien nach wertvollen Objekten.*

220 oben rechts *Während seines langen Aufenthaltes in Theben fand Wilkinson diesen hervorragend konservierten Mumienschädel, den er genau abmalte.*

220–221 *Vor Wilkinson hatte noch niemand die Gräber der Fürsten und Würdenträger in Theben sorgfältig untersucht. In seinem Buch findet sich ein Bild dieser großen Szene. Sie ziert eine Wand im Grab des königlichen Schreibers Horemheb (TT 78), der während der 18. Dynastie zur Zeit von Thutmosis III. und Amenophis III. lebte. Im oberen Teil begleitet der Leichenzug den Sarkophag zum Grab, ganz unten ist die rituelle Wallfahrt nach Abydos zu sehen.*

221 oben rechts *Diese kleine Stele des Gottes Horus, der auf Krokodilen steht, besaß nach Auffassung der Ägypter magische Kräfte und konnte Gefahren abwenden. Wilkinson zeichnete sie ab und erklärte in seinem Buch genau jedes winzige Detail.*

bungen. Stattdessen kopierte der Engländer mit viel Geduld und Begabung die Zeichnungen und Inschriften der verschiedenen Gräber und richtete sein Augenmerk überdies auf die Lebensbedingungen und den Alltag im antiken Ägypten. Seine unveröffentlichten Notizen, Zeichnungen und epigraphischen Studien bilden einen 56-bändigen *Korpus,* der sich heute in der *Bodleian Library* in Oxford befindet und noch immer zu den bedeutenden wissenschaftlichen Arbeiten im Bereich der Ägyptologie zählt. Vor seiner Abreise aus England hatte Wilkinson sich auch mit den Theorien von Thomas Young und dessen Technik zur Entschlüsselung der Hieroglyphenschrift befasst, die – zumindest, was die Transkription vieler alphabetischer Zeichen anbetraf – relativ korrekt war. Später machte sich Wilkinson auch mit Champollions Methode vertraut, sodass seine Kenntnisse ausreichten, um wenigstens die Namen und die Königskartuschen annähernd korrekt zu lesen. Da die Gräber von Bibân el-Molûk, das zur damaligen Zeit noch nicht Tal der Könige hieß, in der Nähe lagen, entschloss sich der Engländer, sie systematisch zu untersuchen. Er hoffte, auf diese Weise eine genaue Chronologie des Neuen Reiches oder jedenfalls derjenigen Herrscher aufstellen zu können, die während der höchsten Blüte und größten Ausdehnung des ägyptischen Reiches in Theben regiert hatten. Unsystematisch hatten bereits Pococke und Bruce von einigen Königsgräbern Skizzen und Pläne angefertigt, später hatte Belzoni neue, bedeutende und prächtige Grabstätten entdeckt und schließlich zeichnete James Burton, der 1820 in Theben zu arbeiten begann, die ersten wirklich exakten Pläne. Niemand aber hatte die Gräber der Nekropolen bislang mit wissenschaftlichen Methoden studiert oder sich etwa gar um eine chronologische Klassifizierung bemüht. Als erstem Forscher gelang es Wilkinson, die Inschriften im Tal der Könige zu lesen und die Gräber

222–223 oben *Im Grab des Wesirs Rechmir (TT 100), der während der 18. Dynastie unter Thutmosis III. und Amenophis II. gedient hatte, kopierte Wilkinson die Wandgemälde des Vorraums: Nubische, asiatische und libysche Völker entrichten ihren Tribut in Form von exotischen Tieren, Stoßzähnen, Raubtierfellen, Goldstaub und -barren sowie kostbarem Geschirr.*

222–223 unten *Im Grab des königlichen Schreibers Neferhotep (TT n.49), der zur Zeit des Pharaos Eje (18. Dynastie) gelebt hatte, malte Wilkinson diese Szene ab. Sie zeigt den von weinenden Frauen begleiteten Zug der Barken, die den Verstorbenen zum Grab bringen. In der ersten Barke verbrennt ein mit Raubtierfellen bekleideter sem-Priester Weihrauch zur rituellen Reinigung. Da viele dieser Fresken heute nicht mehr existieren, stellen die Zeichnungen häufig besonders wertvolle Dokumente dar.*

den wirklichen Besitzern zuzuordnen. 1827 kam der Engländer dann auf den Gedanken, jede Königsgruft mit einer Nummer zu versehen, die auf einer genauen, noch heute angewandten topographischen Methode basierte. Am tiefsten Punkt des Haupttals beginnend, arbeitete er sich weiter nach hinten und in die Seitentäler vor, wobei er im Eingangsbereich eines jeden Grabes die entsprechende Nummer anbrachte. Die 21 von ihm gekennzeichneten

Grabstätten trug er in eine Karte ein, die 1830 unter dem Titel *Topographical Survey of Thebes* erschien. 1833 kehrte Wilkinson nach London zurück und veröffentlichte dort sein Hauptwerk, *Manners and Customs of the Ancient Egyptians, including their private life, government, laws, arts, manufactures, religion and early history, derived from a coparison of the paintings, sculptures and monuments still existing, with the account of the ancient authors* (Sitten und Gebräuche der alten Ägypter, einschließlich ihres Privatlebens, ihrer Regierung, Gesetze, Künste, Handwerke, Religion und frühen Geschichte, abgeleitet aus einem Vergleich der noch existierenden Gemälde, Skulpturen und Bauwerke mit den Berichten der antiken Autoren). Dieses Buch galt lange Zeit als beste Abhandlung über die Welt der alten Ägypter und brachte Wilkinson großen Ruhm und den Titel „Sir" ein. Im Unterschied zu Champollion, Lepsius und anderen Gelehrten erhielt der Engländer aber nie eine finanzielle Hilfe von seinem Land, mit der er seine Kosten abdecken oder seine Studien hätte vorantreiben können. Im Winter 1855/56 reiste Wilkinson zum letzten Mal nach Ägypten, dann heiratete er im Alter von 59 Jahren und verließ England nicht mehr. Von Ehrungen überhäuft, widmete er sich bis zu seinem Tod im Jahre 1875 seinen ägyptologischen Studien.

224 oben *Der britische Oberst Howard Vyse untersuchte die Pyramiden von Gîza, wo er 1836 zunächst mit dem italienischen Marinekapitän Giovanni Battista Caviglia und später mit John Perring arbeitete. Sein Eindrücke, Erkenntnisse und Entdeckungen hielt Vyse in dem Buch* Operations carried on at the Pyramids of Gizeh in 1837... *fest, das zwischen 1840 und 1842 erschien. Diese dem Werk entnommene Zeichnung illustriert die Entdeckung von Elementen der ursprünglichen Außenverkleidung der Cheopspyramide*

224 unten *Im Januar 1837 begann Vyse mit dem britischen Ingenieur John Shae Perring zusammenzuarbeiten. Ihn beauftragte Vyse mit der Fortführung der Ausgrabungen in Gîza, als er im gleichen Jahr in seine Heimat zurückkehrte. In der Folge veröffentlichte Perring ein dreibändiges Werk im Folioformat mit dem Titel* The Pyramids of Gîza.

RICHARD VYSE UND JOHN PERRING

DIE LETZTEN GEHEIMNISSE DER GROSSEN PYRAMIDEN

Im Mittelalter, vor allem aber im 17. Jahrhundert, gehörten die Pyramiden zu den bevorzugten Zielen der Ägyptenreisenden. Im 18. Jahrhundert fertigten wichtige Reisende wie Pater Claude Sicard, Kapitän Frederik Norden und Reverend Richard Pococke erste Zeichnungen an. 1765 erforschten der englische Diplomat Nathaniel Davison und der französischen Kaufmann Meynard gemeinsam die Cheopspyramide und entdeckten den ersten der fünf Hohlräume über der Grabkammer. Gleichwohl führte bis ins 19. Jahrhundert hinein niemand systematische Ausgrabungen an den Pyramiden durch.

Selbst die Wissenschaftler und Ingenieure der napoleonischen Expedition, die sich im Jahre 1801 lange in Gîza aufhielten, die innere Struktur der Cheopspyramide genau erkundeten und sogar eine Karte der gesamten archäologischen Stätte anfertigten, beschränkten sich darauf, die westlichste der drei Nebenpyramiden der Mykerinospyramide freizulegen. 1816 begann der italienische Marinekapitän Giovanni Battista Caviglia im Auftrag des englischen Konsuls Henry Salt in Gîza zu graben. Er untersuchte zunächst die Cheopspyramide, legte dann den nach unten führenden Gang frei und entdeckte schließlich die unvollendete unterirdische Grabkammer, die sich unter der „Kammer der Königin" befindet. Dann richtete Caviglia sein Augenmerk auf die Sphinx und fand zwischen ihren Vorderpranken die große Stele von Thutmosis IV., auch „Traum-Stele" genannt, sowie große Bruchstücke des Zeremonienbartes, der einst das Kinn des Kolosses geziert hatte. 1818 machte Giovanni Battista Belzoni eine sensationelle Entdeckung, als es ihm gelang, in die Chephrenpyramide einzudringen. Aber erst zwanzig Jahre später fingen der englische Oberst Richard

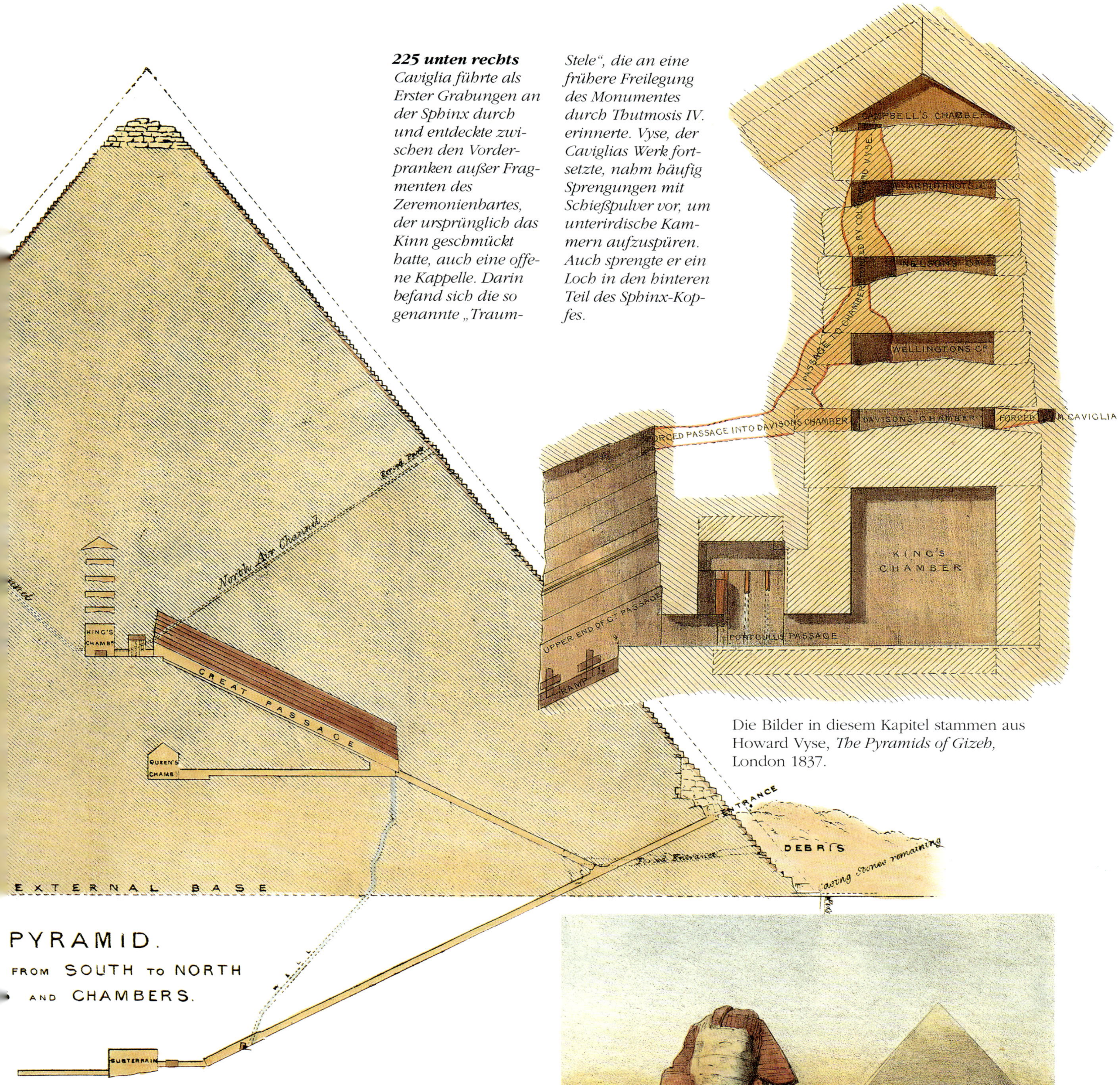

Die Bilder in diesem Kapitel stammen aus Howard Vyse, *The Pyramids of Gizeh*, London 1837.

224–225 *Perring zeichnete den ersten vollständigen Querschnitt der Cheopspyramide mit sämtlichen inneren Strukturen, den Vyse später in seinem Buch abdruckte. Neu entdeckt hatten die Forscher die Entlastungsräume, die unvollendete unterirdische Grabkammer sowie den Gang, der den absteigenden und den aufsteigenden Korridor miteinander verbindet. Vermutlich hatte er einst den Arbeitern als Ausgang gedient, nachdem sie den aufsteigenden Gang durch schwere Granitblöcke verschlossen hatten. Caviglia hatte alle diese Elemente bereits 1817 gefunden, jedoch keine Zeichnung angefertigt.*

225 oben rechts *Bei der Erkundung der Cheopspyramide richteten Vyse und Perring ihre Aufmerksamkeit auf die Decke der Grabkammer, über der Davison 1765 einen Hohlraum entdeckt hatte. Von hier aus gruben die beiden Forscher ein Loch in die Kalksteinblöcke und fanden vier weitere, übereinander liegende Hohlräume, die sie „Wellington-Raum“, „Nelson-Raum“, „Raum der Lady Arbuthnot“ und „Campbell-Raum“ tauften. Diese Entlastungsräume sollten wahrscheinlich den Druck der Steine auf die Decke der Grabkammer vermindern.*

225 unten rechts *Caviglia führte als Erster Grabungen an der Sphinx durch und entdeckte zwischen den Vorderpranken außer Fragmenten des Zeremonienbartes, der ursprünglich das Kinn geschmückt hatte, auch eine offene Kappelle. Darin befand sich die so genannte „Traum-Stele“, die an eine frühere Freilegung des Monumentes durch Thutmosis IV. erinnerte. Vyse, der Caviglias Werk fortsetzte, nahm häufig Sprengungen mit Schießpulver vor, um unterirdische Kammern aufzuspüren. Auch sprengte er ein Loch in den hinteren Teil des Sphinx-Kopfes.*

Howard Vyse und sein Landsmann, der Ingenieur John Perring, mit systematischen Grabungen in Gîza an. Vyse war 1835 nach Ägypten gekommen und hatte zunächst Caviglia als Mitarbeiter gewonnen, mit dem er ab 1836 in Gîza arbeitete. Er zeigte sich aber bald unzufrieden mit den Methoden des Italieners, die ihm zu unproduktiv schienen. Daher schloss er sich im darauf folgenden Jahr mit Perring, einem äußerst methodischen Forscher, guten Topographen und begabten Zeichner zusammen, der in Mehmed Alis Auftrag die öffentlichen Bauarbeiten in Ägypten leitete. Als Erstes stieß Vyse auf den unteren Eingang der Chephrenpyramide, der Belzoni verborgen geblieben war, dann grub er im Inneren der Cheopspyramide einen aufsteigenden Stollen, durch den er, ausgehend vom so genannten „Davison-Raum“, in vier weitere, übereinander liegende Entlastungsräume gelangte. Er nannte sie „Wellington-Raum“ (II), „Nelson-Raum“ (III), „Raum der Lady Arbuthnot“ (IV) nach der Frau eines hohen britischen Offiziers und „Campbell-Raum“ (V) zu Ehren des englischen Generalkonsuls von Ägypten. An den Wänden der beiden letzten Kammern fanden Vyse und Perring Hieroglyphen in roter Farbe sowie das königliche Zeichen des Khufu, wie der besser unter dem griechischen Namen Cheops bekannte Herrscher in Wirklichkeit hieß.
Caviglia hatte vergeblich versucht, südlich der Davison-Kammer einen Durchgang in die Kalksteinmasse der Pyramide zu brechen. Vyse, der dies unbedingt schaffen wollte, benutzte sogar Sprengstoff, mit dessen Hilfe er auch bewies, dass sich im Inneren der Sphinx ein Hohlraum befand. Ihren größten Erfolg verzeichneten

226 oben links *Später konzentrierte Vyse seine Suche auf die Mykerinospyramide, deren Eingang als Einziger noch unbekannt war. Auf der Nordseite ist die Bresche zu erkennen, die El Malek el-Aziz, ein Sohn von Sultan Saladin, 1196 in die Mauer schlagen ließ, um in die Pyramide einzudringen.*

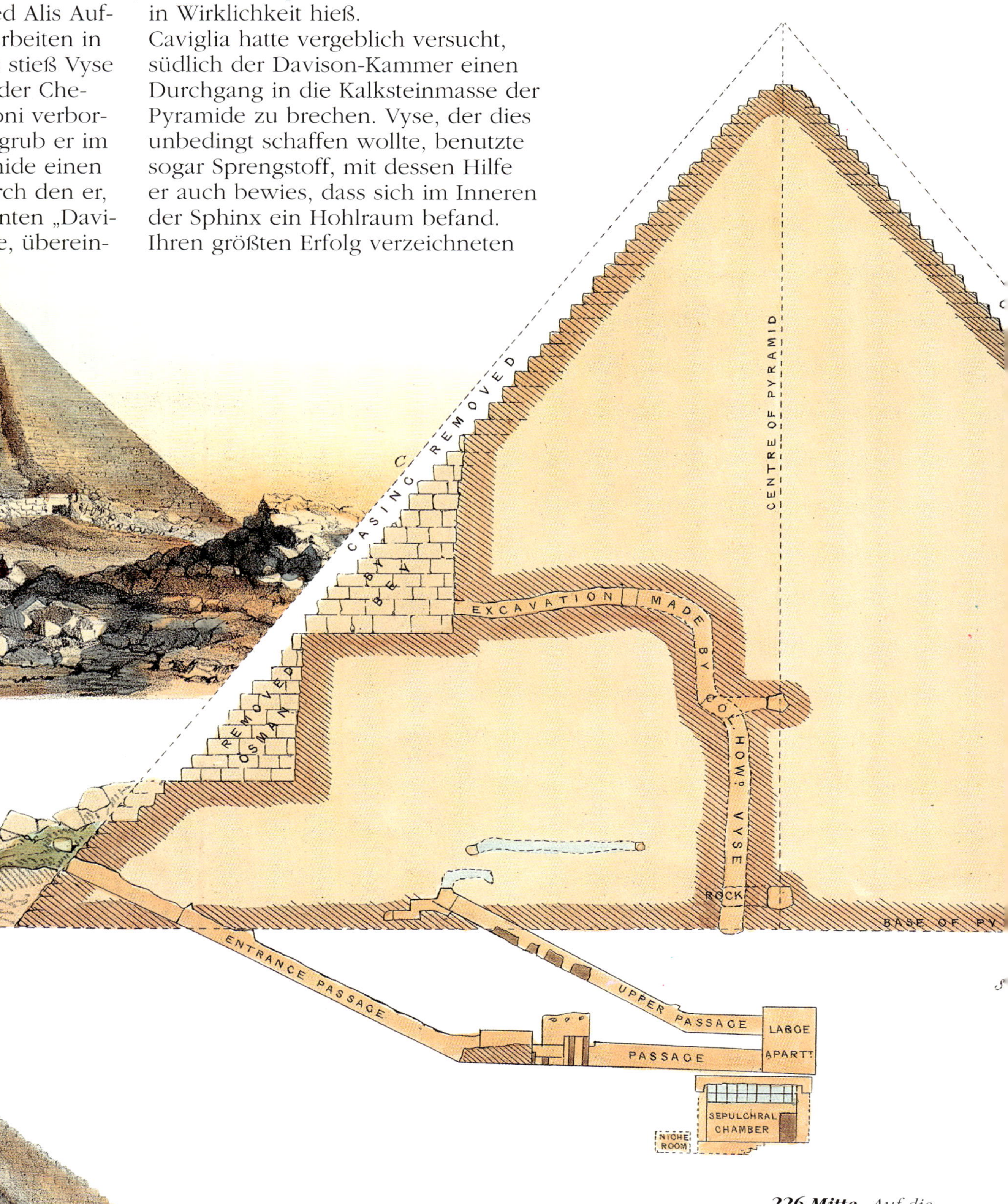

226 Mitte *Auf diesem von Perring gezeichneten Pyramidenquerschnitt ist außer der komplexen Struktur der Grabkammern auch der Verlauf des blinden Ganges zu erkennen, den Vyse vergebens gegraben hatte.*

226 unten links *Der englische Oberst begann an der Nordfassade bei der großen Bresche zu graben und öffnete sich einen Gang, durch den er zum Mittelpunkt der Pyramide gelangte, ohne jedoch zu den Grabkammern vorzustoßen. Erst nachdem er die Basis des Bauwerkes freigelegt hatte, fand Vyse den Eingang zum absteigenden Gang, der in die Gruft führte.*

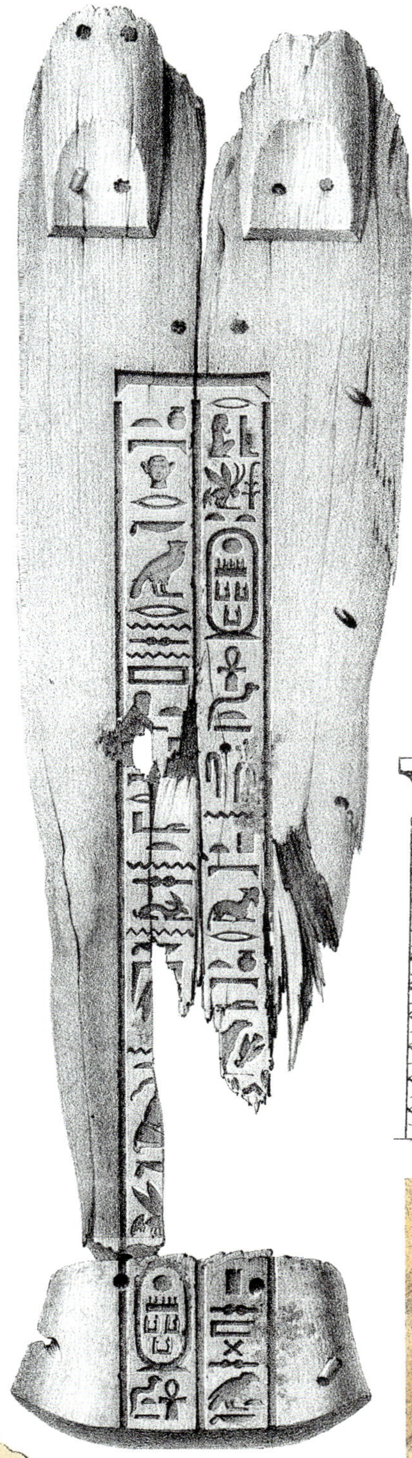

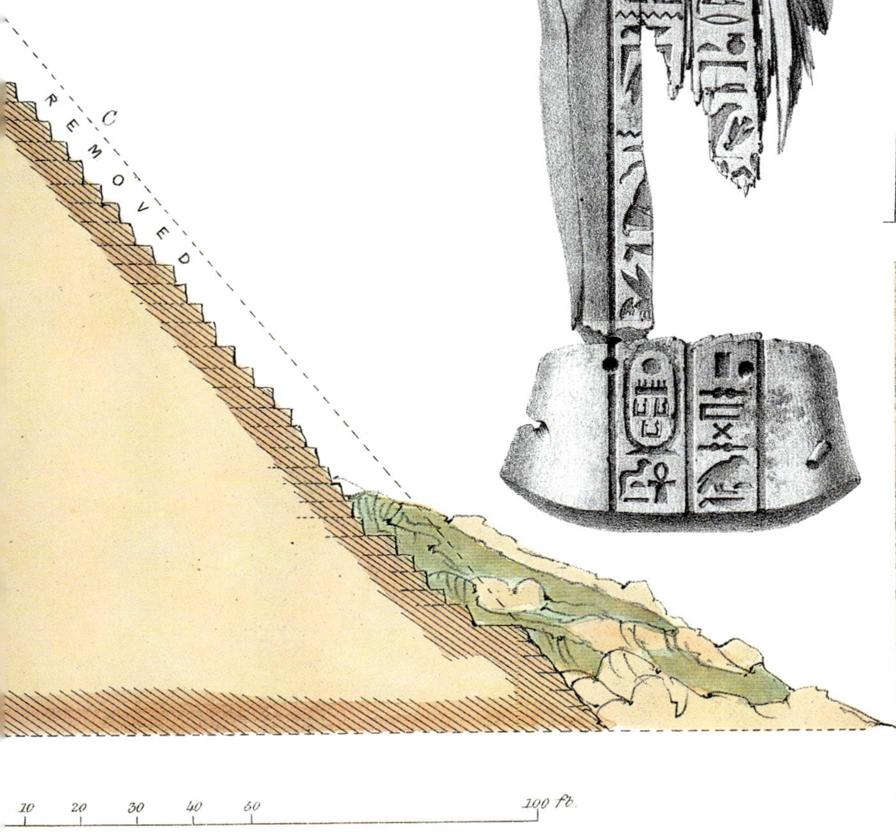

Vyse und Perring aber, als sie an der Mykerinospyramide gruben. Sie legten zunächst die mittlere der drei Nebenpyramiden (GIIIb) frei und schaufelten dann einen Durchgang ins Innere der Grabkammer. Hier fanden sie einen Granitsarkophag mit einem weiblichen Skelett sowie Inschriften, die belegten, dass die dritte der Pyramiden von Gîza tatsächlich Mykerinos gehört hatte. Vyse versuchte anschließend, ins Innere des Bauwerkes vorzudringen. Er begann an der großen Bresche in der Mitte der Nordseite, die der Sultan El Malek el-Aziz, ein Sohn des berühmten Saladin, im 12. Jahrhundert hatte öffnen lassen, und grub von hier aus einen langen Gang, der zunächst waagerecht bis zum Zentrum der Pyramide führte und sich dann in einen senkrecht zum Fuße absteigenden Schacht verwandelte.

227 unten *Am 1. August 1837 betraten Vyse und Perring die Grabkammer der Mykerinospyramide und fanden an einer der Wände aus rosa Granit einen großen Sarkophag. Der Künstler Edvard James Andrews, der mit Vyse zusammenarbeitete, hielt die Entdeckung im Bild fest.*

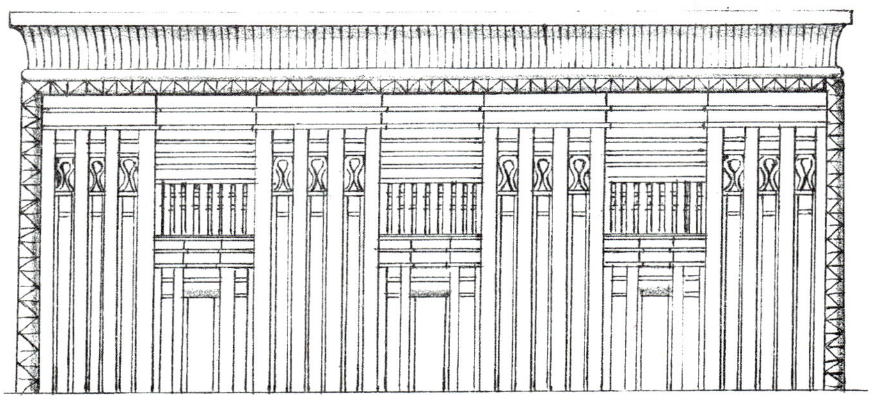

227 oben links *Im Inneren der Pyramide entdeckten Vyse und Perring im Gemach vor der Grabkammer ein großes Bruchstück von einem Holzsarkophag und Menschenknochen. Obgleich der Sarkophag den Namen „Mykerinos" trug, war er erst annähernd zweitausend Jahre nach dem Tod des Pharaos entstanden, während die Knochen aus der frühchristlichen Zeit stammten. Der enorme Altersunterschied könnte bedeuten, dass die Grabkammer mehrfach wiederverwendet wurde.*

227 oben rechts *Der wichtigste Grabfund bestand aus diesem königlichen Basaltsarkophag mit Palastfassadenverzierung, der sich kaum von der Stelle bewegen ließ. Leider kenterte die Beatrice, die den Fund nach England bringen sollte, während eines Sturmes, sodass das wertvolle Objekt verloren ging.*

228 oben *Ohne selbst Ausgrabungen vorzunehmen, besichtigten Vyse und Perring auch Sakkâra, wo Girolamo Segato einige Jahre zuvor die Stufenpyramide des Djoser geöffnet hatte.*

228 unten und 229 Mitte *In Dahschûr im Süden von Sakkâra besichtigten Vyse und Perring die Schwarze Pyramide von Amenemhêt III. (12. Dynastie) aus ungebrannten Ziegelsteinen (links), die damals weniger abgetragen als heute war. Auch erkundeten sie die „Knickpyramide“ des Pharaos Snofru, des Begründers der 4. Dynastie (rechts).*

Diese mühselige Arbeit erwies sich gleichwohl als wenig fruchtbar und wurde schließlich aufgegeben. Nun entschieden Vyse und Perring, die Nordseite der Pyramide freizulegen und stießen hier endlich auf den wirklichen Eingang zur Grabkammer. In seinem berühmten Buch *Operations carried on at the Pyramids of Gizeh in 1837* beschreibt Vyse, was er angesichts der großartigen Entdeckung empfand: „Kaum waren sie [die Arbeiter] entlassen, kehrten M. Andrews und ich voller Hoffnung und Ungeduld zurück, um das zu untersuchen, was die Neugierde erregt hatte und was bis zu diesem Moment, so glaubten wir, die Hoffnung aller anderen Ausgräber getrogen hatte...“ Wie Belzoni am 2. März 1818 seinen Fuß in die Chephrenpyramide gesetzt hatte, so betraten am 1. August 1837 Vyse und der Maler Edward Andrews die letzte und komplexeste der Pyramiden von Gîza. Und wie Belzoni erkannte auch der Engländer an den arabischen Schriftzügen auf den Wänden, dass vor ihm bereits andere Besucher das Bauwerk erkundet hatten. In der Grabkammer stand gleichwohl ein herrlicher Basaltsarkophag mit dem für das Alte Reich typischen Palastfassadenschmuck, doch fehlten Deckel und Inhalt dieses einzigen ornamentierten Sarkophags der Pyramiden von Gîza. Teile des Deckels fanden die Forscher in den oberen Gemächern neben Resten menschlicher Knochen und einem unvollständigen hölzernen Innensarkophag, der vermutlich auf die 26. Dynastie, die assyrische Zwischenherrschaft (zwischen dem 7. und dem 6. Jahrhundert v. Chr.), zurückging. Der Sarkophag trug einige Hieroglyphen, die ihn als Ruhestätte des „Osiris Menkaure“ auswiesen, wie der von den Griechen Mykerinos genannte Pharao in Wirklichkeit hieß. Eine Radiokarbonuntersuchung ergab in neuerer Zeit indes, dass die sterblichen Überreste aus jüngerer Zeit, vermutlich aus der frühchristlichen Epoche, stammen. Der für das British Museum bestimmte große Basaltsarkophag erreichte sein Ziel nie, denn das Schiff, das ihn nach England bringen sollte, kenterte. Die übrigen Funde gelangten Ende 1837 zusammen mit Vyse unbeschadet nach Großbritannien und sind noch heute in London zu sehen.

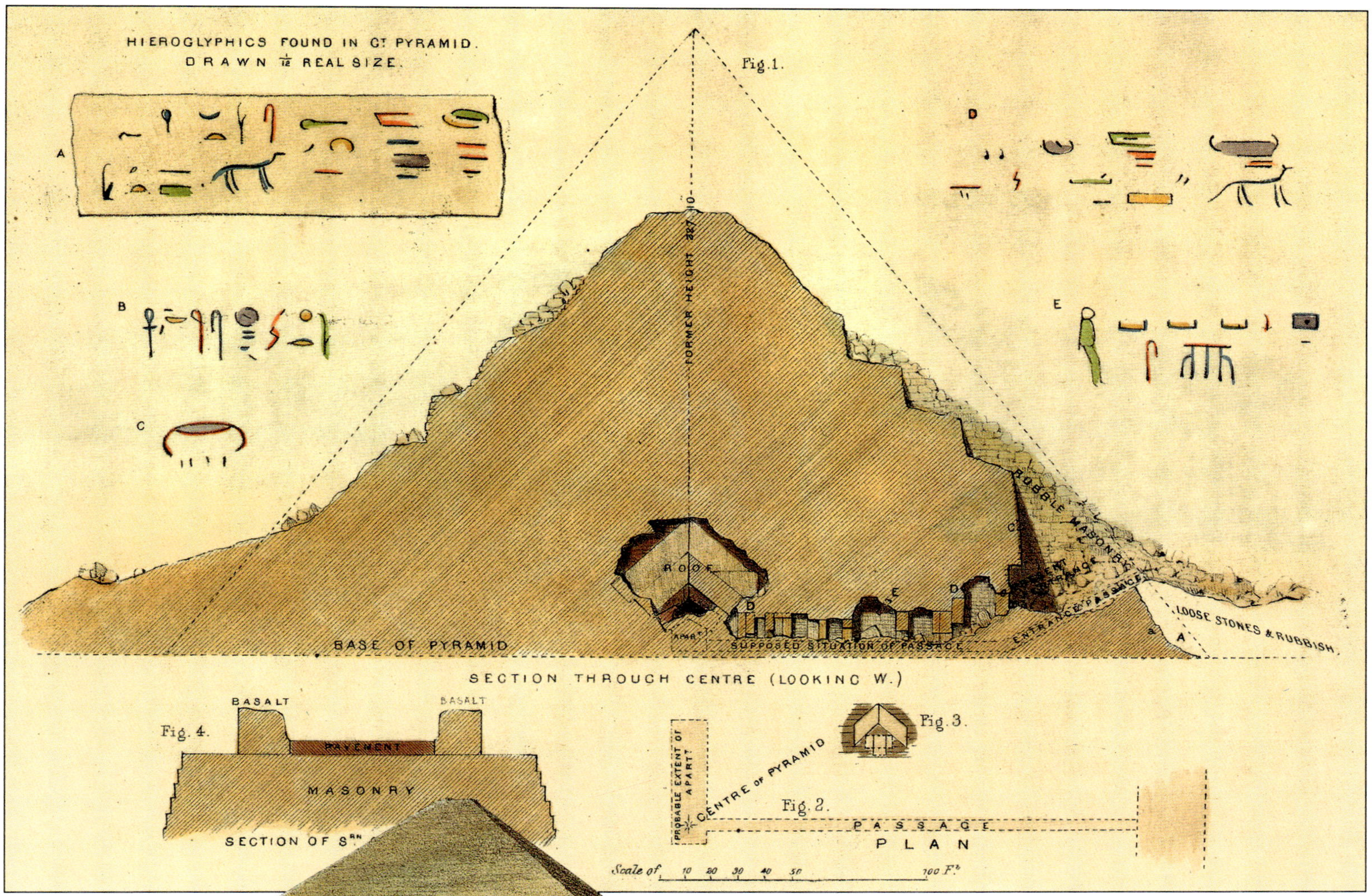

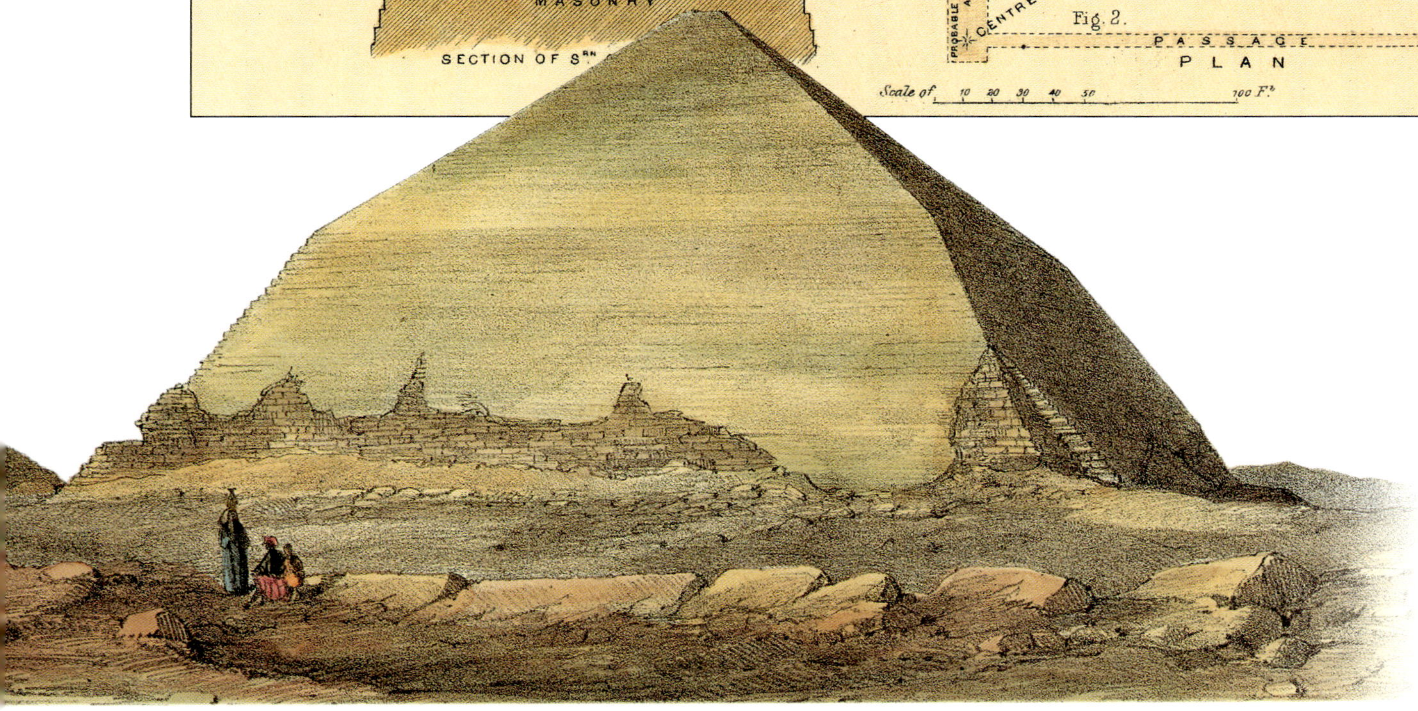

229 unten *Die Pyramide von Meidum südlich von Dahschûr stammt aus der Epoche des Snofru. Sie markiert den Übergang von der Stufenpyramide zur Pyramide im eigentlichen Sinne. Perring zeichnete das Bauwerk während der Hochwasserperiode des Nils, während der das Wasser fast die Pyramidenbasis erreichte.*

229 oben *In Abusir, einer zwischen Gîza und Sakkâra gelegenen Stätte, zeichnete Perring einen Querschnitt der Pyramide des Pharaos Neferirkarê aus der 5. Dynastie. In den Grabkammern fand er auch einige Hieroglypheninschriften, die er gewissenhaft kopierte.*

230 oben *Am 15. Oktober 1842 feierten die neun Mitglieder der Expedition auf der Spitze der Cheopspyramide den Geburtstag des preußischen Königs: Ganz links schwenkt Lepsius im hellen Anzug seinen Hut zum Gruß. Der Maler Johann Jacob Frey, ein Teilnehmer der Expedition, hielt das Ereignis im Bild fest.*

231 *Lepsius besichtigte alle großen archäologischen Stätten Obernubiens (heute Sudan) wie Djebel Barkal (1), Napata (2), Meroë (3) und Naga (4) bis zum 13. Breitengrad. Dieser Ausschnitt aus einer Nilkarte des deutschen Astronomen Güfsefeld dokumentiert die Reiseroute der preußischen Expedition und ihre verschiedenen Stationen.*

231 unten rechts *Die beiden Porträts zeigen Richard Lepsius als jungen Mann und nach seiner zweiten Ägyptenreise im Jahre 1866. Im Verlauf dieser Fahrt entdeckte er in Tanis das berühmte Kanopus-Dekret, eine zweisprachige Stele, an der sich Champollions Methode zur Hieroglyphenentschlüsselung bestätigte.*

RICHARD LEPSIUS UND DIE PREUSSISCHE EXPEDITION

230 unten *Nachdem sie die archäologischen Stätten Unterägyptens und die Nekropolen von Memphis erkundet hatten, fuhren Lepsius und seine Kollegen am 23. August 1843 von Beni Suef aus nach Oberägypten. Nach dem obligatorischen Aufenthalt in Theben kamen sie nach Esna, wo sie den ptolemäischen Tempel des Gottes Chnum bewunderten, der die Menschen auf der Töpferscheibe geformt haben soll. Zu jener Zeit war der Tempel noch halb unter Sand begraben und der Einstieg in die Hypostylhalle war nur über die im Bildhintergrund sichtbare Treppe möglich.*

Im Juli 1833 kam der hoch begabte preußische Orientalist Karl Richard Lepsius im Alter von nur 23 Jahren nach Paris, um hier sein in Leipzig und Göttingen begonnenes Studium alter Sprachen fortzusetzen und Vorlesungen des berühmten Archäologen und Historikers Jean Antoine Letronne zu besuchen. Lepsius, ein Schüler des preußischen Diplomaten und Archäologen Chistian Josias von Bunsen und des großen Naturforschers und Entdeckungsreisenden Alexander von Humboldt, sollte bald selbst als „deutscher Champollion" Geschichte schreiben.
Champollion war ein Jahr, bevor Lepsius in Paris eintraf, gestorben und hatte damit seinen Schülern die weitere Erforschung der Hieroglyphenschrift überlassen. Zum Kreise seiner Nachfolger gehörten in erster Linie sein Freund und engster Mitarbeiter Ippolito Rosellini, der an der Universität von Pisa unterrichtete, sodann der umstrittene Francesco Salvolini, von dem es hieß, er habe

ÆGYPTEN
ÜSTE SELMA
TÜRKISCH NUBIEN
Barberinen
NUBISCHE WÜSTE
NUBIEN
DONKOLAH
Dangola oder Donkolah
Kubabisch Araber
WÜSTE BAHIUDA
Beni Dschear
Beni Fäsara
Dschabelin Araber
Abalde Araber
Bischarin Araber
Adeladscha Araber
Kurgos
Ruinen v. Meroe
Schendi
Hallaia
Schukor
Harraza
Essuaen
Syene
Ibrim
Derri
Dongola
Schagi
Takaki
Bruce's Weg
Karawanen strasse auf Dongola
1
2
3
4

einige Aufzeichnungen seines Lehrers unter eigenem Namen veröffentlicht, ferner die Franzosen Charles Lenormant und Nestor L'Hôte, die Champollion während der französisch-toskanischen Expedition begleitet hatten, und schließlich der Engländer John Gardner Wilkinson und der Deutsche Conradus Leemans.
Auf Anraten von Bunsen und Humboldt gab Lepsius das Studium der orientalischen Sprachen bald auf und konzentrierte sich ausschließlich auf die Ägyptologie. 1836 reiste er nach Italien, um die ägyptische Sammlung in Turin zu studieren, und verbrachte anschließend drei Jahre in Rom, wo er als Sekretär am Deutschen Archäologischen Institut arbeitete. In Italien begegnete der junge Orientalist Salvolini und Ippolito Rosellini, der ihn mit Champollions Technik der Hieroglyphenentschlüsselung vertraut machte. Bald konnte Lepsius einige Verbesserungsvorschläge zur Lektüre der Hieroglyphenschrift unterbreiten: In seiner *Lettre à M. le Professeur H. Rosellini sur l'alphabet hiéroglyphique* aus dem Jahre 1837 verdeutlichte er die Funktion der alphabetischen Zeichen in der Hieroglyphenschrift und wies nach, dass sie nicht nur für Eigennamen verwendet wurden, sondern auch die Aussprache mehrkonsonantischer Zeichen regelten. Gewissenhaft und mit großer Ausdauer kopierte Lepsius zahlreiche Hieroglyphentexte und fuhr auch nach England und Holland, um die dortigen ägyptologischen Sammlungen zu untersuchen. 1839 kehrte er nach Deutschland zurück, wo er einen Lehrstuhl für

232 oben *Den privaten Gräbern der Nekropolen von Gîza, die Champollion und Rosellini wie fast alle Bauwerke des Alten Reiches nahezu ausgespart hatten, galt das besondere Interesse von Lepsius, der dort viele Texte und Wandgemälde kopierte. Hier sitzt ein Würdenträger in der typischen Kleidung des Alten Reiches auf einem Holzschemel. Im Hintergrund ist ein erläuternder Text in Längsreihen zu sehen.*

232 unten *Diese eindrucksvolle Ansicht der Cheopspyramide wurde von der Spitze der Chephrenpyramide aus gemalt. Links im Bild liegen die Mastabafelder des westlichen Friedhofes. Nach einer heute nicht mehr gültigen Theorie von Lepsius sollte die Größe der Pyramiden mit der Regierungszeit des Pharaos zusammenhängen, der in ihr seine letzte Ruhestatt fand.*

232–233 *Zur Zeit der preußischen Expedition waren an der Pyramide von Amenemhêt III. in Hauwâra im Faijûm noch große Teile des Totentempels zu sehen, der angeblich einst 3000 Gemächer umfasst hatte und von den klassischen Autoren als „Labyrinth“ bezeichnet wurde. Heute ist der gewaltige Komplex aus ungebrannten Ziegeln fast vollständig verschwunden.*

Ägyptologie zu erhalten hoffte. Dieser Wunsch erfüllte sich jedoch erst 1842, als die Berliner Universität ihn zum außerordentlichen Professor der Ägyptologie berief. Einem Ratschlag von Bunsen und Humboldt folgend, betraute der preußische König Friedrich Wilhelm IV. Lepsius wenig später mit der Durchführung einer großen Expedition nach Ägypten. Ziel des Unternehmens war es, neue Funde für das geplante Berliner Museum zu sammeln und die Bauwerke der Pharaonen vollständig zu dokumentieren.
Der mittlerweile 32jährige Lepsius begann nun, die Reise seines Lebens und seiner Träume zu organisieren, für die der König stolze 34 600 Taler zur Verfügung stellte. Außer dem Professor selbst nahmen acht weitere Mitglieder teil, darunter die bekannten Graveure Ernst und Max Weidenbach, der schweizerische Maler Johann Jakob Frey, der Pastor Heinrich Johann Abeken, der britische Zeichner Joseph Bonomi und sein Landsmann, der Architekt James William Wild. Verglichen mit dieser bedeutendsten und bestorganisierten wissenschaftlichen Ägyptenexpedition aller Zeiten wirkte das von Champollion und Rosellini initiierte Unternehmen wie eine Fahrt ins

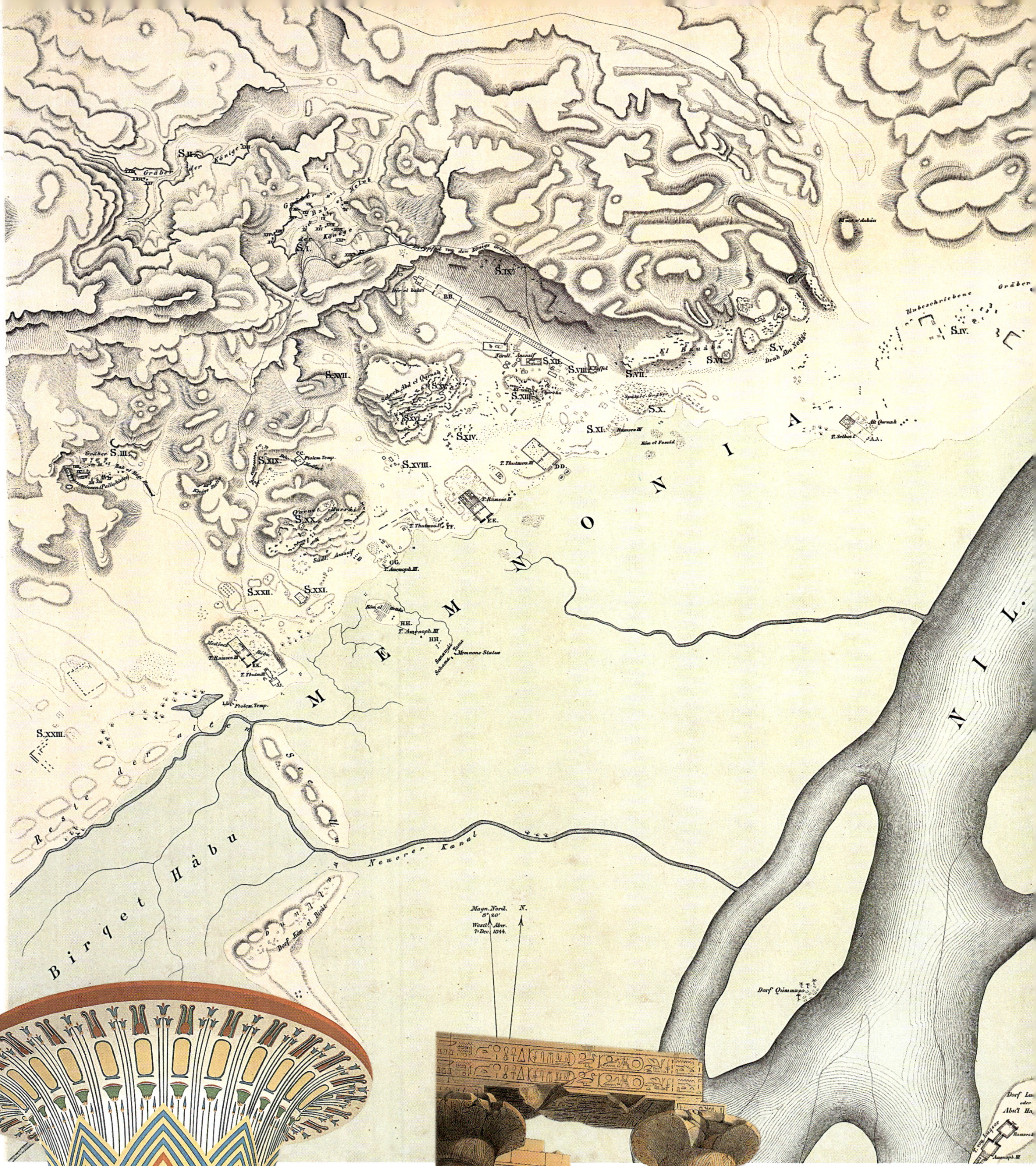

234–235 *Lepsius zeichnete eine genaue Karte der thebanischen Bauwerke und verbesserte damit Wilkinsons Vorlage von 1830.*

234 unten links und 235 Mitte *Die zwölf Säulen des Mittelschiffes der Hypostylhalle im Tempel von Karnak, die Lepsius zeichnete, gehören zum Papyrusbündeltyp und haben offene Kapitelle. Ihr Durchmesser beträgt rund sieben Meter.*

Blaue. Friedrich Wilhelm IV. ersuchte den Pascha von Ägypten persönlich um Unterstützung und Schutz und bat ihn, auch die ägyptischen Behörden zur Zusammenarbeit aufzufordern. Der Pascha sagte nicht nur zu, den Teilnehmern der Expedition jede Erleichterung zu gewähren, sondern erlaubte ihnen darüber hinaus, im gesamten Land Ausgrabungen vorzunehmen und die Funde nach Deutschland zu bringen. Im September 1842 reiste die Gruppe ab und kehrte erst im Januar 1846 zurück. In diesem Zeitraum beschrieben, vermaßen und zeichneten die Männer alle wichtigen Monumente und archäologischen Stätten Ägyptens und Nubiens (hier erkundeten sie Djebel Barkal, Napata, Nuri, Meroë und Naga und gelangten bis zum 13. nördlichen Breitengrad hinunter). Lepsius' Expedition erwies sich als enormer Erfolg.

Bei ihrer Rückkehr brachten die Gelehrten 294 Kisten mit nach Berlin, die rund 15 000 ägyptische Fundstücke enthielten sowie Pläne archäologischer Stätten und Bauwerke. Die Arbeitsergebnisse erschienen zwischen 1849 und 1859 in einem monumentalen Werk unter dem Titel *Denkmäler aus Aegypten und Aethiopien*, wobei Äthiopien für Nubien stand.

Das Opus bestand aus zwölf riesigen Foliobänden mit 894 Bildtafeln und

234 unten rechts *In Theben arbeitete Lepsius in drei Abschnitten: Im Oktober 1843 hielt er sich zunächst für nur zehn Tage hier auf; zwischen November 1844 und Februar 1845 fanden die eigentlichen Untersuchungen statt und schließlich kehrte er im April desselben Jahres ein letztes Mal zurück. Zum ersten Mal untersuchte die Expedition die große Hypostylhalle des Amuntempels von Karnak wissenschaftlich und zeichnete auch die Hieroglyphen ab.*

235 oben *In Karnak suchte der preußische Ägyptologe nach dem berühmten „Ahnensaal" von Thutmosis III., dessen Flachreliefs den Pharao bei der Opferung an seine Vorgänger zeigten. Vergeblich durchforschte Lepsius, der die Reliefplatten mit nach Berlin bringen sollte, die Tempelruinen: Kurz zuvor hatte der französische Architekt Emile Prisse d'Avennes die Reliefs heimlich abgenommen und sie bei Nacht, in große Kisten verpackt, nach Kairo bringen lassen. Von dort aus verschiffte er sie später nach Frankreich.*

gehört bis heute zu den Standardwerken der Ägyptologie. Allerdings hätte es ohne die Vorarbeiten von Champollion und Rosellini nie entstehen können, denn immer wieder glich Lepsius seine eigenen Beschreibungen, Zeichnungen und Erhebungen mit den *Monumenti dell'Egitto e della Nubia* ab. In einigen Punkten bilden die Denkmäler daher in gewissem Sinne eine Fortsetzung und Ergänzung zur Arbeit Champollions und Rosellinis, insbesondere, was die Monumente des Alten Reiches anbetrifft, die die französisch-toskanische Expedition weitgehend außer Acht gelassen hatte. Nachdem Lepsius das gesamte, aus Ägypten mitgeführte Material gesichtet und geordnet hatte, hielt er an der Berliner Universität Vorlesungen über Ägyptologie. Ab 1855 leitete er gemeinsam mit dem Italiener Giuseppe Passalacqua, dessen Objekte die Berliner Sammlung begründet hatten, das neu eröffnete Ägyptologische Museum von Berlin, das nun auch die Funde der Expedition ausstellte. Erst zwanzig Jahre nach der Expedition kehrte Lepsius 1866 nach Ägypten zurück, um die Suezregion und den östlichen Teil des Deltas zu erkunden. Hier machte er eine letzte große Entdeckung: Er fand eine zweisprachige Stele, das so genannte Kanopus-Dekret, bei dessen Entschlüsselung sich erneut die von Champollion entdeckte und von Lepsius verbesserte Methode bewährte. 1869 nahm Karl Richard Lepsius an den Feierlichkeiten zur Eröffnung des Suezkanals teil. 1884 starb er in Berlin im Alter von 74 Jahren. Im Verlauf seiner außergewöhnlichen und langen Karriere hatte der „deutsche Champollion" zwar 142 Arbeiten veröffentlicht, nicht aber den Begleittext zu seinem Hauptwerk, den *Denkmälern.* Dieser lag zum Zeitpunkt seines Todes noch immer in Form von Notizen und verstreuten Anmerkungen vor und erschien unter der Redaktion der Ägyptologen Edouard Naville, Ludwig Borchardt und Kurt Sethe erst zwischen 1897 und 1913 als fünfbändige Ausgabe.

236–237 Der Gedächtnistempel Sethos' I. unweit des Dorfes Qurna (Westtheben) gehört zu den wenigen Bauwerken, die sich seit dem letzten Jahrhundert kaum verändert haben. Im Hintergrund erhebt sich der pyramidenförmige Berg el-Qurn, der über die königlichen privaten Grabstätten wacht, links fließt der Nil, hier während einer Hochwasserperiode.

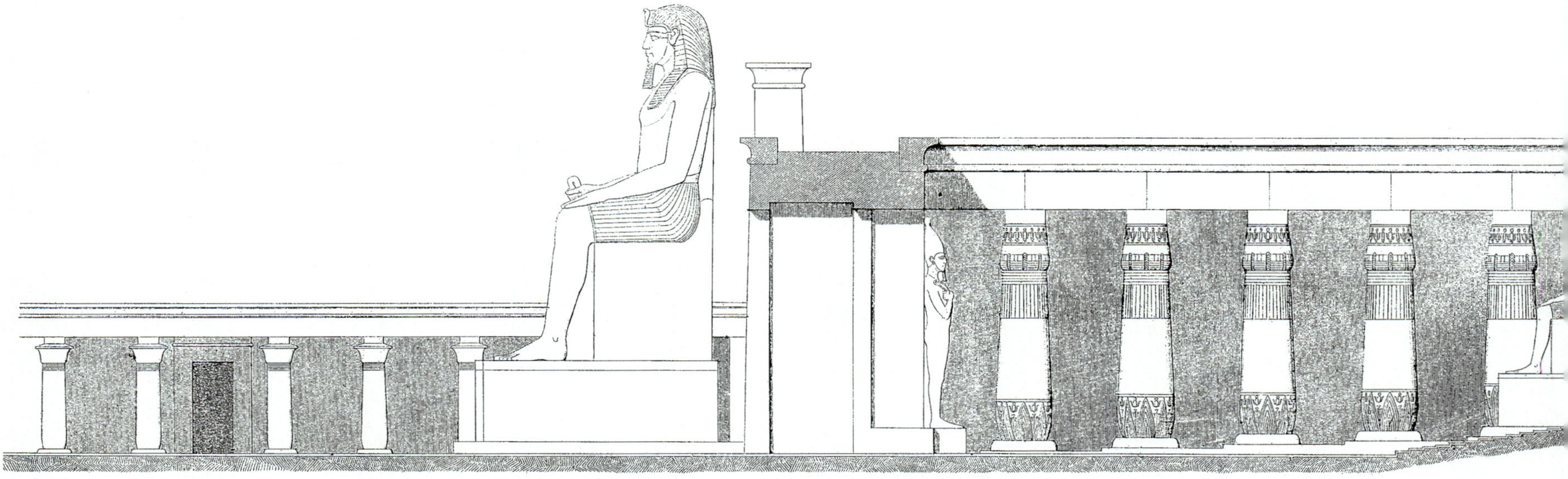

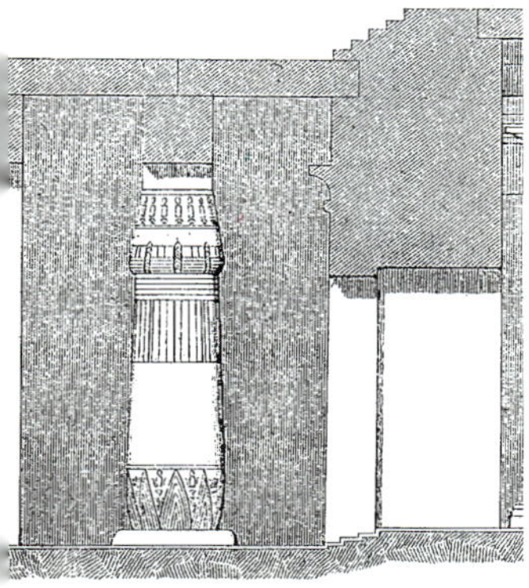

238 oben und Mitte *Nachdem er die Überreste des Ramesseums eingehend untersucht hatte, zeichnete der preußische Ägyptologe diese Rekonstruktion des Bauwerks.*

238 unten *Während der Hochwasserperioden stieg der Nil bis zu den Füßen der Memnonskolosse, hinter denen sich ursprünglich der Gedächtnistempel von Amenophis III. erhob. Im Laufe der Zeit zerstörten die Fluten das aus ungebrannten Ziegeln errichtete Bauwerk.*

239 Mitte *Zwischen 1844 und 1845 arbeitete Lepsius im Tal der Könige, wo er 25 Grabstätten untersuchte. Die Gräber von Ramses II. (KV 7), Merenptah (KV 8) und der Königin Hatschepsut (KV 20) räumte er zum Teil frei und säuberte sie.*

239 rechts *Die Flachreliefs, welche die Säulen und Architrave der Hypostylhalle im Ramesseum in Westtheben schmücken, erscheinen hier in den Originalfarben, von denen noch heute Spuren sichtbar sind.*

240 oben links
Unter Mitarbeit des englischen Malers Joseph Bonomi, der bereits mit Robert Hay in Theben gearbeitet hatte, ließ Lepsius die schönsten Flachreliefs der thebanischen Tempel abzeichnen, darunter diese elegante Darstellung eines Königs und einer Königsgattin aus der 18. Dynastie.

240 unten links und 241 unten rechts *Im Grab Sethos I., genauer gesagt im Saal mit den vier Pfeilern, kopierte Lepsius die Texte und Darstellungen aus dem Pfortenbuch und nahm sogar Teile eines herrlich verzierten Pfeilers mit, den er damit irreparabel zerstörte.*

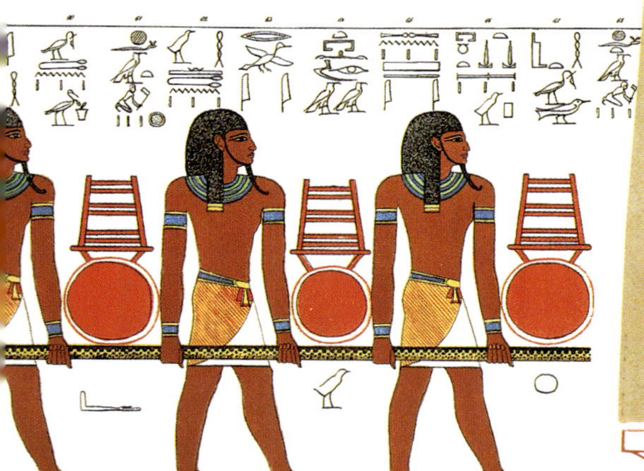

240–241 *Lepsius dehnte seine Studien auch auf die privaten Nekropolen aus, in denen er eine große Anzahl von Gräbern untersuchte. Diese beiden eindrucksvollen Darstellungen der großen Königsgemahlin Ahmose Nofretiri, Frau und Schwester von Ahmosis I., dem Begründer der 18. Dynastie, und ihres Sohnes Amenophis I. zierten eine Gruft in der Arbeiternekropole von Deir el-Medina. Lepsius ließ sie abnehmen und nach Berlin bringen.*

241 oben *In einem Grab in der Totenstadt von Qurnet Murai kopierten die Künstler der preußischen Expedition diese Szene: Ein Würdenträger reicht Thutmosis III., der auf einem Thron im Innern eines Kioskes sitzt, einen Fächer und ein Zepter (heqa).*

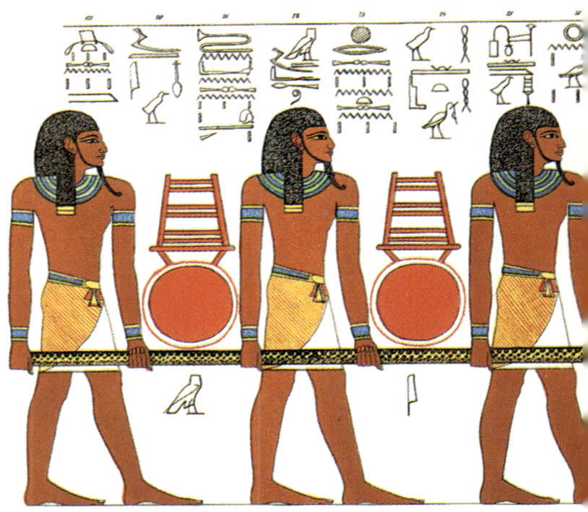

__242–243__ Gewissenhaft zeichneten die Künstler der Expedition dieses farbige Flachrelief eines jungen Fürsten der 20. Dynastie mit der typischen Haarsträhne, die, von goldenen Spangen gehalten, über das Ohr fällt. Das nur mit dem Kohlestift skizzierte Profil des Pharaos Sethos I. fand sich in einem unvollendeten Raum seiner Gruft.

__244–245__ Zu den schönsten Gräbern Thebens gehört das von Amenhotep in der Nekropole von Qurnet Murai (TT 40). Der auch unter dem Namen „Huy" bekannte Amenhotep war zur Zeit von Amenophis IV. und Tut-anch-Amun Vizekönig von Kusch. Bis ins kleinste Detail zeichnete Lepsius eine der interessantesten Szenen ab: Der Verstorbene nimmt hier die Tributzahlungen seiner Untertanen (Fürsten, Fürstinnen und Würdenträger aus Nubien) entgegen. In der untersten Reihe huldigen dagegen ägyptische Männer und Frauen dem Herrscher.

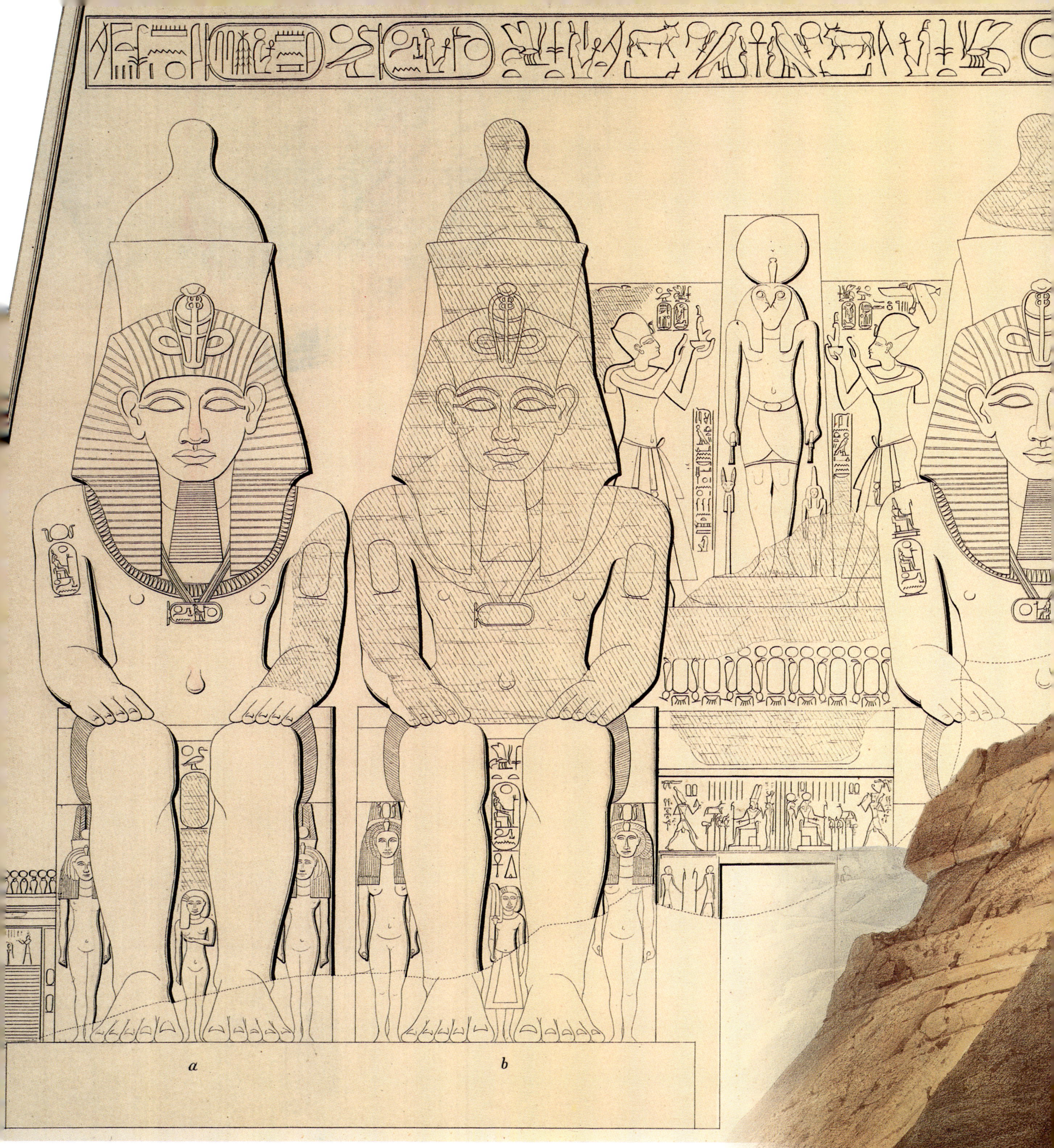

246 *Lepsius rekonstruierte auch die Fassade des Großen Tempels von Abu Simbel zum Zeitpunkt ihrer Fertigstellung, etwa im 30. Regierungsjahr von Ramses II.: Der Kopf des ersten Kolosses brach vermutlich bereits zu Ramses' Zeiten aufgrund eines Erdstoßes oder durch Rissbildung im Sandstein ab.*

247 *Im Dezember 1843 erreichte Lepsius mit seiner Expedition Abu Simbel und kehrte am 2. August des darauf folgenden Jahres hierher zurück, nachdem er die archäologischen Stätten des Sudan erkundet hatte. Diesmal blieb er neun Tage und zeichnete die wichtigsten Inschriften und Flachreliefs ab. Zu jener Zeit lag ein Teil der Tempelfassade unter Sand begraben, der fast bis zum Kinn des nördlichsten der Kolosse reichte. Lepsius musste große Teile der Außenmauern säubern, ehe er die Inschriften und Stelen im Norden und Süden kopieren konnte.*

248–249 *Seit Belzoni am 1. August 1817 als erster Europäer die große Hypostylhalle im Tempel Ramses' II. in Abu Simbel betreten hatte, hatte sich ihr Aussehen kaum verändert. Die acht Osiriskolosse steckten bis zu den Knien in einer dicken Sandschicht.*

250 oben *Um schneller zu den archäologischen Stätten im Sudan zu gelangen, verließ Lepsius den Nil wie viele andere Reisende seiner Zeit bei Korosko und ritt auf Kamelen durch die Nubische Wüste. Er gelangte auf direktem Wege bis nach Abu Ahmed und kürzte so die große Schleife ab, die der Fluss bei Dongala beschreibt.*

250–251 *Auf der Rückreise rasteten Lepsius und seine Gefährten in Semna, einem Ort am zweiten Katarakt, wo der Nil sich verengt. Hier besichtigte die Gruppe zwei Tempel am Westufer des Flusses, die sich heute im Archäologischen Museum von Khartum befinden.*

251 *Im 24. Regierungsjahr (um 1255 v. Chr.) reisten Ramses II. und Nofretiri (hier auf einem Flachrelief im kleinen Tempel) zur Einweihung des Bauwerkes nach Nubien.*

252 oben links Lepsius und seine Kollegen gelangten bis zur einige hundert Kilometer südlich von Meroë auf der Höhe des sechsten Kataraktes gelegenen Stätte Naga. Dort fanden sie Überreste einer bedeutenden meroitischen Stadt mit zwei Tempeln, die Amun und dem nubischen Löwengott Apedemak geweiht waren. Von hier aus reisten sie weiter nach Sennar und bis zum 13. Breitengrad, ehe sie sich auf den Rückweg machten.

252 unten links Auch in Nubien wurde Amun hoch verehrt, hier vor allem in Mensch-Tier-Gestalt mit Widderkopf.

252 unten rechts *Das am Fuß des Djebel Barkal gelegene Reich von Napata blühte von 900 bis 270 v. Chr. Es ging dem von Meroë um einige Jahrhunderte voraus und dehnte seine Macht so weit aus, dass es schließlich sogar das Ägypten der 25. Dynastie beherrschte. Die Könige von Napata übernahmen die ägyptischen Bestattungsriten des Alten und Mittleren Reiches und ließen sich pyramidenförmige Grabstätten bauen.*

252–253 oben *In der Nähe des Djebel Barkal, des auf der Höhe des vierten Kataraktes gelegenen „heiligen Berges", besichtigte die preußische Expedition diesen Amuntempel am Fuße des großen Felsplateaus. Lepsius nahm eine große Statue des Gottes Amun mit Widderkopf in Besitz, die er mit Hilfe von 92 Nubiern abtransportierte. Sie landete später im Berliner Museum, wo sie sich noch heute befindet.*

253 unten *Am 28. Januar 1844 erreichte die preußische Expedition die Ruinen von Meroë. Das zugehörige Reich blühte zwischen dem 5. und dem 3. Jahrhundert v. Chr. und dehnte sich zu dieser Zeit nach Norden bis zum ersten Katarakt aus. Nachdem Frédéric Cailliaud die Stätte am 25. April 1821 entdeckt hatte, beschädigte der italienische Arzt und Reisende Giuseppe Ferlini sie 1834 schwer, als er die Pyramidenspitze abriss.*

__254 oben__ 1838 unternahm Maximilian Wilhelm Herzog von Bayern in Begleitung von Freunden und Künstlern eine Reise nach Ägypten und in den Nahen Osten. Zu den Teilnehmern gehörte auch der Maler Heinrich von Mayr, der antike Stätten, Landschaften und Personen in zahlreichen Bildern festhielt und diese später in zwei Bänden veröffentlichte. Hier ist das Titelblatt der Genre-Bilder *aus dem Orient zu sehen.*

__254 unten__ Im vergangenen Jahrhundert war Alexandria der wichtigste Umschlagplatz im Mittelmeerraum. Im Hafen lag ein buntes Gewirr von Schiffen, die Waren aus dem Orient nach Europa brachten. Hier trafen auch die Güter aus Indien und dem Fernen Osten ein, die man zunächst über den Seeweg nach Suez und von dort über Land oder per Schiff auf dem Nil nach Alexandria transportierte.

__255__ Bei seiner Ankunft in Ägypten empfing Pascha Mehmed Ali den Herzog von Bayern. Zu jener Zeit war der ägyptische Herrscher bereits 69 Jahre alt, der junge Herzog aus Deutschland gerade 26.

MAXIMILIAN VON BAYERN

DIE ENTDECKUNG NUBIENS

Unter den zahlreichen Reisenden, die während der ersten Hälfte des 19. Jahrhunderts nilaufwärts nach Ägypten und Nubien fuhren, war auch der Sohn Ludwigs I. von Bayern, Maximilian Wilhelm Herzog von Bayern, der 1848 als Maximilian II. die Nachfolge seines Vaters antrat. Maximilian kam 1811 in München zur Welt und begeisterte sich schon als Kind für Kunst, Architektur und Literatur. Später unternahm der vom deutschen Humanismus geprägte Fürst Reisen nach Italien und Griechenland; auch lud er Künstler, Philosophen und Dichter an seinen kleinen Hof.
Im Jahre 1838 bereiste Maximilian die Levante und besuchte in diesem Zusammenhang auch Ägypten, Palästina, Syrien und Malta. Der Her-

Die Bilder in diesem Kapitel stammen aus Heinrich von Mayr, *Genre-Bilder aus dem Oriente*, Stuttgart 1846.

***256 oben** Das erste der beiden Alben, die von Mayr während der Reise Maximilians von Bayern zusammenstellte, trug den Titel* Malerische Ansichten aus dem Orient, gesammelt auf der Reise S.t Hoheit des Herrn Herzogs Maximilian in Bayern im Jahre MDCCCXXXVIII.

256 unten *Die Residenz von Ibrahim Pascha, eines Sohnes Mehmed Alis, lag vor den Toren Kairos. Von hier aus entstand diese Gesamtansicht der Stadt mit der Prachtstraße, die durch den weitläufigen Palastgarten bis zum Zentrum führte. Im Hintergrund erheben sich der Djebel Moqattam und die wuchtige Zitadelle.*

257 *„Keine Stadt im Orient kann es an Vielseitigkeit und interessanten Aspekten mit Kairo aufnehmen", schrieb Heinrich von Mayr über die ägyptische Hauptstadt. Hier ist eine der belebtesten Straßen des Handelsviertels (suk) zu sehen. Zu jener Zeit drängte sich so viel Volk um die Auslagen der Händler, Kaufleute und Handwerker, dass der Deutsche sich von einem Gardeoffizier begleiten lassen musste, der die Leute auf Distanz hielt.*

zog von Bayern brach mit einer Gruppe von Freunden und Künstlern auf, zu der unter anderem der Maler und Illustrator Heinrich von Mayr gehörte.
Nachdem er Kairo besichtigt hatte, mietete Maximilian ein Schiff und fuhr auf direktem Wege nilaufwärts nach Theben und Assuan, passierte den ersten Katarakt und traf am 29. März 1838 in Abu Simbel ein. Von hier aus ging es weiter zum zweiten Katarakt. Sehr beeindruckt zeigte sich Maximilian vom imposanten Tempel Ramses' II., den Heinrich von Mayr als „größtes und schönstes Meisterwerk der Antike" bezeichnete. Erst zwanzig Jahre zuvor hatte Belzoni den Eingang des Bauwerkes freigelegt und noch war er „so niedrig, dass man beim Betreten mit dem Kopf den Türrahmen streifte". Der Herzog von Bayern ließ seinen Namen und das Datum „Maximilian Herzog in Bayern – 29.3.1838" gefolgt von der Herzogskrone auf der Brust einer der vier Kolossalstatuen an der Tempelfassade anbringen, die den Pharao auf seinem Thron zeigten.
Nach Europa zurückgekehrt, veröffentlichte Maximilian seinen Reisebericht, die *Wanderungen nach Orient*, während Heinrich von Mayr unter dem Titel *Malerische Ansichten aus dem Orient, gesammelt auf der Reise S.t Hoheit des Herrn Herzogs Maximilian in Bayern im Jahre MDCCCXXXVIII* ein Album mit herrlichen Stichen herausgab.
Ein großer Teil dieses Werkes widmete sich Maximilians Reise nach

258 *Dieses Bild zeigt das Innere eines Harems. Das Wort, das seit jeher die Phantasie der abendländischen Reisenden beflügelt hat, bezeichnet einen den Frauen und Konkubinen hochrangiger Persönlichkeiten vorbehaltenen Teil des Palastes. In diesem abgegrenzten Bereich, zu dem Eunuchen als einzige Männer Zutritt hatten, verbrachten die Frauen den Tag: Sie kleideten sich an, tanzten, hörten Musik, spielten selbst Instrumente, aßen und unterhielten sich.*

259 oben *In den großen Palästen in Kairo waren die Bäder in zwei getrennte Bereiche für Männer und Frauen unterteilt. Hier spielte sich das öffentliche und soziale Leben ab.*

259 unten *Wohlhabende ägyptische Frauen waren stets elegant und ausgesucht gekleidet: Sie trugen lange Seidengewänder, zahlreiche Edelsteine und vergnügten sich häufig beim Musizieren.*

Nubien und beschrieb unter anderem die Sitten und Gebräuche der Bewohner der Region. Von Mayr bezeichnete sie als „kräftig und prächtig gebaut, von guter Haltung, bewaffnet mit einer Lanze und einem Schild aus Krokodilhaut sowie mit einem Messer, das in einer am rechten Oberarm befestigten Scheide steckt“. Ausführlich ging von Mayr auf die antiken Stätten ein, insbesondere auf die Tempel von Abu Simbel und die kleineren nubischen Tempel von Amada, ed-Derr, es-Sebua, el-Maharraqa, ed-Dakka, Dendur, Kalabscha und Gerf Hussein.
Die Darstellung des Tempels von Gerf Hussein, den von Mayr als „... ziemlich mächtig, mit gewaltigen Karyatiden und einer Vorhalle aus Steinquadern von enormer Größe ...“ schildert, ist besonders deshalb interessant, weil noch niemand zuvor die Stätte beschrieben hatte. Außerdem gehörte Gerf Hussein nicht zu den Stätten, die im Rahmen der Nubien-Kampagne der UNESCO gerettet

wurden: Durch den Bau des großen Assuan-Staudammes wurde der Tempel von den Wassern des Nils überflutet und liegt heute in 60 Metern Tiefe auf dem Grund des Nassersees. Auf das erste Werk von Mayrs folgte acht Jahre später ein weiteres, das 1846 unter dem Titel *Genre-Bilder aus dem Oriente* erschien. Die Illustrationen in diesem Band hatte ebenfalls von Mayr besorgt, der Text aber stammte von dem Arzt und Naturforscher Sebastian Fischer, einem passionierten Orientalisten, der in Kairo das Krankenhaus von Qasr el-Ain leitete.
Dieses Buch enthielt 40 ethnographisch ausgerichtete Bildtafeln, welche die charakteristischsten Motive und Themen der arabischen Welt jener Zeit aufgriffen. Unter anderem illustrierte es Uniformen von Armee und Kavallerie, Moscheen mit ihren Minaretten und den *muezzin*, die die Gläubigen zum Gebet rufen,

260–261 *Die auch „Almeen" genannten Tänzerinnen waren im 19. Jahrhundert fester Bestandteil des öffentlichen Lebens. In der Regel traten sie auf der Straße oder vor Kaffeehäusern auf. Sie spielten Instrumente und tanzten zum Rhythmus ihrer Musik.*

Harems, Bauern, Pilger auf dem Weg nach Mekka, Koranschulen sowie viele weitere Aspekte des täglichen Lebens. Obgleich die Bilder einen völlig eigenständigen Stil aufweisen, erinnert die Auswahl der Motive zuweilen an die Zeichnungen, die der englische Reisende Richard Dalton ein Jahrhundert zuvor angefertigt hatte.

261 *Wenn reiche Beduinen mit ihrem Harem reisten, saßen die Frauen unter einer Art Baldachin, der auf dem Rücken von Kamelen befestigt war. Ein Vorhang schützte die Damen vor neugierigen Blicken.*

262 unten *„Zahlreiche Pylonen, Säulen und Tempelruinen“, schrieb von Mayr, „bedecken den Teil von Theben, der sich Karnak nennt“. Das Bild zeigt den Südteil des Amuntempels mit dem Portal von Ptolemaios III. Euergetes und den Tempel des Gottes Chons. Eine von widderköpfigen, zur damaligen Zeit jedoch bereits großenteils enthaupteten Sphingen gesäumte Prozessionsstraße führte von hier aus zum Tempel von Luxor.*

262–263 oben *Nach von Mayrs Auffassung überragte der große Tempel des Amun in Karnak „aufgrund seiner Größe, seines Stils und seiner Pracht jedes andere Bauwerk des Landes". Abgebildet sind der zweite Pylon und die Säulen der Hypostylhalle mit den Kapitellen, deren Bemalung damals noch gut erhalten war. Rechts steht die Säule des nubischen Pharaos Taharka (25. Dynastie), im Hintergrund erhebt sich der Obelisk von Thutmosis I.*

263 unten *Als Maximilian Ägypten bereiste, lag der Tempel von Luxor noch halb unter Sand begraben und diente den Einheimischen als Wohnstatt. Der westliche Obelisk befand sich bereits in Frankreich. Ganz rechts im Bild ist noch ein Teil des Lochs zu sehen, das gegraben wurde, um ihn abzutransportieren.*

264 oben *Maximilian von Bayern und seine Reisegefährten besichtigten sämtliche nubischen Tempel. Hier ist der heute überflutete Tempel von Gerf Hussein zu sehen, der einst am linken Nilufer lag. Das Bauwerk, das der Vizekönig von Kusch, Setau, zur Zeit Ramses' II. hatte errichten lassen, war zum Teil in Felsen gebauen. Von hier aus zeichnete von Mayr diese Ansicht der Vorhalle mit Kolossalstatuen des Herrschers an den Pfeilern.*

264 unten *Der Tempel von ed-Dakka aus ptolemäischer und römischer Zeit, dessen Pylon aus dem Mittelteil des Gebäudes hervorragt, wurde zwischen 1962 und 1968 abgebaut und mit der ursprünglichen Ausrichtung an seinem heutigen Platz in Wadi es-Sebû'a wiedererrichtet.*

265 oben *Die lange Karawane des bayerischen Herzogs gönnt sich bei der Durchquerung der Nubischen Wüste eine Ruhepause.*

265 unten *Maximilian ließ seinen Namen, die herzogliche Krone und das Datum seines Besuchs in die Fassade des Tempels von Abu Simbel ritzen, wo sie auf der Brust des Kolosses nördlich des Eingangs noch heute gut zu lesen ist:* Maximilian Herzog in Bayern – 29.3.1838. *Am gleichen Koloss verewigte sich auch von Mayr.*

EMILE PRISSE D'AVENNES

Unter allen ägyptenbegeisterten Europäern, die sich in der ersten Hälfte des 19. Jahrhunderts mit der Wissenschaft und Kultur des Landes am Nil befassten, ragte der 1807 in Avesnes-sur-Helpe geborene Ingenieur und Architekt als schillernde und zugleich geheimnisvolle Persönlichkeit hervor. Eindrucksvoll war bereits sein Name: Achilles Constant Theodore Emile Prisse d'Avennes behaup-

266 links *Dieser fast 14 Meter hohe Koloss, der Ramses II. darstellt, lag umgestürzt auf dem Boden des Ptahtempels in Memphis. In seiner Zeichnung ergänzte der Franzose die Statue durch Füße und Sockel.*

266 oben rechts *Der 1807 in Avesnes-sur-Helpe geborene französische Architekt und Zeichner Emile Prisse d'Avennes war eine außergewöhnliche Persönlichkeit: Reizbar und störrisch, besaß er gleichwohl eine lebhafte Phantasie und außergewöhnliche künstlerische Begabung. Unter dem Namen Idriss Effendi lebte er zwischen 1838 und 1843 in Luxor. Trickreich nahm er die Flachreliefplatten des Ahnensaals von Thutmosis III. im Amuntempel von Karnak ab, schaffte sie nach Frankreich und kam so seinem Konkurrenten Lepsius zuvor.*

266 unten rechts *In Luxor besaß Prisse d'Avennes ein elegantes Boot, das unter englischer Flagge segelte, weil er sich für den Nachkommen einer alten walisischen Familie, der Price of Avon and Carnarvon, hielt.*

267 *Prisse d'Avennes setzte Wilkinsons Werk fort und zeichnete zahlreiche Flachreliefs der thebanischen Gräber und Tempel ab. Diese Kopie einer nur mit dem Kohlestift angedeuteten Skizze aus dem Grab des Wesirs Ramose (TT 55) zeigt Vertreter fremder Völker – einen Libyer, zwei Nubier und einen Asiaten –, die Amenophis IV. huldigen.*

wn by E. Prisse Esq.re On stone by Moulleron

tete unter anderem, seine Familie stamme ursprünglich von den Price of Avon and Carnarvon ab und sei zur Zeit Karls II. von England nach Flandern emigriert. Nachdem er am Unabhängigkeitskampf der Griechen gegen die Türken teilgenommen hatte, begab sich Prisse 1827 nach Ägypten. Hier berief ihn Mehmed Ali als Ingenieur für öffentliche Bauten und Topographielehrer an die Militärakademie. Prisse war zwar außergewöhnlich intelligent und darüber hinaus ein talentierter Zeichner mit großem Kunstverstand, gleichzeitig jedoch misstrauisch und cholerisch. Diese beiden Charakterzüge stellte er bald unter Beweis, denn er zerstritt sich so hoffnungslos mit dem Kommandeur der Akademie, dass Mehmed Ali ihn an die Infanterieschule von Damiette in der Deltaregion versetzen musste. Prisse machte das Beste aus seiner Situation: Er erkundete und zeichnete die antiken Bauwerke, lernte perfekt Arabisch und las die Bücher Champollions, aus denen er Grundkenntnisse in der Entzifferung der Hieroglyphenschrift erwarb. Gleichwohl litt er immer stärker unter den Pflichten, die er in seiner Funktion als Lehrer zu erfüllen hatte, und schied daher 1836 aus dem Dienst aus. Er verließ die Deltaregion und brach nach Oberägypten auf, wo er

268 *Bevor sich Prisse d'Avennes der Archäologie zuwandte, hatte er Ägypten bereits rund zehn Jahre lang bereist und perfekt Arabisch gelernt. Er interessierte sich auch sehr für die Sitten und Gebräuche der Ägypter, die er detailreich abbildete. Links sind zwei Frauen vor einem thebanischen Tempel zu sehen, unten links steht neben dem Kind eine große Wasserpfeife* (shisha)*, wie die Einheimischen sie noch heute benutzen.*

269 *Diese beiden reichen Sheikhs vom Stamme der Maaza (links) und der Suwarka (rechts) aus der Suezregion tragen elegante und ausgesuchte Kleidung. Das Bild stammt von dem Botaniker und Reisenden George Lloyd, einem guten Freund und Mitarbeiter von Prisse d'Avennes. Unter dem Titel* The Valley of the Nile *veröffentlichte Lloyd eine Reihe von Bildtafeln über Ägypten. Der Künstler kam 1843 im Alter von 28 Jahren auf tragische Weise in Theben ums Leben, als sich ein Schuss aus seinem Gewehr löste. Der Tod seines Freundes trug vermutlich dazu bei, dass Prisse d'Avennes Luxor verließ.*

270 oben links Prisse zeichnete diesen Widder nach einem Fragment aus der ptolemäischen Ära im Museum von Bulak. Die Raubkatze rechts stammt dagegen aus der Punthalle im Tempel der Hatschepsut in Deir el-Bahari. Die Szene zeigt die königliche Expedition in das am afrikanischen Horn gelegene Land Punt, das Ägypten mit Weihrauch, Myrrhe und anderen Luxusgütern belieferte.

270 unten Die Spitze des westlichen Obelisken am Tempel von Luxor, den Prisse d'Avennes von zwei Seiten zeichnete, war ursprünglich mit einer Gold-Silber-Legierung überzogen, während am Fuß zwei Gruppen von jeweils vier Kynozephalen die Sonne anbeteten. 1831 schenkte Mehmed Ali Frankreich den Obelisken, der 1833 verschifft wurde und seit 1836 auf der Place de la Concorde in Paris steht.

270 oben rechts Neben dem „Festsaal" von Thutmosis III. im Amuntempel von Karnak lag der „Ahnensaal" mit den berühmten Flachreliefs, die Prisse d'Avennes eigenmächtig und ohne Genehmigung in 18 Nächten von den Wänden abnehmen ließ. Auf den Reliefs opfert der Pharao seinen 61 Vorgängern. Ähnliche, für die Kenntnis der Geschichte des antiken Ägypten extrem aufschlussreiche Königslisten gibt es nur noch in den Tempeln von Sethos I. und Ramses II. in Abydos und im so genannten „Königs-Kanon", einem heute im Ägyptologischen Museum von Turin aufbewahrten Papyrus. Die Reliefplatten aus dem Ahnensaal befinden sich noch immer im Musée du Louvre, in Karnak ist eine Kopie zu sehen.

270–271 unten *So sah nach Meinung von Prisse d'Avennes ursprünglich der dromos der widderköpfigen Sphingen aus, der zum ersten Pylon des Amuntempels in Karnak führte. Vom Landungssteg legten die prunkvollen Prozessionen der heiligen Barken der thebanischen Triade ab, die aus den Göttern Amun, Mut und Chons bestand.*

271 oben *In Anlehnung an die napoleonischen Gelehrten zeichnete der Franzose diese Aufsicht auf Gîza. Als erste Karte verzeichnet sie bereits den Taltempel des Königs Chephren, den Mariette kurz zuvor entdeckt hatte.*

zunächst Assuan und Abu Simbel besuchte. 1836 ließ er sich in Luxor nieder. Prisse wohnte, aß und kleidete sich wie ein Araber und nannte sich inzwischen *Idriss Effendi*. Während seines Aufenthaltes in Theben interessierte sich Prisse vor allem für die Tempel von Karnak, die er genauestens erforschte. Insbesondere zeichnete er zahlreiche Flachreliefs ab, um deren Erhalt sich auch Wilkinson sorgte. Dessen Aufmerksamkeit lenkte Prisse überdies auf die *talatat,* herrlich gearbeitete rechteckige Steinquader mit farbigen Ornamenten. Ursprünglich stammten diese Blöcke von Gebäuden, die Amenophis IV. Echnaton hatte errichten lassen. In der Folge hatte man die Bauwerke jedoch zerstört und mit den Steinen den 9. Pylon des Tempels von Karnak erbaut, der im 19. Jahrhundert seinerseits als Materiallager für neue Konstruktionen diente. Einige Zeit später, im Jahre 1843, begegnete Lepsius, der sich mit seiner Expedition auf dem Weg nach Theben befand, unweit von Beni Hasan Prisse, der an Bord seines Schiffes nilabwärts fuhr. Der Franzose empfing den Preußen freundlich, bot ihm Kaffee an und

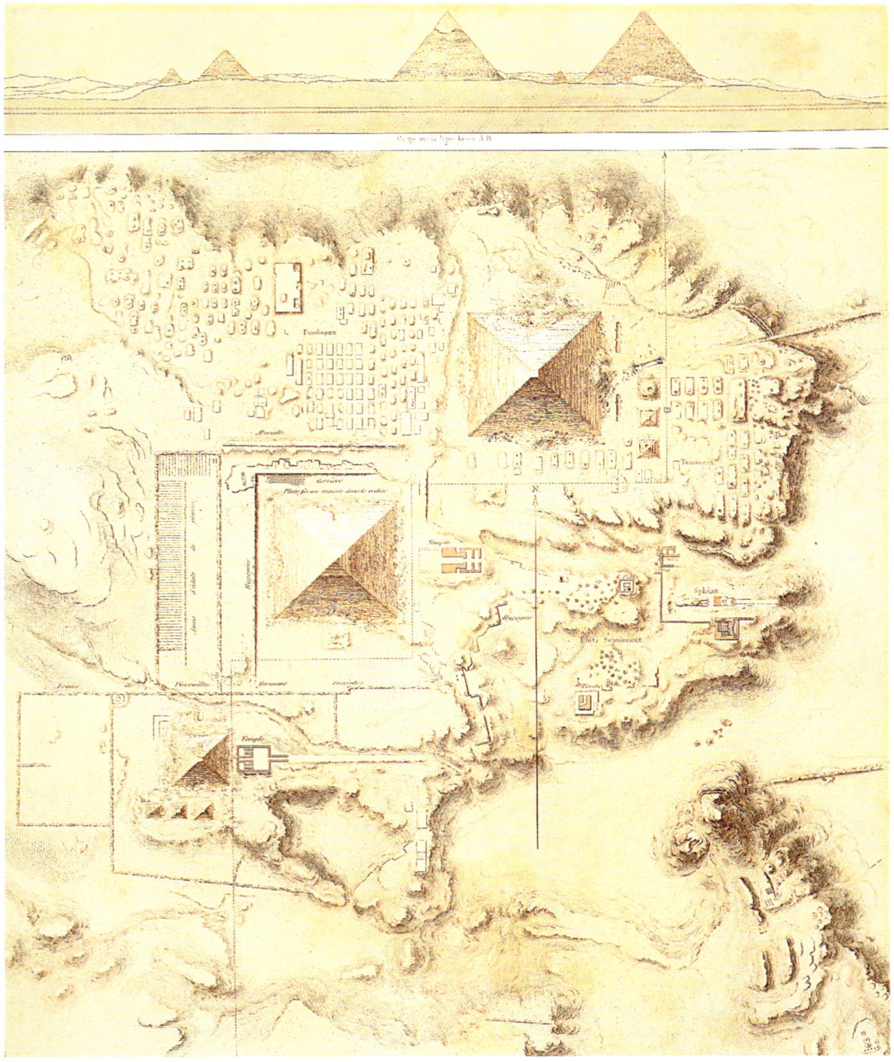

erfuhr im Laufe des Gesprächs, dass den preußischen Ägyptologen im Tempel von Karnak eine große Aufgabe erwartete: Er sollte die Reliefs des Ahnensaals aus der Epoche Thutmosis' III. abnehmen und nach Berlin bringen lassen. Die Wände der Kapelle zeigten den Herrscher bei der Opferung an seine 61 Vorgänger und stellten daher eine der wenigen, überaus bedeutsamen Königslisten dar. Prisse hörte Lepsius aufmerksam zu, wünschte ihm Glück, verriet aber mit keiner Miene, dass die gesuchten Reliefplatten sich in den Kisten befanden, auf denen die beiden Herren sich gerade zum Plaudern niedergelassen hatten... Tatsächlich hatte Prisse richtig vermutet, dass sich Lepsius für die Meisterwerke ägyptischer Kunst interessieren würde und sie rechtzeitig in Sicherheit gebracht, obgleich er hierfür nicht die geringste Erlaubnis besaß. Damit sein Vorhaben geheim blieb, hatte er nur nachts und während der heißesten Stunden des Tages gearbeitet, wenn niemand sich nach draußen wagte und ihn beobachten konnte. Allerdings hatten sich im Verlauf des Unternehmens zwei seiner Arbeiter bei einem Unfall verletzt. Dieser Zwischenfall verursachte einigen Wirbel, denn die Behörden wollten bis zur Aufklärung des Falles die Kisten mit der kostbaren Fracht beschlagnahmen. Prisse erreichte nach zähen Verhandlungen und mit Hilfe größerer Geschenke schließlich, dass man ihn ziehen ließ.
So kam es, dass Lepsius, als er mit all seinen offiziellen Genehmigungen in Karnak eintraf, vergeblich nach dem „Ahnensaal" suchte, den Prisse in achtzehntägiger Arbeit abgebaut hatte und der sich mittlerweile in Kairo befand. Hier stand Prisse nun aber aufs Neue vor größeren Problemen, denn nach dem Zwischenfall von Karnak konnte er sich nirgendwo mehr blicken lassen. Im darauf folgenden Jahr gelang es ihm mit einem Trick, die 26 Kisten mit den Reliefplatten auf direktem Seeweg

272 links *Auf diesem Flachrelief im kleinen Felsentempel von Beit el-Uali bei Kalabscha säugt die Göttin des Katarakts, Anukis, „die die Überschwemmung liebt", Ramses II. in Knabengestalt.*

273 *In der Gruft des thebanischen Würdenträgers Kenamon (TT 93), der zur Zeit von Amenophis II. lebte, kopierte Prisse d'Avennes dieses Flachrelief: Die Mutter des Verstorbenen, die königliche Amme Amenemopet, hält den jungen Pharao auf dem Schoß.*

274 *Dieses von Prisse d'Avennes abgezeichnete Flachrelief stammt aus dem Grab Ramses' III. (KV 11) im Tal der Könige. Es zeigt den Pharao in prächtigen Gewändern und einem mit der Uräusschlange verzierten Kopfputz. Hinter dem Herrscher geben zwei Kartuschen Aufschluss über den Vornamen (oder Thronnamen) und den von einem Zusatz begleiteten Namen: Usermaatrê Meryamun – Ramses Heqaiunu.*

275 *Diese beiden Frauen aus einem thebanischen Grab bringen dem Verstorbenen Früchte (Feigen und Weintrauben) und Lotusblüten dar.*

nach Frankreich zu verschiffen: Er ließ überall ein Etikett anbringen, auf dem in großen Lettern zu lesen war: „Naturgeschichtliche Objekte. Bestimmungsort: Musée de Paris"... Im gleichen Jahr verließ auch Prisse Ägypten. Mit sich nahm er seine zahlreichen Zeichnungen und Notizen, die er zwischen 1836 und 1844 angefertigt hatte.
Eine Zusammenfassung seiner Arbeiten veröffentlichte Prisse in seinem schönsten Werk, dem *Atlas de l'Histoire de l'Art égyptien d'après les monuments, depuis les temps les plus reculés jusqu'à la domination romaine*. Auch eines der ältesten in Wesir Hunis, des letzten Pharaos der 3. Dynastie, verfasste.
Im Juni 1858 kehrte Prisse mit einer kleinen offiziellen Expedition nach Ägypten zurück. Mit ihm reisten der holländische Zeichner Willem de Famars Testas und ein junger Mann namens Jarrot, der einen völlig neuen Beruf ausübte – den des Fotografen. Vieles hatte sich inzwischen verändert und die Zeiten, in denen jedermann ungestraft Ausgrabungen vornehmen gehörten endgültig der Vergangenheit an. In der Zwischenzeit hatte Auguste Mariette den *Service des Antiquités de l'Egypte* (Ägyptischer Altertumsdienst) gegründet und dafür gesorgt, dass strenge Gesetze die antiken Kulturdenkmäler schützten. Prisse hielt sich zunächst etwa ein Jahr lang in Kairo auf und beschäftigte sich in diesem Zeitraum vorrangig mit den bedeutendsten arabischen Bauwerken, deren Bilder er anschließend in seinem Buch *Art arabe d'après les monuments du Caire depuis le VIIe siècle jusqu'à la fin du XVIIIe siècle* veröffentlichte. In Begleitung von Jarrot, Testas und des amerikanischen Reisenden Edwin Smith ging er sodann am 6. Juni 1859 an Bord eines Schiffes, das ihn, nach Zwischenstationen bei allen wichtigen Stätten des Niltals,

Ägypten gefundenen Papyri, das er in Theben in der Nekropole von Dra Abu el-Naga erworben hatte, brachte Prisse mit nach Paris. Das heute unter dem Namen Prisse-Papyrus in der Bibliothèque Nationale in Paris aufbewahrte Dokument geht auf den Beginn des Mittleren Reiches zurück. Es enthält den vollständigen Text der so genannten „Weisheitslehre des Ptahotep", eines Wesirs, der während der 5. Dynastie unter König Isesi diente sowie den Schluss der „Weisheitslehre für Kagemni", die ein

276 *Auf dieser Reproduktion eines Flachreliefs aus der Punthalle in Deir el-Bahari transportiert ein Eingeborener Weihrauch auf seinem Esel. Das kostbare Harz, das bei religiösen Zeremonien Verwendung fand, war das wichtigste Importprodukt aus Punt.*

277 *Wie Wilkinson interessierte sich auch Prisse d'Avennes für den Alltag der alten Ägypter, den viele private Gräber Thebens illustrieren. Auf diesem Flachrelief aus der Gruft des Wesirs Rechmir (TT 100) beaufsichtigt der Verstorbene zahlreiche Diener, die Waren aus verschiedenen Landesteilen (Papyrusbündel, Ölkrüge und weingefüllte Amphoren) in die Lager bringen.*

bis nach Abu Simbel brachte. Auf dem Rückweg machte Prisse in Luxor Halt, um an den Ort seines unrechten Treibens zurückzukehren. Auch fertigte er Bilder und Zeichnungen von den privaten und königlichen Gräbern der thebanischen Nekropolen an. Der Franzose wunderte sich sehr über die zahlreichen Veränderungen, die er allerorten bemerkte: Überall hatte Mariette neue Ausgrabungen veranlasst. Viele Reliefs waren verschwunden, andere dafür ans Licht gekommen. Dies galt in besonderem Maße für die Stätten von Deir el-Bahari und Medinet Habu, wo sich Prisse einige Zeit aufhielt, um im Auftrag Mariettes Ausgrabungen zu leiten, ehe er im April 1860 nach Kairo zurückkehrte. Hier blieb er bis Juni 1860 als Gast Mariettes in dessen Haus in Sakkâra, dann schiffte er sich nach Frankreich ein, diesmal ohne Fundstücke, gleichwohl aber mit einem reichen Schatz von 300 neuen Zeichnungen, 150 Fotografien und einer Fülle von Abdrücken.

278 *Der französische Künstler kopierte auch einige der schönsten Szenen aus Gräbern des Mittleren Reiches in der Nekropole von Beni Hasan. Auf einem der zahlreichen Flachreliefs in der Gruft des Khnumhotep kehrt ein Jäger von einer Treibjagd in den Sümpfen heim und bringt seinem Herrn die erlegte Beute: drei Tauben, zwei Kraniche und eine Gans.*

279 *Um die Jagd kreist auch dieses Flachrelief, das Prisse d'Avennes während seines Aufenthaltes in Theben in einem Grab der 18. Dynastie kopierte. Als der Franzose 15 Jahre später, im Jahr 1859, nach Theben zurückkehrte, war die Szene verschwunden.*

280 *Aus dem Grab des Ramose (TT 55) stammt diese nur skizzierte Szene, in der ein Nubier, zwei Asiaten und ein Ägypter sich vor Amenophis IV. niederwerfen. Das Bild wurde mit rotem Ocker vorgezeichnet und mit schwarzem Kohlestift korrigiert.*

281 *Im Grab des Kenamon in Theben (TT 93) fand sich dieses Bild einer elegant gekleideten Magd, die vor der königlichen Amme Amenemopet, der Mutter des Verstorbenen, Laute spielt. In seiner Zeichnung betonte Prisse d'Avennes den realistischen und ausgefallenen Stil des Reliefs.*

KÜNSTLER UND REISENDE AM NIL

ÄGYPTEN – EINE UNERSCHÖPFLICHE INSPIRATIONSQUELLE

Als die napoleonischen Truppen nach vier Jahren Aufenthalt aus Ägypten abzogen, hatte sich das Land grundlegend gewandelt. Die von Bonaparte in Angriff genommenen Reformen, vor allem aber der permanente Kontakt der einheimischen Bevölkerung mit den Europäern, hatten die Mentalität der Bewohner des Niltals verändert. Auch kehrten durchaus nicht alle Abendländer in ihre Heimat zurück: Einige, die so genannten „französischen Mamelucken", traten in die Dienste des Paschas oder der diplomatischen Vertreter europäischer Mächte oder aber sie verdingten sich bei Reisenden, die nun immer zahlreicher nach Ägypten kamen. Auch in Europa verschob sich, ausgelöst durch Dominique Vivant *Denons Voyage und die Description de l'Egypte,* das Bild des

282 unten *Der deutsche Maler Luigi Mayer, über dessen Leben nur wenig bekannt ist, beendete seine künstlerische Ausbildung mit einem langen Aufenthalt in Rom, wo er die Schule des großen Graveurs Giovan Battista Piranesi besuchte. Seine Bilder der antiken Monumente der Pharaonen fanden regen Zuspruch und tauchen noch heute häufig in Büchern über Ägypten auf. Das Bild zeigt die Sphinx, die Ende des 18. Jahrhunderts noch fast vollständig unter Sandmassen begraben lag.*

283 oben *Dieses Bild malte Mayer von der Spitze der Cheopspyramide aus. Zu jener Zeit verzichteten nur wenige Besucher auf das Abenteuer der Pyramidenbesteigung. Unzählige Reisende ritzten ihre Namen in die steinerne Umrandung des kleinen Platzes auf der Spitze, den ursprünglich ein monolithisches Pyramidion geziert hatte.*

283 unten *Der französische Architekt Jean Nicolas Huyot (1780-1840), der den Triumphbogen in Paris entworfen hatte und eng mit Champollion befreundet war, stellte dem Schriftforscher die Zeichnungen zur Verfügung, die er während seiner Ägyptenreise 1818-1889 angefertigt hatte. In diesem Zusammenhang hatte er auch Graf de Forbin und Edouard de Montulé kennen gelernt. Das Bild zeigt, wie der Künstler sich die Aufstellung eines Obelisken vor dem Pylon eines Tempels vorstellte.*

Landes, das man bis dahin hauptsächlich durch die Berichte von Norden, Pococke und Cassas kennen gelernt hatte. Ägypten kam in Mode, in den mondänen Salons und gebildeten Zirkeln drehten sich alle Gespräche um das Land am Nil.
Zuerst brachen Antiquitätenhändler und Sammler auf der Suche nach antiken Funden auf, ihnen folgten Wissenschaftler und Archäologen, Forscher, Maler, Dichter und einfache Touristen. Eine ganze Kunstrichtung schöpfte ihre Inspiration aus der arabischen Welt Nordafrikas und des Nahen Ostens. Einige Vertreter dieser „Orientalismus" genannten Strömung schufen herrliche Bilder von Ägypten. Zu ihnen gehörten David Roberts (1796-1864), Eugène Delacroix (1798-1863), Léon Cogniet (1794-1880), Horace Vernet (1789-1863), Alexandre-Gabriel Decamps (1803-1860), Prosper Marilhat (1811-1847) und nicht zuletzt Eugène Fromentin (1820-1876), ein herausragender Schriftsteller und Maler, der an der Eröffnung des Suezkanals im Jahre 1869 ebenso teilnahm wie an der Expedition durch Oberägypten, die Auguste Mariette, der Gründer des Museums von Kairo und des Service Egyptien de l'Antiquité, im Auftrag des ägyptischen Vizekönigs Ismail organisierte. Längst präsentierte sich Ägypten den Europäern, die in Kairo eintrafen, nicht mehr als schwer zugängliches Land.
Zahlreiche „Dragomänner" boten ihre Dienste an, um Reisende auf

284 oben *1822 veröffentlichte Reverend Cooper Willyams ein Album mit Eindrücken von seiner Levantereise, die ihn nach Ägypten, Rhodos, Italien und Menorca geführt hatte. Wie der Maler Richard Dalton im 18. Jahrhundert, so hielt auch Willyams die Prozession des „heiligen Kamels" durch die Straßen von Kairo im Bild fest.*

284 unten *Der französische Architekt Hector Horeau fuhr 1839 durch Ägypten und Nubien. Zu seinen typischsten Werken gehören einige aus der Vogelperspektive gezeichnete Bilder, doch malte er auch charakteristische Straßen, Monumente und Plätze Kairos: Hier sehen wir den großen Sklavenmarkt. Der Markt diente vor allem reichen Arabern aus den umliegenden Regionen und Abgesandten des Sultans von Konstantinopel als Anlaufstelle. Letztere kauften hier zumeist Damen für den königlichen Harem ein.*

284-285 *Das „heilige Kamel" – hier noch einmal ein Bild von Cooper Willyams – zog mit reichem Federschmuck und Zaumzeug durch die Menge. Auf dem Rücken trug es ein Zelt aus golddurchwirkten Stoffen, auf denen Koransuren zu lesen waren. Im Inneren des Zeltes befanden sich ebenfalls kostbare Stoffe, die für die Heiligtümer in Mekka und Medina bestimmt waren.*

285 unten *Willyams zeichnete auch diese Ansicht von Altkairo am Ufer des Nilarms, der die Insel el-Rôda vom Festland trennt. In diesem Teil der Stadt lagen die Gärten und Sommerresidenzen, die hochrangige Persönlichkeiten während der Hochwasserperiode des Nils bezogen.*

*

286 u. 287 unten Der Künstler Amedeo Preziosi, ein adliger Malteser italienischer Herkunft, ließ sich in Konstantinopel nieder. Auf seiner Ägyptenreise interessierte er sich vor allem für die Gewänder der Einheimischen, die er in zahlreichen Aquarellen festhielt. Hier sind einige Händler und Besucher des Chân el-Chalîli, des großen Basars von Kairo, zu sehen: ein Handwerker, zwei Verkäufer, eine elegant gekleidete und verschleierte Dame in Begleitung ihrer Magd und ein Soldat. 1862 veröffentlichte Preziosi seine Impressionen unter dem Titel* Souvenirs du Caire.

***286-287 oben** Dieses Bild des Chân el-Chalîli belegt, dass Preziosi auch gute Gesamtansichten zeichnen konnte. Seine leider nur wenig bekannten Bilder fangen die ganze Atmosphäre ein und geben alles bis ins kleinste Detail wieder.*

ihren Touren zu geleiten. Dieser Begriff bezeichnete Europäer, die sich seit längerer Zeit in Ägypten niedergelassen hatten und Fremde als Führer und Dolmetscher begleiteten. „Nichts war vergnüglicher oder einzigartiger", schrieb der französische Romantiker François-René de Chateaubriand in seinem *Itinéraire de Paris à Jérusalem,* „als Abdallah di Tolosa zuzuschauen, wenn er mit seinem Kaftangürtel die Araber oder Albaner verscheuchte, um uns in den belebtesten Straßen eine breite Gasse zu öffnen. Im Übrigen hatten diese Könige des Exils nach dem Beispiel Alexanders die Sitten der eroberten Völker angenommen: Sie trugen lange Seidentuniken, schöne weiße Turbane und herrliche Waffen; sie besaßen einen Harem, Sklaven, Rassepferde. Lauter Dinge, über die ihre Eltern in der Gascogne oder in der Picardie mit Sicherheit nicht verfügten..." Nicht nur Deserteure der napoleonischen Armee, sondern auch Angehörige anderer Nationen, vor allem Italiener und Griechen sowie Abenteurer aus aller Herren Länder arbeiteten als Dragomänner. Zu ihnen gehörten Giovanni Finati, der William Bankes und Giovanni Belzoni auf ihren Reisen begleitete, Antonio Lebolo,der für den französischen Konsul Bernardino Drovetti tätig war, Joseph Rosignani, der Weggefährte von Frédéric Cailliaud, und der berühmte Giovanni d'Athanasi, die allesamt kurz nach dem Abzug der Orientarmee nach Ägypten gekommen waren.
Die ersten Touristen, die Ägypten im 19. Jahrhundert bereisten, suchten zumeist nach antiken Kunstschätzen.

In der Regel handelte es sich bei ihnen um reiche Adlige. Der berühmteste dieser Reisenden, William John Bankes, wählte ausgerechnet den Obelisken vor dem ersten Pylon des Isistempels in Philae aus, ließ ihn von Belzoni abtransportieren und stellte ihn schließlich auf seinem Grundstück in Kingston Lacey in Dorset auf. Auch der britische Marineoffizier Lord Algernon Percy, Her-

__288 rechts__ David Roberts malte zahlreiche Bilder von Kairo, das er 1838 besuchte. Der schottische Künstler fertigte viele Ansichten der Stadt, ihrer Moscheen und schönsten Winkel.

zog von Northumberland, fuhr in Begleitung des englischen Majors Orlando Felix bis nach Nubien, wo er im Jahre 1828 Champollion begegnete. Während seines Ägyptenaufenthaltes trug der Lord über 2000 Objekte zusammen, welche die Universität von Durham im Jahre 1950 erwarb.

Bereits zehn Jahre zuvor hatte Somerset Lowry-Corry, besser bekannt als Lord Belmore, zwischen 1816 und 1818 an Bord seiner Privatjacht für zwei Jahre den Orient und Ägypten bereist und war bis zum zweiten Katarakt gelangt. Auch er sammelte antike Gegenstände, die 1843 zum großen Teil in den Besitz des British Museum übergingen.

Binnen kurzer Zeit stieg Theben zu einem beliebten Reiseziel auf, das viele Europäer aufsuchten. Im Frühjahr 1818 hielten sich hier unter anderem der britische Konsul Henry Salt und der französische Mineraloge Frédéric Cailliaud auf. Unter den Touristen jener Tage befand sich auch Graf Auguste de Forbin, der die Ankunft von Lord Belmore an der antiken Stätte aus seiner Sicht beschrieb: „Ich verspürte kein Bedürfnis mehr, nilaufwärts zu fahren, nachdem ich in Theben eine englische Familie beobachtet hatte, die soeben von den Katarakten zurück-

__288 links__ Der schottische Maler David Roberts gehört zweifellos zu den berühmtesten Künstlern, die im 19. Jahrhundert Bilder von Ägypten schufen. Seine Lithographien sind bis heute bekannt und begehrt. Obgleich Roberts am liebsten Landschaften und Bauwerke malte, finden sich auf seinen Bildern fast immer auch Menschen.

__289__ Der Architekt Pascal Coste aus Marseille stand zwischen 1817 und 1827 in den Diensten von Mehmed Ali. Mit großem Talent hielt er zahlreiche muslimische Bauwerke in seinen Bildern fest und besaß auch eine spezielle Genehmigung, die ihm die Arbeit in den großen Moscheen der Stadt – hier die el-Muaijad-Moschee – erlaubte.

__290–291__ Diese Ansicht der Hypostylhalle des Isistempels von Philae weist David Roberts als meisterlichen Darsteller ägyptischer Bauwerke aus. Die Menschen verleihen dem Bild nicht nur mehr Leben, Farbe und Perspektive, sondern vermitteln auch einen Eindruck von den Dimensionen des Bauwerks.

292 u. 293 unten
Robert Hay, ein außergewöhnlicher Künstler, Archäologe und Reisender, lebte über fünf Jahre lang in Qurna, wo er mit Wilkinson ein in den Felsen gebauenes Grab als Wohnstatt teilte. Hay malte auch einige Ansichten von Kairo und seinen Bauwerken, die er als Einzige seiner Bilder veröffentlichte.
Hier ist Bulak, der Binnenhafen der Stadt, auf zwei Ansichten zu sehen, die jedoch zu ein und demselben Bild gehören.

Simbel beiwohnten. Im Vorwort zu ihrem Reisebericht erklärten die beiden Männer, was sie zu ihrer Reise ins Morgenland veranlasst hatte: „Am 14. August 1816 verließen die ehrenwerten Herren Charles Leonard Irby und James Mangels, Offiziere der Königlichen Marine, England, um das europäische Festland zu besuchen. Diese Reise sollte jedoch weit über das ursprüngliche Ziel hinausführen. Zunächst trieb sie die Neugier, dann eine zunehmende Bewunderung für die Altertümer, und so lernten sie zahlreiche Regionen des östlichen Mittelmeerraums kennen, die moderne Reisende nur selten zu Gesicht bekommen."
Viele andere Europäer erforschten Ägypten, ohne großes Aufsehen zu erregen, wie etwa Charles Barry (1795-1860), der 1819 als erster eng-

kehrte. Lord und Lady Belmore hatten einen Teil von Nubien besucht: Sie reisten außerordentlich luxuriös und mit einem Gefolge von drei oder vier Barken. Ehemänner, Frauen, Kinder, Pastoren, Ärzte, Kinderschwestern, Köche, alle sprachen von Elephantine. In diesem Moment war meine Faszination dahin..." Einige Monate später, im Dezember 1818, erreichte auch der große Reisende und Antiquitätensammler Graf Edouard de Montulé in Begleitung des römischen Antiquitätenhändlers Silvestro Guidi Theben. Als einer der Ersten konnte er das Grab Sethos' I. bewundern, das Belzoni erst kurz zuvor entdeckt hatte. Die beiden britischen Marineoffiziere Irby und Mangles besuchten Ägypten im Rahmen einer Levantereise, während der sie unter anderem an der Nubienexpedition teilnahmen, die Belzoni und Salt 1817 durchführten, und der Öffnung des Großen Tempels von Abu

lischer Architekt nilaufwärts bis zum zweiten Katarakt reiste und zahlreiche Pläne der Tempel und Gräber anfertigte, oder der italienische Bildhauer Joseph Bonomi (1796-1878), der nilaufwärts bis nach Dongala fuhr und Bilder für mehrere bedeutende Ägyptologen, darunter Rosellini und Wilkinson, zeichnete. Zu den weniger bekannten Touristen gehörten auch Thomas Legh (1793-1857), der zwischen 1812 und 1814 als einer der Ersten Nubien durchstreifte, der Chemiker und Naturforscher Giuseppe Forni aus Mailand, der die arabische Wüste sowie die Minen von Djebel Zabara und Djebel Sekket erforschte und 1819 bis nach Sennar gelangte, und nicht zuletzt der Naturkundler Giovan Battista Brocchi (1722-1826), der die Flora Ägyptens studierte und bis nach Sennar und Khartum kam, wo er 1826 an einer Krankheit starb. Erwähnenswert sind schließlich der Architekt

292–293 *Der französische Schriftsteller Eugène Fromentin malte diese Ansicht des Nils. Der begeisterte Orientalist hinterließ viele Bilder von Algerien, wohin er drei Reisen unternommen hatte. 1869 kam er im Gefolge der französischen Delegation zu den Einweihungsfeierlichkeiten des Suezkanals nach Ägypten und fertigte hier verschiedene Skizzen und Zeichnungen, die ihm später als Grundlage für seine Ölbilder dienten.*

294–295 *Der französische Künstler Henry de Montaut skizzierte das Leben im modernen Ägypten in einem äußerst lebendigen Stil. Montaut unterrichtete Architektur und Topographie an der Militärakademie in Kairo und veröffentlichte unter dem Titel* Egypte moderne *ein Album mit Bildern, das auch diese Szene enthält. Sie zeigt Touristen beim Besuch der Sultan-Hassan-Moschee.*

294 unten *Die tanzenden Derwische, Angehörige einer Sekte, deren Mitglieder nach wilden Tänzen in Trance fallen, inspirierten De Montaut zu diesem Aquarell. Die Derwische tragen weiße Baumwolltuniken mit im Saum eingenähten Bleigewichten und eine dem Fes ähnliche Kopfbedeckung aus rotem Filz.*

Joseph Scholes (1798-1863), der mit Frederick Catherwood bis zum zweiten Katarakt fuhr, und Henry Westcar (1798-1868), der seine Bekanntheit einem berühmten, nach ihm benannten Papyrus verdankt, der bedeutende Orientalist und Zeichner William Lane (1801-1876), ein Mitarbeiter Wilkinsons, der Architekt Francis Arundale (1807-1873), der 1832 mit Robert Hay in Qurna zusammenarbeitete, Edward Lear (1812-1888), der 1849 nach Ägypten und Nubien reiste und zahlreiche Zeichnungen hinterließ, und schließlich Amedeo Preziosi, ein Reisender und Künstler römischen Ursprungs aus Malta, der eine Reihe exzellenter ethnographischer Studien anfertigte und dabei die Bewohner des Landes, ihre Sitten und ihre Lebensweise im Bild festhielt. Dieser Strom von Reisenden aus Europa, die die antiken Baudenkmäler auf- oder untersuchten, blieb nicht ohne Auswirkungen auf die einheimische Bevölkerung.

Die Zahl der Ägyptenbesucher stieg im gesamten 19. Jahrhundert kontinuierlich an: Während die ersten Reisegesellschaft Kreuzfahrten auf dem Nil anboten und die ersten Reiseführer erschienen, lösten Touristen immer mehr die großen Erforscher und Entdecker des Landes ab.

295 oben *Aus Anlass des religiösen Doceh-Festes begleitet eine Prozession auf diesem Bild von De Montaut den Sheikh der Saadjeh-Derwische (ein Orden der Sekte), der Sheikh el-Bekri, dem geistlichen Oberhaupt aller ägyptischen Derwische, die Ehre erweisen will.*

295 unten *Dieses Bild von De Montaut zeigt einen weltlichen Tanz, den junge Frauen in einem Harem zu Klängen der Musik eines kleinen Orchesters aus Tamburin, Flöte und Viola aufführen. Der Maler griff für sein Aquarell auf die Erzählung seiner Mutter zurück, die 1859 einen Harem hatte besuchen dürfen.*

LUIGI MAYER

296 oben *Wie viele andere Künstler malte auch Luigi Mayer die Cheops- und die Chephrenpyramide von Gîza. Gemeinsam mit Sir Robert Ainslie, der zwischen 1776 und 1792 britischer Botschafter im Osmanischen Reich war, besuchte Mayer 1792 im Rahmen einer Reise nach Kleinasien und in den Orient Ägypten. Während seines Aufenthaltes fertigte Mayer in unverwechselbarem Stil zahlreiche Bilder der großen islamischen und pharaonischen Bauwerke.*

Außer David Roberts' sattsam bekannten Bildern werden bis heute besonders gerne und häufig die Werke von Luigi Mayer verwendet, wenn es darum geht, das Ägypten des 19. Jahrhunderts zu illustrieren. Doch während viele die herrlichen Farbtafeln kennen, die in unverwechselbarem Stil die großen Kulturdenkmäler der Pharonenzeit zeigen, ist über den Künstler selbst bis heute nur sehr wenig bekannt. Die kärglichen biographischen Daten verraten lediglich, dass der begabte Zeichner, Maler und Graveur aus Deutschland stammte und über einen gewissen Zeitraum in Rom lebte, wo er die Schule des berühmten Graveurs Giovan Battista Piranesi besuchte. 1792 unternahm Mayer im Gefolge des englischen Botschafters im Osmanischen Reich, Sir Robert Ainslie, eine Reise nach Kleinasien und in den Orient und besuchte in diesem Zusammenhang unter anderem Palästina und Ägypten.
Gemeinsam mit seinem Dienstherren kehrte Mayer nach Europa zurück

296 unten links
Bereits im Mittelalter, vor allem aber im 18. und beginnenden 19. Jahrhundert suchten die Einheimischen, denen das Interesse der europäischen Reisenden für Mumien und antike Kunstschätze nicht entgangen war, in den Gräbern nach wertvollen Objekten, die sie dann auf den Basaren Kairos verkauften. Hier räumen einige Araber Kalksteinblöcke beiseite, um in eines der zahlreichen Privatgräber von Gîza einzudringen.

296 unten rechts
Am hinteren Ende der Grabkammer des Königs in der Cheopspyramide stand der Granitsarkophag, der ursprünglich die Königsmumie geborgen hatte. Trotz aller Sicherheitsvorkehrungen der Architekten hatte man die Gruft jedoch bereits in der Antike geöffnet. Ab dem Mittelalter galt es als beliebtes Reiseziel.

297 *Dieses Bild, eines der berühmtesten von Mayer, zeigt den Beginn der „Großen Galerie", die zur Grabkammer der Cheopspyramide führt. Im unteren Teil ist die Öffnung zu sehen, bei welcher der zur „Kammer der Königin" absteigende Gang beginnt.*

und übergab seine Zeichnungen dem Graveur Thomas Milton, der die eindrucksvollen Bildtafeln der ägyptischen Bauwerke für den Druck vorbereitete. Sie erschienen 1801 schließlich in London als großer Folioband unter dem Titel *Views in Egypt, from the Original Drawings in the possession of Sir Robert Ainslie, taken during his embassy to Constantinople by Luigi Mayer; Engraved by and under the direction of Thomas Milton; With Historical Observations, and Incidental Illustrations of the Manners and customs of the Native of that Country*. Diesem Werk folgte 1803 ein zweites, weniger erfolgreiches, das Impressionen aus Kleinasien und dem Osmanischen Reich enthielt.

Der französische Schriftsteller und Gelehrte Jean Baptiste Breton de la Martinière veröffentlichte seinerseits 1814 ein sechsbändiges Werk mit dem Titel *L'Egypte et la Syrie, Ou Moeurs, Usages et Monuments des Egyptiens, Des Arabes et Des Syriens*, das zahlreiche Bilder Luigi Mayers beinhaltete. Bis auf den heutigen Tag veranschaulichen Autoren ihre Schriften mit den faszinierenden Bildern des Deutschen.

298–299 *Zwar zeichnete Mayer mit Vorliebe Bilder von den Bauwerken der Pharaonen, doch existieren auch Illustrationen von Kairos wichtigsten Stadtvierteln und Moscheen. Diese Ansicht fasst den Hauptplatz der Stadt mit dem Palast von Murad Bei ins Bild.*

299 oben *Im Palast des Mameluckenoberhauptes Murad Bei, den Napoleon wenige Jahre später in der Schlacht bei den Pyramiden schlagen sollte, zeichnete Mayer Soldaten bei einer Truppenübung.*

299 Mitte *Der deutsche Künstler verstand sich auch auf die Landschaftsmalerei, wie diese Ansicht von Altkairo mit den typischen Häusern am Flussufer und den vorbeischwimmenden Barken belegt.*

299 unten *Mayer interessierte sich auch für die Kleidung der Einheimischen: Detailreich zeichnete er diesen Bei, einen hohen osmanischen Würdenträger, mit seinem ausgesuchten Gewand und dem Turban, der auf seine hohe Herkunft verweist.*

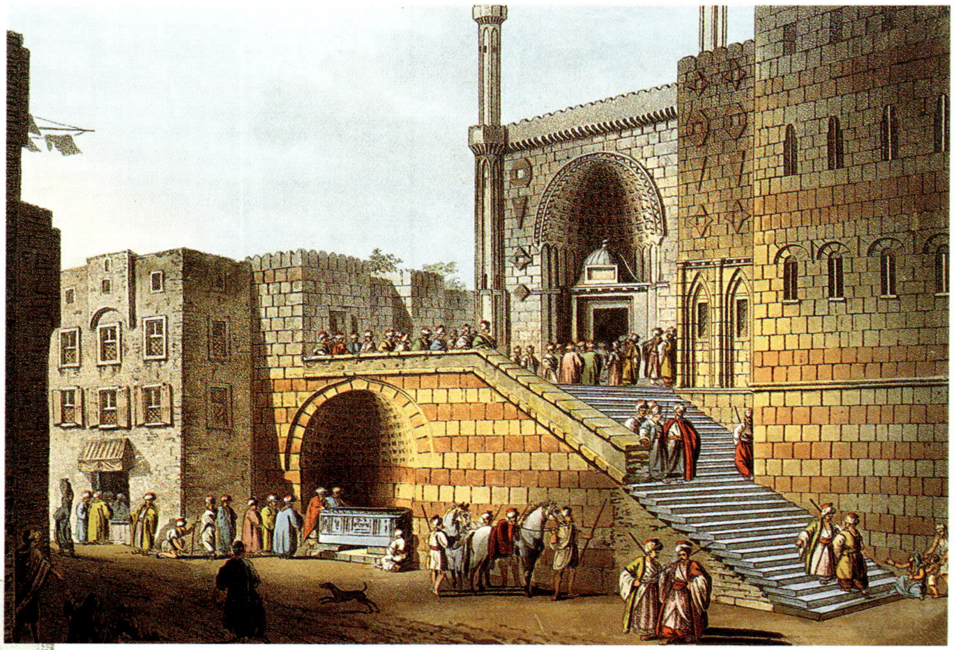

300–301 oben *In der Festung der Zitadelle zeichnete Mayer diese große, von zahlreichen Säulen getragene Halle, die zur damaligen Zeit „Josephshalle" hieß. Von hier aus bot sich ein herrlicher Blick über die Stadt bis hin zu den Pyramiden.*

300 unten u. 301 oben *Dieses außergewöhnliche Monument, das an eine Moschee grenzte, hieß „Brunnen der Verliebten": Sein ausströmendes Wasser ergoss sich in einen Sarkophag aus Granit.*

301 unten *Seit undenklichen Zeiten maß man den Pegel des Nils mit säulenförmigen „Nilometern": Dieses Exemplar zeichnete Mayer in Kairo auf der Insel el-Rôda.*

302 oben *Im November 1818 unternahm Louis Maurice Adolphe Linant de Bellefonds seine erste Reise nach Oberägypten, als er im Alter von 19 Jahren als Zeichner eine Expedition des Antiquitätenhändlers und Reisenden William Bankes begleitete, die unter der Leitung von Giovanni Battista Belzoni stand. Zu den Teilnehmern gehörten auch der englische Konsul Henry Salt und der Arzt und Zeichner Alessandro Ricci. Linant und die anderen Mitglieder der Expedition fuhren nilaufwärts bis nach Abu Simbel: Der Tempel Ramses' II., den Belzoni am 1. August 1817 geöffnet hatte, lag noch fast vollständig unter Sand begraben.*

L. M. A. LINANT DE BELLEFONDS UND LÉON DE LABORDE

302 unten links *Linant de Bellefonds kam 1817 nach Ägypten und durchreiste das Land während seines langen restlichen Lebens. Unter anderem reiste er zweimal in den Sudan, um den Blauen und den Weißen Nil zu erforschen. Der geniale Künstler, Forscher, Geograph und Ingenieur bekleidete hohe Ämter im Dienste Mehmed Alis: Er wurde zum Minister für Öffentliche Arbeiten ernannt und erhielt die Titel eines Beis und eines Paschas. Auf dem Gipfel seiner einzigartigen Karriere entstand dieses offizielle Foto von Pascha Linant de Bellefonds.*

302–303 *Linant fertigte zahlreiche Skizzen von den Kolossen an der Fassade des Tempels von Abu Simbel an, wo die Expedition vom 25. Januar bis zum 18. Februar 1819 rastete.*

302 unten rechts *Dieses Bild von Linant de Bellefonds zeigt, wie das Flachrelief mit der Kutsche Ramses' II. im Tempel von Abu Simbel vermutlich ursprünglich aussah.*

303 rechts *Der erste der südlichen Kolosse am Tempel von Abu Simbel konnte als Einziger völlig freigelegt werden.*

Im Jahre 1818 leitete Giovanni Battista Belzoni eine kleine Expedition nach Oberägypten, an der neben dem englischen Konsul Henry Salt, dem Antiquitätenhändler und Sammler William Bankes, für den Belzoni den Obelisken von Philae nach England bringen sollte, und dem italienischen Arzt Alessandro Ricci auch ein junger französischer Zeichner namens Louis Maurice Adolphe Linant de Bellefonds teilnahm. Der pure Zufall hatte den kaum Neunzehnjährigen nach Ägypten verschlagen: Der Sohn eines bretonischen Marineoffiziers war bereits im Alter von 14 Jahren mit seinem Vater nach Amerika und Kanada gereist, dann selbst in die Marine eingetreten und schließlich an Bord der *Cléopatre* mit einer Gruppe von Künstlern und Wissenschaftlern unter Leitung des Grafen de Forbin durch den Mittelmeerraum gefahren. Nach Aufenthalten in Griechenland, der Türkei, Syrien, und Palästina endete die Mission in Ägypten, wo der junge Leutnant zur See zu bleiben beschloss.
Da er aufgrund seines Alters keine Möglichkeit sah, einen Posten in der öffentlichen Verwaltung zu bekleiden, entschied Linant de Bellefonds das Land zu erforschen, um seine Kenntnisse zu vergrößern. Um die Kosten aufzubringen, stellte er seine Talente in den Dienst von Antiquitätenhändlern und Reisenden.
Im Jahre 1820 konnte er dank der Unterstützung von Bankes an der militärischen Expedition partizipieren, die Hassan Bei im Auftrag Mehmed Alis zur Oase von Siwa in der Libyschen Wüste unternahm, um dort die politische Ordnung wiederherzustellen.
Auch andere Europäer schlossen sich an, darunter der französische Konsul Drovetti, der Arzt und Zeichner Alessandro Ricci sowie der unglückliche Enegildo Frediani, der während des Feldzuges von Ismail Pascha in den Sudan wahnsinnig wurde und 1823 halb verwirrt in Kairo starb.
Nach seiner Rückkehr aus der Libyschen Wüste brach Linant de Bellefonds Anfang September desselben Jahres in Begleitung von Ricci zum Sinai auf; 1821 folgte im Auftrag von Bankes eine erste große Expedition in den Sudan. Die Region galt als politisch instabil, zumal kleine Potentaten vor Ort sich mehr schlecht als recht bemühten, die Kontrolle zu bewahren. Da man hier jedoch andererseits größere Goldvorkommen vermutete, hatte Mehmed Ali seine Truppen unter dem Oberkommando seines Sohnes Ismail Pascha zur Eroberung des Territoriums entsandt. Wie schon bei dem Feldzug gegen Siwa reisten verschiedene Europäer mit, darunter der Geologe Frédéric

304 oben *Auf diesem Flachrelief, das eine der Wände im Tempel Ramses' II. von Abu Simbel ziert und auch von Champollion, Rosellini und Lepsius kopiert wurde, tötet der Herrscher einen hethitischen Soldaten.*

304 unten *Diese unveröffentlichte, kolorierte Bleistiftskizze von Linant zeigt einige afrikanische Gefangene: Die dunkelhäutigen Afrikaner sind schwarze Nubier, die übrigen gehören zu Barabra-Stämmen.*

304–305 *Dieses Bild von Linant de Bellefonds zeigt die große cangia mit den Expeditionsteilnehmern auf dem Weg nach Abu Simbel. In der Nähe von Qasr Ibrim wird das Schiff von einem starken Wind angetrieben.*

Cailliaud und der Reisende Enegildo Frediani. Diesmal durchstreifte Linan in Begleitung von Ricci und einigen anderen auf eigene Faust das Land, dessen Geographie und archäologische Stätten er kennen lernen wollte. Linant de Bellefonds Reise dauerte über ein Jahr und führte ihn bis nach Meroë und in die Gegend von Sennar im südlichen Sudan. Sie bildete den Auftakt zu einer zweiten Reise in dieselbe Gegend, die der Franzose vier Jahre später unternahm.
Nachdem er 1823 einige Monate lang die arabische Wüste östlich des Nils durchstreift und die Landenge von Suez erforscht hatte, reiste der junge Mann 1825 nach London, wo man ihn erstmals mit einer offiziellen Mission betraute: Die African Assiociation, die bereits die Reisen des schweizerischen Orientalisten Johann Ludwig Burckhardt finanziert hatte, wollte neue geographische Kenntnisse über den Verlauf des Nils zusammentragen und beauftragte Linant de Bellefonds, mit dem sie einen regelrechten Vertrag abschloss, den Verlauf des Weißen Nils von seinem Zusammenfluss mit dem Blauen Nil in Khartum bis zur Quelle zu verfolgen. Da die Gesellschaft über großzügige finanzielle Mittel verfügte, konnte Linant de Bellefonds seine erste wirkliche Expedition organisieren, die über ein Jahr, von März 1826 bis September 1827, dauern sollte.
Der Franzose reiste zunächst nilaufwärts bis Khartum, dann begann er das Gebiet um den Atbara zu erforschen, musste sein Vorhaben jedoch abbrechen, da Räuberbanden, Tropenfieber und feindselige Eingeborenenstämme ihn zur Umkehr zwangen. Nachdem er bei den lokalen Autoritäten vergeblich um Unterstützung nachgesucht hatte, um die Erforschung des Weißen Nils fortsetzen zu können, sah sich Linant de Bellefonds gezwungen, das Unternehmen aufzugeben, und kehrte am 27. September 1827 nach Kairo zurück. Im darauf folgenden Jahr begegnete er hier einem neunzehnjährigen Franzosen, Léon de Laborde. Dieser plante eine Reise in die Stadt Petra, die Burckhardt 1812 entdeckt hatte und die bislang nur wenige Europäer besichtigt hatten.
Linant de Bellefonds verstand sich auf Anhieb mit dem unternehmungslustigen und talentierten jungen Mann und beschloss, gemeinsam mit

305 unten *Hauptziel der 1818 von Bankes organisierten Expedition, an der auch Linant teilnahm, war die Insel Philae. Der britische Antiquitätenhändler hatte Belzoni beauftragt, den Obelisken vor dem Großen Isistempel nach England zu verschiffen. Während Belzoni sofort nach der Erfüllung seiner Aufgabe nach Theben zurückkehrte, reisten Bankes, Salt und Linant nach Abu Simbel weiter.*

306 Léon de Laborde, Sohn eines bedeutenden Politikers und Diplomaten aus Frankreich, brach im Februar 1828 gemeinsam mit Linant de Bellefonds nach Petra im heutigen Jordanien auf. Der schweizerische Orientalist Johann Ludwig Burckhardt hatte die Stadt 1812 entdeckt. Auf dem Bild trägt der zu diesem Zeitpunkt einundzwanzigjährige Laborde das Gewand eines syrischen Beduinen.

307 Die beiden in arabische Gewänder gekleideten Forscher durchquerten die gesamte Halbinsel Sinai in nur 16 Tagen, ehe sie als letztes Etappenziel vor Petra die am Roten Meer gelegene Stadt Akaba erreichten. Auf ihrem Marsch durch die gebirgige Wüste des Sinai nutzten die beiden Reisenden jede Rast, um die Einheimischen und die Monumente der Region zu zeichnen. Hier sieht man einige Toraiah-Beduinen während eines Scharmützels.

Léon de

ihm jene Stadt zu erforschen, von deren Besuch er bereits lange geträumt hatte. Er selbst brachte seine Reiseerfahrung und seine Sprachkenntnisse mit, die er während seines mittlerweile insgesamt zehnjährigen Aufenthaltes in Ägypten erworben hatte. Am 23. Februar 1828 brachen die beiden arabisch gekleideten Männer von Kairo aus mit ihrer Expedition auf und durchquerten zunächst den Sinai. An der Stätte von Serabit el-Khadem machten sie Halt, um den dortigen Tempel aus dem Mittleren Reich zu zeichnen, der der Götting Hathor, der „Herrin des Türkises", geweiht war. Dann gelangten die beiden jungen Forscher nach Akaba am Roten Meer und setzten ihren Weg schließlich nach einwöchigem Warten auf die nötigen Genehmigungen und Führer fort. Sie erreichten Petra und konnten dort sogar einige Tage verbringen, was nicht einmal ihrem großen Vorgänger Burckhardt gelungen war, denn die Beduinen der Region versuchten, jedes Eindringen von Europäern zu verhindern, glaubten sie doch, in Petra seien unermessliche Schätze verborgen, die die Abendländer ihnen rauben wollten.

Die Zeichnungen, die Linant de Belfonds und Laborde während ihres siebentägigen Aufenthaltes anfertigten, machten die herrliche antike Hauptstadt des Nabatäerreiches erstmals in Europa bekannt. Nach dem erfolgreichen Abschluss der Expedition kehrte Laborde nach Europa zurück, während sein Reisegefährte sich mit den Problemen der hydraulischen Wissenschaft zu beschäftigen begann, um, wie er später schrieb, „die Kenntnisse zu erwerben, die mir fehlten, damit ich einen Posten als Ingenieur in der ägyptischen Regierung erhalten konnte". Zu diesem Zweck zog er sich für mehr als ein Jahr völlig alleine in ein nicht genau bekanntes Tal des Sinai, vermutlich den Wadi Feiran, zurück und widmete sich ganz seinen Studien. 1831 wurde er dann zum Chefingenieur der öffentlichen Arbeiten für Oberägypten ernannt und begann nun

Laborde.

eine brillante Karriere als staatlicher Funktionär, nicht ohne zuvor noch eine Reise in die unbekannte, von Stämmen der Bisharin bewohnte Region von Etbaje unternommen zu haben. Mit der Erkundung dieses Landstrichs endete der erste, ganz der Forschung gewidmete Abschnitt im Leben von Linant de Bellefonds, der dreizehn Jahre gedauert hatte. In späteren Jahren war der Franzose zunächst als Chefingenieur für Kanäle, Brücken und Straßen in ganz Ägypten, sodann als Generaldirektor und schließlich als Minister für Öffentliche Arbeiten tätig und diente den Pascha darüber hinaus als enger Vertrauter. Er führte wichtige hydraulische Arbeiten durch, schuf ein modernes Bewässerungssystem und entwarf erste Pläne für einen Kanal zwischen dem Mittelmeer und dem Roten Meer, die er 1844 Ferdinand de Lesseps unterbreitete. 1869, im Jahr der Eröffnung des Suezkanals, gab Linant de Bellefonds, der seit 1837 den Titel eines Bei trug, seine zahlreichen Ämter ab, zog sich ins Privatleben zurück und begann seine Memoiren zu schreiben. Vor seinem Tod im Jahre 1883 in Kairo erhielt er noch den Titel eines Pascha, die höchste Auszeichnung des Osmanischen Reiches. Er hinterließ eine Vielzahl von Manuskripten und Zeichnungen, die bis heute auf ihre Veröffentlichung warten und zum Teil im Musée du Louvre, zum Teil in Kingston Lacey, England, auf dem Besitz der Bankes, aufbewahrt werden.

308 oben *Auf dem ersten Abschnitt ihrer Reise durchquerten Linant und Laborde die Landenge von Suez, das biblische „Land Goschen", wo Josef seinem Vater Jakob und seinen Brüdern begegnete (1. Moses 46, 29–47,3). Das Bild des Franzosen erinnert an diese Szene.*

308 unten *In der nördlichen Mitte des Sinai besichtigten die beiden Franzosen den Pharaonentempel von Serabit el-Khadem, der im Mittleren Reich zu Ehren der Hathor entstanden war. Er befand sich unweit von den Kupferminen, welche die Ägypter seit dem Alten Reich ausgebeutet hatten.*

309 oben *Laborde und Linant waren übereingekommen, unabhängig voneinander Berichte ihrer gemeinsamen Reise zu veröffentlichen. Nur Laborde führte indes sein Vorhaben durch, denn Linant war durch seine Ämter zu sehr in Anspruch genommen und gab sein bis heute weitgehend unediertes Tagebuch daher nie in den Druck. 1830 erschien Labordes großformatiger Band mit 69 Bildtafeln, darunter 14 von Linant. In Erinnerung an seine Studienzeit in Göttingen widmete Laborde das Werk „Seiner Majestät Wilhelm II., Kurfürst und Landgraf von Hessen".*

A SON ALTESSE ROYALE

GUILLAUME II,

ÉLECTEUR ET LANDGRAVE SOUVERAIN DE LA HESSE, GRAND DUC DE FULDE,

PRINCE DE HERSFELD, HANAU, FRITZLAR, ET ISENBURG,

COMTE DE CATZENELENBOGEN, DIETZ, ZIEGENHAYN, NIDDA, ET SCHAUMBURG, ETC., ETC.

309 unten *Auf einem Gipfel im Sinai sitzend, zeichnet Laborde das Panorama der Berge. Nach ihrem Aufenthalt in Petra kehrten die beiden Forscher nach Akaba zurück und machten sich von dort aus auf den Rückweg. Am 20. April 1829 trennten sie sich, weil Linant dringend nach Kairo zurückkehren musste, während Laborde noch länger im Sinai verweilen wollte. Linant erreichte die Hauptstadt nach einem Gewaltmarsch in weniger als fünf Tagen.*

310 oben links *Auf dem Rücken eines Kamels reitet Graf Edouard de Montulé im weißen Hemd und dunklen Gehrock mit seinen Dienern durch die Wüste. Der Franzose, der Ägypten zwischen 1818 und 1819 besuchte, war einer der ersten echten Touristen.*

EDOUARD DE MONTULÉ

310 oben rechts *De Montulé veröffentlichte einen Bericht über seine Reisen nach Amerika, Italien und Ägypten. Nur wenige Zeichnungen und vage Bilder der pharaonischen Bauwerke illustrieren den Abschnitt über Ägypten.*

310 unten *Der französische Reisende versäumte keinen der seltenen gesellschaftlichen Anlässe, die sich ihm in Ägypten boten. Hier besucht er in Begleitung seines Dieners den Kaschef (einen oberen Verwaltungsbeamten) eines Dorfes und trinkt mit ihm Tee.*

Edouard de Montulé gehörte zu jenen Personen, die im 19. Jahrhundert allein um des Vergnügens willen reisten und somit als Vorläufer der heutigen Touristen bezeichnet werden können. Bis zum Ende des 18. Jahrhunderts lässt sich für Ägypten nicht von einem regelrechten Tourismus, sondern eher von Expeditionen sprechen. Erst nach der napoleonischen Expedition veränderte sich die Lage: Die Reise durch das Niltal wurde leichter und die Bilder der antiken Bauwerke, die durch die Veröffentlichung von Denons Werk und der Description de l'Egypte überall Verbreitung fanden, veranlassten all jene, die es sich leisten konnten, nach Ägypten aufzubrechen, um das Land mit eigenen Augen zu sehen. Zu dieser Gruppe interessierter Reisender gehörten zum Beispiel Lord Belmore, der mit seiner gesamten Familie und Dienerschaft bis nach Nubien fuhr, Graf Carlo Vidua di Conzano, der seinen Namen in die Fassade des Tempels von Abu Simbel ritzte, sowie der Antiquitätensammler Graf Edouard de Montulé,

311 links Der piemontesische Graf Carlo Vidua die Conzano, ein Zeitgenosse De Montulés, zählt ebenfalls zu den ersten Ägyptentouristen. Sein Name findet sich auf verschiedenen Bauwerken, insbesondere am Tempel von Abu Simbel, wo er den Zusatz „kam von Lappland hierher" anbrachte.

311 rechts De Montulés Darstellung der Hypostylhalle des Tempels von Karnak wird der architektonischen Eleganz des Bauwerks kaum gerecht.

der Ägypten von Oktober 1818 bis Anfang März 1819 besuchte. Der Franzose war ein Zeitgenosse des jungen Diplomaten André de Marcellus und des Generaldirektors der französischen Museen, Auguste de Forbin, stand selbst jedoch nicht im öffentlichen Dienst. Im Anschluss an seine Reise von Kairo nach Assuan, die zeitlich zwischen jene von De Forbin und die von De Marcellus fiel, veröffentlichte De Montulé einen Band mit dem Titel *Voyage en Amérique, en Italie, en Sicile et en Egypte pendant les années 1816, 1817, 1818 et 1819*. De Montulé verfasste sein Buch bewusst in einer leicht verständlichen Sprache und verkaufte es zu einem erschwinglichen Preis, damit all jene, die ausführliche und teure Reiseberichte nicht erwerben konnten, einen Eindruck von den Ländern gewinnen sollten, die er erkundet hatte. Der Ägypten gewidmete Teil, der alsbald unter dem Titel *Travels in Egypt during 1818 and 1819* auch in englischer Sprache erschien, gibt zum Beispiel Aufschluss über die Protagonisten des berüchtigten „Krieges der Konsuln". In Begleitung von Belzoni besichtigte der Franzose am 29. Dezember 1818 das Tal der Könige und konnte als einer der Ersten das Grab Sethos' I. betreten, das der Italiener erst wenige Monate zuvor im Oktober entdeckt hatte. „Am äußersten Ende des Tals", schrieb De Montulé, „erspähten wir die Ausrüstung und das Lager von Herrn Belzoni, der mit seiner Frau den Eingang des Grabes bewohnte. Er sagte mir freundlichst guten Tag, bot kühle Getränke zur Erfrischung, die wir wegen der großen Hitze dringend benötigten, und führte uns dann persönlich ins Innere des Grabes, welches er entdeckt und vollständig in Besitz genommen hatte. Es scheint, dass die Herren, die in Ägypten Ausgrabungen durchführen, sich in stiller Übereinkunft als absolute Herrscher über all das betrachten, was der Zufall sie hat aufspüren lassen". Der Franzose zeigte sich tief beeindruckt von der Schönheit der Wandverzierungen in der Gruft, die er lange und ausführlich beschrieb, wobei er zahlreiche Passagen aus Belzonis Narrative zitierte. Er fragte sich auch, ob es wohl noch unberührte Gräber gäbe, und bemerkte in diesem Zusammenhang: „Wenn es noch vollständig erhaltene Gräber gäbe, so wünschte ich, dass sie der Neugierde der Antiquitätensucher entgingen: Diese Forscher sind mindestens ebenso gefährlich wie es Kambyses war und ihnen ist es zu verdanken, dass die Mumien und Sarkophage sämtlicher Gräber unweigerlich den Weg nach London oder Paris nehmen." Am Schluss seines Werkes fordert De Montulé bessere Kontrollen der archäologischen Grabungen durch den Pascha. De Montulé regte an, stattdessen ein großes ägyptologisches Museum in Kairo oder Alexandria einzurichten. Zwei Monate nach seinem Besuch im Tal der Könige, am 2. März 1819, trat der Franzose an Bord der Pyrrhus den Heimweg an. Unter seinem Gepäck befand sich eine weibliche, von Binden umhüllte Mumie in einem doppelten Sarkophag, dessen Verzierungen hervorragend erhalten waren...

ARCHITECTURE ARABE

PASCAL COSTE

MONUMENS DU CAIRE

Etwa zeitgleich mit Linant de Bellefonds traf im Jahre 1817 ein anderer Franzose, der Architekt Pascal Coste aus Marseille, in Ägypten ein. Von Mehmed Ali erhielt er den Auftrag, in der Gegend von Mit Rahina unweit der Ruinen von Memphis eine Fabrik zur Herstellung von Salpeter, dem Grundstoff des Schießpulvers, zu bauen.
Coste, der bis 1817 insgesamt fast zehn Jahre lang für den Pascha tätig war, errichtete auch noch ein Pulvermagazin auf el-Rôda, einer der beiden großen Inseln, die bei Kairo im Nil liegen. Mehmed Ali betraute den fähigen Architekten darüber hinaus

312 *Der Architekt Pascal Coste aus Marseille, ein Zeitgenosse von Linant de Bellefonds, studierte als Erster ausführlich die islamische Architektur. Sein Werk, die* Architecture Arabe ou Monuments du Caire, Mesurés et Dessinés de 1818 à 1826, *enthielt 30 handkolorierte Lithographien, die in präzisem und elegantem Stil die Moscheen, Minarette und interessantesten Straßen Kairos illustrierten.*

313 links *Die Emir-Akhor-Moschee und die Ibrahîm-Agha-Moschee stehen einander an der stets belebten und malerischen Darb el-Ahmar gegenüber.*

313 rechts *Mit dem ihm eigenen harmonischen Stil zeichnete Coste diese eindrucksvolle Ansicht der Madrasa von Sultan Hassan, der im 14. Jahrhundert gelebt hatte.*

mit der Fertigstellung eines anderen wichtigen Projektes: Der Mahmudîjah-Kanal sollte Kairo mit Alexandria verbinden. Die Grabungsarbeiten für den Kanal hatten bereits lange zuvor begonnen, waren jedoch nie zum Ende gekommen, da weder ein konkreter Bauplan noch eine genaue Bodenanalyse vorlagen. Coste fiel nun die Aufgabe zu, die einzelnen Bauabschnitte miteinander zu verbinden, die zu allem Überfluss auch noch sämtlich in verschiedene Richtungen liefen. Der Franzose schaffte es jedoch tatsächlich, den Bau zum Abschluss zu bringen, und so konnte der Kanal, an dem über 400 000 Bauern mitgearbeitet hatten, im Jahre 1821 feierlich eröffnet werden. Der Architekt wandte sich nun anderen Aufgaben zu und restaurierte unter anderem die Residenz Mehmed Alis in Shubra, einem heute dicht bevölkerten Viertel im Zentrum von Kairo, das zur damaligen Zeit jedoch am Stadtrand lag. Außerdem baute er einen neuen Pavillon für den Palast des Paschas in Alexandria. Coste, der zusammen mit Linant de Bellefonds zu den Hauptverantwortlichen des von Mehmed Ali initiierten Erneuerungs- und Modernisierungsprogrammes gehörte, gründete überdies die erste Schule für öffentliche Arbeiten in Ägypten, die Techniker und Verwaltungsbeamte für zukünftige Pro-

314 *Der große Hof der el-Muaijad-Moschee unweit des mächtigen Tores Bâb Zuweila ist von einem Portikus umgeben, der auf zahlreichen eleganten Säulen ruht.*

315 *Die zu Beginn des 15. Jahrhunderts erbaute el-Muaijad-Moschee öffnet sich mit einem lang gezogenen Portal zum Basar hin. Nicht zuletzt wegen der mit Kupferblech beschlagenen Tore, die aus der Sultan-Hassan-Moschee stammen und zu den schönsten Kairos zählen, gehörte das Gebäude zur Zeit der zirkassischen Mamelucken zu den prächtigsten der Stadt.*

jekte des Paschas ausbildete. Außerdem richtete er ein Nachrichtenübermittlungssystem ein, mit dessen Hilfe man innerhalb von nur 45 Minuten Botschaften zwischen den 200 Kilometer voneinander entfernten Städten Kairo und Alexandria hin- und hersenden konnte. Während seines Aufenthaltes in Ägypten bereiste Coste das gesamte Land und trat in Kontakt mit zahlreichen Europäern, die sich im Niltal aufhielten, um die antiken Baudenkmäler zu besichtigen oder archäologische Funde zu sammeln. Zu ihnen gehörten unter anderem Giovanni Battista Belzoni, Graf de Forbin und Graf de Marcellus, der die Venus von Milo für den Louvre erwarb. Coste stellte Mehmed Ali auch Oberst Joseph Sève vor, der bereits unter Napoleon als Offizier gedient hatte und in der Folge unter dem Namen Süleyman Pascha als Generalmajor die ägyptische Armee führte. Während er das Amt des offiziellen Architekten Mehmed Alis innehatte, kümmerte sich der agile Franzose nicht nur um die Realisierung der Aufgaben, mit denen ihn der Herr-

316 Hintergrund *Der 1285 unter Sultan Kalaun errichtete Gebäudekomplex mit einem minarettverzierten Mausoleum, eine Madrasa und einem Hospital gehört zu den eindrucksvollsten Gebäuden Kairos.*

316 Mitte *In Kairo zeichnete Coste einige der zahlreichen, architektonisch oft sehr interessanten Karawansereien, die auch okkali oder wakala genannt wurden. Gebäude wie das hier abgebildete, von Emir Qaytbay erbaute, beherbergten die Karawanen und boten Ausstellungsflächen für die Waren der Händler.*

316–317 *Mehmed Ali, in dessen Dienst Pascal Coste stand, besaß einen prächtigen Palast mit einem riesigen Garten in Shubra, einem heute dicht bevölkerten Stadtteil von Kairo.*

scher betraute, sondern fertigte als großer Liebhaber arabischer Kunst und islamischer Architektur auch zahlreiche Bilder der muslimischen Gebäude und Denkmäler Kairos an. Kraft seines Amtes und dank der persönlichen Wertschätzung, die Mehmed Ali ihm entgegenbrachte, hatte Coste nämlich eine spezielle Genehmigung erhalten, die es ihm erlaubte, im Inneren von Moscheen zu arbeiten und zu zeichnen. Costes Studien gingen jenen von Prisse d'Avennes, der sein künstlerisches Erbe antrat, um ein Jahrzehnt voraus, denn letzterer traf in eben jenem Jahr in Ägypten ein, als Coste in seine Heimat zurückkehrte.
Coste veröffentlichte die Ergebnisse seiner geduldigen und umfangreichen Arbeit 1839 in Paris in einem gewichtigen Werk unter dem Titel *Architecture Arabe ou Monuments du Caire, Mesurés et Dessinés de 1818 à 1826* und ergänzte den Text durch 30 herrliche handkolorierte Lithographien, welche die Moscheen, Minarette und die architektonisch interessantesten Straßen der Stadt präzise und detailreich ins Bild fassen. Das Buch kann als erste wirkliche Dokumentation der islamischen Kunst gelten und stieß zu seiner Zeit auf großes Interesse.

318–319 *Der unter Melek el-Nasr, einem Sohn von Sultan Kalaun, erbaute Kanal el-Khalik el-Nasr durchquerte die gesamte Stadt und füllte sich zur Hochwasserperiode des Nils im August mit Wasser. An seinen Ufern standen elegante Paläste, die reichen Einwohnern Kairos von August bis November als Zweitresidenz dienten. Die mit feinem Gitterwerk verzierten Fenster (arab. musharabiye) zeigten an, wo sich die Frauengemächer befanden.*

320–321 Diese Lithographie zeigt einen Abschnitt des großen, über fünf Kilometer langen Aquäduktes, der Wasser vom Nil in die Zitadelle führte. An der Spitze der Insel el-Rôda steht der noch heute erhaltene Wasserturm.

320 unten links In Qurna teilte sich Hay mit John Gardner Wilkinson ein Felsengrab der 18. Dynastie, das in einen Hang der thebanischen Berge gebauen war, als Wohnstatt. Hier ist die Veranda der extravaganten Behausung zu sehen, die sich nach Hays Ankunft zu einem Treffpunkt für alle in der näheren Umgebung tätigen Europäer entwickelte. Das Bild zeigt auch Kalitza, die junge Kreterin, die Hay 1828 heiratete.

320 unten rechts Der reiche Reisende, Sammler und passionierte Archäologe Robert Hay of Linplum hielt sich zwischen 1824 und 1834 ausschließlich in Westtheben auf, wo er sich stets mit zahlreichen qualifizierten Mitarbeitern umgab. Zu diesen gehörten der Zeichner Joseph Bonomi, der Künstler Frederick Catherwood, der Orientalist Edward William Lane und der Sammler und Reisende George Hoskins. Zwar veröffentlichte Hay nichts über seine archäologischen Grabungen, doch hinterließ er eine Fülle unedierter Manuskripte und Dokumente, die – in 49 Bänden zusammengefasst – heute in der British Library ruhen.

ROBERT HAY OF LINPLUM

321 unten links Als einer der Ersten führte Robert Hay Grabungen im Tal der Königinnen durch, wo er über 15 Gräber erforschte und zeichnete. Die Gräber der Königinnen Nebettaui (QV 60), Tuya (QV 80), Meritamun (QV 68) und Bentanta (QV 71) stammen aus der Zeit Ramses' II.

321 unten rechts Mit großer Genauigkeit zeichnete Hay den Plan und den Querschnitt des Grabes von Königin Titi (QV 52). Die Gruft steht Besuchern noch heute offen.

321 oben rechts
Hay grub und forschte auch im Tal der Könige, wo er sein Lager im Grab Ramses' IV. (KV 2) aufschlug. Dieses Aquarell zeigt den Ausschnitt eines Flachreliefs im Grab Ramses' II. (KV 11), auf dem der Herrscher mit einem hemhem-Diadem auf dem Kopf dem Gott Rê-Harachte gegenübersteht.

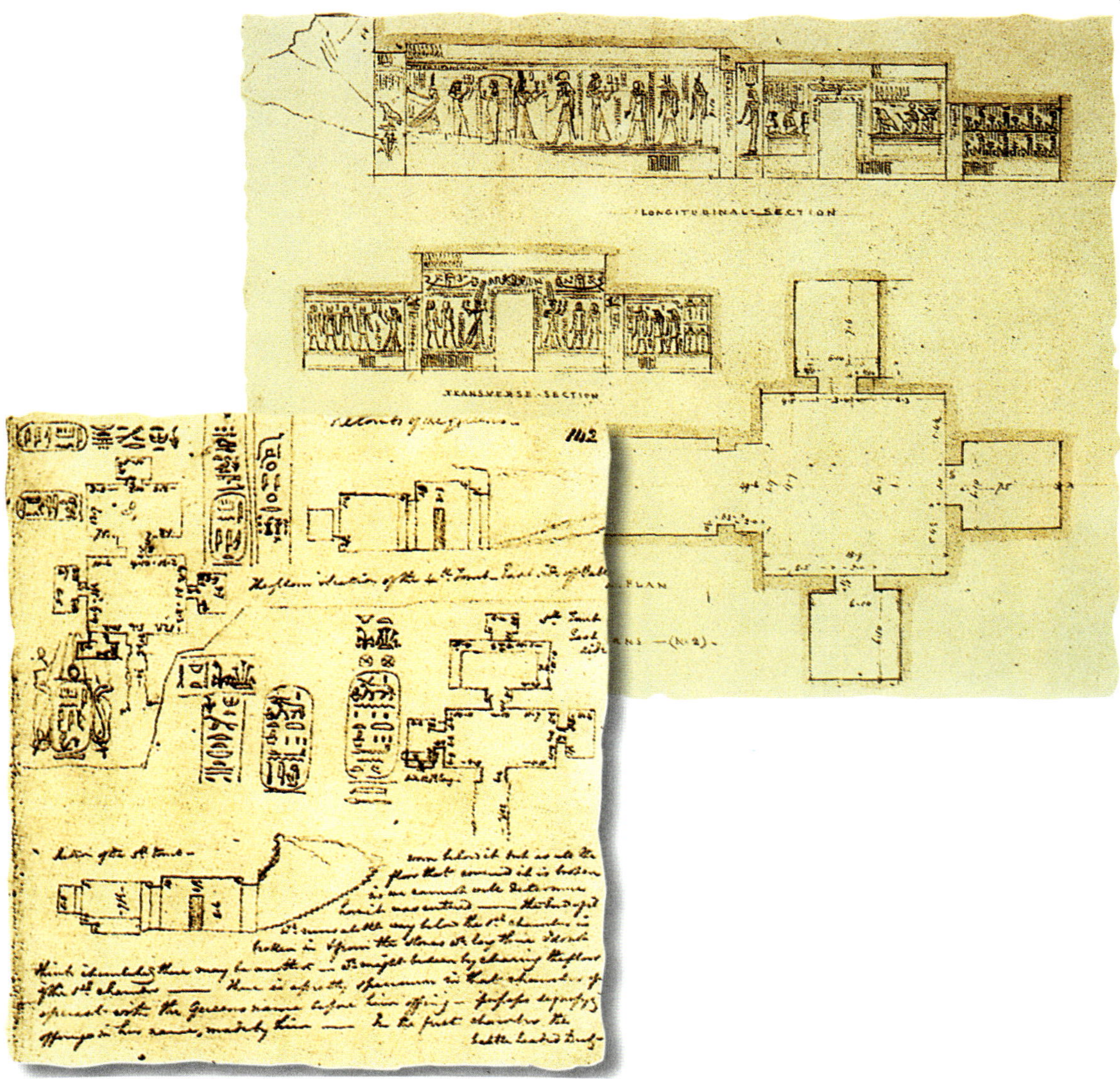

Robert Hay of Linplum war ein abenteuerlustiger junger Adliger, der sich für Reisen generell und den Orient im Besonderen interessierte. Er kam 1799 in der Burg Duns in Berwickshire, England, zur Welt und erbte von seinem Bruder den Besitz der Familie in Linplum. Nach einer kurzen Zeit in der Royal Navy brach Linplum 1824, angeregt durch die Reiseberichte Belzonis, in den östlichen Mittelmeerraum und nach Ägypten auf, nicht ohne zuvor in Rom Station zu machen, wo er im Atelier von Joseph Bonomi arbeitete. In Malta legte Hay of Linplum eine weitere Pause ein und begegnete während seines Aufenthaltes Catherwood und Parke, die soeben in ihre Heimat zurückkehrten, nachdem sie Oberägypten und Nubien besucht hatten. Im November 1824 traf der junge Engländer in Alexandria ein und fuhr von hier aus zunächst nach Kairo. Anschließend begab er sich zu den wichtigsten archäologischen Stätten des Landes und blieb dann in Qurna in der Region Theben, wo bereits James Burton und John Gardner Wilkinson Ausgrabungen durchführ-

ten. Letzterer hatte sein Lager in einem Grab der 18. Dynastie aufgeschlagen und Hay konnte sich nicht genug über diese außergewöhnliche und doch durchaus komfortable Wohnstatt verwundern.
1828 reiste Hay abermals nach Malta, wo er eine hübsche Kreterin, Kalitza Psaraki, heiratete, die er auf dem Sklavenmarkt in Kairo freigekauft hatte. Danach kehrte er nach Qurna zurück und teilte fortan die Behausung von Wilkinson.
Bis 1834 hielt er sich hier auf und fertigte in dieser Zeit Zeichnungen der 16 Gräber im Tal der Königinnen und der 23 Grabstätten im Tal der Könige an. Hier kampierte er für kurze Zeit im Grab Ramses' VI. (KV 2). Hay umgab sich gerne mit Künstlern und Architekten und nahm ihre Mitarbeit in Anspruch: Bereits 1824 arbeitete Joseph Bonomi für ihn als Assistent und Zeichner, dann trat der Orientalist Eward William Lane in seine Dienste, der sich später als Übersetzer der Geschichten aus 1001 Nacht und als Autor der ersten, mit wissenschaftlicher Methodik erstellten ethnographischen Studie über Ägypten mit dem Titel *Account of the Manners and Customs of the Modern Egyptians* einen Namen machte. Lane benutzte als Erster eine „camera lucida" für seine Zeichnung, mit deren Hilfe er das gewünschte Bild oder Objekt direkt auf ein Zeichenblatt projizierte und dadurch einen hohen Grad an Präzision erreichte.
1832 kam auch der Architekt Francis Arundale nach Qurna und begann mit Hay zusammenzuarbeiten und noch im gleichen Jahr stießen Frederik Catherwood und George Hoskins zu ihnen, mit denen Hay zwischen Ende 1832 und Anfang 1833 eine Forschungsexpedition zur Oase von Kharga unternahm. 1834 verließ Hay genau wie James Burton Ägypten und kehrte nach England zurück.
1840 gab er unter dem Titel *Illustrations of Cairo* verschiedene Ansichten von Kairo in den Druck, doch sollte der Band sein einziges veröffentlichtes Werk bleiben. Viele Bilder

des Buches stammten von dem jungen Londoner Architekten Owen Browne Carter, der zu Hays zahlreichen Mitarbeitern in Ägypten gehört hatte. Der größte Teil der Arbeiten, die Hay in Ägypten anfertigte, darunter Tausende von Zeichnungen, Plänen und Schriftkopien in insgesamt 49 Bänden, liegt noch immer unediert und weitgehend ungesichtet in der British Library in London. Hay hatte überdies zahlreiche Gipsabdrücke von Flachreliefs angefertigt, die das British Museum zusammen mit anderen, in jahrelanger Suche von Hay zusammengetragenen Funden erwarb. Der Großteil seiner Sammlung wurde später an das Museum of Fine Arts in Boston weiterverkauft.

322 oben links *Auch diese Ansicht des Birket el-Fil in Kairo stammt von Robert Hay. Das großzügig bemessene Wasserreservoir befand sich zwischen Bâb Zuweila und der Moschee von Hasan Pascha, einem hohen Offizier des Heeres von Mehmed Ali. Im 19. Jahrhundert wurde das Becken trockengelegt.*

322–323 *Robert Hays einziges veröffentlichtes Werk, die* Illustrations of Cairo, *enthielt zahlreiche Zeichnungen, die zum Teil von Hays Freund und Mitarbeiter Owen Browne Carter stammten. Diese Illustration der Festung Qualat el-Kebsch, die Hay selbst zeichnete, findet sich ebenfalls in seinem Buch.*

324 Der unter der Herrschaft Mehmed Alis erbaute Tusun-Pascha-Brunnen ist einer der prächtigsten Kairos. Die Zeichnung des Architekten Owen Browne Carter findet sich in dem Band, den Robert Hay über die Stadt herausgab.

325 Carter zeichnete einen anderen architektonisch interessanten Brunnen: Der Brunnen von Nafisa Bayda geht auf die Mitte des 18. Jahrhunderts zurück. Nafisa war eine sehr intelligente und gebildete Dame, die als Unterhändlerin zwischen Murad Bei und Napoleon Bonaparte auftrat. Als einziger Frau wurde ihr in Kairos bedeutendster Straße, der Bâb Zuweila, ein Bauwerk gewidmet.

326 oben *Am rückwärtigen Pfeiler der Memnonskolosse sind drei senkrechte Reihen mit Hieroglyphen zu erkennen, die einen Widmungsspruch für Amenophis III. wiedergeben.*

326 unten links
Der Thron, auf dem der Koloss in Gestalt des Königs sitzt, ist mit allegorischen Darstellungen verziert, die die Einigung Unter- und Oberägyptens symbolisieren: zwei Geister der Überschwemmung, die an den Gott Hapi erinnern und für Ober- bzw. Unterägypten stehen, binden die Stängel der Symbolpflanzen beider Reiche, Lotos und Papyrus, zusammen.

326 unten rechts
Der Londoner Künstler Frederick Catherwood, ein Schüler des bekannten Zeichners Joseph Bonomi, unternahm 1823 und 1832 zwei Reisen nach Ägypten. Während seines zweiten Aufenthaltes arbeitete er in Theben mit dem Sammler und Archäologen Robert Hay zusammen und erstellte die erste wissenschaftliche Studie über die Memnonskolosse.

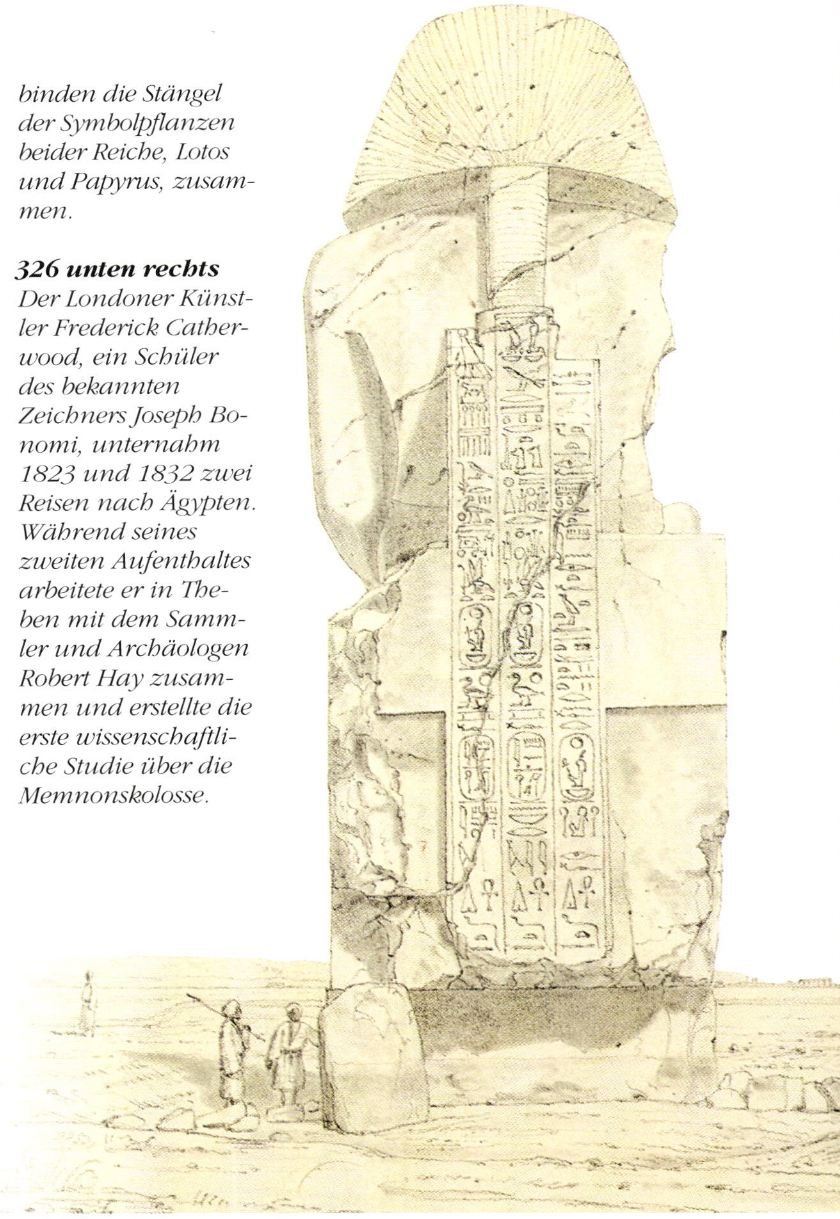

FREDERICK CATHERWOOD

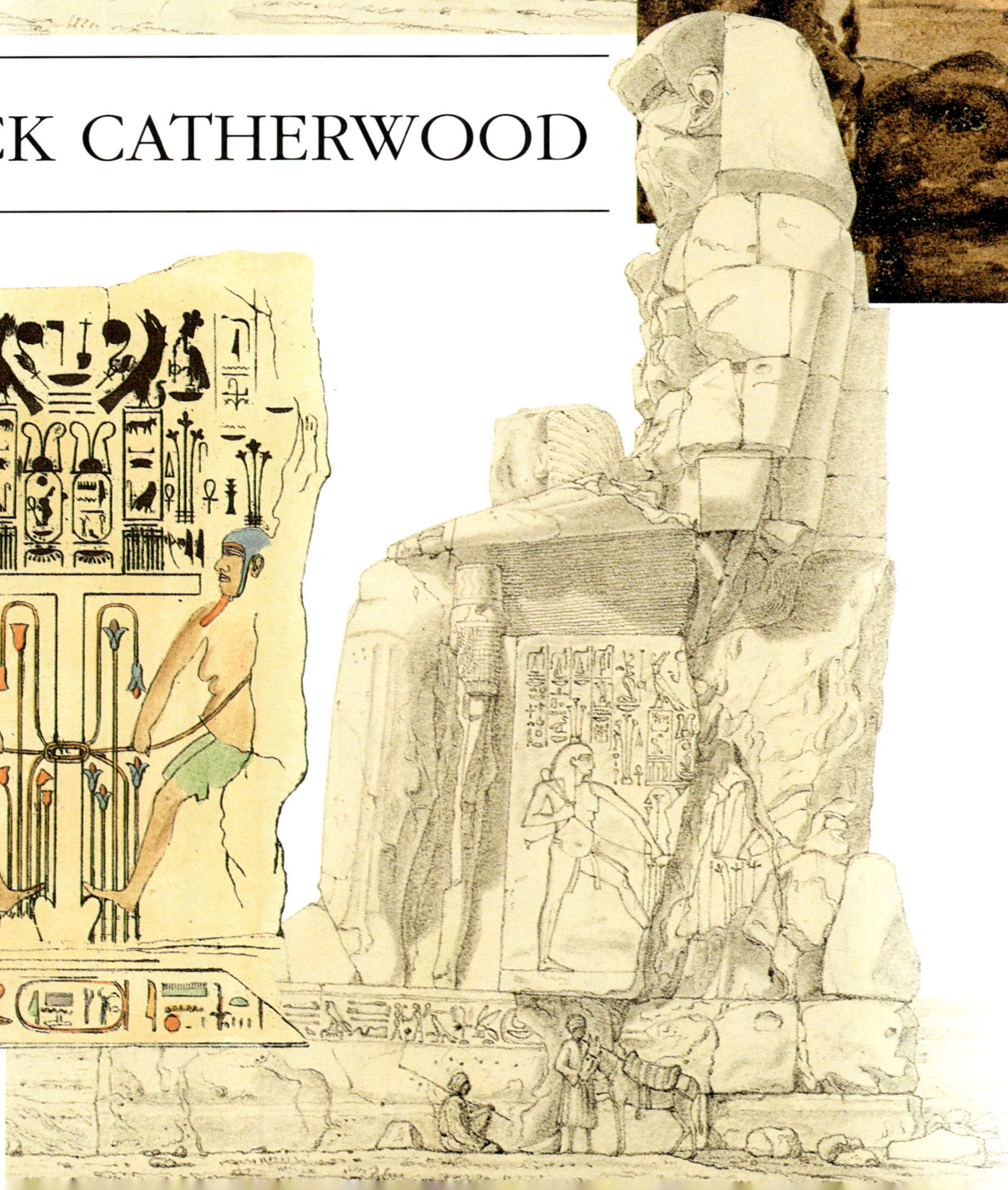

326–327 Im Rahmen seiner ersten Reise fuhr Catherwood in Begleitung der Architekten Joseph John Scholes und Henry Parke sowie des Antiquitätenhändlers Henry Westcar bis zum zweiten Katarakt und besichtigte unter anderem den hier abgebildeten Tempel von Gerf Hussein.

Wer sich für die mesoamerikanische Archäologie und insbesondere für die Überreste der Maya-Kultur interessiert, kennt die herrlichen Zeichnungen von Frederick Catherwood, doch nur wenige wissen, dass der 1799 geborene Künstler aus London zuvor lange Zeit in Ägypten gearbeitet hatte. Im Jahre 1822 begab sich Catherwood nach Rom, um dort sein Kunststudium zu vertiefen. Dort begegnete der Brite dem berühmten Zeichner Joseph Bonomi, der zwei Jahre später nach Ägypten aufbrach und dort über zehn Jahre lang blieb. Er arbeitete in dieser Zeit mit zahlreichen Forschern zusammen und nahm unter anderem an der Preußischen Expedition von Richard Lepsius teil. Bonomi fertigte eine beeindruckende Zahl von Zeichnungen archäologischer Funde, darunter ein Bild des berühmten Alabastersarkophages von Sethos I., den Belzoni nach England transportieren ließ. Auch illustrierte er das bekannteste Werk von Wilkinson, die *Manners and Customs of Ancient Egyptians,* und katalogisierte sowie illustrierte verschiedene Sammlungen antiker Kunstschätze aus der Pharaonenzeit, darunter eine Auswahl von Objekten des British Museum. Gemeinsam mit dem Architekten Francis Arundale veröffentlichte er die Ergebnisse dieser Arbeit unter dem Titel *Gallery of Antiquities Selected from the British Museum*.

Bonomi machte Catherwood mit den Londoner Architekten Henry Parke und Joseph John Scholes bekannt und im darauf folgenden Jahr reiste der junge Brite mit seinen beiden Landsleuten nach Ägypten. Die drei Reisenden, zu denen sich noch der Sammler und Antiquitätenhändler Henry Westcar gesellte, fuhren nilaufwärts und gelangten bis zum zweiten Katarakt. Parke nutzte die Gelegenheit, um die erste detaillierte und vollständige Mappe aller nubischen Bauwerke anzufertigen.

Catherwood kehrte 1824 nach England zurück, brach jedoch acht Jahre später erneut nach Ägypten auf. In Luxor begegnete er seinem alten Freund Bonomi, der seit nunmehr neun Jahren im Land arbeitete und ihn Robert Hay vorstellte. Catherwood war dem Archäologen, Zeichner und Sammler bereits 1824 auf dem Heimweg von seiner ersten Reise auf Malta kurz begegnet. Nun wurde er für Hay tätig, der gemeinsam mit Wilkinson in Qurna an den Hängen der thebanischen Berge lebte. Catherwood untersuchte als Erster mit wissenschaftlichen Methoden die Memnonskolosse.

Catherwood zeichnete auch einen genauen Plan der Bauwerke Westthebens und des Tempels von

__328–329__ Der britische Künstler reiste bis nach Abu Simbel und zum zweiten Katarakt. Seine Zeichnung des Tempels von Ramses II. wirkt sehr einheitlich und geradezu impressionistisch.

__328 unten__ Auf seiner Reise durch Nubien rastete Catherwood an der Stätte Wadi es-Sebû'a, wo er den ersten Pylon des von Ramses II. erbauten Tempels zeichnete.

Karnak. Außerdem nahm er gemeinsam mit dem Künstler George Hoskins an einer Expedition teil, die Hay zur Oase von Kharga organisierte.
1833 beendete Catherwood seine Arbeit in Theben und brach zusammen mit Bonomi und dem Architekten Francis Arundale zu einer weiteren Reise auf, welche die Männer in den Sinai, nach Palästina, ins heutige Jordanien, nach Syrien und in den Libanon führte. Danach kehrte der Brite nach London zurück, wo er Zeichnungen und Daten für eine monumentale Gesamtansicht des Tempels von Karnak lieferte, die der Maler Robert Burford der Öffentlichkeit am Leicester Square präsentierte. Bei dieser Gelegenheit lernte Catherwood den Architekten und Forscher John Lloyd Stephen kennen, der ihn später durch die Urwälder der Halbinsel Yucatán, durch Mexiko, Guatemala, Honduras und das heutige Belize begleitete.
Catherwood starb 1854 beim Untergang der Arctic, eines Dampfschiffes, das ihn von Liverpool nach New York bringen sollte. Im Unterschied zu anderen Forschern seiner Zeit schrieb Catherwood nicht gerne, weshalb nur relativ wenig über sein Leben und Wirken bekannt ist. Viele seiner zahlreichen Bilder gingen verloren, andere befinden sich heute zusammen mit den Handschriften von Robert Hay im British Museum.

330 oben *Der Gelegenheitsmaler George Alexander Hoskins traf 1832 in Ägypten ein und arbeitete mit Robert Hay in Qurna. Hier sieht man ihn beim Malen eines Bildes, während ein Diener ihm den Sonnenschirm hält.*

George Alexander Hoskins besaß keine künstlerische Ausbildung, begeisterte sich aber für antike Bauwerke und Objekte und liebte das Reisen und den Orient.

1832 traf er im Alter von 30 Jahren in Ägypten ein und lernte in Qurna Robert Hay kennen, der gemeinsam mit Wilkinson ein Felsengrab bewohnte und es zum Treffpunkt für alle europäischen Reisenden gemacht hatte, die sich in der Region aufhielten. „Am Donnerstagabend", berichtet Hoskins, „pflegten die Künstler und Reisenden in und um Theben sich in seinem Hause oder vielmehr dem von ihm bewohnten Grab zu versammeln und nie hat die Ruhestätte eines Toten fröhlichere Szenen erlebt als hier."

Hoskins begann mit Hay zusammenzuarbeiten, doch galt seine Leidenschaft mehr dem Reisen denn der Archäologie und so entschloss er sich, nach Nubien zu fahren, um den Katarakt zu sehen. Von dort aus setzte er seinen Weg in Richtung Sudan

330 unten *Zwischen 1832 und 1833 unternahm Hoskins eine Reise in den ägyptischen und sudanesischen Teil Nubiens, wo er die wichtigsten archäologischen Stätten besuchte. Dieses Bild zeigt die Nekropole von Nuri gegenüber von Djebel Barkal am Westufer des Nils. Wie die thebanischen Könige sich im Tal der Könige am Westufer, gegenüber von Karnak, hatten bestatten lassen, so wollte Taharka, der dritte Herrscher der 25. Dynastie, in Nuri begraben sein und ließ dort eine große Pyramide errichten. Bis zu Ende der meroitischen Epoche folgten viele andere Herrscher seinem Beispiel.*

GEORGE ALEXANDER HOSKINS

330–331 *Zur Zeit von Hoskins' Reise waren die Pyramiden von Meroë noch vollständig erhalten: Nur zwei Jahre später brach Giuseppe Ferlini aus Bologna auf der Suche nach wertvollen antiken Objekten systematisch ihre Spitzen ab. Der skrupellose Italiener schien vom Glück begünstigt zu sein, denn er entdeckte einen echten Schatz, der einst Amanishakheto, einer Königin aus dem 1. Jahrhundert v. Chr., gehört hatte. Ein Teil davon liegt heute im Ägyptischen Museum in Berlin, der andere in der Staatlichen Sammlung Ägyptischer Kunst in München.*

bis in die Gegend von Dongala fort. Später erforschte Hoskins gemeinsam mit Hay und Catherwood die Oase von Kharga und zeichnete im Rahmen dieser abenteuerlichen Expedition zahlreiche Bilder, die er in drei, heute im Griffith Institute in Oxford aufbewahrten Bänden zusammenfasste.

Bei seiner Rückkehr nach England veröffentlichte Hoskins seinen Reisebericht in zwei Büchern unter den Titeln *Travels in Ethiopia und Visit to the Great Oasis of the Libyan Desert*. Das letztgenannte Werk enthielt eine detaillierte Schilderung der Abenteuer, die Hoskins in der Arabischen Wüste erlebt hatte.

In der Folge wurde Hoskins zum Sekretär der White Nile Association ernannt, einer Gesellschaft, die sich der Erforschung des Weißen Nils widmete. Der Brite befasste sich danach nicht mehr mit ägyptologischen Studien, sondern beschäftigte sich in erster Linie mit Sozialwissenschaften und hier besonders mit der Situation von Gefängnisinsassen. Zwischen 1860 und 1861 unternahm er eine letzte Reise nach Ägypten, 1863 starb Hoskins in Rom.

331 oben *Hoskins zeichnete den Tempel, den Pharao Taharka am Djebel Barkal hatte erbauen lassen. Der heilige Berg, der die davor liegende Ebene überragt, galt als Wohnstatt Amuns. Hier entstand die auch „Karnak des Südens" genannte Stadt Napata, die Hauptstadt des kuschitischen Reiches, in der Amun ein heiliger Bezirk mit zahlreichen Tempeln gewidmet war. Das Heiligtum des Taharka zeichnete sich durch viele, bis zu vier Meter hohe Säulen aus, deren Kapitelle – einzigartig in der ägyptischen und sudanesischen Architektur – Bilder des Gottes Bes tragen.*

331 unten *Während der Expedition, die Robert Hay zur Oase von Kharga unternahm, zeichnete Hoskins zahlreiche Bilder, die er in drei großen, heute im Griffith Institute in Oxford gelagerten Bänden zusammenfasste. Diese Zeichnung zeigt den großen Amuntempel, das wichtigste Bauwerk der Oase.*

332 oben 1832 besuchte Owen Jones Ägypten im Verlauf einer Reise durch Griechenland und die Levante, die er gemeinsam mit seinem Freund Jules Goury unternahm. Auf dieser Südost-Ansicht des Amuntempels von Karnak sind die Obelisken von Hatschepsut und Thutmosis I. mit dem Heiligen See im Vordergrund zu sehen.

332 unten Jones, der das Titelblatt zu Robert Hays Illustrations of Cairo zeichnete, veröffentlichte 1843 ein großformatiges Album, die* Views on the Nile from Cairo to the Second Cataract. *Es enthielt eine Sammlung von 30 Lithographien, auf denen der Künstler viele architektonischen Details der besichtigten Monumente wiedergab. Das Vorwort verfasste der bekannte Ägyptologe Samuel Birch.*

OWEN JONES

333 Dieses faszinierende Bild des zentralen Säulengangs im Tempel von Karnak spiegelt die Liebe zum Detail wider, die den Stil des englischen Architekten auszeichnete. Besonderes Interesse zeigte er für die Dekorationen und die antike Farbgebung der ägyptischen Bauwerke.

Leben und Schaffen des außergewöhnlich begabten Architekten und Zeichners Owen Jones erinnern in vielen Punkten an das Wirken des Franzosen Horeau. Genau wie sein Kollege aus Versailles absolvierte der 1809 in London geborene Jones eine Lehrzeit bei einem Architekten, bevor er 1832 zu seiner ersten und einzigen Reise aufbrach, die ihn nach Griechenland und in den östlichen Mittelmeerraum führte. In diesem Zusammenhang kam er in Begleitung seines Freundes Jules Goury auch nach Ägypten. Nach seiner Heimkehr zeichnete Jones im Jahre 1840 das Titelblatt für Robert Hays einzige Veröffentlichung, die *Illustrations of Cairo*, und gab 1843 ein eigenes, großformatiges Album heraus. Es enthielt eine Sammlung von 30 Lithographien, die der bekannte Graveur George Moore auf der Grundlage von Zeichnungen der wichtigsten archäologischen Stätten Ägyptens angefertigt hatte. Jeder der Drucke war mit einem von Jones verfassten, ausführlichen und gelehrten Begleittext

334 oben *Als Jones Ägypten bereiste, lag der Tempel von Kom Ombo noch halb unter Sandmassen begraben. Er war dem Krokodilgott Sobek und Haroëris geweiht, einer der Erscheinungsformen des Horus, der hier als „Horus der Große" und Gatte der Hathor verehrt wurde. Der Tempel wurde erst 1893 bei einer ersten Restaurierung freigelegt.*

334–335 unten
Der elegante, von Palmen umgebene Kiosk des Trajan in Philae, hier von Osten aus gesehen, gehörte zu den malerischsten Orten der Insel und war die klassische Anlegestelle der Barken. Hier schlugen die meisten Reisenden für einige Tage ihr Lager auf und auch Jones' Zeltdach ist auf dem Bild hinter den Mauern zu erkennen.

335 oben *Zwei lange Säulengänge flankieren den ersten Pylon des großen Isistempels, des mächtigsten Bauwerkes der Insel. Um die Dimensionen des Tempels zu verdeutlichen und eine folkloristische Note einzufügen, verwendete Jones ein besonders von David Roberts bekanntes Stilmittel und zeichnete in den Vordergrund seines Bildes einige der Nubier (zwei Frauen und einen Knaben), welche die Stätte bewohnten.*

versehen. In seinen Zeichnungen bildete Jones die architektonischen Details möglichst naturgetreu ab und zeigte besonders großes Interesse für die ursprüngliche Farbgebung. Sein Werk trug den Titel *Views on the Nile from Cairo to the Second Cataract*, das Vorwort stammte von dem berühmten Ägyptologen Samuel Birch (1813-1855), der Champollions Entschlüsselungsmethode in England bekannt gemacht hatte und später als Konservator der Abteilung für orientalische Altertümer des British Museum arbeitete. „Beim Zeichnen der Illustrationen, welche [das Werk] begleiten", heißt es dort, „hat der Autor die Mühen jener Schriftsteller auf sich genommen, die dank ihrer Studien zu Hieroglyphen und anderen Sachverhalten ein völlig neues Licht auf die Bauwerke des antiken Ägypten geworfen haben, jenes Landes, das sich vor allem durch die Entwicklung seiner Kunst und Kultur zu einer sehr frühen Zeit auszeichnet. Die Erhabenheit der Bauwerke, die den Untergang seiner Reiche überlebt haben, findet bei keinem

anderen Volk ihresgleichen und die Entdeckungen aus jener Epoche haben Geschichte, Religion und Kunst des Landes, die wir bis dahin nur durch den Schleier der Berichte griechischer Reisender kannten, mit Leben und Namen gefüllt. Die ägyptischen Monumente sind von denen aller Nationen erklärtermaßen die ältesten und der Glanz der Künste wuchs, während sie zur Zeit der Besetzung durch Griechen und Römer an Bedeutung verloren und just in jenem Moment verschwammen, da für die anderen Nationen das heroische und mythische Zeitalter anbrach ...“ 1954 gab Jones unter dem Titel *Description of Egyptian Court* gemeinsam mit Joseph Bonomi und Samuel Sharpe, einem reichen Bankier, der sich für Archäologie und biblische Studien begeisterte, noch ein weiteres Buch über das antike Ägypten heraus. Danach widmete er sich für den Rest seines Lebens ausschließlich seiner Arbeit als Architekt.

336–337 oben *Jones und Goury fuhren nilaufwärts bis zum zweiten Katarakt und besichtigten dabei die klassischen archäologischen Stätten Nubiens. In Gerf Hussein zeichnete der Londoner Architekt den Tempel Ramses' II., der später in den Fluten des Nils versank, weil die Zeit während der Nubienkampagne der* UNESCO *nicht zu seiner Rettung ausgereicht hatte. Eine der Kolossalstatuen des Königs konnte allerdings rechtzeitig abgebaut werden und befindet sich heute im neuen Museum von Assuan.*

336–337 unten
Der Nassersee überschwemmte auch den zweiten Katarakt. Ursprünglich hatte dieser einige Meilen südlich des Ortes Wadi Halfa begonnen, der die Grenze zwischen Ägypten und dem Sudan markierte. Die Einheimischen nannten den Katarakt Batn el-Haggar, *„Bauch der Steine“. Der Katarakt erstreckte sich über etwas mehr als zehn Meilen und war gefährlicher als der von Assuan, da er aus drei hintereinander liegenden Stromschnellen bestand, in deren Mitte Klippen und schroffe Felsen emporragten. In einen von ihnen, den „Felsen von Abusir“, ritzten die abendländischen Reisenden traditionsgemäß ihren Namen und das jeweilige Datum ein.*

338 oben Eines von Roberts wenigen Selbstporträts zeigt den Künstler in arabischer Kleidung mit Zeichenblock und Staffelei in Begleitung eines Assistenten im ptolemäischen Tempel von Deir el-Medina.

DAVID ROBERTS

„Kein ägyptisches Bauwerk, nicht einmal die Heiligtümer von Theben, kommt an Schönheit und Größe diesem Tempel gleich. Verglichen mit den Isisköpfen, welche die Kapitelle des Tempels in Dendara zieren, des erlesensten und vollendetsten aller ägyptischen Tempel, wirken die armen Göttinnen wahrlich grobschlächtig. Und dies, obwohl Dendara viel jünger ist als Abu Simbel."
Diese Worte schrieb David Roberts, der berühmteste und populärste unter allen Künstlern, welche die antiken Bauwerke Ägyptens und die Landschaften des Niltals ins Bild fassten, am 9. November 1838 bei seiner Ankunft in Abu Simbel in sein Reisetagebuch.
Roberts kam 1796 in Stockbridge nahe Edinburgh zur Welt. Er arbeitete zunächst mit großem Erfolg als Dekorateur und spezialisierte sich

338 unten Dieses Bild von Robert Scott Laundler aus dem Jahre 1840 zeigt den großen schottischen Maler und Dekorateur David Roberts in typisch arabischem Gewand. Roberts kam 1838, wenige Jahre nach Owen Jones, nach Ägypten, wo er zahlreiche Zeichnungen und Aquarelle anfertigte. Sie erschienen später in seinem berühmten sechsbändigen Album Views in the Holy Land, Syria, Idumia, Arabia, Egypt and Nubia. 124 der insgesamt 247 Lithographien befassten sich mit Ägypten.

339 unten *Am 16. Mai 1839, kurz vor seiner Rückkehr nach England, wurde Roberts in Alexandria von Pascha Mehmed Ali empfangen. Auf dem Bild sitzt der Pascha bei der traditionellen Wasserpfeife auf einem Diwan, ihm gegenüber der britische Generalkonsul in Alexandria, Oberst Campbell, der Statthalter Thomas Waghord und David Roberts. Das Treffen, das der schottische Maler später aus dem Gedächtnis nachmalte, dauerte etwa 20 Minuten.*

338–339 *Dieses Aquarell gehört zu den berühmtesten Arbeiten des Schotten und trägt den Titel* Ankunft des simun in Gîza. *Vor einer Sphinx, die vor flammendrotem Himmel aus dem Sand emporragt, versucht sich eine Gruppe berittener Araber vor dem vom Wüstensturm (simun) aufgewirbelten Sand zu schützen. Soeben erreichen die letzten Kamele die kleine Senke, in der bereits der Rest der Karawane wartet. Vermutlich malte Roberts die hochdramatische Szene erst nach seiner Rückkehr nach England, was die verschiedenen Ungenauigkeiten erklärt: Die Sphinx, die der Italiener Giovanni Battista Caviglia zu Roberts' Zeiten bereits freigelegt hatte, sah damals nicht nur anders aus, sondern ist auch nach Westen statt nach Osten ausgerichtet.*

dann auf die Herstellung von Bühnenbildern. 1819 wurde er zum offiziellen Bühnenbildner des Royal Theatre in Glasgow ernannt und heiratete die schottische Schauspielerin Margaret McLachan, die ihm eine Tochter gebar. 1822 zog die Familie nach London um. Hier begann der agile Dekorateur für das Covent Garden Theatre zu arbeiten, wo man seine Begabung rasch erkannte. Bald schon durfte er seine Werke in der Royal Academy und der Society of the British Artists ausstellen, deren Präsident er später wurde. In der Folge freundete er sich mit vielen wichtigen Persönlichkeiten des kulturellen Lebens der Hauptstadt an, zum Beispiel mit dem Schriftsteller Charles Dickens und dem berühmten Landschaftsmaler William Turner, der ihn stark beeinflusste. Turner war es auch, der Roberts davon überzeugte, sich ganz der Malerei zu widmen. Er riet ihm überdies, Reisen ins Ausland zu unternehmen, um seinen künstlerischen Horizont zu erweitern. Tatsächlich fuhr Roberts zunächst nach Spanien und Marokko, wo er erstmals mit der islamischen Kunst in Berührung kam, und schiffte sich am 31. August 1838 schließlich nach Ägypten ein, um dort Zeichnungen anzufertigen, die er als Grundlage für verkäufliche Lithographien und Gemälde verwenden wollte. Zu jener Zeit war Ägypten groß in Mode und die Reisenden, Sammler und Liebhaber der Antike kauften mit Begeisterung Bilder von bedeutenden Pharaonenbauwerken, ägyptischen Landschaften und Genreszenen. Am 24. September 1838 traf der bereits relativ bekannte Maler in Alexandria ein und stellte sich dem britischen Konsul Robert Thurburn vor. Dieser beschaffte ihm die Genehmigungen, die er benötigte, um das Land ungehindert zu durchreisen. Sofort nach Erledigung der Formalitäten brach

Roberts nach Kairo auf, nicht ohne zuvor die Pompejussäule und die „Nadel der Kleopatra“ gezeichnet zu haben, jenen Obelisken Thutmosis' III., der sich ab 1881 im Besitz der Vereinigten Staaten befand und nach New York transportiert wurde. Am 30. September erreichte Roberts die Hauptstadt und tauchte nun erstmals persönlich in jene Welt ein, die er bislang nur aus den Darstellungen von Frederick Norden, Richard Pococke, Dominique Vivant Denon, Luigi Mayer, Giovanni Battista Belzoni und John Gardner Wilkinson kannte und die ihn zutiefst beeindruckte. Der schottische Künstler versuchte, sich so intensiv wie möglich mit der Kultur und den Gewohnheiten des Landes vertraut zu machen, in dem er sich befand, wechselte wie viele andere Reisende sogleich seine abendländische Kleidung gegen eine arabische Dschellaba und einen Turban und tauchte in diesem Aufzug in das quirlige Treiben Kairos ein.

Der Schotte zeichnete nicht nur Moscheen und muslimische Bauwerke, sondern auch die malerischsten Gassen, die Einwohner und die belebten Märkte und ergänzte auf diese Weise die Arbeiten von Pascal Coste und Prisse d'Avennes, die sich zeitgleich in Ägypten aufhielten. Wie Coste erhielt Roberts sogar die ganz und gar unübliche Erlaubnis, im Innern der Moscheen zu zeichnen, und bekam eine Wache zum Schutz gestellt.

In der Zwischenzeit organisierte Roberts seine für drei Monate geplante Nilreise und fand nach einigem Suchen ein für seine Zwecke geeignetes Schiff, das er für den entsprechenden Zeitraum mietete und während der Fahrt als Transportmittel und Wohnung gleichermaßen benutzte.

340–341 Diese Gesamtansicht von Kairo nach Osten hin zeigt das Tor Bâb el-Karafa und das Viertel von Sayda Zeinab, während im Hintergrund links die große Moschee von Sultan Hassan und die Zitadelle zu erkennen sind. Ganz besonders beeindruckte den Künstler der Anblick der zahlreichen Minarette, die sich hinter dem Schleier des vom Wind aufgewirbelten Sandes zwischen den niedrigen Wohnhäusern gen Himmel recken.

341 Dieses Bild der Pyramiden von Gîza zeichnete Roberts im Januar 1839, als er die Stätte zum zweiten Mal besuchte. In sein Tagebuch notierte er: „Angesichts dieser titanischen Monumente gelingt es mir nicht, meinen Gefühlen Ausdruck zu verleihen“.

342 unten *Dieser Ausschnitt einer Lithographie des Bandes* The Holy Land, Syria, Idumea, Egypt and Nubia *zeigt eine Gruppe von Ägyptern im Tempel Sethos' I. in Theben. Ein Beamter des Paschas, der Steuern eintreibt und Streitfälle schlichtet, sitzt mit seiner Wasserpfeife in der Bildmitte, zu seiner Rechten steht der Sheikh des Dorfes mit seinem Diener.*

342 links *Die Menschen im Bild unterstreichen die gewaltigen Dimensionen der Säulen in der Hypostylhalle des Tempels von Karnak. Auf diesem Aquarell bemühte sich Roberts auch, die Originalfarben der Flachreliefs wiederzugeben.*

342 oben rechts *Anfang Dezember 1838 kam Roberts auf dem Rückweg von Abu Simbel nach Dendara und hielt sich hier einige Tage lang auf, um eine Vielzahl von Bildern zu zeichnen. Die Schönheit des perfekt erhaltenen Hathortempels beeindruckte den Künstler, der dem Bauwerk vier Tafeln und ein großes Ölgemälde widmete, das heute in der City Art Gallery in Bristol hängt. Das hier abgebildete Aquarell zeigt die großen Säulen der Hypostylhalle mit den Hathorkapitellen.*

In Begleitung eines Kapitäns namens Nelley und zweier weiterer Männer, von denen einer Vanderhorst hieß, während der andere in den Aufzeichnungen des Schotten nur als Mr. A. erscheint, machte sich Roberts auf die Reise. Zur Besatzung gehörten ferner ein italienischer Koch und ein Diener aus Malta. Am 6. Oktober verließen die Männer Kairo, am 18. Oktober befanden sie sich bereits in der Nähe des Tempels von Dendara und am 21. Oktober tauchten vor ihnen die Ruinen von Theben auf, wo sie drei Tage blieben, ehe sie nach Esna, Edfu, Kom Ombo und Assuan weiterfuhren. Am 30. Oktober ging Roberts von Bord, passierte den Katarakt auf dem Rücken eines Esels und besichtigte die Insel Philae, die er als „Paradies inmitten einer trostlosen Landschaft" beschrieb.

Die Bauwerke der Insel schienen dem Schotten malerischer als alle Ruinen, die er bis zu diesem Zeitpunkt gesehen hatte: Er zeichnete zunächst den Kiosk des Trajan, den er wegen der fehlenden Decke *Hypaethral Temple* nannte. Dieses Monument, das die Einheimischen „Bett des Pharaos" getauft hatten, weil die Pharaonen sich nach der Legende dort niederlegten, nachdem sie die Tempel der Insel besucht hatten, erregte aufgrund seiner Eleganz und seines hervorragenden Zustandes die besondere Bewunderung des Künstlers. „Die Details der Dekorationen", hielt Roberts fest, „sind so fein, dass man glaubt, die Arbeiter hätten soeben ihr Werkzeug aus den Händen gelegt. Immer wieder muss ich mich selbst daran erinnern, dass ich ein 2000 Jahre altes Gebäude gesehen habe". Am 8. November 1838 trafen Roberts und seine Weggefährten in Abu Simbel ein, wo sie fast eine Woche lang rasteten. Um das Innere des großen Tempels zu zeichnen, musste Roberts das Bauwerk zunächst von Sand befreien lassen, der sich nach den letzten Grabungen von Robert Hay aus dem Jahre 1831 erneut vor der Fassade angehäuft hatte und ihm den Zugang versperrte. Der Schriftsteller William Brockedon, der auf der Grundlage von Roberts eigenen

343 oben *Dieses Aquarell, aus dem Louis Haghe später eine Lithographie für* The Holy Land, Syria, Idumea, Egypt and Nubia *anfertigte, zeigt die imposanten Ruinen des Tempels von Luxor, die David Roberts besonders faszinierten.*

343 unten *Zum Pflichtprogramm aller Maler, die Ägypten bereisten, gehörte es, die Kolossalstatue von Ramses II., der „Sonne der Fürsten", zu malen, die umgestürzt im zweiten Hof des Ramesseums lag und auch den Dichter Shelley inspirierte.*

Notizen einen Kommentar zu dessen Bildern verfasste, bemerkt in diesem Zusammenhang: „[Hay] hat den Sand fortgeschafft und dabei die beiden Kolosse südlich des Eingangs so weit freigelegt, dass das Fundament der Türpfosten sichtbar wurde. Heute können neun oder zehn Nubier innerhalb weniger Stunden den Sand abtragen, der sich noch immer ansammelt, und so den Eingang zu dem Tempel freimachen, dessen Fassade sich nun in ihrer gesamten Höhe präsentiert". Roberts fertigte zahlreiche Bilder und Aquarelle der beiden Tempel, die ihn stark faszinierten; auch untersuchte er jedes Detail und beklagte das Benehmen früherer Besucher, die ihn zum Teil rücksichtslos und unwiderruflich beschädigt hatten.

„Es ist schrecklich zu sehen", schrieb Roberts in sein Reisetagebuch, „wie die Meisterwerke antiker Kunst nicht nur von Rekordjägern zerstört, sondern auch noch von den Namenszügen eines jeden Tomkins, Smith und Hopkins verschandelt werden. Eine Hand des am besten erhaltenen Kolosses haben diese Vandalen bereits abgebrochen, denn ein Finger der großen Statue reichte ihnen nicht als Andenken an ihre schändliche Tat, nein, sie besaßen auch noch die Kühnheit, ihre nichts sagenden Namen auf der Stirn des Gottes zu verewigen..."

Nachdem Roberts Abu Simbel einige Tage lang durchstreift hatte, trat er die Rückreise an, während der er die übrigen nubischen Tempel, Edfu sowie Theben besuchte. Hier blieb er noch einmal fast zwei Wochen und traf dann am 21. Dezember wieder in Kairo ein. Fast einen Monat benötigte der Schotte, um sein ge-

344 *Nachdem Roberts in Edfu zahlreiche Bilder gezeichnet hatte, besichtigte er den 30 Meilen weiter nördlich gelegenen ptolemäischen Chnum-Tempel in Esna, den er am 25. November nach einem nächtlichen Ritt im Morgengrauen erreichte. Die Hypostylhalle war zu jener Zeit von Sand freigeräumt, das Bodenniveau lag jedoch einige Meter tiefer als heute. Um die Halle zu betreten, musste man daher die Treppe links im Bild hinuntersteigen. Während seiner Arbeit sah sich Roberts von einer Gruppe von Kopten umringt, die sich willig porträtieren ließen.*

344–345 *Der ptolemäische Horustempel in Edfu war wie die Tempel von Dendara und Esna hervorragend erhalten, lag jedoch noch halb unter Sand begraben. Roberts traf am 22. November 1838 hier ein und blieb zwei Tage vor Ort, fasziniert von der Eleganz und den Proportionen des Bauwerks, das an Größe nur noch durch den Amuntempel in Karnak übertroffen wird. Dieses Bild zeigt einen Teil des Pronaos, den vom Säulengang eingeschlossenen Hof sowie den ersten Pylon des Tempels.*

345 unten *Nachdem Roberts Philae verlassen hatte, besichtigte er als Erstes den Tempel von Kom Ombo, den vermutlich Ptolemaios VI. Philometor im 2. Jahrhundert v. Chr. auf einem Felshang über dem Nil hatte errichten lassen. Der Bau dauerte fast ein Jahrhundert bis zur Zeit Ptolemaios XIII. und wurde unter römischer Herrschaft erweitert.*

sammeltes Material zu ordnen und eine weitere Reise vorzubereiten. Am 6. Februar 1839 verließ er die Hauptstadt in Begleitung zweier neuer Gefährten, John Pell und John Kinnear, und eines jungen Ägypters namens Ismael Effendi, der die englische Sprache beherrschte und als Dolmetscher diente. Die Gruppe begab sich zunächst in den Sinai und besuchte auf dem Weg dorthin am 18. Februar 1839 auch das Katharinenkloster, dann ging es weiter nach Akaba am Roten Meer und am 6. März trafen die Reisenden in Petra ein. Danach standen noch Hebron, Gaza, Jaffa, Jerusalem, Nazareth, Akkon, Tyrus, Sidon und Baalbek auf dem Programm, bevor die Männer auf dem Seeweg nach Alexandria zurückkehrten, wo David Roberts am 16. Mai 1839 von Mehmed Ali empfangen wurde. Wieder in London, arbeitete Roberts seine Zeichnungen und Aquarelle aus und wurde alsbald zum Mitglied der Royal Academy berufen. In zwei überaus erfolgreichen Ausstellungen, die später auch noch nach Glasgow und Edinburgh wanderten, präsentierte Roberts dem begeisterten Londoner Publikum die Ergebnisse seiner Reisen nach Ägypten und ins Heilige Land. Seine kostbaren Bildtafeln veröffentlichte er zwischen 1842 und 1849 unter dem Titel *Views in the Holy Land, Syria, Idumia, Arabia, Egypt and Nubia* in sechs großformatigen Bänden mit insgesamt 247 Lithographien, die der bekannte Drucker Louis Haghe nach den Vorlagen des Schotten angefertigt hatte. 124 Bilder behandelten Ägypten, die Übrigen das Heilige Land. Zwischen 1846 und 1850 ließ Roberts das Werk, das ihn weltberühmt machte, mit Kommentaren von William Brockedon in kleinerem und preiswerterem Format neu auflegen. Dann erntete der Schotte die Früchte seines Ruhms. 1855 erhielt er einen Preis bei der Internationalen Ausstellung von Paris, später bereiste er Frankreich, Belgien, Holland und Italien. Am 25. November 1864 starb der Maler in London. Sein Reisetagebuch liegt bis heute unveröffentlicht in der National Library of Scotland.

347 oben *Der Eingang des Tempels von Abu Simbel mit der großen Statue des falkenköpfigen Gottes Rê und den beiden Flachreliefs, die Ramses II. bei der Huldigung zeigen, schmückte das Titelblatt eines der sechs von Roberts herausgegebenen Bände. In seinen Händen hält Rê ein Zepter* (user) *und eine Feder* (maat), *Symbole der kosmischen Ordnung und Kryptogramm des Pharaonamens* Usermaatrê.

347 unten *Der Kiosk des Trajan gehörte zu den Bauwerken, die Roberts am besten gefielen. Wegen der fehlenden Decke nannte er ihn Hypaethral Temple. Angetan von der Eleganz und dem guten Zustand des Monuments schrieb Roberts: „Die Details der Dekorationen sind so fein, dass man glaubt, die Arbeiter hätten soeben ihr Werkzeug aus den Händen gelegt“. Englische Reisende bezeichneten den Tempel auch als „Bett des Pharao“, weil sich die Pharaonen hier laut Tradition niederlegten, nachdem sie die Tempel der Insel besucht hatten.*

346–347 *Am 9. November 1838 traf Roberts in Abu Simbel ein, wo er sich, fasziniert von der Größe und Schönheit des Tempels von Ramses II., fast eine Woche aufhielt. Der Schotte musste die Fassade des Bauwerks vom Sand befreien lassen, der sich seit den letzten Grabungen von Robert Hay im Jahre 1831 erneut angesammelt hatte und den Eingang versperrte.*

348 Im Tempel von Wadi es-Sebû'a verbrachte Roberts einen ganzen Tag, ehe er nilaufwärts nach Abu Simbel weiterfuhr. Er zeichnete dort einige Bilder, darunter dieses von den beiden Kolossalstatuen Ramses' II. vor dem Pylon des Tempels. Heute ist nur noch die aufrecht stehende Figur erhalten. Der Name Wadi es-Sebû'a bedeutet „Tal der Löwen" und bezieht sich auf den langen, von Sphingen gesäumten Weg, der einstmals zu dem Tempel führte, den Ramses II. zu Ehren von Amun-Rê und Rê-Harachte erbaute.

348–349 Im November 1838 ging Roberts auf dem Rückweg von Abu Simbel nach Kairo in der Nähe von Qasr Ibrim vor Anker, wo auf einem hohen Vorgebirge oberhalb des Nils die Ruinen einer antiken Festung lagen, deren Ursprünge bis zur 18. Dynastie zurückreichten. Zur Zeit der Römer diente die primis *genannte Stätte als strategischer Stützpunkt. Wegen ihrer erhöhten Position wurde sie nach dem Bau des Assuanstaudammes als Einzige nicht überflutet.*

349 unten *In der Nähe des Dorfes Korti, das am Nilufer auf der Höhe von Qasr Ibrim unweit des Tempels von ed-Dakka lag, zeichnete Roberts eine Gruppe junger und sehr hübscher Nubierinnen, die in eleganter Haltung Wasser in großen Krügen auf dem Kopf balancierten.*

HECTOR HOREAU

350 links *Im Zuge der Begeisterungswelle, die zu Beginn des 19. Jahrhunderts zahlreiche Reisende ins Land der Pharaonen trieb, machte sich auch Hector Horeau auf nach Ägypten. 1838 reiste er nilaufwärts bis nach Abu Simbel und besichtigte auf dem Weg dorthin alle wichtigen archäologischen Stätten des Niltals. Er zeichnete zahlreiche Bilder, wobei er ein besonderes Augenmerk auf die architektonischen und dekorativen Details der Monumente richtete. Dieser Aquatintastich zeigt das Hypostylatrium des Chnum-Tempels von Esna, dem antiken Latopolis.*

351 oben *Zu den berühmtesten Arbeiten Horeaus gehört zweifellos dieser Aquatintastich, der geradezu paradigmatisch für den Geschmack und die romantische Vorstellungskraft vieler Künstler in der ersten Hälfte des 19. Jahrhunderts steht. Das aus der Vogelperspektive gezeichnete Panorama Ägyptens umfasst den gesamten Lauf des Nils von Alexandria bis zu den Tempeln von Abu Simbel und zum zweiten Katarakt; zu beiden Seiten des Flusses erheben sich die wichtigsten Bauwerke des Landes.*

350–351 *Nach der Rückkehr in seine Heimat ging Horeau eifrig daran, die Skizzen, Landschaftsbilder und Zeichnungen, die er in Kairo und während seiner Reise auf dem Nil gesammelt hatte, in Aquatintastiche umzusetzen. Unterstützung erhielt er von seinem Freund, dem Fotografen Pierre Gustave Joly de Lotbinière, und konnte daher 1841 sein* Panorama d'Egypte et de Nubie *veröffentlichen, das in der exotismusbegeisterten Öffentlichkeit sofort auf reges Interesse stieß. Vor allem in Ansichten wie der hier abgebildeten, die den großen Tempel von Edfu zeigt, stellte Horeau seinen überaus lebendigen Stil unter Beweis.*

1826 entschied sich Frédéric Cailliaud, einen Bericht über seine zweite Reise nach Nubien zu veröffentlichen. Die Illustrationen für den *Voyage à Meroé* betitelten Band besorgte Hector Horeau, ein junger Architekt, der kurz zuvor sein Studium an der Ecole des Beaux Arts in Paris abgeschlossen hatte. Horeau wurde 1801 in Versailles geboren, reiste aber erst 1837 zum ersten Mal selbst nach Ägypten und Nubien. Der Nil und die antiken Bauwerke der Pharaonen zogen den Architekten sofort in ihren Bann: Er mietete ein Boot und fuhr im April 1837 in Richtung Theben, nicht ohne zuvor in Kairo einige Straßen und Moscheen, den Sklavenmarkt und natürlich die Pyramiden von Gîza sowie die Sphinx gezeichnet zu haben, die, wie der Künstler bemerkte, an der Basis eine Tür besaß und durch ein System von Gängen mit der großen Pyramide verbunden war. „Ich brach auf einem mittelgroßen Schiff von Kairo aus auf", schrieb Horeau in sein Reisetagebuch, „und bezahlte für die Fahrt und die Besatzung rund 150 Franken pro Monat. Als Vorsichtsmaßnahme hatte ich befohlen, das gesamte Schiff für 24 Stunden unter Wasser zu setzen, um alles Ungeziefer auszurotten, das in der Regel die auf dem Nil verkehrenden Boote heimsucht. An Vorräten führte ich Reis, Zwieback, Trockenobst, Käse, Zucker, etwas Alkohol und eine kleine Reiseapotheke mit (...). Ich besaß auch einen vom französischen Konsul unterzeichneten Firman und hatte mich nach arabischer Art gekleidet, um mich wohler zu fühlen und mir besser Respekt verschaffen zu können. Ich machte mich ohne Gefährten auf den Weg, begleitet nur von einem kleinen Diener, der sich auf dem Schiff mehr als Herr fühlte als alle Könige in ihren Königreichen".

__352 oben__ Wie viele andere abendländische Reisende seiner Zeit schwärmte Horeau vor allem für den Tempel von Luxor, den er aus verschiedenen Blickwinkeln im Bild festhielt. Dieser Druck zeigt die Frontansicht des Eingangspylons, vor dem sich die beiden Kolosse Ramses' II. und der östliche Obelisk erheben. Im Vordergrund rechts ist ein Taubenschlag aus ungebrannten Ziegeln zu sehen, der zur damaligen Zeit vor dem Tempel stand.

__352 Mitte__ In den ersten Jahrzehnten des 19. Jahrhunderts galt ein Besuch im Tal der Könige immer noch als ein größeres Abenteuer. Die letzte Ruhestatt der Pharaonen war nur schwer zugänglich und wegen häufiger Erdrutsche und Überfälle gefährlich. Wer sich jedoch in das Tal wagte, wurde durch den Anblick der herrlichen Gräber reich entlohnt, die aus dem Dunkeln auftauchten und ein Licht auf die versunkene Kultur warfen.

Horeau fuhr nilaufwärts, wobei er dem bereits klassischen Weg folgte und alle interessanten archäologischen Stätten besuchte, die auch heute noch Touristen aus aller Welt anziehen. Unter anderem besichtigte er die Gräber von Beni Hasan, Assiût und Dendara. Dann begab er sich nach Luxor zu den Ruinen des antiken Theben, das Horeau vom Nil aus zeichnete, während sein Boot sich der Anlegestelle am Tempel von Luxor näherte.
Zu jener Zeit war Luxor ein Städtchen mit rund 1000 Einwohnern, das sich rund um den im Innern bewohnten Tempel ausdehnte. Horeau fand großen Gefallen an dem Ort, der „billiger als Kairo und mit niedrigeren Preisen" war. Dem ersten Pylon des Tempels von Luxor aus der Zeit Ramses' II. widmete der Franzose zwei Bildtafeln: Sie zeigten die beiden Kolosse – Verkörperungen des Pharaos –, die vor dem Pylon standen und noch bis zur Taille im Sand steckten, und den östlichen Obelisken, denn der Zweite, den Mehmed Ali Frankreich geschenkt hatte, stand seit 1836 auf der Place de la Concorde in Paris. Horeau zeichnete auch die Tempel von Karnak. Außerdem hielt er viele Monumente am Ostufer des Flusses,

352 unten *Mit besonderer Aufmerksamkeit untersucht Horeau auf diesem Bild die Wandmalereien in der Grabkammer von Ramses VI. (KV 9) im Tal der Könige. Es war sicher kein leichtes Unterfangen, die erlesenen Flachreliefs beim flackernden Schein der Fackeln zu zeichnen.*

353 *Jean François Champollion, der die Hieroglyphenschrift entschlüsselte, gab dem großen Gedächtnistempel, den Ramses II. am Ostufer von Theben hatte errichten lassen, den Namen „Ramesseum". Horeau zeichnete die Säulen der Hypostylhalle, die noch Spuren der antiken Farbgebung aufwiesen. Im Hintergrund liegt die Kolossalstatue des Pharaos umgestürzt auf dem Boden.*

354 oben *Horeau war von der Insel Philae, deren Name „Insel der Zeit [Rês]" bedeutet, stark fasziniert und widmete den dortigen Bauwerken mehrere Aquarelle. Hier ist der kleine Kiosk von Nektanebos I. mit glockenförmigen Säulen und Hathorkapitellen zu sehen. Er steht am Ende des großen östlichen Säulengangs, der sich vor dem ersten Pylon des Isistempels erhebt.*

354–355 *Für diese Ansicht von Philae erklomm Horeau die Klippen der benachbarten Insel Biga. Nach dem Bau des ersten Assuan-Staudammes 1912 wurden die Bauwerke von Philae während der Hochwasserperiode des Nils zur Hälfte überflutet. Zwischen 1974 und 1979 wurden sie in 45000 Einzelblöcke zerlegt und auf der nahe gelegenen Insel Agilkia wieder aufgebaut. Biga liegt daher heute nicht mehr, wie zu Horeaus Zeiten, im Osten, sondern im Süden der Monumente von Philae.*

355 oben *Ebenfalls von der Insel Biga aus zeichnete Horeau den Westen von Philae mit dem großen Säulengang, dem Kiosk des Trajan und dem Isistempel. Im Vordergrund erhebt sich der römisch-ptolemäische Tempel von Biga, der später zur Kirche umgewandelt wurde.*

355 unten *Im Tempel von Wadi es-Sebû'a stehen vor einem von löwenköpfigen Sphingen gesäumten* dromos *diese beiden Kolossalstatuen von Ramses II. Die Menschen im Bild verdeutlichen die Dimensionen der Bildsäulen.*

darunter Medinet Habu und das Ramesseum sowie die Gräber im Tal der Könige, im Bild fest. Dann reiste der Architekt weiter nach Nubien, vorbei an Esna, Edfu, Kom Ombo und Djebel Silsila, und gelangte schließlich nach Assuan.
Horeau besuchte in der Folge alle nubischen Tempel südlich des ersten Kataraktes und setzte seinen Weg bis nach Abu Simbel fort, um dort abermals eine Reihe von Zeichnungen anzufertigen.
Nach Frankreich zurückgekehrt, arbeitete der Künstler seine zahlreichen Skizzen und Vorlagen mit Hilfe von Daguerrotypien aus, die sein Freund, der Fotograf Pierre Gustave de Lotbinière für ihn herstellte, und veröffentlichte 1841 einen Bildband über Ägypten und Nubien, der ihn rasch überall bekannt machte.
Danach widmete sich Horeau ausschließlich seinem eigentlichen Beruf des Architekten und Städtebauers, wobei er sich auf die Planung und den Bau von Eisenkonstruktionen spezialisierte. 1856 ging der Franzose für einige Jahre nach England und unternahm 1869 schließlich eine zweite und letzte Reise nach Ägypten. 1872 starb Horeau in Paris.
Horeau war kein großer Reisender, besaß aber herausragendes künstlerisches Talent. Sein Name verbindet sich daher mit einigen außerge-

wöhnlichen Zeichnungen und ganz besonders mit seiner berühmten Ansicht des Nils, die von Alexandria bis zu den Tempeln von Abu Simbel und dem zweiten Katarakt reicht. 1967 erwarb das Griffith Institute in Oxford ein Album mit 45 Skizzen und Aquarellen, die Horeau an den bedeutendsten archäologischen Stätten Ägyptens angefertigt hatte.

356 oben *Auch diese Ansicht zeigt das Niltal aus der Vogelperspektive: Im Vordergrund wirbeln die Strömungen des zweiten Kataraktes, links davon erheben sich die Felsentempel von Abu Simbel, gefolgt von den nubischen Stätten und der Insel Philae, Karnak, Luxor und schließlich, ganz am Horizont, den Pyramiden von Gîza und dem Delta.*

356–357 *Das Boot, das Horeau für seine Nilfahrt mietete, segelt hier vor dem kleinen Tempel von Abu Simbel vorbei, der einige hundert Meter nördlich des großen Tempels steht. Die Fassade des Felsentempels zieren zwei in den Felsen gehauene Figurengruppen zur Rechten und Linken des Eingangs, jede von ihnen zeigt Nofretiri zwischen zwei Statuen des Ramses. Der Tempel ist der einzige in der ägyptischen Kunstgeschichte, an dem die bedeutende Königsgattin dem Herrscher nicht, wie üblich, nur bis zum Knie reicht, sondern genauso groß ist wie er.*

357 rechts *Zur Zeit Horeaus waren die vier Kolosse Ramses' II. am Tempel von Abu Simbel noch zum Teil unter Sandmassen begraben. Der Künstler nahm sich die Freiheit, den in Einzelteile zerbrochenen Kopf der kaputten Statue als ganzen zu zeichnen.*

358 oben *Mit Bartlett, einem Künstler und Reisenden aus London, der 1845 nilaufwärts bis zum zweiten Katarakt fuhr, endet die Epoche der Wiederentdeckung Ägyptens, die das 18. und beginnende 19. Jahrhundert geprägt hatte. Anstelle von Forschungsreisen gab es nun immer mehr touristische Kreuzfahrten. Bartletts Buch* The Nile Boat *erschien zwar als Reisebericht, stellt aber eher einen Reiseführer durch das Niltal dar. Die Liebe zum Detail wird nicht nur im Text, sondern auch auf diesem Bild vom ersten Pylon des Tempels von Luxor deutlich.*

William Henry Bartlett vereinigte in seiner Person das Talent eines Künstlers, die Präzision eines Topographen, die Beobachtungsgabe eines Völkerkundlers und eine große Begeisterungsfähigkeit für Forschung und Abenteuer. Er wurde 1809 in London geboren und trat bereits im Alter von kaum 14 Jahren in die Dienste des Architekten John Britton, für den er als Illustrator tätig war. Nach Abschluss seiner Lehrzeit bereiste er Europa, Amerika, den östlichen Mittelmeerraum und die Türkei. Bei diesem Unternehmen sammelte er genügend Material für sein erstes und bekanntestes Buch, das 1839 unter dem Titel *The Beauties of the Bosphorus* erschien. 1845 besuchte Bartlett dann Ägypten und folgte hier zunächst der klassischen Route nach Oberägypten und in den Sudan. Mit einer kleinen Expedition durchquerte er anschließend die Wüste Sinai und besichtigte Petra. Die Notizen und Beobachtungen dieser neuerlichen Reisen fasste der Brite in zwei Bänden unter den Ti-

WILLIAM HENRY BARTLETT

teln *Forty Days in the Desert, on the track of Israelites* und *The Nile Boat or Glimpses of the Land of Egypt* zusammen, die nicht nur aufgrund ihres interessanten und historisch gut recherchierten Textes auf regen Zuspruch stießen, sondern auch wegen der zahlreichen, wirklichkeitsgetreuen und detailreichen Bildtafeln viele

Käufer fanden. *The Nile Boat* etwa ist eine Gesamtwerk, das die persönlichen Eindrücke des Künstlers mit einer Fülle an Informationen verbindet und so Ägyptenreisenden durchaus als Führer dienen konnte. 1845 war Bartlett von Marseille aus in See gestochen und hatte, wie üblich, zunächst Alexandria und anschließend Kairo besichtigt. Er erreichte die Hauptstadt über den neuen Kanal, der Kairo mit der Hafenstadt verband. Der Londoner widmete zunächst den Bauwerken von Kairo und den Pyramiden seine Aufmerksamkeit, ehe er sich an Bord einer *cangia,* des für Nilkreuzfahrten üblichen, breiten Schiffes, nach Luxor begab. Auf dem Weg dorthin legte er Pausen in Dendara und Beni Hasan ein, wo er die Gräber des Mittleren Reiches besichtigte. Nach einer langen und ausführlichen Visite der Monumente auf der gegenüberliegenden Seite des Nils, setzte Bartlett seine Reise nach Süden über den ersten Katarakt hinaus fort und erreichte schließlich Abu Simbel, dessen „große, in den Fels gehauene Tempel die wichtigsten Bauwerke am Nil abschließen". Bartletts Reise markiert den Abschluss einer abenteuerlichen und romantischen Epoche: Mit ihr endete die Zeit der Erforschung des Nils und eine neue, bis heute anhaltende Periode der rein touristischen Reisen nach Ägypten begann.

358 unten *Der Londoner erreichte den großen Amuntempel in Karnak bei Sonnenuntergang: Die Dunkelheit breitet sich über dem aus 134 Säulen gebildeten Säulenwald der Hypostylhalle aus, während die letzten Lichtstrahlen die Papyruskapitelle und ihre Flachreliefs erhellen.*

358–359 *Nachdem Bartlett den Katarakt mit seinen tosenden Wassern passiert hatte, tauchte vor ihm die Insel Philae auf „deren Tempel voller geheimnisvoller Heiligkeit, von Palmenhainen halb verdeckt, weithin in das breite, stille und ruhige Wasser des Flusses leuchteten".*

REGISTER

b = Bildunterschrift

BIBLIOGRAPHIE

ÅKERBLAD, Johan David (1763-1819), *Lettre à M. de Sacy*, 1802.

ALPINO, Prospero (1553-1616), *Rerum Aegyptiarum Libri Quatuor*, Leida, 1735.

ALPINO, Prospero, *De Medicina Aegyptiorum Libri Quatuor*, Venezia, 1591.

ALPINO, Prospero, *De Plantis Aegypti*, Venezia, 1592.

ANONIMO VENEZIANO, *Viagio che ò fato l'ano 1589 dal Caier in Ebrin navigando su per el Nillo*, ms. II, VII 15, Biblioteca Nazionale, Firenze.

ATHANASI, Giovanni d'(1798-1854), *Researches and Discoveries in Upper Egypt made under the direction of Henry Salt Esq.*, London, 1836.

BANKES, William John (1786-1855), *Geometrical elevation of an Obelisk... from the Island of Philae, together with the pedestal... first discovered there by W.J.B.*, London, 1821.

BANKES, William John, *Life and adventures of Giovanni Finati*, London, 1830.

BARTLETT, William Henry (1809-1854), *Forty Days in the Desert, on the track of the Israelites; or, a Journey from Cairo... to Mount Sinai and Petra*, London, 1848.

BARTLETT, William Henry, *The Nile Boat*, London, 1850.

BELON, Pierre (1517-1565), *Les Observations des plusieurs singularitez et choses mémorables trouvés en Grèce, Judée, Égypte, Arabie et autres pays étranges, redigés en trois livres*, Paris, 1553-8.

BELZONI, Giovanni Battista (1778-1823), *Narrative of the Operations and Recent Discoveries within the Pyramids, Temples, Tombs, and Excavations, in Egypt and Nubia; and a Journey to the Coast of the Red Sea, in search of the ancient Berenice; and another to the Oasis of Jupiter Ammon*, London, 1820.

BELZONI, Giovanni Battista, *Forty-four Plates illustrative of the Researches and Operations of Belzoni in Egypt and Nubia*, London, 1820.

BELZONI, Giovanni Battista, *Hierogliphics found in the Tomb os Psammis discovered by G. Belzoni*, London, 1822.

BOURGUIGNON D'ANVILLE, Jean Baptiste (1697-1782), *Mémoire su l'Égypte ancienne et moderne suivis d'une description du Golfe arabique ou de la Mer Rouge*, Paris, 1766.

BRETON DE LA MARTINIÈRE, Jean-Baptiste, *L'Égypte et la Syrie, Ou Moeurs, Usages, Costumes et Monuments des Égyptiens, des Arabes et des Syriens*, Paris, 1814.

BROWNE, W.G.(1768-1813), *Travels in Africa, Egypt and Syria from the year 1792 to 1798*, London, 1799.

BROWNE, W.G., *Nouveau voyage dans la Haute et Basse Égypte, la Syrie, le Darfour, trad. de l'anglais sur la 2e édition, par J. Castera*, Paris, 1800.

BRUCE, James (1730-1794), *Travels to Discover the Source of the Nile on the years 1768, 1769, 1770, 1771, 1772 & 1773*, Edinburgh, 1790.

BRUCE, James, *Voyage en Nubie et Abyssinie* (1768-1773) *trad. par J. Castera*, Paris, 1790-1792.

BURCKHARDT, Johann Ludwig (1784-1817), *Travels in Nubia*, London, 1819.

BURCKHARDT, Johann Ludwig, *Travels in Syria and the Holy Land*, London, 1822.

CAILLIAUD, Frédéric (1787-1869), *Voyage à l'oasis de Thèbes et dans les déserts situés à l'orient et à l'occident de la Thébaide fait pendant les années 1815, 1816, 1817 et 1818*, Paris, 1821.

CAILLIAUD, Frédéric, "Lettres à M. Jomard", *Bull. Soc. Géographie*, Paris, 1822.

CAILLIAUD, Frédéric, *Voyage à Méroé, au fleuve Blanc au delà de Fazoql, dans le midi du royaume de Senna...*, Paris, 1826.

CAILLIAUD, Frédéric, *Recherches sur les Arts et Métiers, les usages de la vie civile et domestique des Anciens Peuples de l'Égypte, de la Nubie et de l'Éthiopie, suivies de détails sur les moeurs des peuples modernes de ces contrées*, Paris, 1831.

CASSAS, Louis François (1756-1827), *Voyage Pittoresque de la Syrie, de la Phoenicie, de la Palestine et de la Basse Égypte*, Paris, 1795.

CHAMPOLLION, Jean François (1790-1832), *Introduction à l'Égypte sous les Pharaons*, Paris, 1811.

CHAMPOLLION, Jean François, *L'Égypte sous les Pharaons ou Recherches sur la géographie, la religion, la langue, les écritures et l'histoire de l'Égypte avant l'invasion de Cambyse*, Paris, 1814.

CHAMPOLLION, Jean François, *De l'écriture hiératique des anciens Égyptiens*, Paris, 1821.

CHAMPOLLION, Jean François, *Lettre à M. Dacier...*, Paris, 1822.

CHAMPOLLION, Jean François, *Panthéon égyptien. Collection des personnages mythologiques de l'ancienne Égypte*, Paris, 1823.

CHAMPOLLION, Jean François, *Précis du système hiéroglyphique des anciens Égyptiens ou Recherches sur les éléments premiers de cette écriture sacrée, sur leus diverses combinaisons et sur les rapports de ce système avec les autres méthodes graphiques égyptiens avec un volume de planches*, Paris, 1824.

CHAMPOLLION, Jean François, *Précis du système hiéroglipthique augmenté de la lettre à M. Dacier*, Paris, 1824.

CHAMPOLLION, Jean François, *Lettres à M. le duc de Blacas d'Aulps, relatives au Musée royal égyptien de Turin*, Paris, 1824-1826.

CHAMPOLLION, Jean François, *Précis du système hiéroglyphique des anciens Égyptiens ou Recherches sur les éléments premiers de cette écriture sacrée...*, Paris, 1827-1828.

CHAMPOLLION, Jean François, *Notice descriptive des momuments égiptiens du Musée Charles X*, Paris, 1827.

CHAMPOLLION, Jean François, *Lettres écrites de l'Égypte et de Nubie en 1828 et 1829*, Paris, 1833.

CHAMPOLLION, Jean François, *Monuments de l'Égypte et de la Nubie d'après les dessins exécutés sur les lieux, sous la direction de Champollion le jeune*, Paris, 1835-47, postumous edition.

CHAMPOLLION, Jean François, *Grammaire égyptienne, ou Principes généraux de l'écriture sacrée égyptienne appliqués à la représentation de la langue parlée*, Paris, 1836.

CHAMPOLLION, Jean François, *Grammaire égyptienne, ou Principes généraux de l'écriture sacrée égypienne appliqués à la représentation de la langue parlée. Publié sur le ms. autographe*, Paris, 1836-41, postumous edition.

CHAMPOLLION, Jean François, *Dictionnaire égyptien en écriture hiéroglyphe, publié par Champollion-Figeac d'après les mss. autographes; dessiné et écrit par Jules Feuquières*, Paris, 1841-44, postumous edition.

CHAMPOLLION, Jean François, *Notices descriptives conformes aux notices autographes rédigées sur les lieux par Champollion le jeune*, 2 vol., Paris, 1844-89, postumous edition.

CHAMPOLLION-FIGEAC, Jacques Joseph (1778-1867), *Lettre à M. Fourier sur l'inscription precque du temple de Denderah en Égypte*, Paris, 1806.

CHAMPOLLION-FIGEAC, Jacques Joseph, *Annales des Lagides, ou Chronologie des rois grecs d'Égypte successeurs d'Alexandre le Grand*, Paris, 1819.

CHAMPOLLION-FIGEAC, Jacques Joseph, *Explication de la date égyptienne d'une inscription grecque tracée sur le colosse de Memnon à Thèbes d'Égypte*, Paris, 1819.

CHAMPOLLION-FIGEAC, Jacques Joseph, *Observations sur les coudées égyptiennes découvertes dans les ruines de Memphis*, Paris, 1824.

CHAMPOLLION-FIGEAC, Jacques Joseph, *L'Obélisque de Louqsor, transporté à Paris*, Paris, 1833.

CHAMPOLLION-FIGEAC, Jacques Joseph, *Fourier et Napoléon, l'Égypte et les cents jours. Mémoires et documents inédits*, Paris, 1844.

CHAMPOLLION-FIGEAC, Jacques Joseph, *Des Dynasties égyptiennes, à l'occasion des ouvrages de MM. Baruchi et Bunsen*, da *Nouvelle Revue enc.*, Paris, 1847.

CHAMPOLLION-FIGEAC, Jacques Joseph, *Histoire des peuples anciens et modernes*, Paris, 1857.

CHAMPOLLION-FIGEAC, Jacques Joseph, *L'Égypte ancienne*, 1858.

CHAMPOLLION-FIGEAC, Aimé, *Les deux Champollion, leur vie et leurs oeuvres*, Grenoble, 1887.

COSTE, Xavier Pascal (1787-1879), *Architecture Arabe ou Monuments du Kaire, mesurés et dessinés de 1818 à 1826*, Paris, 1839.

COSTE, Xavier Pascal, *Mémoires d'un Artiste*, Paris, 1878.

DALTON, Richard (1715-1791), *Antiquities and Views in Greece and Egypt*, London, 1791.

D'ARVIEUX, Laurent, *Mémoires du Chevalier Laurent d'Arvieux contenant ses voyages de 1653 à 1683 à Constantinople, dans l'Asie, la Syrie, la Palestine, l'Égypte et la Barbarie, la description de ces pays, les religions, les moeurs...*, Paris, 1735.

DAPPER, Olivier (1635-1689), *Description de l'Afrique, contenant les noms, la situation et les confins de toutes les parties, ... avec des cartes des Etats, des Provinces et des Villes...*, Amsterdam, 1676.

DAWSON, Warren R. and UPHILL, Eric P., *Who was who in Egyptology*, London, 1895.

DE MAILLET, Benoît (1656-1738), *Description de l'Égypte,... Composée sur les mémoires de M. de Maillet, ancien Consul de France au Caire, par M. l'abbé Le Mascrier*, Paris, 1735.

DE MAILLET, Benoît, *Idée du gouvernement ancien et moderne de l'Égypte, avec la description d'une nouvelle pyramide et des nouvelles remarques sur les moeurs et les usages des habitants de ce païs*, Paris 1743.

DELLA VALLE, Pietro (1586-1652), *Viaggi*, Roma, 1650-58.

DELLA VALLE, Pietro, *Les fameux voyages de Pietro della Valle...*, Paris, 1663-1670.

DENON, Dominique Vivant (1747-1825), *Voyage dans la Basse et la Haute Égypte*, Paris, 1802.

DESGENETTES, Nicolas-René Dufriche (1762-1837), *Histoire medicale de l'armée d'Orient*, Paris, 1830.

DIODOR von SIZILIEN, *Biblitoheca Historica*, Libro I.

DONATI, Vitaliano (1717-1762), *Giornale del viaggio fatto in Levante d'ordine di S.M. dal medico Vitaliano Donati di Padova, Professore di Botanica nella Regia Università di Torino*, mss n.291, Biblioteca Reale di Torino.

DROVETTI, Bernardino (1776-1852), *Epistolario* (a cura di Silvio Curto e Laura Donatelli), Milano, 1985.

EBERS, George Moritz (1837-1898), *Aegypten und die Bücher Mose's: sachlicher Commentar zu den aegyptischen Stellen in Genesis und Exodus*, 1868.

EBERS, George Moritz, *Papyros Ebers: das hermetische Buch über die Arzneimittel der Alten Ägypter in hieratischer Schrift*, 1875.

EBERS, George Moritz, *Durch Gosen aus Sinai: aus dem Wanderbuche und der Bibliothek*, 1881.

EBERS, George Moritz, *Papyrus Ebers: di Maasee und das Kapitel über die Augenkrankheiten; von G.E.*, 1889.

EDMONSTONE, Archibald (1795-1871), *A journey to Two of the Oasis of Upper Egypt*, London, 1822.

EDWARDS, Amelia Ann Blanford (1831-1892), *A Thousand Miles up the Nile*, London, 1877.

EDWARDS, Amelia Ann Blanford, *Pharaoha, Fellahs and Explorers*, New York, 1891.

HERODOT, *Storie*, Libro II.

FINATI, Giovanni (1787-1829), *Life and adventures of Giovanni Finati*, ed. W.J. Bankes, London, 1830.

FORBIN de, Louis Nicolas Philippe Auguste (1777-1841), *Voyage dans le Levant*, Paris, 1819.

FOURMONT, Claude-Louis (1703-1780), *Description historique et géographique des plaines d'Heliopolis et de Memphis*, Paris, 1755.

GAU, Franz Christian (1790-1853), *Antiquités de la Nubie, ou Monuments inédits des bords du Nil, entre la première et la deuxième cataracte*, Paris, 1824.

GRANGER, N. (? - 1733), *Relation d'un voyage fair en Égypte en l'année 1730, où l'on voit ce qu'il y a de plus remarquable, particulièrement sur l'histoire naturelle*, Paris, 1745.

GREAVES, John (1602-1652), *Pyramidographia, or a Discourse of the Pyramids in Aegypt*, London, 1646.

GREAVES, John, *Demonstratio Ortus Sini Heliaci pro parallelo inferioris Aegypti*, London, 1648.

GROBERT, Jacques François Louis, *Description des pyramides de Ghizé...*, Paris, 1800-1801.

GUERIN DU ROCHER, Pierre-Marie-Stanislas, *Histoire véritable des temps fabuleux. Qui contient l'Histoire d'Égypte, depuis Chéops jusqu'à Amasis*, Paris, 1776-1777.

HARTLEBEN, Hermine (1846-1918), *Champollion, sein Leben und sein Werk*, Berlin, 1906.

HARTLEBEN, Hermine, *Lettres et Journaux de Champollion le jeune*, in *Bibliothèque égyptologiques* di Maspero, Paris, 1909.

HASSELQUIST, Frédéric (1722-1752), *Voyage dans le Levant, dans les années 1749, 1750, 1751 et 1752, trad. de l'allemand*, Paris, 1769.

HAY, Robert (1799-1863), *Views of Cairo*, London, 1840.

HOREAU, Hector (1801-1872), *Panorama d'Égypte et de Nubie*, Paris, 1841.

HORUS APOLLO, *Hiéroglyphes dits d'Horapolle*, Paris, 1779.

HOSKINS, George Alexander (1802-1863), *Travels in Ethiopia*, London, 1835.

HOSKINS, George Alexander, *Visit to the Great Oasis of the Libyan Desert*, London, 1837.

HOSKINS, George Alexander, *A Winter in Upper and Lower Egypt*, London, 1863.

IRBY, Charles Leonard (1789-1845) e MANGLES James (1786-1867), *Travels in Egypt, Nubia, Syria and Asia Minor in 1817 and 1818*, London, 1821.

IRWIN, Eyles (1751-1817), *Voyage à la mer Rouge, sur les côtes de l'Arabie, en Égypte et dans les déserts de la Thébaïde en 1777, suivi d'un autre de Venise à Bassorah par Latiqué, Alep, Les déserts,...., dans les années 1780 et 1781. Traduit sur la troisième édition anglaise par M. Parraud*, Paris, 1792.

JOLLOIS, Prosper, *Journal d'un ingénieur attaché à l'expédition d'Égypte (1798-1802)*, Paris, 1804.

JOMARD, Edmé François (1777-1862), *Voyage à l'Oasis de Syouah rédigé et publié par M. Jomard...*, Paris, 1823.

JOMARD, Edmé François, *Observations sur le voyage au Darfour*, Paris, 1845.

JONES, Owen (1809-1874), *Views on the Nile: From Cairo to the Second Cataract*, London, 1843.

KIRCHER, Athanasius (1602-1680), *Prodomus Coptus sive Aegyptiacus*, 1636.

KIRCHER, Athanasius , *Lingua Aegyptiaca restituta*, 1643.

KIRCHER, Athanasius, *Oedipus Aegyptiacus*, Roma, 1652-4.

KIRCHER, Athanasius, *Obeliscus Aegyptiacus*, Roma, 1666.

LABORDE de, Léon et LINANT de BELLEFOND, Louis Maurice Adolphe, *Voyage de l'Arabie Pétrée*, Paris, 1830.

L'HÔTE, Nestor (1804-1842), *Notice Historique sur les Obelisques Égyptiens et en particulier sur l'Obélisque de Louqsor*, Paris, 1836.

L'HÔTE, Nestor, *Lettres écrites d'Égypte en 1838 et 1839*, Paris, 1840.

L'HÔTE, Nestor, *Lettres d'Égypte en 1840-41*, Paris, 1841.

LANE, Edward William (1801-1876), *Manners and Customs of the Modern Egyptians*, London, 1836.

LE GOUZ de LA BOULLAYE, François, (1610-1669) , *Les voyages et observations du Sieur Le Gouz de La Boullaye* Gentil-Homme Angevin, Paris, 1653.

LE MASCRIER, Jean-Baptiste, *Description de l'Égypte, contenant plusieurs remarques curieuses sur la géographie ancienne et moderne de ce Païs, sur ses monuments anciens, sur les Moeurs, les Coutumes & la Religion des Habitans, sur le Gouvernement & le Commerce, sur les Animaux, les Arbres, les Plantes & c., composée sur les*

Mémoires de m. de Maillet, ancien Consul de France au Caire, Paris, 1735.

LEBAS, Jean Baptiste Apollinaire (1797-1873), *L'Obélisque de Luxor: histoire de sa translation à Paris...*, Paris, 1839.

LEGH, Thomas (1793-1857), *Narrative of a Journey in Egypt and the Country beyond the Cataracts*, London, 1817.

LENORMANT, Charles (1802-1859), *Musée des antiquités égyptiennes*, 1842.

LEPSIUS, Karl Richard (1810-1884), *Über die Anordung und Verwandtschaft der semitischen, indischen, altägyptischen und äthiopischen Alphabete*, Berlin, 1835.

LEPSIUS, Karl Richard, *Lettre à M. le Professeur H. Rosellini sur l'alphabet hiéroglyphique*, 1837.

LEPSIUS, Karl Richard, *Auswahl der wichtigsten Urkunden des ägyptischen Alterthums, theils zum ersten Male, theils nach den Denkmälern berichtigt...*, Berlin, 1842.

LEPSIUS, Karl Richard, *Briefe aus Aegypten, Aethiopien und der Halbinsel des Sinaï, geschrieben, 1842-1845*, Berlin, 1852.

LEPSIUS, Karl Richard, *Das Todtenbuch der Aegypter...*, Berlin, 1842.

LEPSIUS, Karl Richard, *Reise von Theben nach Halbinsel des Sinaï vom 4. März bis 14. April, 1845*, Berlin, 1845.

LEPSIUS, Karl Richard, *Lettre de M. le Dr R. Lepsius à M. Letronne...*, Berlin, 1847.

LEPSIUS, Karl Richard, *Denkmäler aus Aegypten und Aethiopien*, Berlin, 1848-59.

LEPSIUS, Karl Richard, *Die Chronologie der Aegypter*, Berlin, 1849.

LEPSIUS, Karl Richard, *Königliche Museen. Abtheilung der Aegyptischen Alterthümer die Wandgemälde*, 1855.

LEPSIUS, Karl Richard, *Königsbuch der alten Aegypter*, Berlin, 1858.

LEPSIUS, Karl Richard, *Älteste Texte des Todtenbuchs nach Sarcophagen des altägyptischen Reichs im Berliner Museum*, Berlin, 1867.

LEPSIUS, Karl Richard, *Verzeichnis der ägyptischen Alterthümer und Gipsabgüsse von R. Lepsius*, Berlin, 1871.

LEPSIUS, Karl Richard *Nubische Grammatik mit einer Einleitung über die Völker und Sprachen Afrikas*, Berlin, 1880.

LEPSIUS, Karl Richard, *Das bilingue Dekret von Kanopus in der Originalgrösse mit Übersetzung beider Texte*, Berlin, 1886.

LETRONNE, Jean Antoine (1787-1848), *Recherches... l'histoire de l'Egypt pendant la domination des Grecs et des Romains*, Paris 1823.

LETRONNE, Jean Antoine, *Inscriptions Grecques et Latines du Colosse de Memnon ristituées et expliquées*, Paris, 1832.

LETRONNE, Jean Antoine, *L'histoire du Christianisme en Egypt*, Paris,1832.

LETRONNE, Jean Antoine, *Sur l'origine grecque des Zodiaques prétendus Égyptiens*, Paris, 1837.

LETRONNE, Jean Antoine, *Recueil des Inscriptions Grecques et Latine de l'Égypte étudiées dans leur rapport avec l'histoire politique...*, 1842-8.

LETRONNE, Jean Antoine, *Nouvelles recherches sur le calendrier des anciens Égyptiens, sa nature, son histoire et son origine*, Paris, 1863, postumous edition.

LETRONNE, Jean Antoine, *Oeuvres choisies: assemblées, mises en ordre et augmentées d'un index par E. Fagnan I. Égypte Ancienne*, 2 vol., Paris, 1881, postumous edition.

LINANT DE BELLEFONDS, Louis Maurice Adolphe (1799-1883), *Account of a Journey into the Oases of Upper Egypt*, London, 1822.

LINANT DE BELLEFONDS, Louis Maurice Adolphe, *Journal d'un voyage à Méroé dans les années 1821 et 1822*, Khartoum, 1958, postumous edition.

LINANT DE BELLEFONDS, Louis Maurice Adolphe, *L'Etbaye, pays habité par les Arabes Bicharieh. Géographie, ethnologie, mines d'or*, Paris, 1832.

LINANT DE BELLEFONDS, Louis Maurice Adolphe, *Mémoires sur les principaux travaux d'utilité publique exécutés en Égypte depuis la plus haute Antiquité jusqu'à nos Jours. Accompagnés d'un Atlas renfermant neuf planches grand in-folio imprimées en couleurs*, 1872-3.

LUCAS, Paul (1664-1737), *Voyage dans la Turquie, l'Asie, Sourie, Haute et Basse-Égypte*, Paris, 1719.

MAYER, Luigi, *Views in Egypt...*, London, 1805.

MAYR, Heinrich (von), *Malerische Ansichten aus dem Orient, gesammelt auf der Reise S. Hoheit des Herrn Herzogs Maximilian in Bayern im Jahre MDCCCXXXVIII*, München, 1839.

MAYR von, Heinrich, *Genre-Bilder aus dem Oriente*, Stuttgart, 1846-50.

MAXIMILIAN von BAYERN, *Wanderung nach Orient*, München, 1839-40.

MAXIMILIAN von BAYERN, *Bilder aus Orient*, Stüttgard, 1846.

MINUTOLI von, Heinrich Carl Menu (1772-1846), *Reise zum Tempel des Jupiter Ammon in der Libyschen Wüste und nach Ober-Aegypten in den Jahren 1820 und 1821. Mit einem Atlas von 38 Tafeln und einer Karte des Karavanenzuges*, Berlin, 1824.

MONTAUT de, *L'Egypte Moderne - Table de Moeurs Arabes*, Paris, 1869

MONTULÉ de, Edouard, *Voyage en Amérique, en Italie, en Sicile et en Égypte pendant les années 1816, 1817, 1818 et 1819*, Paris, 1821.

MONTULÉ de, Edouard, *Travels in Egypt in 1818 and 1819*, London, 1823.

NIEBHUR, Carsten (1733-1815), *Beschreibung von Arabien*, Copenhagen, 1772.

NIEBHUR, Carsten, *Reisebeschreibung nach Arabien und andern umliegenden Ländern*, Copenhagen, 1744-1778.

NIEBHUR, Carsten, *Voyage en Arabie et en d'autres païs circonvoisins (1761), traduit de l'allemand*, Paris 1776-1780.

NORDEN, Frédéric Louis (1708-1742), *Voyages d'Égypte et de Nubie* (1738) *Ouvrage enrichi des cartes et figures dessinées sur les lieux, trad. du danois en français par des Roches de Parthenais*, Copenhagen 1751 and 1755.

NORDEN, Frédéric Louis, *Voyages d'Égypte et de Nubie*, Paris, 1795.

PALERNE, Jean (1557-1592) *Pérégrination où il est traicté de plusieurs singularitéz et antiquités remarquées en provinces d'Égypte, Arabie déserte et pierreuse...*, Lyon, 1606.

PASSALACQUA, Giuseppe (1797-1865), *Catalogue raisonné et historique des antiquités découvertes en Égypte par J. Passalacqua*, Berlin, 1826.

PIGAFETTA, Filippo (1533-1604), *Relazione del Reame di Congo et delle circomvicine contrade...*, Rome, 1591.

PIGAFETTA, Filippo, *Viaggio da Creta in Egitto e al Sinai 1576-77*, Vicenza, 1984.

POCOCKE, Richard (1704-1765), *A Description of the East, and Some other Countries*, London, 1743.

POCOCKE, Richard, *Voyage dans l'Égypte, l'Arabie, la Palestine, la Syrie, la Grèce, la Thrace, etc., contenant une description exacte de l'Orient et de plusieurs autres contrées ..., traduits de l'anglais sur la seconde édition* [1771] *par une société de gens de lettres*, Paris, 1772-73.

PLUTARCH, *De Iside et Osiride.*

PREZIOSI, Amadeo, *Souvenir de Caire*, Paris, 1862

PRISSE D'AVENNES, Achille Constant Théodore Emile (1807-1879), *Coup d'oeil sur la situation en Égypte*, Paris, 1831.

PRISSE D'AVENNES, Achille Constant Théodore Emile, *Excursion dans la partie orientale de la Basse-Égypte, Miscellanea Aegyptiaca*, Alexandrie, Paris, 1842.

PRISSE D'AVENNES, Achille Constant Théodore Emile, *Excursion dans la partie orientale de la Basse-Égypte, Miscellanea Aegyptiaca*, Alexandrie, 1842.

PRISSE D'AVENNES, Achille Constant Théodore Emile, „Lettre sur l'archéologie égyptienne à M. Champollion-Figéac", 27 mai 1843, *Revue Archéologique*, 1844.

PRISSE D'AVENNES, Achille Constant Théodore Emile, *Les Monuments Égyptiens*, Paris, 1847.

PRISSE D'AVENNES, Achille Constant Théodore Emile, „L'Égypte moderne," dans la collection *L'Univers*, Paris, 1848 and 1851.

PRISSE D'AVENNES, Achille Constant Théodore Emile, *Oriental Album*, London, 1848-51.

PRISSE D'AVENNES, Achille Constant Théodore Emile, *Miroir de l'Orient, ou tableau historique des croyances, moeurs, usages, sciences et arts de l'Orient Musulman et Chrétien, ouvrage rédigé et illustré d'après des documents inédits et authentiques par une société d'orientalistes, d'artistes, sous la direction de M. Prisse d'Avennes*, Paris, 1852.

PRISSE D'AVENNES, Achille Constant Théodore Emile, *Les tribus nomades de l'Égypte. Les Ababdeh. Revue Orientale*, 1853.

PRISSE D'AVENNES, Achille Constant Théodore Emile, *L'Art arabe*, Paris, 1877.

PRISSE D'AVENNES, Achille Constant Théodore Emile, *L'Histoire de l'Art Égyptien*, Paris, 1878.

PRISSE D'AVENNES, Emile, fils, *Notice biographique sur E. Prisse d'Avennes, voyageur français, archéologue, égyptologue et publiciste*, Paris, 1894 and 1896.

PRISSE D'AVENNES, Emile, fils, *Prisse d'Avennes, explorateur français, égyptologue, archéologue et publiciste.* Mémoires de la Société archélogique de l'arrondissement d'Avesnes, 1904.

PRISSE D'AVENNES, Emile, fils, *Deux papyrus égyptiens hiératiques et figuratifs.* Mémoires de la Société archéologique de l'arrondissement d'Avesnes, 1912.

PRISSE D'AVENNES, Emile, fils, *Le Papyrus à l'époque pharaonique*, Avesnes, 1926.

PTOLEMAIOS, Claudius, *La geografia di Claudio Ptolomeo alessandrino...*, Venezia, 1548.

QUATREMERE, Etienne-Marc (1782-1857), *Recherches critiques et historiques sur la langue et la littérature de l'Égypte*, Paris 1808.

QUATREMERE, Etienne-Marc, *Mémoires géographiques et historiques sur l'Égypte et sur quelques contrées voisines*, Paris, 1811.

RAMUSIO, Giovan Battista, *Della Navigationi et Viaggi ...*, Venezia, 1550.

RIFFAUD, Jean Jacques (1786-*c.* 1845), *Rapport faits par les diverses Académies et Sociétés savantes de France sur les ouvrages et collections rapportés de l'Égypte e de la Nubie*, Paris, 1829.

RIFFAUD, Jean Jacques, *Tableau de l'Égypte, de la Nubie et des lieux cinconvoisins: ou itinéraire à l'usage des Voyageurs*, Paris, 1830.

RIFFAUD, Jean Jacques, *Voyages en Égypte, en Nubie et lieux circonvoisins, depuis 1805 jusqu'en 1827*, Paris, 1830.

RIFFAUD, Jean Jacques, „Moeurs de l'Égypte et observations sur les Tantals", *Revue des Deux Mondes*, 1830.

ROBERTS, David (1796-1864), *The Holy Land, Syria, Egypt and Nubia*, London, 1842-49.

ROBERTS, David, *Egypt and Nubia*, London, 1846-50.

ROSELLINI, Ippolito (1800-1843), *I Monumenti dell'Egitto e della Nubia*, Pisa, 1832-44.

ROSELLINI, Ippolito, *Tributo di riconoscenza e d'amore reso alla onorata memoria di G.F.Champollion il minore*, Pisa, 1832.

ROSELLINI, Ippolito, *Giornale della*

Spedizione letteraria toscana in Egitto negli anni 1828-29, 1925, postumous edition.

SALT, Henry (1780-1827), *Twent-four Views taken in St.Helena, the Cape, India, Ceylon, Abyssinia and Egypt*, London, 1809.

SALT, Henry, *Account of a Voyage to Abissinia and Travels into the Interior of that Country... in the years 1809 and 1810*, London, 1814.

SALT, Henry, *Essay on Dr. Young's and M. Champollion's Phonetic System of Hieroglíphics, with some additional discoveries*, London, 1825.

SAVARY, Claude Etienne (1750-1788), *Lettres sur l'Égypte. Où l'on offre le parallèle des moeurs anciennes et modernes de ses habitants, où l'on décrit l'état, le commerce, l'agricolture, la gouvernement, l'ancienne religion du pays, et la descente de St. Louis a Damiette, tirée de Joniville et des auteurs arabes*, Paris, 1785-1786.

SEGATO, Girolamo (1792-1836), *Saggi pittorici, geografici statistici e catastali dell'Egitto*, Firenze, 1827.

SEGATO, Girolamo, *Atlante Monumentale del Basso e dell'Alto Egitto*, Firenze, 1835.

SHAW, Thomas (1694-1751), *Travels or Observations Relating to Several Parts of Barbary and the Levant*, Oxford, 1738.

SHAW, Thomas, *Voyages dans plusieurs provinces de la Barbarie et du Levant, contenant des observations géographiques, physiques, philologiques et mêlées sur les royaumes l'Alger et de Tunis, sur la Syrie, l'Égypte et l'Arabie Pétrée, trad. de l'anglais*, Le Haye 1743.

SICARD, Claude (1677-1726), *Lettre à Mgr le Compte de Toulouse, contenant une relation de ses trois voyages dans la Haute et Basse-Égypte, écrite en 1716*, Paris.

SICARD, Claude, „Relation d'un voyage aux Cataractes et dans le Delta", in *Nouveaux Mémoires des Missions de la Compagnie de Jésus*, Paris, 1717.

SILVESTRE DE SACY, Antoine Isaac (1758-1838), *Chrestomathie arabe*, Paris, 1806.

SILVESTRE DE SACY, Antoine Isaac, *Grammaire arabe*, Paris, 1810.

SILVESTRE DE SACY, Antoine Isaac, *Journal Asiatique* , Paris, 1822.

SONNINI DE MANONCOUR, Charles Nicolas Sigisbert (1751-1812), *Voyage dans la Haute et Basse-Égypte, fait par ordre de l'ancien Gouvernement* (de 1777 à 1780), *et contenant des observations de tous genres*, 3 vol., Paris, 1799.

STRABO, *Geografia*, Libro XVII.

THEVENOT, Jean de (1633-1667), *Relation d'un Voyage fait au Levant*, Paris, 1665-74-84.

THEVENOT, Jean de, *Voyages de M. Thévenot*, 1689, postumous edition.

THEVET, André (1504- 1592), *Cosmographie du Levant*, Lyon, 1554.

VALERIANO BOLZANIO, Giovanni Piero, *Hieroglyphica, sive De sacris Aegyptiorum, aliarumque gentium literis commentarii Ioannis Pierii Valeriani Bolzanii Bellunensis* , Basilea, 1567.

VANSLEB, Jean Michel (1635-1679), *Nouvelle relation en forme de journal d'un voyage fait en Égypte en 1672 et 1673*, Paris, 1677.

VILLAMONT Jacques de (1558-1628), *Les voyages du sieur de Villamont, divisez en trois livres, ... Et au troisième est la description de Syrie, de Damas, Phénicie, Égypte, Damiette, du Grand Caire, de Babylone, des anciennes Pyramides et Mommies*, 1595.

VOLNEY, Constantin François Chasseboeuf (1757-1820), *Voyages en Égypte et en Syrie pendant les années 1783, 1784 et 1785*, Paris, 1787.

VYSE, Richard William Howard (1784-1853), *Operations carried on at the pyramids of Gizeh in 1837*, 3 vol., London, 1840.

WALSH, Thomas, *Journal of the Late campaign in Egypt*, London, 1803.

WILKINSON, John Gardner (1797-1875), *Materia Hieroglyphica. containing the Egyptian Pantheon and the Succession of the Pharaohs, from the earliest Times to the Conquest by Alexander, and other Hieroglyphical Subjects*, 2 vol., London, 1828-30.

WILKINSON, John Gardner, *Extracts from several Hieroglyphical Subjects found at Thebes and other parts of Egypt. With remarks on the same*, London, 1830.

WILKINSON, John Gardner, *Topographical Survey of Thebes, Tape, Thaba of Diospolis, Magna*, London, 1830.

WILKINSON, John Gardner, *Topography of Thebes, and general view of Egypt...*, London, 1835.

WILKINSON, John Gardner, *The Manners and Customs of the ancient Egyptians...*, 3 vol., London, 1837.

WILKINSON, John Gardner, *Modern Egypt and Thebes. Being a description of Egypt, including the information required for Travellers in that Country*, 2 vol., London, 1843.

WILKINSON, John Gardner, *A Handbook for Egypt. Including Descriptions of the Course of the Nile to the Second Cataract, Alexandria, Cairo, The Pyramids, and Thebes, the Overland Transit to India, the Peninsula of Mount Sinai, the Oases...*, London, 1847.

WILKINSON, John Gardner, *The Architecture of Ancient Egypt: in which the Columns are arranged in Orders, and the Temples classified, with remarks on the early progress of Architecture...*, 2 vol., London, 1850.

WILKINSON, John Gardner, *The Egyptian in the Time of the Pharaohs. Being a Companion to the Crystal Palace Egyptian Collections. To which is added an Introduction to the Study of the Egyptian Hieroglyphs by Samuel Birch*, London, 1857.

WILKINSON, John Gardner, *The Fragments of the Hieratic Papyrus at Turin, containing the names of Egyptian Kings, with the Hieratic Inscription at the back*, 2 vol., London, 1851.

WILKINSON, John Gardner, *A Popular Account of the Ancient Egyptians, revised and abridged from his larger work*, 2 vol., London, 1854.

WILKINSON, John Gardner, *Desert Plants of Egypt. Illustrations with descriptions, by Wm Carruthers F.R.S.*, London, 1887, postumous edition.

YOUNG, Thomas (1773-1829), *Remarks on Egyptian Papyrus and on the Inscription of Rosetta*, London, 1815.

YOUNG, Thomas, *Account of some Thebaic Manuscripts written on leather. Legh's Narrative*, London, 1816.

YOUNG, Thomas, *An Account of Some Recent Discoveries in Hieroglyphical Literature and Egyptian Antiquities, including the author's original alphabet as estended by M. Champollion*, London, 1823.
YOUNG, Thomas, *Hieroglyphics, collected by the Egyptian Society*, London, 1823.

BILDNACHWEIS

1 Leon de Laborde et Linant de Bellefonds, „Voyage de l'Arabie Petrée", Paris 1830. © Archiv White Star.
2-3 Louis François Cassas, „Voyage Pittoresque de la Syrie, de la Phoenicie, de la Palestine et de la Basse Egypte", Paris 1795. © Archiv White Star.
4-5 David Roberts, „Egypt and Nubia", London 1846-1849. © Library of Congress, Washington.
6-7 Karl Richard Lepsius, „Denkmäler Aus Aegypten und Aethiopen", Berlin, 1848-1859. © Archiv White Star.
8 oben © Alberto Siliotti, Archiv Geodia.
8 unten Athanasius Kircher, „Oedipus Aegyptiacus", Rom 1666. © Archiv White Star.
9 oben © Archiv White Star.
9 unten © Alberto Siliotti, Archiv Geodia.
10 oben Dominique Vivant Denon, „Voyage dans la Basse et la Haute Egypte", Paris 1802. © Archiv White Star.
10 Mitte Louis François Cassas, „Voyage Pittoresque de la Syrie, de la Phoenicie, de la Palestine et de la Basse Egypte", Paris 1795. © Archiv White Star.
10-11 Frederick Ludwig Norden, „Voyage d'Egypte et de Nubie", Kopenhagen 1755. © Archiv White Star.
11 oben Richard Pococke, „A description of the East, and some other countries", London 1743-1745. © Archiv White Star.
12 oben Giovanni Battista Belzoni, „Egypt and Nubia", London 1820. © Archiv White Star.
12 unten links © Archiv White Star.
12-13 Emile Prisse d'Avennes, „L'Art Arabe", Paris 1820. © Archiv White Star.
14 © Archiv White Star.
14-15 Luigi Mayer, „Views in Egypt", London 1805. © Archiv White Star.
16 oben © Alberto Siliotti, Archiv Geodia.
16 unten © Araldo De Luca, Museo Archeologico Nazionale Napoli.
16-17 © Archiv White Star.
17 unten © Archivio Scala, Museo Nazionale Napoli.
18-19 Österreichische National-Bibliothek.
18 unten © Fotografica Foglia, Museo Nazionale Napoli.
19 unten © Archiv Scala, Museo Nazionale Napoli.
20-21 © Michele Piccirillo.
22-23 © Giovanni Dagli Orti, Museo Prenestino Barberiniano, Palestrina.
24 oben links, 25 links, 25 unten rechts, 26 links, 26 unten rechts, 27, 29 oben rechts, 29 links, 30, 32 oben links und rechts, 34 © Alberto Siliotti, Archiv Geodia.
24 oben rechts © Archiv White Star.
24 unten © B. N. F..
25 oben rechts © Biblioteca Nazionale Firenze.
26-27 © Giovanni Dagli Orti, Biblioteca Marciana Venezia.
28 oben © Peter Whitfield, Wychwood Editions.
28 unten © Archivio Scala, Biblioteca Estense Modena.
29 unten rechts © Archivio Scala, Biblioteca Marciana Venezia.
31 © Civica Raccolta Stampe A. Bertarelli, Castello Sforzesco Milano.
32 unten links und rechts, 33, 34-35 Athanasius Kircher, „Obeliscus Aegyptiacus", Roma 1666. © Archiv White Star.
36 Louis François Cassas, „Voyage Pittoresque de la Syrie, de la Phoenicie, de la Palestine et de la Basse Egypte" Parigi 1795. © Archiv White Star.
36-37 © B.N.F..
37 unten Frederick Ludwig Norden, „Voyage d'Egypte et de Nubie", Kopenhagen 1755. © Archiv White Star.
38 oben und unten, 39 oben und unten Benoit de Maillett, „Description de l'Egypte", Paris 1835. © Archiv White Star.
38-39 © Civica Raccolta Stampe A. Bertarelli, Castello Sforzesco Milano.
40 oben links © Archivio Scala, Galleria Sabauda.
40 oben rechts, 41 © Biblioteca Reale Torino, su Concessione del Ministero per i Beni culturali e Ambientali.
40 unten rechts und links, © Alberto

Siliotti, Archiv Geodia.
42, 43, 44, 45, 46, 47, 48, 49 Richard Pococke, „A description of the Egypt and some other countries", London 1743-1745. © Archiv White Star.
50, 51, 52, 53, 54, 55 Frederick Ludwig Norden, „Voyage d'Egypte et de Nubie", Kopenhagen 1755. © Archiv White Star.
56, 57, 58, 59 James Bruce, „Travel to Discover the source of the Nile in the years 1768, 1769, 1770, 1771, 1772 and 1773", London 1804. © Archiv White Star.
60, 61, 62, 63, 64, 65, 66, 67, 68, 69, 70, 71 Louis François Cassas, „Voyage Pittoresque de la Syrie, de la Phoenicie, de la Palestine et de la Basse Egypte", Paris 1795. © Archiv White Star.
72, 73, 74, 75, 76, 77 Richard Dalton, „Antiquities and views in Greece and Egypt", London 1791. © Archiv White Star.
78, 79 Charles Nicolas Sonnini, „Travels in Upper and Lower Egypt", London 1799. © Archiv White Star.
80 oben, 80-81, 86, 88-89 oben und unten, 90, 91, 92, 93, 94, 95, 96, 97, 98, 99 Dominique Vivant Denon, „Voyage dans le Basse et Haute Egypte" Paris 1802. © Archiv White Star.
81 unten © Giovanni Dagli Orti, Castello di Versailles.
82 links „Description de l' Egypte", Paris 1809. © Archiv White Star.
82 oben rechts und unten, 83, 87 rechts © Photo R.M.N., Versailles and Trianon.
82-83 © The Bridgeman Art Library, Museo delle Belle Arti Moulhouse.
84-85 © The National Maritime Museum, Greenwich.
86 unten links © Alberto Siliotti, Archiv Geodia.
86-87 © The Detroit Institute of Arts.
88 links, 89 oben © Victoria & Albert Museum, London.
89 unten © Museo Denon, Chalon sur Saôn.
100, 101, 102-103, 102 unten, 103 oben, 104, 105, 106, 107, 108, 109, 110 rechts, 112 links, 112-113, 114, 115 unten, 116-117 unten, 118-119 unten, 119 oben, 120 unten, 121, 122, 123, 124, 125, 126, 127, 128, 129 „Description de l'Egypte", Paris 1809. © Archiv White Star.
102 oben und unten links, 103 unten, 110 links © B.N.F.
111 © Photo R.M.N., Versailles et Trianon.
112-113 oben, 114-115 oben, 116, 116-117 oben, 118 oben, 118-119 Mitte, 120-121 © Photo R.M.N., Museé du Louvre Paris.
130 oben, 131 © Alberto Siliotti, Archiv Geodia.
130 unten, 132, 133, 148 oben und unten, 148-149, 149 oben, 150, 151 L.N.P.A. Forbin, „Voyage dans le Levant", Paris 1819. © Archiv White Star.
134, 135, 136, 137, 138, 139, 140, 141, 142, 143, 144, 145 Jean Jacques Rifaud, „Voyages en Egypte, en Nubie", Paris 1830. © Archiv White Star.
146, 147 Henry Salt, „Twenty Four Views taken in St. Helena,The Cape, India, Ceylon, Abyssinia and Egypt", London 1809. © Archiv White Star.
146 oben © National Portrait Gallery, London.
152 links und oben rechts, 159 Mitte und unten © P. Jean, Museum d'Histoire Naturelle, Nantes.
152 unten, 152-153, 154, 155, 156, 157, 158-159, 159 oben, 160, 161 Frédéric Caillaud, „Voyage à Méroé", Paris 1826. © Archiv White Star.
162, 163, 166, 173 oben, 174, 175 © Alberto Siliotti, Archiv Geodia.
164, 165, 166-167, 168-169, 170, 171, 172, 173, 174-175 Giovanni Battista Belzoni, „Egypt and Nubia", London 1820. © Archiv White Star.
176 in alto © Margarete Busing, Staatliche Museen zu Berlin - Preussischer Kulturbesitz Aegyptisches Museum.
176 unten, 176-177, 177 unten, 178, 179, 180, 181 Heinrich von Minutoli, „Reise zum Tempel des Jupiter Ammon in der Libyschen Wüste und nach Ober-Aegypten", Berlin 1824. © Archiv White Star.
182 oben Alberto Siliotti, Archiv Geodia.
182-183, 183, 184, 185, 186, 187, 188, 189 Girolamo Segato, „Atlante del Basso e Alto Egitto", Firenze 1855. © Archiv White Star.
190-191 © Archiv Scala, Museo Archeologico, Firenze.
190, 192, 193, 194, 195, 196 oben und Mitte, 197 oben und Mitte, 198 oben © Alberto Siliotti, Archiv Geodia.
196-197 unten, 202, 203, 204, 205, 206, 207, 208, 209, 210, 211, 212, 213, 214, 215 , 216, 217 Ippolito Rosellini, „I monumenti dell'Antico Egitto e della Nubia", Pisa 1832. © Archiv White Star.
198 unten, 199, 201 © Photo R.M.N., Museé du Louvre Paris.
200-201 © Edimedia, Paris.
218 unten © National Trust Photographic Library, Mike Williams.
218 oben, 219, 220-221 unten, 221 oben, 222-223 John Gardner Wilkinson, „The Manner and Customs of the Ancient Egyptians", London 1878. © Archiv White Star.
220 oben © B.N.F..
224, 225, 226, 227, 228, 229 Howard Vyse, „The Pyramids of Gizeh", London 1837. © Archiv White Star.
230 oben links und unten, 231, 232 in alto, 234, 235, 236-237, 238, 239, 240, 241, 242, 243, 244-245, 246, 247, 248-249, 250, 251, 252, 253 Karl Richard Lepsius, „Denkmäler Aus Aegypten und Aethiopien", Berlin 1848-1859. © Archiv White Star.
232 unten, 232-233 © Margarete Busing - Staatliche Museen zu Berlin - Preussischer Kulturbesitz Aegyptisches Museum und Papyrussammlung.
254, 255, 256, 257, 258, 259, 260, 261, 262, 263, 264, 265 Maximilian von Bayern, „Bilder aus dem Orient", Stuttgart 1846. © Archiv White Star.
266 links, 267, 274, 275, 276, 277, 278, 279, 280, 281 Emile Prisse d'Avennes, „Histoire de l'art Egyptien", Paris 1878. © Private collection.
266 oben © Museo d'Annecy.
266 unten © Victoria & Albert Museum, London.
268, 269, 270 oben, 270 unten, 270-271, 271 oben Emile Prisse d'Avennes, „Oriental Album", London 1846. © Archiv White Star.
270 Mitte © Alberto Siliotti, Archiv Geodia.
282 unten, 282-283 Luigi Mayer, „Views in Egypt", London 1835. © Archiv White Star.
283 unten © Ecole Nationale Superieure des Beaux Arts, Paris.
284 oben und unten, 284-285, 285 unten Rev. C. Williams, „Views in Egypt, Palestine, Rhodes, Italy, Minorca and Gibaltrar", London 1822. © Archiv White Star.
286, 287 Amadeo Preziosi, „Souvenir de Caire", Paris 1862. © Archiv White Star.
288, 290-291 David Roberts, „Egypt and Nubia", London 1846-1849. © Library of Congress, Washington.
289, 312, 313, 314, 315, 316, 317, 318, 319 Pascal Coste, „Architecture Arabe ou Monuments du Kaire", Paris 1839. © Archiv White Star.
292, 293 unten, 320 unten, 320-321, 322, 323, 324-325 Robert Hay of Linplum, „Views in Cairo", London 1840. © Archiv White Star.
292-293 © Mathaf Gallery LTD, London.
294, 295 Henry de Montaut, „L'Egypte Moderne, Tableau de Moers Arabe", Paris 1869. © Archiv White Star.
296, 297, 298, 299, 300, 301 Luigi Mayer, „Views in Egypt", London 1805. © Archiv White Star.
302 oben, 304-305, 305 unten links, 326-327, 340, 341,358-359 © Victoria & Albert Museum, London.
302 unten links © Archiv White Star.
302 unten rechts, 302-303, 303 links, 304, 305 unten rechts, 321 unten, 323 unten rechts, 325 unten © Alberto Siliotti, Archiv Geodia.
306, 307, 308, 309 Léon la Borde et Linant de Bellefonds, „Voyage de l'Arabie Petrée", Paris 1830. © Archiv White Star.
310, 311 Edouard de Montule, „Travels in Egypt", London 1824. © Archiv White Star.
324 unten links, 326 oben, 326 unten rechts, 328, 329 © The British Library, London.
330, 331 George Alexander Hoskins, „Travels in Ethiopia", London 1835. © Private collection.
331 © The Griffith Institue, Ashmolean Museum.
332, 333, 334, 335, 336, 337 Owen Jones, „Views of the Nile", London 1843. © Archiv White Star.
338, 339, 342 unten, 343 unten, 344, 345, 346, 347, 348, 349 David Roberts, „Egypt and Nubia", London 1846-1849. © Library of Congress, Washington.
342 oben links © City of Aberdeen Art Gallery & Museum Collections.
342 oben rechts © The Bowood Estate.
343 oben © Manchester City Art Galleries.
350, 351, 352, 353, 354, 355, 356, 357 H. Horeau, „Panorama d'Egypte et de Nubie" 1841. © Bibliothèque Publique Universitaire de Genève.
358 William Henry Bartlett, „The Nile Boat", London 1858. © Archiv White Star.

Dieses Bild aus Emile Prisse D'Avennes Histoire de l'Art Égyptien *zeigt links den Fürsten Montuherchepeschef, den Sohn Ramses' II, und rechts die Königin Teje, die Frau von Amenophis III.*